郑异凡－主编
郑异凡　蔡恺民　姜鸿霄 等－译

谁发动了十月革命

布尔什维克自传

上海人民出版社

革命士兵在斯莫尔尼宫前（1917年10月）

武装起义胜利后的冬宫前（1917年）

第一届苏维埃政府（1917）

人民委员会会议（斯莫尔尼宫，1918年初）

列宁和人民委员会副主席李可夫（1922年）

列宁在人民委员会会议室的最后一张照片（1922年10月3日）

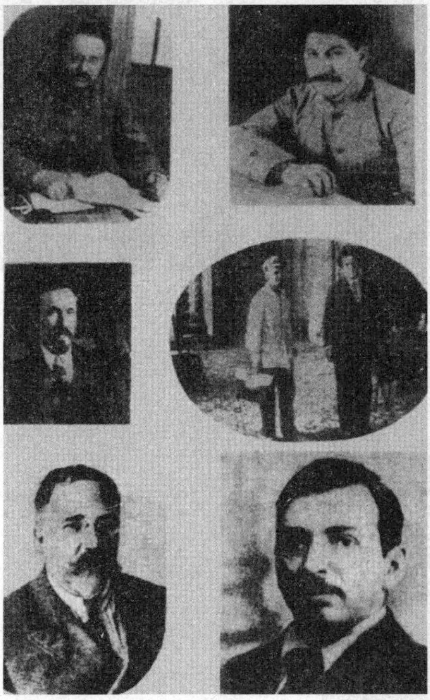

俄共十三大后的政治局委员

联共（布）十五大后的政治局委员

斯大林、李可夫、加米涅夫和季诺维也夫（20年代初）

四元帅：图哈切夫斯基、叶戈罗夫、伏罗希洛夫和布琼尼

1928年的一批反对派。前排：谢列布里亚科夫、拉狄克、托洛茨基、博古斯拉夫斯基、普列奥布拉任斯基；后排：拉柯夫斯基、德罗布尼斯、别洛博罗多夫、索斯诺夫斯基

前言

20 世纪 20 年代中期，为庆祝十月革命十周年，苏联格拉纳特百科辞典研究所准备出一本苏联知名人士的自传集，有数百人详略不等地叙述了自己的革命经历，结果《格拉纳特百科辞典》在“苏联卷”（第 41 卷第 1—3 分册）中增加了一个附录《苏联和十月革命的活动家》，共收录 240 多人的传记。这些传记颇有特色，大部分为自传，小部分虽非自传，也都经本人审定，因此，就传记本身而言，都是非常宝贵的一手资料。例如写列宁传记的安·乌里杨诺娃—叶利札罗娃是列宁的姐姐，写斯大林传记的是他的秘书伊·托夫斯土哈，而布哈林写的是颇有特色的自传。

这些传记写于 20 年代中期，内容没有受后来苏联党内斗争结局的影响，因此比较符合实际。这些传记不是记叙个人的生活琐事，而是把个人经历同各个时期的革命斗争、革命事件紧密地连接在一起，虽长短详略不一，但还是给我们提供了大量有关俄国革命历史的生动的珍贵资料。当然，这些本人撰写的或经本人审定的传记不免带有传主本人的主观成分，对传记材料的取舍往往有所选择，例如对梯弗里斯“抢劫”国库一事，当事人或者回避不提，或者语焉不详，但相关人员的传记还是可以相互印证的。

十月革命不是1917年11月7日攻占了冬宫，逮捕了临时政府成员就完成的，这仅仅是一个关键环节，此前有几十年的地下斗争，此后有三年的国内战争。国内战争是十月革命的有机组成部分，是武装起义的延续，只是在击败白卫军的反抗和外国武装干涉之后，才在全国确立了苏维埃政权，最终完成十月革命。十月革命史是从十月武装起义到国内战争胜利的历史。

需要交代一下，武装起义胜利后最初几年，红白双方通常都把这一事件叫作“переворот”（政变），而少称“революция”（革命），现在的俄国史书，也常用“переворот”的说法，通常都直接译作“政变”。白方把布尔什维克夺取政权叫作“政变”，是毫无疑问的，红方自己也称“政变”，虽然有点奇怪，但也是有据可证的，例如十月革命一周年，斯大林发表了两篇纪念文章，其标题就是《十月政变（переворот）》、《十月政变（переворот）和民族问题》，只不过《斯大林全集》中文版把“переворот”译作“革命”了。就十月武装起义的具体做法而言，也像一场政变：一边用武装力量占领彼得格勒城的各战略要地，攻打临时政府所在地冬宫，逮捕临时政府部长，另一边议会（苏维埃）在开会。在临时政府成员成为瓮中之鳖之时就宣布起义取得胜利，政权转入“军事革命委员会”之手。革命的方式是多种多样的——武装起义、国家政变、国内战争、通过选举上台执政等等，都可以是革命夺权的手段。政变是一个中性词，有革命政变，也有反革命政变。政变是革命的形式之一，说政变并不降低其意义。因此本书把“переворот”统一译作“政变”，以保留用语的历史面貌。当然毫无疑问，十月武装起义或者十月政变，是20世纪一场影响深远的革命——布尔什维克党在俄国掌握了政权，建立了无产阶级专政，消灭了资本主义制度，进行了社会主义建设的实验。

现在对俄国十月革命有各种议论，但不管怎么样，从本书选载的56人的传记中可以看出，当年为革命奋斗的那些人是有理想，有信念的人，他们在沙皇专制制度的艰难环境下学习革命理论，追求真理，投身革命，出生入死，为理想献身。过去我们只知道斯大林多次被捕，多次流放，多次逃脱，实际上俄国的那些革命者谁不是这样，许多人都经历过多次被捕、流放、逃脱，再被捕、流放、逃脱的过程，这个过程往往不是个位数，而是两位数。武装起义、国内战争就是靠这些人的共同奋斗取得胜利的。然而我们对这些人的经历知之甚少，甚至一无所知。在《联共（布）党史简明教程》中看到的十月革命以及接着的三年国内战争中只有两个人——列宁、斯大林，其余的人不是反对派，就是为外国服务的间谍特务。这既不符合逻辑，更不符合事实。

一个人是打不下天下的，领导革命、实施革命的是一个群体，我们从《格拉纳特百科辞典》中挑选出56人，他们是革命的领导力量和中坚力量，是革命的功臣。是他们以及成千上万的赤卫队员、水兵、士兵、工人、农民、知识分子组成浩浩荡荡的战斗大军，完成了十月革命。56人的传记使我们对俄国革命有一个直观的生动的认识。这些自传有点像尘封多年的历史档案，不仅在中国，就是在俄罗斯也不容易找到。中央编译局图书馆藏有苏联在50年代赠送的全套《格拉纳特百科辞典》，这些人的传记就是从此百科全书中选译的。个别人物如基洛夫在十月革命中的作用是不足道的，入选的原因是他遇刺身亡是斯大林镇压行动的一个转折点。

传记讲得较多的是传主们革命前的经历，这些经历有一个共同点，就是通过阅读马克思的著作、地下的革命出版物，经过自己的思考，最终加入革命队伍，这是一些自觉的革命者。斗争是艰苦的，他们不断地出入沙皇当局的监狱、流放地、苦役劳改地。不过相对来说，沙皇当局的监管还是比较松的，或者说监管存在漏洞，在监狱里可以读书甚至写作，监狱成了他们的研究室，在流放地可以找到工作，能有出逃的机会。陈独秀说过："世界文明的发源地有二：一是科学研究室。一是监狱。我们青年立志出了研究室就入监狱，出了监狱就入研究室，这才是人生最高尚优美的生活。从这两处发生的文明，才是真文明，才是有生命价值的文明。"在沙皇统治时期那些革命家通常有可能轮番出入研究室和监狱。

这些传记只写到20年代中期，现在根据有关图书和网上资料，我补写了简短的"续志"，介绍了他们以后的活动和遭遇。从中可以看到他们在国内战争和新经济政策时期在军事、政治、经济、文化、外交等各个方面所发挥的作用。苏联20年代存在激烈的党内斗争，这实质上是对如何建设社会主义的不同看法和主张，是一种意见分歧，而非敌我斗争，谁对谁错，需要历史实践的检验，然而，那些与斯大林有分歧的人在30年代都变成了"人民公敌"、"叛徒"、"外国间谍"，惨遭镇压。国家政治保卫总局的"特别会议"在实施镇压过程中起了恶劣作用，30年代的镇压除几个公开审判案是由法院审理的以外，本书提到的监禁、流放、关集中营、枪毙等判决都没有经过法院，而是由这个不合法的特别会议做出的。苏联的"大清洗""大镇压"让那些二流、三流的人物淘汰了那些一流的人物，取代了列宁的近卫军，这种做法大大损伤了苏联的元气，其中对图哈切夫斯基等将领的镇压直接导致苏德战争初期的败局。

在十月革命一百周年即将来临之际，我们编译了这本传记，一方面介绍那些为十月革命出生入死的人物的事迹，还原这场革命的真实历史，同时也为总结苏联成败的教训提供有血有肉的案例，其中一批革命的功臣从战斗、工作到最后屈死的经历从一个侧面揭示了后来苏共垮台的一个重要内因。

郑异凡

2016年4月于北京

目录

列宁，弗拉基米尔·伊里奇

（1870—1924）

1870年4月23日（俄历10日）生于辛比尔斯克。其父伊里亚·尼古拉也维奇出身于阿斯特拉罕城的一个小市民家庭，七岁丧父，由哥哥瓦西里·尼古拉也维奇抚养成人。他的哥哥酷爱学习，然而未能如愿：在父亲死后就去工作，以便养活全家。他决定让弟弟得到他自己未能得到的一切：送弟弟上了中学，后来又上了大学。伊里亚·尼古拉也维奇后来对孩子们谈起哥哥时，总是怀着深深的感激之情。认识到每个人都必须受教育，为此必须努力学习，对科学抱着几乎是虔诚的态度——这一切是伊里亚·尼古拉也维奇毕生的特点，而且使孩子们从小就受到了感染。伊里亚·尼古拉也维奇在艰苦的条件下受到教育，很早就开始读书，以便能自己养活自己，而不要成为哥哥的累赘。他一生的特点是，有严格的责任感，对工作一丝不苟。他一贯这样要求自己和别人，当然首先是这样要求自己的孩子。起初，他亲自指导了几个大孩子的学习，要求他们一定要完成作业，还培养了他们的劳动习惯。同时，他总是担心儿子弗拉基米尔难以养成劳动习惯，因为无论什么，弗拉基米尔一学就会，所以他特别注意培养弗拉基米尔的劳动能力。伊里亚·尼古拉也维奇在对自己的评价方面十分谦虚，他认为自己所完成的重大的开创性的工作，只不过是应当做的一点小事而已。正像他自己所说的那样，他反对“溢美”，这样一来，弗拉基米尔·伊里奇在学校里经常受到的赞扬，在家里得到了有益的修正。在教育中常常有这样的情形：父亲个人的榜样具有更加重大的意义。在教育方面的一个重大的因素是：父亲不是像当时绝大多数职员那样的官吏，而是一位思想工作者，他不惜花费劳动和气力，为实现自己的理想而奋斗。当他外出工作时，孩子们常常几个星期见不到他，所以，他们在很小的时候就已经懂得：事业是高尚的，为了事业要能牺牲一切。他常常给孩子们讲一些生动的故事：关于他事业中的建设性成就，关于在农村兴办的一些新学校，以及因此需要向上（同当权人物和地主）下（同人民的愚昧和偏见）进行斗争——这一切都深深地印在孩子们的心中。特别使孩子们不能忘怀的是，每当农民大会决定创办一所新学校，或者对现有的那所学校表示满意时，他所流露出来的那种高兴的心情。他的大女儿的第一个自觉的志愿，就是当乡村女教师。

用当时的话来说，伊里亚·尼古拉也维奇按其信仰，是一位和平的民粹主义者。他担任辛比尔斯克国民教育视察员之后，就着手组织新的、艰巨的事业。他最喜欢的诗人是涅克拉索夫。他在年轻时曾抄录过涅克拉索夫的某些禁诗，并且让他的大儿子在幼年时代就了解那些具有宏伟主题的诗篇，如《叶辽慕什卡之歌》、《大门前的沉思》。在乡间的田野和森林里散步的时候，他常常给孩子们哼唱他读大学时的一些被禁止的歌曲。正如他的一些学生的回忆录所说的那样，他是一位很敏锐的教育家。

弗拉基米尔·伊里奇的母亲玛丽亚·亚历山大罗夫娜是一位医生的女儿。这位医生是当时的一位先进的人物、大理想家，但不善于逢迎谄媚和积攒钱财，因而很不得志。列宁母亲的青年时代是在农村艰苦的环境中度过的：她在身体方面受到的培养几乎是斯巴达式的。她渴望学习，但她一生都感到遗憾的是，她仅能受到家庭教育。她长于外语和音乐，读的书很多。她有天赋的优秀的教育家的资质，全心全意地培养子女。她以没有偏见和精力充沛而著称。由于家庭收入菲薄而又人口众多，她整天忙个不停。在她后来历经的许多经验中充分显示出了她坚强的性格。弗拉基米尔·伊里奇向来非常尊敬和热爱自己的母亲，对她的毅力和意志十分钦佩（参看娜·康·克鲁普斯卡娅的回忆录）。

因此，弗拉基米尔·伊里奇的家庭教育条件是非常好的。他是在一个和睦的、有思想的家庭里，在一种勤奋的气氛中长大的。除了父母的影响之外，他的哥哥亚历山大·伊里奇给了他很大的而且是很好的影响。这是一个可爱的哥哥，一个可供效仿的榜样。由于亚历山大·伊里奇从小就善于思考，意志坚强、坚忍不拔、刚直公正，总之，道德品质高尚，同时还有很强的劳动能力，所以，效仿他，这对于弗拉基米尔·伊里奇来说是非常有益的。在哥哥去彼得堡之前以及后来在暑假中，弗拉基米尔·伊里奇一直和哥哥同住一间房或者住在隔壁，他看得到哥哥对什么感兴趣，读些什么书。在最后的两个夏天，亚历山大·伊里奇带回了一些经济学、史学和社会学的书籍，其中包括卡尔·马克思的《资本论》。亲爱的哥哥的死去，当然给弗拉基米尔·伊里奇留下了非常强烈的印象，而且这件事情本身对于他走上革命道路就是一个有力的推动。

除了哥哥和书籍之外，当时在辛比尔斯克，弗拉基米尔·伊里奇再没有受到其他的直接的革命影响。由费·伊·克伦斯基（后来的临时政府首脑的父亲）所主持的那所中学，与一切爱好自由的思潮都是风马牛不相及的，而弗拉基米尔·伊里奇在那里学习的年代（1879—1887）属于那样一个时期：学校受到严格监督，稍微有点自由思想的教师都被无情地赶走了，留下来的，除了卑躬屈膝之徒，就是庸庸碌碌之辈，他们对当时的制度或多或少抱迁就应付的态度，而且都钳口结舌。

因此，对社会问题的兴趣只能通过同学们之间的交往培养出来。根据几个同班同学的回忆，弗拉基米尔在同学们的交往当中，理所当然地充当“第一提琴手”，而他自己并没有受到什么影响。在此时期，他并没有受到外人——如受监视的被流放者或一些可疑人物的革命影响。有些传记作者说他受到了这样的影响，那是不对的。

每逢夏天，弗拉基米尔·伊里奇随同家里的人一起到喀山省的科库什基诺村去。他母亲在这个村子里度过了自己的少年时代，她和当地的农民保持着非常亲密的关系，所以弗拉基米尔·伊里奇有机会仔细观察这个偏僻的俄国农村的生活和心理。他在那里听到人们埋怨土地少；听到父亲和母亲表示遗憾，科库什基诺的农民尽管非常信任他的外祖父，但还是认为赠给份地比交租子好。

弗拉基米尔·伊里奇于1887年中学毕业，获得金质奖章。对于是否发给他奖章，校方曾经犹豫过，因为过去学校由于发给他的哥哥这个后来的国家要犯以金质奖章和优秀毕业证书而受到申诉。但弗拉基米尔·伊里奇历年的学习成绩和毕业考试的成绩都非常出色，所以当时的学校也不能不给他应得的奖赏。

中学毕业以后，弗拉基米尔·伊里奇申请升入喀山大学法律系。虽然当局没有直接禁止他升入首都的大学，但警察局长告诉他的母亲：他最好申请上本省的大学，而且最好跟母亲一起生活。校长克伦斯基很欣赏弗拉基米尔·伊里奇的拉丁文和文学的成绩，有意让他进喀山大学语言研究所或历史文学系，所以对他的选择感到很失望。但当时弗拉基米尔·伊里奇已肯定地对法律和政治经济科学发生了兴趣，此外，他也不想当教师，而且他知道，将来当局不会让他从事教师的职业。所以，他选择了比较自由的律师职业。

大学的影响，可以说他还没有来得及接受，因为入学三个月之后，他就被迫离开了大学。那年秋天，学生的“骚动”席卷了各大学。大学生反对一个新的规章制度，反对对他们加紧实行赤裸裸的警察监视，反对开除许多被警察认为是“不可靠”的大学生。这是在1887年3月1日的谋杀案件之后对大学生的镇压，因为那一案件的参加者几乎全是大学生。弗拉基米尔·伊里奇一向具有强烈的自由思想，对于一切侮辱人格的事非常敏感，反应十分强烈，对已有的秩序抱批判的态度，当时，由于亲爱的哥哥被处死，他对政府尤为反感。另一方面，尽管他在大学里还未能结识要好的朋友，但是，由于他是被处死的亚历山大·伊里奇的弟弟，所以大学生，主要是革命的大学生都对他这个一年级同学刮目相看。因此，副学监就告密说：弗拉基米尔·伊里奇同原来受到怀疑的一些大学生为伍，而且似乎跟他们“窃窃私语”。同时不应当忽视，由于众所周知的原因，警察对弗拉基米尔·伊里奇比对许多其他的大学生监视得更紧。

不管怎样，有人曾经转告他的母亲说，那个学监受到一伙被激怒了的青年的攻击，他断言，他看见弗拉基米尔·伊里奇站在前列，紧握着拳头。结果，第二天晚上，他和其他40人都被逮捕，送到了警察所。阿多拉茨基转述了弗拉基米尔·伊里奇同押送他的警官的一段对话。

“小伙子，造反有什么好处？你不是向一堵石墙上撞吗？”警官对他说。

“是的，但这是一堵朽墙，一撞就会倒。”弗拉基米尔·伊里奇回答说。

后来，所有的被捕者都被由喀山流放到故乡去了。但是，由于弗拉基米尔·伊里奇已没有什么人留在故乡，所以，当局同意把他流放到离喀山40俄里的科库什基诺村。当时，本文作者他的姐姐安娜由于1887年3月1日案件正住在那里，受到公开监视。弗拉基米尔·伊里奇在这个村子里住到1888年秋天。他在这里读了很多书。在他住的那个厢房里有他已故的伯父——一个博览群书的人——的一个书柜。弗拉基米尔·伊里奇读了许多关于社会问题的书籍，在旧杂志上汇集的一些有价值的文章。此外，他常常去打猎，到附近的一些地方去散步，当然就有许多机会观察农民的生活。当时，弗拉基米尔·伊里奇接触不到什么亲友，只有一些表兄弟姐妹于暑假中到科库什基诺来，但这些亲戚都不是搞社会活动的人，都很平淡无奇，因而对他的进步不可能有什么帮助。1888年秋，当局允许他回喀山，在那里，他度过了1888—1889年的那一整个冬天，找到了一些老朋友，又结交了一些新朋友。新朋友之一就是女民意党人切特维尔戈娃，他对她非常同情。总的说来，他对老的民意党人向来非常尊敬（克鲁普斯卡娅、季诺维也夫等人的回忆录都证明了这一点），而且他决不拒绝继承他们的“遗产”。

这个冬天，他开始形成自己的社会民主主义信仰。他开始努力研究卡尔·马克思的《资本论》。他加入了一个青年小组，青年们怀着很大的兴趣参加小组活动，在其中交换读书的心得，形成自己的信仰。在这个小组中并没有一个比较有威信的领导人：青年们完全是自动地寻求自己的道路。当时喀山的各个马克思主义小组的主要组织者是尼·叶·费多谢也夫，弗拉基米尔·伊里奇听说过他，但没有见过他。他们两人是后来在通信和交换文章当中认识的。他们年龄相仿，在年轻的时代可以说大体上声望相当，所以很难说谁对谁有影响。

从 1889 年春天起，弗拉基米尔·伊里奇随同家里人一起转到了萨马拉省的阿拉卡也夫卡村，同年秋天，就到了萨马拉。他一生中在萨马拉的时间有四年多。他一心一意地研究马克思主义——在这个时期中，他读完了俄文和一些外文版本的马克思和恩格斯的所有主要著作。他在他所组织的萨马拉的青年小组中介绍过马克思和恩格斯的某些主要著作。那些青年都比他年轻，还未定型，读的书也较少，所以，在他们当中，他算是理论家和权威。总而言之，当时，特别是在外省，社会民主主义仅仅是在形成中的革命的潮流，而且，其代表人物通常都是青年人。在这个时期中，弗拉基米尔·伊里奇只结识了（于 1891 年或 1892 年）一个已经形成的、成熟的马克思主义者——普·伊·斯克沃尔佐夫，当时他路过那里到下诺夫哥罗德去。伊里奇对于结交了这个朋友感到很高兴，后来，他怀着满意的心情叙述过同这位马克思主义者的谈话，不过他同时强调指出，斯克沃尔佐夫只是在理论上持马克思主义的立场，但是，他永远也成不了革命家。

当时萨马拉具有革命情绪的人当中，有些是曾经被流放到西伯利亚的人，现在他们受到监视——当然，所有的这些人都是民粹派或民意党人。

我们一家同他们保持着比较密切的关系。弗拉基米尔·伊里奇同恩·多尔戈夫以及利万诺夫夫妇接触最多。前者是多尔古申案件的参加者，后者是地地道道的、非常正直而富于理想的民意党人。弗拉基米尔·伊里奇很喜欢同他们谈话。他虽然同他们走的不是一条路，但是从他们那里吸取革命的经验，可以说通过他们的故事研究我国革命运动的历史，因为在我们省里非法的书籍非常之少。可是，在一些基本观点上，他同他们以及同形形色色的民粹主义的其他代表人物进行了激烈的争论。在这些争论中他更加牢固地树立了自己的观点，而且学会了更好地论证自己的观点。他的对手之一就是在萨马拉度过了一年受监视生活的瓦·瓦·沃多沃佐夫。他的听众中的一些颇有派头的人，常常被这位青年在争论中表现出来的很不礼貌的行为搞得很生气，但往往向他屈服了。弗拉基米尔·伊里奇经常同当时住在萨马拉、而且受到监视的玛·彼·雅斯涅娃（哥卢别娃）谈话。雅斯涅娃是俄国雅各宾主义的代表人物，在弗拉基米尔·伊里奇的影响下成了社会民主党人。

在萨马拉的这些年中，弗拉基米尔·伊里奇除了形成自己的革命世界观之外，在学习普通的科学方面也有进展。当局不允许他回大学复学。他请求出国学习也遭到拒绝。最后，在他被开除三年之后，即于 1890 年，经过他母亲的努力，当局才允许他以校外生的资格参加考试。于是，弗拉基米尔·伊里奇专心致志地学习，在一年半之内完全独立地准备好了这次考试——于 1891 年春季和秋季分两次通过了彼得堡大学的考试。他考得非常好，没有落后于未曾离开学校的同班同学。

弗拉基米尔·伊里奇在去彼得堡参加考试时，见到了一些马克思主义者，从其中之一好像叫作亚维英的工业学院教师那里得到一些马克思主义的书籍，并且带回萨马拉——而且还有《新时代》杂志和《争取社会立法和统计》周刊。

弗拉基米尔·伊里奇在获得文凭之后，登记担任哈尔金律师的助手。哈尔金是当时萨尔拉一个自由主义团体中著名的代表人物，他很聪明，弗拉基米尔·伊里奇很尊重他。弗拉基米尔·伊里奇亲自办了几次案子。那是一些小案子，不需要花多少时间进行准备，他很不在意。登记为律师，这就使他有了一个职业，将来可以维持生活。他把主要精力用于研究马克思主义、俄国的现实，为进行革命工作作准备。在这个时期，即萨马拉时期，弗拉基米尔·伊里奇写出了最早的一些著作，如论述波斯特尼柯夫所著《南俄农民经济》一书的文章（这篇文章在过了30年之后，不久前才发表出来），以及批判民粹派作家尤沙柯夫、卡雷舍夫等人的笔记。这些笔记后来发展成了他的第一部巨著《什么是"人民之友"以及他们如何攻击社会民主主义者》。他在这部著作中奠定了自己的整个世界观的基础。

1893年秋，弗拉基米尔·伊里奇到了彼得堡，在那里，他登记担任沃尔肯施泰因律师的助手。这给他提供了一个地位，而且使他能够挣钱。不过，在彼得堡，弗拉基米尔·伊里奇只有几次接受委托办案，充当辩护人。在那里，他同一些社会民主主义者，同克拉辛、拉德琴柯以及工业学院的学生斯塔尔柯夫、克尔日扎诺夫斯基、查波罗热茨等人的小组建立了联系。此外，他还结识了马克思主义的著作家司徒卢威和波特列索夫。由于米海伊洛夫斯基在合法刊物上发表了一些反对马克思主义者的言论，弗拉基米尔·伊里奇给了他一个答复，这就是《什么是人民之友》的第一篇。这一著作首先打字由莫斯科的社会民主主义者大学生小组胶印。后来，列宁对司徒卢威的一本著作进行了批判。

这一批判的著作题为《民粹主义的经济内容及其在司徒卢威先生的书中受到的批评》，用“土林”这个笔名发表在《说明我国经济发展状况的资料》文集中，这个文集还收集了当时一些马克思主义者所写的其他文章。不过这本文集被书报检查机关销毁了，其主要原因就是列宁的文章。文集只留下了寥寥几本。列宁虽然赞同司徒卢威对民粹主义的批判，但坚决反对当时在他的世界观中所表现出来的自由主义倾向。

由此可见，弗拉基米尔·伊里奇用在彼得堡度过的两年多时间（1893年9月至1895年12月），同民粹主义进行了斗争，同时又形成了自己正确的马克思主义世界观（写了《人民之友》、《民粹主义的经济内容及其在司徒卢威先生的书中受到的批评》），另一方面，还进行了革命的社会民主主义的工作。他同一些工人（舍尔古诺夫、巴布什金等）建立了联系。他常常出去参加工人小组的活动；他既写一般政治性的传单（如五一节），也应个别工厂的某些要求写传单。

在这个时期中，弗拉基米尔·伊里奇第一次出国，并且结识了“劳动解放社”（普列汉诺夫、查苏利奇、阿克雪里罗得）。整个这个社，尤其是普列汉诺夫对弗拉基米尔·伊里奇有很大的影响。他在俄国时就读过普列汉诺夫的主要著作，很尊敬他，认为他是自己的老师。亲自同该社的人见面，这就巩固了他同该社全体成员的联系，而且，正如他从国外回来以后自己承认的那样，这次见面使他获益匪浅。同时，他也谈到，普列汉诺夫和阿克雪里罗得都发现，在署名土林的那篇文章中，在对社会其他阶级的态度这个问题的提法上有某种狭隘性；他们两人都认为，俄国社会民主党在登上政治舞台时，在自己的形成时期，不能只限于批评各个党派；它如果想要成为最先进的政党，那就不应忽视任何一种反对派的运动，因为它们都在唤醒各个阶级和集团，参加社会生活和反对专制制度的斗争。

弗拉基米尔·伊里奇承认这一观点是对的。毫无疑问，同普列汉诺夫和阿克雪里罗得的谈话，对他有很大的影响，帮助他形成了自己的观点，使他迅速地登上了革命斗争的广阔舞台——建立了“工人阶级解放斗争协会”。“劳动解放社”的成员们还鼓励他出版一份俄国社会民主主义运动的政治性的机关报。这个名叫《工人报》的秘密报纸的第一期，由弗拉基米尔·伊里奇筹备和编好，其中主要的文章都是他写的。但在1895年12月9日的逮捕中，所有的材料都被抄走了。这次逮捕几乎把整个小组搞垮，弗拉基米尔·伊里奇本人也被逮捕了。

弗拉基米尔·伊里奇在狱中度过的一年零两个月当中并没有停止工作。第一，他利用彼得堡的各图书馆和藏书所，为他打算写的著作《俄国资本主义的发展》收集了材料。第二，他并没有放弃秘密工作。他用密码和化学药品书写的办法同外界保持定期联系，他还用这种办法写了传单、小册子和一个附有说明的党纲草案。弗拉基米尔·伊里奇于1897年2月出狱之后，警察局让他和他的同志在彼得堡停留三天，“以便处理私人的事务”。他会见了当时在那里进行工作的一些社会民主主义者，并且发表了言论，坚决反对运动中出现的“经济主义”倾向。

弗拉基米尔·伊里奇被允许自己去流放地——不要人押解。于是他就避开一切监视，经由当时新建的西伯利亚铁路去克拉斯诺雅尔斯克，他被指定流放到那里的米努辛斯克县的舒申斯克村。

弗拉基米尔·伊里奇在这个村子里度过了三年流放生活。一年以后，他的未婚妻娜·康·克鲁普斯卡娅同自己的母亲一道到他那里去了。她是以打算结婚的理由被允许离开自己的流放地乌发省而去舒申斯克村的。和弗拉基米尔·伊里奇住在同一个村里的只有两个波兰工人，但是，在米努辛斯克县的其他村子里还有一些同志，在节日和婚礼时，可以同他们见面。同所有在流放中的同志们的通信一直非常活跃。弗拉基米尔·伊里奇定期同俄国和国外的中心通信。这种通信主要是通过我进行的：既用普通的方式，也用密写的方法。我给他订了一些杂志，尽可能地寄给他各种新书目录；我还把他向国外定购的许多书籍带给他。

弗拉基米尔·伊里奇在流放地根据自己在监狱中收集的材料，写出了《俄国资本主义的发展》一书；此外，还在存在时间不久的一些合法马克思主义者的刊物上写了一些文章，这些文章被他收进了《经济评论集》中。这两本书都委托我进行了校订，于1899年出版。

此外，他还同克鲁普斯卡娅一道从英文翻译了维伯夫妇的《工联主义的理论和实践》，写了一本小册子《俄国社会民主主义者的任务》在国外出版，还写了一些文章和讲稿供流放的同志们阅读。

在舒申斯克村，他还起草了反对库斯柯娃和普罗柯波维奇在国内发表的所谓《信条》的抗议书，即《十七个社会民主党人的抗议书》，其简略的名称就是大家都知道的《反信条》。在这个抗议书中，弗拉基米尔·伊里奇分析和严厉地批判了所谓“经济派”最有代表性的信条声明。

1900年2月，弗拉基米尔·伊里奇从流放地回来，他在莫斯科拜访了亲人之后，便到普斯可夫，他选择了那里作为自己的居留地（当时不允许流放过的人在有大学和大工业的城市居住）。当时，从流放地回来的亚·波特列索夫、勒柏辛斯基、策杰尔包姆（马尔托夫）也到那里去了；柳·尼·拉德琴柯以及其他一些社会民主党人原来已经在那里生活。必须把在各个城市分别进行工作的各小组统一为一个党，但当时由于逮捕频仍而难以做到。1898 年召开了第一次党代表大会之后，几乎所有的参加者都被逮捕了。原来打算于 1900 年由南方人（主要是由出版《南方工人报》的叶卡捷琳诺斯拉夫委员会）召集第二次代表大会。可是，1900 年春，这个团体也被破获了。于是，弗拉基米尔·伊里奇形成了一个想法：统一成为一个党的办法不是召开工作人员的代表大会，因为在当时条件下，那种做法花的代价太大，而是要在警察管不着的地方，在国外创办一家报纸。按照他比喻的说法，这家报纸应该成为“建筑架”，党就围绕着它而建立起来。他在社会民主党人的所谓普斯可夫会议上阐述过自己的这一想法。会议决定：为了实现这个思想，他、波特烈索夫和马尔托夫要出国去。他们三人开始张罗出国的护照。当时警察局发放出国护照是很随便的，因为经验证明，人们——特别是作家和科学工作者——都想往国外跑，从进行革命工作的观点来看，他们就变得比较无害了。

但是，由于弗拉基米尔·伊里奇和马尔托夫在由普斯可夫秘密去彼得堡的途中被捕，这个计划差点告吹。不过这个案子仅仅以他们被关押三个星期就了结了，随后他们就被释放，而未受到追究。于是，弗拉基米尔·伊里奇决定赶快出国。他根据母亲为他求得的许可去看望了母亲和住在乌发的我。当时，他的妻子娜·康·克鲁普斯卡娅应在那里度过最后一年接受公开监视的时期。当然，在乌发和萨马拉期间，他会见了当地的许多社会民主党人，向他们阐明了自己的计划。

一到国外，他就决定与“劳动解放社”一起出版《火星报》，这个名称出自一首纪念十二月党人的诗中的警句：“星星之火可以燃成熊熊之焰。”当时在国外的另一个出版团体即《工人事业》杂志没有被邀请参加，因为它倾向“经济主义”。为了不受流亡者众多的日内瓦的支配而离得远一点，决定在慕尼黑出版这家新的报纸，弗拉基米尔·伊里奇、波特列索夫、维·查苏利奇都到那里去了。后来，马尔托夫也从俄国到那里去了。除了《火星报》之外，还决定出版一个科学马克思主义的刊物《曙光》杂志。

弗拉基米尔·伊里奇满腔热忱地进行这项工作。由于工作人员不够，各种杂七杂八的事情他都做：通信、译密电码、安排交通、同俄国以及在国外的侨民进行联系等。至1903年夏，即召开第二次党代表大会之时，《火星报》在两年半当中已产生了巨大的影响，尽管遇到了种种困难和阻挠，但已在俄国日益广泛地传播开来了。它对于工人群众政治觉悟的提高以及变经济罢工为政治罢工起了很大的促进作用。它还有助于把各地的党委统一起来，组织起来。《火星报》，尤其是弗拉基米尔·伊里奇这个时期所写的小册子《怎么办?》，都坚决主张必须建立一个秘密的职业革命家的组织，它对于建立这样一个组织的事业起了促进的作用。各地多数党的委员会都赞成《火星报》的观点，所以在第二次党代表大会上，它就被宣布为中央机关报。

但是，在这次代表大会上，大会的多数派与少数派之间发生了分裂——“布尔什维克”和“孟什维克”的名称就是由此而来的。以弗拉基米尔·伊里奇为首的多数派，对于谁可以成为党员这一点，主张下一个革命的、明确的定义，并且主张比较切实地组织《火星报》的编辑部。《火星报》原来的编辑当中，除弗拉基米尔·伊里奇之外，只有普列汉诺夫一人发言支持多数派。但是，不久之后，普列汉诺夫在拒绝参加编辑部的马尔托夫以及在代表大会上没有当选的旧编辑部其他成员的影响下，也退出了编辑部。只剩下列宁一人。他认为在这种情况下无法工作下去，就辞去了编辑的职务。结果普列汉诺夫把编辑部里所有的其他的人都弄回去，《火星报》就落入孟什维克的手中。此时列宁写了《进一步，退两步》。

弗拉基米尔·伊里奇离开了对党进行领导的岗位，但是不可能长期维持这种情况，因为俄国国内的多数组织和大多数工人都站在布尔什维克一边，他们要求有自己的机关报。弗拉基米尔·伊里奇也认为有此必要，所以，在他离开《火星报》大约一年之后，布尔什维克就开始出版《前进报》。《前进报》也同俄国各地的组织建立了联系，开始派职业革命家到各地去，号召采取更革命的工作方法，准备实行革命起义。

这时，弗拉基米尔·伊里奇已移居日内瓦。1902 年，在慕尼黑由于警方监视得紧，编辑部只好由那里迁到伦敦，接着，又转移到日内瓦。在这些年中，列宁的生活非常艰苦，党的经费不足，他只用其中很少一点点，有时靠著作弄点额外收入。繁重的工作和紧张的环境，严重地影响了他的健康，例如，在第二次代表大会之前，当他由伦敦去日内瓦时，他就得过一次叫作“圣火”的神经方面的疾病。夏天，特别是在代表大会、代表会议或者是在编辑部内发生了重大的意见分歧之后，他总设法到大自然的怀抱里去，到海边或山区去，而且总是要挑选一个比较清静的偏僻地方，找一个最简单、最廉价的旅馆。弗拉基米尔·伊里奇一生都爱好大自然，善于在大自然中休息。

这时，尤其是从 1905 年 1 月起，革命的浪潮高涨起来了。这种情况使侨民们，特别是使弗拉基米尔·伊里奇一方面更加紧张地、热情地进行工作，另一方面则非常渴望返回俄国。1905 年夏末的一件事情表现了弗拉基米尔·伊里奇所特有的远见卓识。当时他给我写过一封信，大概是对我的埋怨——我埋怨收到从国外寄来书刊有困难，经常晚了——的答复。他在信中说："不久之后我们就要在彼得堡办一个报纸，它的编辑部设在涅瓦大街。"当时，我对这句话就如同对某种完全不可置信的事情一样，置之一笑。可是，在大约三个月之后，《新生活报》编辑部的牌子真的在涅瓦大街上挂出来了。

我国爆发了第一次革命，发表了一个宣言，允许把许多人从监狱中释放出来，并且允许许多侨民回国。这时候弗拉基米尔·伊里奇立即就回来了。但是，对于弗拉基米尔·伊里奇来说，回国后马上遇到了问题：他以自己的身份证在一个熟人家租到的房间里只住了一夜，就肯定无疑地被人盯上了，于是他就不断地更换住所，并且使用别人的身份证。他还用别人的姓名发表演说，他在帕宁娜家里的一篇著名的演说就是用卡尔波夫这个名字发表的。弗拉基米尔·伊里奇打破了立宪民主党人、社会革命党人和孟什维克的种种幻想，例如他们对 1905 年 10 月的成果的信心以及对运动的和平进展的希望。他尖锐地批判了所谓布里根（咨询）杜马，提出了抵制布里根杜马的口号。他一再指出：必须团结队伍，准备进行坚决的战斗，举行武装起义。1905—1906 年之冬，他曾两次去莫斯科，一次是在 12 月起义之前，另一次是在起义之后。他纠正对第一届工人代表苏维埃的态度，当时有一些布尔什维克忽视、轻视苏维埃，因为苏维埃中的多数人持小资产阶级的观点。列宁理解了这个真正由群众选举的机构的意义。他预见到了它将来的作用。

当可以认为革命的浪潮正在兴起的时候，弗拉基米尔·伊里奇就主张推动革命的浪潮，主张实行最革命的策略。例如，他宣布抵制第一届国家杜马的口号；他甚至宣称必须进行游击斗争，主张搞所谓的三人小组和五人小组。当运动已走向低潮时，他就坚决改变战线，主张一定要参加国家杜马，利用它的讲坛，因为当时人民宣传自己的观点的机会已一个接着一个被剥夺了。布尔什维克的报纸一家接一家地被封闭了：《浪潮报》、《前进报》、《回声报》相继代替了《新生活报》。布尔什维克党力求尽可能地利用合法的出版物。当时出版了一些小册子，其中由弗拉基米尔·伊里奇写的有：《社会民主党在民主革命中的两种策略》、《立宪民主党人的胜利和工人政党的任务》、《杜马的解散和无产阶级的任务》、《社会民主党和杜马选举》等。

不过宣传的规模必须日益缩小，必须逐渐转入地下。弗拉基米尔·伊里奇被迫迁往芬兰的库沃卡拉，从那里不时去彼得堡，不过更多的是别人到他那里去要手稿或商量问题。经过一系列小型的磋商之后，1905 年在坦默福斯召开了党代表会议，1906 年又在斯德哥尔摩召开了党代表大会，即所谓统一代表大会，之所以这样称呼，是因为党的两部分即布尔什维克和孟什维克都出席了，而上次的代表大会，即 1905 年召开第三次代表大会，孟什维克没有参加。然而，统一的尝试毫无结果。

1907 年，第二届杜马解散之后，反动势力日益猖獗，那年秋天，弗拉基米尔·伊里奇从芬兰社会民主党人那里得到警告，说有要逮捕他的命令。为防不测他就经亚波和斯德哥尔摩再次去日内瓦。

这第二次流亡，除 1905—1906 年间有过短暂的闲暇之外，比第一次更加艰苦。消沉和悲观失望的情绪席卷了广大的知识分子阶层和青年，也深入到了工人当中。广泛的社会兴趣被代之以个人的兴趣、性别问题、神秘主义倾向和宗教探求的哲学。与此同时，悲观失望的情绪还以一种更加愚蠢的形式表现出来：在青年——社会生活最敏感的晴雨表——当中出现了自杀的流行病。在党内（在孟什维克中），出现了所谓的“取消主义”，即鼓吹把一切都集中在合法的框框之内，取消党的秘密工作。当然，所有这些偏向都在流亡者当中特别尖锐地表现出来了。情绪是非常沉闷的。但是，弗拉基米尔·伊里奇并没有丧失勇气，他还一直鼓舞人们的勇气。他指出了1905年革命被镇压下去的原因。他说，应当准备下一次的革命高潮。正如过去他利用流放进行了学术工作一样，现在，他把第二次流亡这段最冷冷清清的时间用于研究他过去一直没有时间研究的哲学，写出了自己的哲学著作，即1909年出版的《唯物主义和经验批判主义》。它是用来反对形形色色的唯心主义的，它从这一观点对国外的和俄国的一切哲学理论——其中包括新康德主义——进行了批判性的分析。

部分是在这个基础上，部分是在政治分歧的基础上，弗拉基米尔·伊里奇同“前进派”或“召回派”之间发生了分裂。他们之所以被称为“召回派”，是因为他们主张从国家杜马中召回社会民主党的代表。弗拉基米尔·伊里奇一再证明：在不能指望进行直接的革命斗争的时候，就必须利用一切合法机会，其中包括杜马讲坛和合法报刊。1911年，我曾经有机会同他谈到一件事情：在某些省的秘密小组中工作的一些同志，对于曾设法在萨拉托夫出版过一个短暂时期的合法小报抱不信任的态度，当时他坚决谴责他们不愿意支持这家小报。我见到他的时候，正是这个反动时期快要终结的时候，他好像对我说过：“不知道能不能活到下一次革命。”

1911年夏，弗拉基米尔·伊里奇在巴黎郊外的龙寿姆成立了一个党校，并且给来自俄国的工人讲过许多次课。1912年，他被选进国际社会党执行局。

群众中正在聚积力量。1912年4月，枪杀工人的勒那事件把这些力量召唤出来了。首先，尽管困难重重，合法的工人报刊发展起来了。工人的日报即《真理报》在彼得堡这一专制政权的中心开始出版了，要把它封死是无论如何也做不到了，已开辟了一条新的战线。必须把力量集中在这条战线上，于是弗拉基米尔·伊里奇就从近来居住的巴黎迁往靠近俄国的地方，迁到了克拉科夫。快车从那里到彼得堡只要12小时，文章可以及时送出去，第二天就可以收到报纸。比较容易安排同秘密工作人员、杜马（当时是第四届杜马）代表的会面。弗拉基米尔·伊里奇为他们写演说稿，比较容易领导俄国的秘密工作。这样，虽然弗拉基米尔·伊里奇也给地下报刊——当时出版的中央机关报《社会民主党人报》——写文章，不过他的主要精力是用于当时刚刚对工人报刊打开的窗户：除了《真理报》之外，他给日报《明星报》、马克思主义的刊物《思想》杂志、《启蒙》杂志写文章。

可是已经到来的欧洲战争把一切都搅乱了。所有的工人报刊都被封闭了。社会民主党的国家杜马代表都被逮捕，交付法庭审判，并且被流放到西伯利亚。在大战刚刚爆发的时候，弗拉基米尔·伊里奇就被奥地利当局逮捕，坐了大约三个星期的监牢。他虽然安危未卜，却跟平常一样精神饱满，这使得处于同样地位的某些知识分子非常吃惊。由于奥地利社会民主党人的活动，他被释放到了瑞典。在当时席卷各国党的爱国主义狂热当中，几乎只有他一人号召不要离开国际。他指出：反对帝国主义战争的唯一的方法，应当是变帝国主义战争为国内战争；在每一个国家中都要反对本国的政府。

娜·康·克鲁普斯卡娅在回忆录中详细地讲过：在这一斗争中，弗拉基米尔·伊里奇是多么孤单，他多么痛苦地感觉到，周围的人们对他丝毫也不理解。

弗拉基米尔·伊里奇草拟了一份关于革命的社会民主党人应当如何对待战争的提纲。这个提纲被转寄到俄国以后，在被捕的第四届国家杜马布尔什维克代表身上搜查出来，就成了控告他们的主要罪证。提纲十分明确地宣告：每一个彻底的社会主义者都首先应当同本国政府作斗争，战争的最好结局就是使沙皇政府这个最反动政府遭到失败。

弗拉基米尔·伊里奇还就这个题目在瑞士作过一些报告，他用彻底的国际主义的思想团结了一切可能团结的人。

在齐美尔瓦尔德和昆塔尔代表会议上，列宁是左派国际主义者的代表。当时在国外，他们处于少数地位。大多数社会主义者都具有爱国主义情绪。当时弗拉基米尔·伊里奇必须在人们几乎普遍无知的厚厚的墙上打开一个缺口。在战争时期，同俄国进行联系以及往那里寄送书籍都很困难。许多工作人员都被送上前线去了。在俄国，爱国主义的狂热甚嚣尘上，“失败主义”的思想仅仅为布尔什维克或倾向于他们的人所接受。这是一个艰苦的流亡时期，同俄国隔绝开来是令人感到痛苦的。

1916 年，列宁写成了《帝国主义是资本主义的最高阶段》一书。

1917 年的革命爆发后，弗拉基米尔·伊里奇立即想方设法返回俄国。但当时这是很不容易实现的。托洛茨基打算取道英国回国，被英国当局拘留了。在考虑了种种比较难以实现的方案之后，弗拉基米尔·伊里奇决定乘“铅封”车厢取道德国回国。列宁和布尔什维克的敌人当时利用了乘“铅封”车厢一事，大肆宣扬说：列宁等人是叛徒，在战争时期曾经同与我们敌对的德国政府达成了协议。其实，协议只不过是：这些人将取道德国，但绝对不与该国的任何人见面或交谈。为此就选择了“铅封”车厢的形式。

在回国途中，弗拉基米尔·伊里奇对于他会不会被米留柯夫政府逮捕是完全没有把握的，他甚至几乎深信，一定会被逮捕。然而，他却平安地通过了斯德哥尔摩，同样平安地通过芬兰，一直到达了俄国的边境，到达了白岛车站，有几位党内同志在那里迎接他，他们于旧历 4 月 2 日晚上到了彼得堡。在这里，在白岛车站，布尔什维克党中央委员会和彼得堡委员会召集各区的工人群众，为他举行了隆重的欢迎仪式。

弗拉基米尔·伊里奇从铁甲车上向同志们发表了简短的演说，号召为社会主义革命而斗争。当天晚上，在各个组织的代表们的会议上，他也阐述了这个意思。他生性讨厌各种空话、欢呼和鼓掌，所以立即把话题转入实际的事情，转入明天的最近任务。他痛斥了国际社会民主党在帝国主义战争中的可耻行径，并且说服布尔什维克党：为了坚决同这种行径划清界线，改名为共产党。他指出：推翻了罗曼诺夫王朝的革命，还没有给工人和农民以任何东西；立宪民主党人的以及后来有一半是社会革命党人的临时政府，不可能提供任何东西，应当推翻。他在当时的《真理报》上以及一些小册子中坚决表明了这个意思。7 月间，共产党所不赞成的进行起义的第一次尝试，是不成功的。许多优秀的布尔什维克被临时政府逮捕了。弗拉基米尔·伊里奇几乎肯定要被逮捕，因此，他就和季诺维也夫一起隐藏起来。

正如后来弗拉基米尔·伊里奇指出的那样，当时只有工人才有力量把人藏起来，所以他们两人起先藏在彼得堡工人的住宅里，后来藏到谢斯特罗列茨克，最后藏在芬兰。他不得不使用地下生活的各种形式，如化装、戴假发、使用别人的证件。他不得不经常更换住所，在火车上打扮成司炉，躲藏在窝棚里。就是从那里，弗拉基米尔·伊里奇密切注视着党的生活，写了一些文章和致党中央的信件。《国家与革命》一书就是在这个时期开始写作、后来完成的。弗拉基米尔·伊里奇看到布尔什维克对工人的影响日益增长（莫斯科和彼得堡的选举尤其使人对此深信不疑），而临时政府在群众中的威信则越来越摇摇欲坠，所以开始主张再也不要犹豫不决了，必须举行起义，推翻临时政府。他的一些亲密的同志不赞成采取这一坚决的路线，但是，这并没有使他发生动摇。

在召开全俄苏维埃第二次代表大会之前，弗拉基米尔秘密地回到了彼得堡，参加了中央委员会的会议。起义决定于旧历 10 月 25 日举行。当天晚上，苏维埃第二次代表大会的第一次会议宣告：共产党夺取了政权，临时政府被推翻了。弗拉基米尔·伊里奇发表了讲话，宣布了苏维埃社会主义共和国的成立以及它的头两个法令，即关于停止战争的法令以及把地主和私人占有的一切土地无偿地交给劳动者使用的法令。资产阶级专政被无产阶级专政所取代了。

新的苏维埃政权的建设是在极其困难的情况下进行的：几乎整个知识界和所有的苏维埃职员都宣布抵制它。不要其他政党和派别合作而组织政府，这在共产党中央委员会内引起了意见分歧。弗拉基米尔·伊里奇坚决反对任何合作，他坚决相信群众，相信无产阶级自己能够管理国家，相信它在实践中、工作中会极其迅速地成长起来并且学会进行管理。

这个政府完全是由共产党人组成的，他们富有革命的经验，但完全没有建设国家的经验。所以，巨大的工作和责任就落到了作为人民委员会主席领导新政府的列宁的肩上。他必须亲自指导一切领域中的工作：从军事工作起，一直到粮食或教育工作为止。国际资产阶级所资助和支持的国内战争，国内的暴动以及由这些动乱和在此之前的世界大战所造成的饥荒和经济破坏，——所有这一切都要求弗拉基米尔·伊里奇紧张地付出巨大的精力，因为他领导着政府，是它的首脑和主要杠杆。1918 年 8 月 30 日，列宁在米歇尔逊工厂（现在改名为“弗拉基米尔·伊里奇”工厂）的群众大会上作报告时，女社会革命党人卡普兰在工厂的院子里对他进行暗杀，这使得他的健康受到了严重的损害。卡普兰给他造成的重伤，差点夺去了他的生命。

1918 年，根据弗拉基米尔·伊里奇的倡议，而且是在党中央一部分人进行激烈反对的情况下，我们同德国签订了所谓布列斯特和约。根据这个条约，我们同意割让许多城市和领土，支付大宗赔款。这个条约的确是丧权辱国的条约，——但是，列宁看到，农民不愿意进行战争；此外，他认为，德国的革命会迅速到来，那时一切最可耻的和平条件就都会成为废纸。结果，实际情形正是这样：德国爆发的资产阶级革命废除了布列斯特和约的最苛刻的条件。

强大的、富有战斗力的红军建立起来了，它在国内战争中取得了胜利；从白卫分子手中解放出来的一些地方，如乌克兰、西伯利亚、克里木、格鲁吉亚在保留自治区的权利的基础上，开始并入苏维埃社会主义共和国。俄罗斯苏维埃联邦社会主义共和国成立了，它后来发展成了苏维埃社会主义共和国联盟。随着国内战争的结束，开始对国民经济实行了调整。但是，居民中人数最多的一部分即农民被连年的战争和严格的军事共产主义弄得精疲力竭，他们需要休养生息，需要有比较正常的条件，以便能够摆脱经常的饥饿状态，能够着手恢复经济。弗拉基米尔·伊里奇了解在这一方面改变政策的迫切必要性，于是以粮食税代替了粮食征收制，给农民留下余粮，促使他们进行恢复经济的工作。他实行了所谓“新经济政策”，允许私人的自由贸易，让农民和广大居民阶层有可能独立谋求国家还不可能供给他们的生活资料。他证明说：在无产阶级的世界革命推迟的情况下，必须实行这个转变；在资本主义的包围中，俄罗斯苏维埃联邦社会主义共和国不得不使自己的经济同居民中的小资产阶级部分相协调。

同时，弗拉基米尔·伊里奇坚决主张发展国营企业，实行电气化，因为只有电气化才能使我们的落后国家赶上最发达国家的水平；他还坚决主张发展合作社。他一再指出：在等待世界无产阶级革命的时候，必须把全部大工业掌握在国家手中，从而逐步地、慢慢地在一个国家实现社会主义。他说，这样一来，我们虽然一方面对私人资本实行让步，但同时将对它实行进攻，直到在其他国家中爆发了革命以及我国的巨大的生产力的提高使我们能够更加坚决地重新向共产主义迈进为止。

极其繁重的工作影响了弗拉基米尔·伊里奇的健康，他开始头痛和失眠。起先医生认为只是一般的疲劳过度，建议进行长时间的休息。但是，苏联生存的条件（它要求政府进行紧张的工作）以及列宁本人的性格和对自己、对担负的责任的严格要求，都使他无法进行长时间的休息。他时时刻刻都关心国家的一切事务，他不善于完全甩手不管去休息一下；他自己也埋怨说：在散步时老是考虑问题。于是病情加重了。1922 年 5 月 25 日，他第一次中风。经过充分的休息和精心治疗之后，到那年秋天他能够起床了，并且从 10 月起恢复工作。尽管同过去相比，工作量已大大减少，列宁只坚持了两个月左右。11 月底，他又病倒了。在到 1923 年 3 月为止的这几个月当中，他还听取简单的工作汇报，并且向秘书口授了最后几篇文章，即关于工农检察院、《宁肯少一些，但要好些》、《论合作社》、关于教育人民委员部的工作的文章等。

1923 年 3 月，他第二次中风，失去了说话的能力。尽管经过医生的努力，夏天列宁的体力有所恢复，但说话的能力始终没有恢复——直到 1924 年 1 月 24 日下午 6 时 50 分逝世为止。死神的来临几乎是突然的。没有任何预兆表明他会逝世得这么快。解剖发现他的脑动脉已完全损坏，而一般的动脉硬化只达到中等程度。

他的遗体经过防腐处理后安放在红场上的陵墓里。

（本人审定的传记）
安·乌里杨诺娃—叶利札罗娃[①]撰写
姜鸿霄译

① 安娜·伊里尼奇娜·乌里杨诺娃—叶利札罗娃（1864—1935）——列宁的姐姐。1918—1921 年在教育人民委员部工作，曾参与组织党史委员会和列宁研究院。

托洛茨基，列夫·达维多维奇

（1879—1940）

1879年10月26日生于赫尔松省伊丽莎白格勒县扬诺夫卡村，9岁前住在父亲的不大的庄园里，父亲是赫尔松的移民。托洛茨基9岁时进敖德萨实科中学，在此校读到七年级，然后转学尼古拉耶夫，在此地完成中学教育。托洛茨基在回忆童年和学校生活时说，他对艺术很感兴趣，用彩色铅笔画画，被认为是未来的画家。但是后来并没有在这方面表现出任何天赋。在实科中学时对绘画甚至感到是一种负担，虽然一般说来是用功的；非常热衷于写作，梦想将来当一个作家。当然还写诗，把克雷洛夫的寓言译成乌克兰文，同二年级生和三年级生一起出版杂志。凡该干的都干了。由于反对法语教师瑞士人贝尔纳德而被从二年级开除（短期）（Г. 乌斯廷诺夫：《列·达·托洛茨基》，第31页）。五年级时由于反对俄罗斯文学教师的新的抗议行动而几乎被开除，但最后仅限于关禁闭和给操行打三分了结。中学毕业后，托洛茨基打算当数学系的旁听生。这时期开始了他的社会政治活动。转到尼古拉耶夫后，托洛茨基进入怀有革命情绪的青年圈中，但最初他认为自己与其说是马克思主义者不如说是马克思主义的反对者。

这个青年人很快就同尼古拉耶夫的工人建立了联系。托洛茨基关于此事回忆说："我很感到惊奇，我们这人数不多的青年人小组这么容易获得尼古拉耶夫工人的信任，这是一些有相当文化的、有思想的人，老一代受各种形式的教派的影响，而年轻一代则受无神论的影响。关于组织'南俄工人协会'，我在国外'工人事业'出版社出版的一本薄薄的小册子里作了介绍。1897 年尼古拉耶夫组织共有 250 名工人，在当时说来这是相当多的了。我在尼古拉耶夫工人中间以李沃夫的名字著称。我们进行小组学习，在森林举行规模不大的群众集会，印刷宣言和报纸。群众在政治上极为无知。实际上当时我一本革命著作也没读过。甚至《共产党宣言》也是头一次读到，在小组里边读边讲。"（同上，第 32 页）托洛茨基所说的组织也扩大到敖德萨，由他担任尼古拉耶夫和敖德萨小组之间的联络人。小组的活动很快为当局所发觉，组织中处理奸细和叛徒。托洛茨基说："我们每天都在等待逮捕，由于在尼古拉耶夫人们都是用本名叫我们的，所以我们认为如果逮捕落到我们组织头上，逃避逮捕是'不妥当的'。1898 年 1 月 28 日，我在一个地主的庄园里被捕，我是从父亲的庄子路过此地，在给地主当园丁的弗兰茨·弗兰茨维奇·施维哥夫斯基家逗留时被捕的。"（同上，第 33 页）这位施维哥夫斯基是尼古拉耶夫革命青年的中心。被捕后不断地从一个监狱转移到另一个监狱：在尼古拉耶夫监狱关了一段时间后转到赫尔松监狱，然后又转到敖德萨监狱，关了两年左右。在这里被判处流放东西伯利亚四年，判决后在莫斯科、伊尔库茨克和亚历山大罗夫的流放犯羁押监狱呆了几个月。托洛茨基在监狱里成了马克思主义者。他就此写道："对我起决定性影响的是安东尼奥·拉布里奥拉探讨唯物主义历史观的两篇文章。读了此书之后我转向别尔托夫和《资本论》了。"（同上，第 34 页）在流放期间，托洛茨基开始了写作活动。他说："在第一次流放期间我走上了所谓写作道路。起先是写通讯，后来转为伊尔库茨克《东方评论》写文章。那时的署名是安蒂德·奥托，这个笔名我后来在俄国合法报刊上使用了很久。"（同上，第 34 页）托洛茨基在伊尔库茨克省的乌斯其一库特村呆了约两年，于 1902 年 8 月取道伊尔库茨克逃往萨马拉，用的是名为托洛茨基的假护照，这个名字后来成了众所周知的他的化名（他的原姓是勃朗施坦）。托洛茨基介绍说："我自己把这个名字填在我拿到的空白护照上，我用敖德萨监狱长的名字给自己取名。"（同上，第 34 页）在逃出流放地的路上，托洛茨基同在伊尔库茨克的西伯利亚社会民主党人联盟和在萨马拉的《火星报》组织中央小组建立了联系。托洛茨基在完成该小组给予的在哈尔科夫、波尔塔瓦和基辅的任务之后，越过奥地利边境直奔维也纳，在这里结识了维克多和弗里德里希·阿德勒。他从这里动身去伦敦——当时《火星报》编辑部的所在地，该报由住在伦敦的列宁、马尔托夫和查苏利奇领导，由住在大陆的普列汉诺夫、阿克雪里罗得、波特列索夫参加编辑。托洛茨基回忆说："我在 1902 年秋到达伦敦，那应是在 10 月的一个清晨。我用打手势的办法雇了一辆马车，按照写在纸条上的地址把我送到了预定的地点。这就是弗拉基米尔·伊里奇（列宁）的住所。"（托洛茨基：《论列宁》，1924 年版，第 10 页）

列宁对新生进行了"全部课程的"详尽"考试"，他对俄国社会民主党人对待考茨基和伯恩施坦之间争论的态度特别感兴趣。托洛茨基说："我告诉他，我们在莫斯科监狱，后来又在流放地读过伯恩施坦的书和考茨基的答复。我们当中的马克思主义者谁都没有表示赞成伯恩施坦。认为考茨基是正确的，这似乎是不言而喻的。但是，我们并没有把当时国际上的理论斗争同我国政治组织上的争论联系起来，甚至连想都未想过。"（同上，第12页）"这次谈话也提到了我今后的工作，当然只是笼统地谈了谈"，托洛茨基回忆说："我想首先看一下已出版的书报，然后打算秘密回俄。最后决定我必须先'熟悉一下环境'。"（同上，第12页）"我生活中短暂的伦敦时期就这样开始了。我着手贪婪地阅读以前出版的《火星报》和《曙光》杂志。我也就是在这时开始为《火星报》撰稿的。"（同上，第13页）"在伦敦期间和以后在日内瓦，我同查苏利奇和马尔托夫见面要比同列宁见面经常得多。在伦敦我们住在一栋住宅里，而在日内瓦，又经常在同一些饭馆吃午饭和晚饭，所以同马尔托夫和查苏利奇一天要见好几次面。可是除了正式会议，同有家室的列宁的每次会见就像是个小小的事件了。"（同上，第16页）"编辑部成员之间所存在的复杂关系，我是逐渐地好不容易才弄清楚的。我是把《火星报》看作一个整体的，在那些月份里，我根本没有想在《火星报》和它的编辑部里寻找各种不同的倾向、色彩、影响等等，甚至对这种念头都从内心里感到厌恶。"（同上，第18页）在《火星报》从事编辑工作期间，托洛茨基开始去布鲁塞尔、列日和巴黎向俄国侨民作报告。由于编辑部迁往日内瓦，托洛茨基也随同迁去。在这里，他会见了《火星报》的其他著名活动家普列汉诺夫和阿克雪里罗得等。但是从最初起，他同普列汉诺夫间的那种冷淡而多礼的关系在以后也没有得到改善。相反地，托洛茨基亲切地回忆起阿克雪里罗得的家庭，指出在这一家庭中笼罩着一种纯朴和真诚的同志之情的气氛。出国后，托洛茨基作为西伯利亚社会民主党人联盟的代表出席了俄国社会民主工党第二次代表大会。第二次代表大会上在党章问题争论中党分裂成“多数”派和“少数”派（或反对派），托洛茨基加入“少数”派，支持阿克雪里罗得提出的允许所有在党组织领导下工作的人入党的主张，反对列宁为建立“严格的”组织而力求把党员限制在积极参加组织本身的那些人的范围之内的建议。代表大会后，托洛茨基继续为已转入孟什维克之手的《火星报》撰稿，并加入在同布尔什维克斗争而立即成立的孟什维克中心；不仅如此，托洛茨基还参与制定一系列措施，这些措施可归结为从上层直至基层组织到处成立同布尔什维克对抗的孟什维克集团，在必要时创办自己的孟什维克报刊等等。然而，1904 年，托洛茨基脱离了孟什维克，因为在同自由派政党达成协议的可能性问题上同他们发生了分歧。在这些年代，他的政治观点表现于“不断革命论”，他和帕尔乌斯一起在一些小册子和文章中坚持这一理论。托洛茨基这样说明自己的观点：“至于对革命内部力量和革命前景的估计，作者在那个时期没有附和俄国工人运动中的主要派别中任何一方的意见。他那时所支持的立场可以概述如下：以资产阶级革命作为其首要任务的革命开始以后，会很快引起强大的阶级冲突，并且只有当政权转到唯一能领导被压迫群众的阶级也就是无产阶级手中，革命才能赢得最后胜利。无产阶级一旦取得政权，它不仅不愿而且也决不能把自己局限于资产阶级的民主纲领。它只有在把俄国革命变成欧洲无产阶级革命的情况下才能把革命进行到底。到那时候，资产阶级民主纲领连同它的国家界限将被抛弃，俄国工人阶级的暂时的政治统治也将发展成为持久的社会主义专政。”(《总结与展望》1919 年莫斯科版，第 4 页）

1月9日以后托洛茨基回到俄国，先在基辅，后在彼得堡工作，为俄国社会民主工党中央委员会的秘密印刷厂提供文章资料。1905年，他参加彼得堡工人代表苏维埃，在赫鲁斯塔廖夫—诺萨尔被捕后当选为其主席（主席团由三人组成：托洛茨基、兹雷季也夫、斯维尔奇科夫）。此时他同帕尔乌斯一起出版《俄罗斯日报》，并积极参与《开端报》的工作。1905年12月，托洛茨基同彼得堡苏维埃的其他成员一起被捕。1906年10月，彼得堡法院判处各主要被告人剥夺一切权利和流放。托洛茨基是流放到托博尔斯克省奥勃多尔斯克，但在到达指定地点以前即从别列佐沃逃脱。在1907年召开的伦敦代表大会上，托洛茨基领导“中派”集团，既不属布尔什维克，也不属孟什维克。但是在代表大会最尖锐的问题之一，即在对各资产阶级政党的态度问题上，托洛茨基接近列宁的观点。代表大会后，托洛茨基定居维也纳，同在俄国的同志和德国社会民主党左翼保持密切联系。巴尔干战争期间，托洛茨基作为记者赴塞尔维亚和保加利亚，后又赴罗马尼亚，同巴尔干社会主义者建立了联系。1908年，托洛茨基和阿·越飞一道出版《真理报》。《真理报》是乌克兰社会民主党孟什维克组织“斯皮尔卡”的报纸，在利沃夫出版。后《真理报》迁往维也纳，1908年托洛茨基成为该报领导后，在维也纳组织了一个孟什维克著作家集团，这些人持托洛茨基及其拥护者的特有的观点，即推行“非派别路线”而实际上支持孟什维克的观点。列·波·加米涅夫促使托洛茨基坚决转向布尔什维克的尝试未能奏效，虽然加米涅夫甚至取得俄国社会民主工党当时布尔什维克党中央委员会的同意，以布尔什维克代表身份参加维也纳《真理报》编辑部；这种做法没得到任何结果，加米涅夫被从维也纳《真理报》编辑部召回。1909年，托洛茨基已经明确地坚决倒向孟什维克。这一时期党内生活中的中心问题是如何对待由反动引起的走出地下状态和取消党的秘密组织的要求问题。孟什维克的右翼持这一主场。“左派布尔什维克”、“召回派—最后通牒派”集团则持同“取消派”相反的另一极端。布尔什维克的基本核心进行了反对“取消派”的斗争。托洛茨基主张敌对的两派必须和解。1912 年 9 月布尔什维克在克拉科夫召开会议。在俄国从事活动的秘密组织的代表出席了会议，研究了这些革命组织的革命经验和实践，制定了马克思主义的阶级的革命的策略。为同布尔什维克策略和早在 1912 年 1 月就已筹备克拉科夫会议的布尔什维克对抗，托洛茨基和孟什维克取消派成立了筹备全俄代表会议的组织委员会（组委会）。参加组委会的有托洛茨基分子、孟什维克取消派、格鲁吉亚孟什维克、拉脱维亚孟什维克、前进派分子（布尔什维克取消派）和崩得分子。8 月召开了代表会议，但是尽管集团的领导人（托洛茨基、马尔托夫和唐恩）竭尽全力想把全党召集到一块来，仍未能得逞：首先，当时同取消派作斗争的普列汉诺夫拒绝出席会议，其次，前进派（布尔什维克取消派）退出。没有布尔什维克秘密组织的代表与会，与会的秘密组织代表波利亚科夫原来是个奸细。代表会议显然是个取消派的、反布尔什维克的会议，这一点即使从下列情况也可以看出：提出全权杜马的口号取代召开立宪会议的要求，用修改第三届国家杜马的土地立法取代没收全部土地的要求，等等。“八月联盟”创办的《光线报》取消主义严重又毫无原则，甚至使格鲁吉亚孟什维克诺·饶尔丹尼亚也退出报纸和联盟，1914 年布尔什维克一被选进拉脱维亚党中央，拉脱维亚人也退出了，托洛茨基本人也宣布退出。1914 年，托洛茨基创办了一家新杂志《斗争》，该杂志贯彻维也纳《真理报》的支持孟什维克的“非派别路线”。第一次世界大战宣战后，托洛茨基不得不于 8 月 3 日（新历）离开维也纳。他到了苏黎世，在这里出版了小册子《战争与国际》，反对德国社会民主党的政策。1914年他作为《基辅思想报》记者赴巴黎。与此同时，他参加了社会民主党的日报《我们的言论报》编辑部。《我们的言论报》于1915年1月底出版。在马尔托夫退出《我们的言论报》后，托洛茨基成了报纸的主要领导人，特别说明问题的是，正是在这时候，用托洛茨基本人的话来说，在三点上托洛茨基同布尔什维克有分歧："这三点涉及失败主义，争取和平的斗争和当前俄国革命的性质。"布尔什维克是失败主义者，托洛茨基则用争取和平的斗争来对抗失败主义，托洛茨基提出社会主义专政的口号取代无产阶级和农民专政。1915年9月，托洛茨基参加了齐美尔瓦尔德会议。1916年9月底，托洛茨基被驱逐出法国。由于他拒绝自愿离开法国国境，要求提出明确的指控，所以由两名巡警把他押送到西班牙边境。他在马德里被捕，三天后建议他赴美国。1917年1月中旬（新历），他全家到达纽约。俄国革命一爆发，托洛茨基即动身去欧洲（新历3月底）。英国军警当局根据俄国外交保安密探的黑名单在哈利法克斯（加拿大）扣押了他和五名乘客（俄国侨民）。在加拿大关了一个月，根据临时政府的要求获释，并在旧历5月初回到彼得格勒。在那里，托洛茨基参加社会民主党人国际主义者联合组织（"区联派"）。托洛茨基这样说明该组织的立场："这一组织具有完全独立的性质，它对布尔什维克社会民主党的态度是非常友好的。我认为，过去把我们同布尔什维克分开的原则性分歧已经消除，因此我坚决主张必须尽快联合……""我们的政治行动路线同布尔什维克完全一致。我个人发表在《前进》杂志上的文章和发表的讲话主张全部政权归工人、士兵和农民代表苏维埃。"（列·托洛茨基：《全集》第三卷第1册，第193页）1917年7月，托洛茨基正式转向布尔什维克。然而，托洛茨基转向布尔什维克是带有某种动摇的。托洛茨基本人承认，转向布尔什维克的动因似乎是布尔什维克非布尔什维主义化了。托洛茨基公开宣称，他不能把自己叫做布尔什维克。

托洛茨基积极参加了十月政变的准备工作；七月事变后被捕，在狱中关了约两个月。1917 年 9 月 23 日，他当选为彼得格勒苏维埃主席，10 月在组织武装起义的彼得格勒军事革命委员会中起领导作用。十月政变后，托洛茨基任外交人民委员，赴布列斯特同德国进行和平谈判，然而拒绝签订和约。以后托洛茨基任交通人民委员和陆海军人民委员，最后，任革命军事委员会主席。在共产党第六次代表大会上当选为中央委员。在党内期间托洛茨基参加过几次全俄争论：关于布列斯特和约，关于工会，关于“党的机关”，等。

托洛茨基在布列斯特和约问题上的不同意见简单说就是“不战不和”，实质上恶化了“左派”的立场。

工会问题上的分歧可归结为，托洛茨基把军事共产主义方法搬用于经济关系领域，坚持工会组织国家化、使之同国家机关结合，从而通过军事共产主义方法的整刷使之官僚主义化的思想。列宁在关于这次争论的小册子中非常清楚明确地把托洛茨基的路线确定为有自己的政纲、有自己的中心等等的派别路线。1923 年，托洛茨基参加了关于党的建设的争论，指责党中央实行压制，党的领导机关蜕化为党的官僚机构，要求争论和派别自由。同似乎已蜕化的老近卫军对立，托洛茨基提出依靠青年、依靠党内年轻干部的方针。除了实行压制和党的机会主义蜕化的批评，反对派还提出牺牲农民的所谓社会主义积累的经济纲领。

反对派提出用吃掉和消灭小农经济的思想取代列宁主义路线——无产

阶级同农民的结合。

1924年出版了托洛茨基的文集，收有他本人写的序言《十月的教训》。在这篇序言里修改了布尔什维克的全部革命观。不断革命的假说，即托洛茨基的基本错误，他对农民在革命中的力量估计不足，成了反对派政纲的基础。

从这一不正确的基本原理引申出了一系列不正确的原理：关于东西方工会组织的作用和共产国际的任务、关于党的作用和任务、关于党的机关及其领导机关、关于民主等等。这最终导致成立托洛茨基主义的第二党，该党进行反对联共（布）中央的斗争，举行反对无产阶级专政和反对中央委员会的示威游行。对此，党只能把托洛茨基及党的队伍中的整个反对派开除出党。

弗·涅夫斯基撰写
郑异凡译

托洛茨基续志

这篇传记写到国内战争为止大体上是符合实际的，所写的各种经历基本上是依据托洛茨基本人的说法的。不过传记本身显然未经本人审定。

托洛茨基在十月革命和国内战争中发挥了重大作用。其间也同列宁发生过意见分歧，如布列斯特和约、工会问题，但分歧和争论并没有影响他同列宁的关系。列宁卧病期间，在一些重大问题如成立苏联（反对斯大林的“自治化方案”）、维护外贸垄断制、反对党内官僚主义等问题上，托洛茨基几乎是列宁的唯一依靠。1923年秋托洛茨基和多数派就“新方针”展开争论，1924年托洛茨基为他的《托洛茨基文集》撰写的前言《十月的教训》中揭露了季诺维也夫、加米涅夫和斯大林在1917年的某些错误，引发新的争论。争论以1925年1月中央全会解除托洛茨基的革命军事委员会主席、陆海军人民委员职务结束。托洛茨基改任苏联最高国民经济委员会主席团委员、租让总委员会主席。1926年托洛茨基与季诺维也夫等组成“托季联盟”，反对斯大林的理论和政策。1926年10月被解除政治局委员职务，1927年10月被开除出中央委员会，11月14日被开除出党，并被流放阿拉木图，1929年2月被驱逐出境，1932年被剥夺苏联国籍。

托洛茨基先后流亡土耳其、法国、挪威，最后定居墨西哥。流亡期间托洛茨基从事写作，著有《“不断革命”论》、《列宁以后的第三国际》、《俄国革命史》、《被背叛的革命》、《斯大林伪造学派》、《斯大林评传》等，出版《反对派公报》。在组织方面，他建立了“第四国际”。托洛茨基在国外的活动是斯大林所不能容忍的，20世纪30年代莫斯科的三次大公审，都把托洛茨基列在第一被告的地位。1940年8月20日，苏联特工在托洛茨基的寓所用冰斧袭击了他，经抢救无效于22日去世。他在遗嘱中写道：“我始终是一个革命者。我将作为无产阶级革命家、马克思主义者、辩证唯物主义者，因而也是不妥协的无神论者而死去。”

斯维尔德洛夫，雅柯夫·米哈伊洛维奇（1885—1919）

1885年5月生于下诺夫哥罗德一个小市民家里，父亲是当雕刻匠的小手工业者，开一家小印刷作坊，这作坊只有一个窗户，朝着该城的主要大街——波克洛夫卡。斯维尔德洛夫从小就有一个突出的特点：非常好动，坐不住，喜欢淘气，可与此同时，既聪明伶俐又勤学好问。他常提出各种问题把大人难住。

虽然家庭负担很重，经济困难，但父亲还是尽量让孩子们受到教育。1896年4月30日，根据本人的请求，斯维尔德洛夫被接纳进入中学。他在中学学习了整整四年，这期间家里的经济状况大大恶化了。同时，在学校里，他和教师的关系又完全搞僵了，斯维尔德洛夫坚决反对学校的因循守旧习气和枯燥无味的繁文缛节。他开始不好好上学，常常旷课，成绩下降了，操行的分数也悄悄地降到了三分。所有这一切使他今后在中学继续学习成为不适宜的了。1900 年 8 月，他带着上完了五年级的肄业证书离开学校。但这并没有终止这位少年在文化方面的进步，相反地，此后他的求知欲更强了。他开始读很多书，随着视野的扩展，他愈发对周围的生活感到愤懑，反抗现政府的情绪日益增长。他开始收到违禁的书籍，他的政治觉悟成熟得很早，一个愿望发展和增强了，这就是要把一切力量贡献给维护工人阶级利益的斗争。在中学时，有三个人点燃了斯维尔德洛夫革命激情的星星之火。这就是他的大哥、高尔基的义子季诺维，当时《下诺夫哥罗德报》的编辑德罗贝什—德罗贝舍夫斯基和社会民主党人维·叶·拉扎烈夫，此人后来成了奸细。这些最初的思想影响变成了现实。离开中学后，斯维尔德洛夫开始在卡纳维诺的一家药房当学徒。这是他第一次接触工人群众。在卡纳维诺附近有工人人数众多的木材企业。斯维尔德洛夫与他们建立了联系。他常常在晚上去工人中间进行系统的宣传工作。通过卡纳维诺的工人，他与索尔莫沃的工人也建立了联系。他父亲工场里的工人师傅接受了他的影响，依靠他们，他可以为地下组织印刷一切必要的表格和证件。斯维尔德洛夫父亲的住宅当时已成了党的工作人员的秘密联络点和存放秘密文件甚至武器的仓库。这个被戏称“瑞士共和国”的住宅，向下诺夫哥罗德的许多地下小组提供传单。

1901 年，随着“俄国社会民主工党下诺夫哥罗德委员会”的建立，城里的地下工作大大活跃起来。斯维尔德洛夫的青年时期就是在沸腾的革命生活中、在蓬勃的工人运动中度过的。他成长起来了，17 岁时，他就参加了 1902 年 4 月 22 日给大学生留里科夫送葬的示威游行。示威游行被警察驱散了，多数参加者被抓到宪兵队审查。斯维尔德洛夫藏了起来，但几天后当他回家时立即被捕并被关押了 14 天，因为他被控“在给留里科夫送葬时有越轨行为和不服从警察”。于是他由散发传单转到积极参加反对现存制度的运动。出狱时，由于不可能找到工作，他只好去萨拉托夫找他大姐，然而警察的迫害很快又迫使他回到了下诺夫哥罗德，此后，他全力投入了索尔莫沃工厂的地下工作，因为那里的党的队伍在经过多次逮捕之后已经垮了，需要立即整顿组织。

1903年春，新的逮捕开始了。斯维尔德洛夫加紧活动，为组织地下印刷所筹措经费，并在很长的时间里向在工厂里进行工作的鼓动员提供传单和各种宣传小册子。1903年4月14日，斯维尔德洛夫的住宅遭到了仔细的搜查，发现了一些传单、非法的小册子和书籍。斯维尔德洛夫的案子交宪兵处理。1903年10—11月，工人杀死了奸细皮亚特尼茨基之后，他被怀疑参加了这次谋杀而被置于警察公开监视之下。

在俄国社会民主工党第二次代表大会发生分裂之后，斯维尔德洛夫立即采取了强硬的路线，他是首先提出要在该城建立布尔什维克组织的人之一。他具有从事地下工作的优秀品质，当时就在工人群众中间有很大的影响，并且得到党内的老同志阿·伊·李可夫、尼·亚·谢马什柯、米·费·弗拉基米尔斯基以及其他当时在下诺夫哥罗德省工作的同志的亲切支持。所有这些同志都对这位年轻却已大展宏才的职业党员，对他的才华、毅力和卓越的组织能力给予了应有的关注。

根据北方委员会组织的决定，斯维尔德洛夫转移到了科斯特罗马，在那里他进行了紧张的工作。他长时期没有为警察所注意，1905年2月15日，他转移到了喀山，担任喀山委员会的主要领导者和组织者。秋天，当大学开学的时候，他成了大学生中最受欢迎的演说者之一。在喀山的这段不短的时间里，警察一次也没有侦察到这个好吵闹的“小家伙”(斯维尔德洛夫的外号）的踪迹。

1905年9月末，他转移到了叶卡捷琳堡，在那里他的工作就是把乌拉尔地区党的所有大组织联合在乌拉尔局的周围。在“安德列同志”这个化名下，斯维尔德洛夫很快成了乌拉尔工人敬爱的领袖。在那里工作了一段时间之后，他在十二月起义之前到达莫斯科，并多次在“水族馆”的群众大会上发表演说。在去坦默福斯参加党代表会议之后，他又来到乌拉尔任党中央的全权代表。他在彼尔姆进行深入的工作，因为那儿的党组织完全被破坏了。通过仔细挑选工作人员和进行长时期的宣传工作，他把彼尔姆的党组织的水平提到了应有的高度。在彼尔姆，斯维尔德洛夫用“米哈雷奇”这个化名进行工作。在扩大了的组织里渐渐钻进了密探，内奸也开始活动起来，逮捕又开始了。1906年6月10日，他与他的妻子奥列加·诺夫哥罗德采娃一起被捕。秋天他从彼尔姆监狱转到韦尔霍土利耶的监禁所，这里的制度极为严厉，直到1907年9月才对彼尔姆组织的成员进行审判。斯维尔德洛夫被判处两年要塞监禁，在此之前的监禁时间不计算在内。在狱中，斯维尔德洛夫勤奋学习科学，努力充实自己。1909年获释后，他去莫斯科重新组建多次失败后涣散了的党的队伍。到莫斯科不久，他又被捕，并被发配去纳雷姆流放三年。激烈的本性使他难以忍受这种被迫的和长期的无所作为，于是他逃跑了，1910年夏重新回到了莫斯科，进行繁忙的工作，以便树立党的坚强的思想路线和建立党的委员会。当时必须在极其紧张的条件下进行工作，组织被密探和内奸网所包围。1910年11月14日，斯维尔德洛夫又被捕，并在拘留所里关押到1911年5月，才被发配去纳雷姆四年。虽然此后几次逃跑均未成功，但并未摧毁斯维尔德洛夫的坚强意志。宪兵非常小心谨慎，把他押解到一个最遥远的流放地——

马克西姆金·雅尔，进行更加严厉的监视，这才迫使他在那里呆了一个时期。由于没有暖和的衣服，得了感冒，病了很长时间，此后才把他送回纳雷姆。经过稍稍治疗和休养之后，他又逃跑，但未成功。他所划的船沿着激流行进，走过几俄里之后就翻了。斯维尔德洛夫在冰冷的水里泡了几个小时，后来被渔民救起，穿着湿衣被宪兵押送回流放地。随后，妻子和孩子来到了纳雷姆，这才使宪兵放心了一些时候。但就在他们来后不久，斯维尔德洛夫又勇敢地出逃，这次顺利地成功了。

1912 年秋，他来到了彼得堡，当即被遴选进由布拉格代表会议选出的党的中央委员会。斯维尔德洛夫在国家杜马的布尔什维克代表中开展活动。同时，他进行了纠正《真理报》的路线的工作，在他的影响下，《真理报》变成了纯粹的布尔什维克机关报。

1913 年 2 月，斯维尔德洛夫被内奸马林诺夫斯基出卖，被捕后立即被关进“十字监狱”。三个月后，他被流放到西伯利亚土鲁汉斯克边疆区。他和斯大林被送到一个偏僻的小村——库列伊卡。斯维尔德洛夫从库列伊卡村转到了谢利瓦尼哈村，在那里他努力学习，充实自己。他与拥有自由的同志们经常通信，保持联系，所以他了解中心地区所发生的一切事件。战争迁延时日，革命日益逼近了。被白雪覆盖的广阔无垠的大地把土鲁汉斯克同那些工人阶级重大事件活动的地方隔绝开来。2 月到来了。关于革命开始爆发的消息使得那些被流放的人无比欢快，斯维尔德洛夫是首先力求离开流放地的人之一，他力求尽快地接近革命，接近工作，为此他付出了很多劳动和心血。他骑马沿着叶尼塞河走了约 2000 俄里，才到达克拉斯诺亚尔斯克，在那里呆了几天，就继续前进去彼得格勒。

在 1917 年的四月代表会议上，他被选入党的中央委员会。他肩负着团结布尔什维克队伍和准备进行十月革命的重任。十月革命带来了工农政权的胜利，斯维尔德洛夫当选全俄中央执行委员会主席这一极其重要的职务。最初的一些法令是在他直接参加下拟定的，年轻政府的一些最初的步骤是在他的领导下推进的。作为主席，他主持了党的第六次代表大会。在建设苏维埃共和国最困难的年代，斯维尔德洛夫领导着布尔什维克党，但就在此时期，在赴乌克兰奥廖尔的群众大会上发表演说之后，他得了感冒，回莫斯科后只病了几天就逝世了。1919 年 3 月 16 日，劳动人民的这位还很年轻的组织者斯维尔德洛夫的一生就这样结束了。

列宁在纪念斯维尔德洛夫的演说中说："一年多来，我们能够肩负起落在少数忠心耿耿的革命家身上的力不胜任的重担，领导核心能够如此坚定、如此迅速、如此齐心地解决最困难的问题，完全是由于非凡的天才组织家雅柯夫·米哈依洛维奇担任了最主要的职务。只有他对无产阶级运动的各个领导人员有深刻的了解，只有他在多年的斗争中具有实践家的惊人的敏感、卓越的组织才能和绝对的威信，靠了这种威信，雅柯夫·米哈依洛维奇一个人就领导了要许多人才能领导的全俄中央执行委员会的一些最大的工作部门。""像这样一个有非凡的组织天才的人，我们是永远找不到人代替他的，如果把'代替'了解为能够找一个具备同样能力的同志的话……只有把整批整批的人派去，循着他的方向前进，才能勉强完成他一个人所做的工作。"

Г. 斯维尔德洛夫撰写
姜鸿霄译

季诺维也夫，格里哥里·叶夫谢也维奇（1883—1936）

共产国际执行委员会主席，俄共（布）中央政治局委员；列宁格勒市苏维埃和列宁格勒省苏维埃执委会主席；列宁同志的最亲密助手和学生之一。1883 年 9 月生于赫尔松省伊丽莎白格勒市一个财产不多的小资产阶级家庭，父亲是小奶牛场农场主。季诺维也夫受的是家庭教育，从十四五岁起就靠自己的劳动为生，并用自己微薄的工资帮助家庭——先是教书，后在两个大商业企业中担任办事员。

90 年代末参加南方的第一批自学小组，同在南俄组织第一批工人和职工举行经济罢工的那个小组极为接近。1901 年遭到第一次迫害，1902 年出国，先在柏林，后到巴黎，然后去瑞士伯尔尼。在这些城市积极参加当时国外社会民主主义小组的工作，在人数不多的小组里作报告，等等。1903 年，在瑞士第一次见到列宁，同时第一次结识了普列汉诺夫。在 1903 年党的第二次代表大会发生分裂的时候，他立即加入了布尔什维克。第二次代表大会后不久（1903 年秋）被派回俄国——仍然回南方。在“火星派”组织中工作，同“经济派”作斗争，协助建立秘密印刷厂，同“火星派”波尔塔瓦常务局建立联系，等等。

1904 年底因为生病，他再次出国，并考入伯尔尼大学（学化学）。1 月 9 日事件发生时，他在瑞士参加布尔什维克国外组织委员会，为布尔什维克的第一个杂志《前进》撰稿。1905 年革命开始后同一批同志返俄，回彼得堡。在总罢工的高潮中抵达彼得堡，参加地方党的工作。但是不久，他又得了重病（心脏病），医生又让他出国治疗，经过两三个月（萨利教授禁止他从事任何政治活动）的治疗，病愈，然后转入法律系。不久离开大学，于 1906 年 3 月重返彼得格勒，开始在莫斯科关卡工作——主要在五金工人中间工作，成为有声望的鼓动员。数星期后被选入党的彼得堡委员会，任彼得堡委员会委员至 1908 年春被捕时为止。当时布尔什维克同孟什维克一起在彼得堡委员会进行着尖锐的斗争。在斯德哥尔摩（统一）代表大会之后这一斗争就更加激烈了。

在斯德哥尔摩代表大会上，中央委员会落入孟什维克之手，彼得堡委员会成了布尔什维克的堡垒和主要组织。在第一届杜马时期和在这以后，在孟什维克的中央委员会和布尔什维克的彼得堡委员会之间一直进行着斗争。这场斗争在全俄具有重要意义。在中央委员会和彼得堡委员会周围各结集了半数党员，莫斯科的中央委员会以马尔托夫、饶尔丹尼亚、唐恩、马尔丁诺夫、亨楚克为首，布尔什维克的彼得堡委员会实际上以列宁为首。彼得堡委员会的直接实际领导，全部组织工作等归彼得堡委员会执行委员会，其成员为格·季诺维也夫、尼·亚·罗日柯夫和伊·阿·泰奥多罗维奇。当时，此三人小组是在彼得堡的布尔什维克力量中有影响的组织。在第一届杜马期间，季诺维也夫从事反对立宪民主党人和孟什维克的鼓动工作，为当时布尔什维克的合法报纸撰稿。同亚·亚·波格丹诺夫一起编辑布尔什维克的秘密通俗机关报《前进报》(在芬兰出版)。同时参加工会工作。从莫斯科区（"莫斯科的格里哥里"）转到涅瓦区，在那里的纺织工人中间工作。尽管警方搜捕，但多次幸免。在大学生和夜校学生集会上（大学和列斯加夫特夜校[①]）讲课。在解散第一届杜马时季诺维也夫险遭逮捕。季诺维也夫同约·费·杜勃洛文斯基（英诺森）、阿列克辛斯基一道受列宁委托赴喀琅施塔得组织起义。起义失败后返回彼得堡。

1907 年全年，季诺维也夫在彼得堡的许多工人区工作。在工人选区参加布尔什维克的第二届国家杜马的竞选运动。季诺维也夫在布尔什维克竞选党的伦敦代表大会（1907 年春）的运动中同样起了积极作用。在选举本届代表大会代表时，彼得堡的大多数工人明显地支持布尔什维克。当孟什维克提出"责任（即立宪民主党人的）内阁"时，季诺维也夫是布尔什维克中间在彼得堡反对这一口号的坚决斗士。在无数次的会议上，在同孟什维克的有影响的讲演者争论中，季诺维也夫成功地捍卫了布尔什维克的政策。与此同时，季诺维也夫在彼得堡及其四郊的士兵中间进行鼓动。往来于皇村兵营，化装参加皇村宫墙外的士兵集会。在党的伦敦代表大会上，季诺维也夫是彼得格勒组织的代表。在伦敦代表大会上季诺维也夫是当选的六名布尔什维克中央委员之一（列宁、波格丹诺夫、杜勃洛文斯基等）。从这时起，季诺维也夫是党的历届中央委员会委员。作为中央委员，季诺

① 彼·弗·列斯加夫特（1837—1909），俄教育家、解剖学家、医生、心理学家，1905—1907 年组织私立高等学校，附设工人夜校，是彼得堡的工人教育中心之一。——译者注

维也夫也是领导布尔什维克全部工作的叫作布尔什维克中央的成员。

伦敦代表大会后，季诺维也夫立即返回俄国，正值解散第二届国家杜马之际抵达彼得堡。布尔什维克被迫转入地下。中央委员会开始在彼得格勒秘密出版党的中央机关刊物《社会民主党人》，季诺维也夫是编辑之一。

季诺维也夫积极参加了党的竞选第三届国家杜马的运动，同时参加了党的所有地下工作。1908 年春在瓦西里岛举行秘密报纸编辑部会议时，季诺维也夫被捕。然而，保安厅并不完全了解季诺维也夫的工作。季诺维也夫在狱中得了重病，多亏已故的 Д. В. 斯塔索夫的辩护，得以较快出狱。几个月后，季诺维也夫获释，但置于警察的监视之下。

1908 年夏末，党中央召季诺维也夫出国。党中央和列宁这时在日内瓦。 季诺维也夫来到日内瓦，出席在这儿召开的中央全会，参加布尔什维克的机关报《无产者报》编辑部，此报在停刊以前一直由列宁、季诺维也夫和加米涅夫编辑。1908 年 12 月，季诺维也夫出席在巴黎召开的党的全俄代表会议。这时候取消主义已开始形成，他是关于取消主义问题的报告人。这次代表会议决定出版党的中央机关报《社会民主党人报》。马尔托夫和唐恩代表孟什维克，列宁、季诺维也夫和瓦尔斯基（波兰布尔什维克）代表布尔什维克参加了编辑部。

在《无产者报》和《社会民主党人报》编辑部，季诺维也夫写了许多关于运动的理论和实践问题的文章。与此同时，季诺维也夫同俄国，主要是同彼得堡组织保持着联系。1910 年，作为党的代表出席哥本哈根国际代表大会。1911 年开始在彼得堡出版《明星报》，在莫斯科出版《思想》杂志，后来在彼得堡出版《真理报》。季诺维也夫积极参加了这些报刊的工作，同彼得格勒和莫斯科为报刊撰稿的人通信。1912 年在布拉格（波希米亚）召开了具有历史意义的布尔什维克全俄党代表会议。经历了反革命年代之后在这次会议上重建了党。这次代表会议是在工人运动复兴的背景下（勒拿罢工）召开的，它奠定了现在的共产党的基础。在这次代表会议上，季诺维也夫是莫斯科的代表，是一系列问题的报告人，并被选入新的中央委员会。

布拉格代表会议后不久，列宁移居加里西亚（克拉科夫），以便离俄国近一些。季诺维也夫也随同移居。在克拉科夫成立了中央常务局（列宁和季诺维也夫），许多同志从俄国来到此地。列宁和季诺维也夫在这里积极地为彼得堡的出版物撰稿。季诺维也夫为第四届杜马的工人代表起草了发言稿。在这里（克拉科夫）曾同许多来自俄国的工作人员举行代表会议和各种会议。列宁在这里还领导发行了布尔什维克的理论杂志《启蒙》。

战争开始时季诺维也夫同列宁一起在加里西亚。两位同志历尽艰辛从此地取道维也纳赴瑞士。在这里恢复出版了党的中央机关报《社会民主党人报》，由列宁和季诺维也夫任编辑。该报同在各国党内取得胜利的社会沙文主义进行了最坚决的斗争。反潮流，这就是《社会民主党人报》的口号。季诺维也夫的第一篇文章就是用这个标题发表的（见《反潮流》文集）。与此同时，列宁和季诺维也夫开始在外国工人中间开展运动，用德文出版秘密传单和小册子，把它们运入德国和奥地利。季诺维也夫同列宁一起代表党出席齐美尔瓦尔德代表会议，组织了齐美尔瓦尔德左派，两人都被选入齐美尔瓦尔德左派常务局，协助出版德文的国际主义杂志《先驱》，组织瑞士工人小组，等等。季诺维也夫还作为布尔什维克的代表参加J. S. K.（齐美尔瓦尔德国际社会党委员会）。1917 年发生二月革命时列宁和季诺维也夫在伯尔尼。

由于临时政府和"协约国"政府的阻挠，通过协约国回俄的一切尝试均告失败。革命一个月后，列宁和季诺维也夫才同一批布尔什维克经德国和瑞典返俄。列宁和季诺维也夫受到全体资产阶级报刊的一片攻击，但却得到彼得格勒无产阶级的热烈欢迎。从到达俄国之日起，季诺维也夫即参加准备十月革命的工作。

远在二月革命以前，列宁在季诺维也夫的密切合作下，制定了由资产阶级民主专政向无产阶级专政过渡时期布尔什维克活动的基本路线。两个基本文件（1915年的《几个要点》和1917年3月17日的《提纲草稿》）是列宁在季诺维也夫的密切参与下起草的。彼得格勒组织全市代表会议的主席是季诺维也夫，这一会议和全俄代表会议（四月代表会议）都是在列宁的领导下进行的。季诺维也夫同列宁一起论述了议程上最重要的问题，这些问题同时也是准备革命中的最重要问题。季诺维也夫参加了《真理报》的编辑部，到七月事变报纸被查封为止是该报的副主编，几乎每天都发表文章，阐述战争、联欢①、秘密条约的意义，阐述农民问题、土地问题等（见《季诺维也夫全集》第7卷）。

与此同时，季诺维也夫受中央的委托出席一个接一个的敌视布尔什维克的各种代表大会和代表会议，揭露领导会议的孟什维克和社会革命党人。季诺维也夫在彼得格勒苏维埃的工人部工作。6月3日，根据季诺维也夫的报告，苏维埃工人部通过了由他起草的关于把政权转归苏维埃的决议。季诺维也夫被选入执行这一决议的常务局。季诺维也夫同资产阶级和社会爱国主义分子进行了顽强斗争，这使他在彼得格勒的无产阶级和士兵

① 指交战国士兵的战场联欢。——译者注

中享有极大的声誉，也受到敌人的疯狂仇视。资产阶级、孟什维克和社会革命党人千方百计地想孤立这个如此危险的对手，七月事变之后利用伪造的文件大肆造谣污蔑，说季诺维也夫是同弗·伊·列宁一起为德国服务的间谍。

根据中央的决定，列宁和季诺维也夫转入地下。起先季诺维也夫隐蔽在彼得格勒一些同志家里，7 月 9 日同列宁一起转移到滨海铁路拉兹里夫车站，住在谢斯特罗列茨克工厂工人叶梅利扬诺夫的“秘密窝棚”里。8 月初季诺维也夫转移到彼得格勒，住在榅桲加工工人埃米尔·卡尔斯克的住宅里，直到十月革命。季诺维也夫在地下给代替被查封的《真理报》的《无产者报》和《工人报》写文章。从 8 月底开始参加中央委员会的工作。10 月 10 日当选为中央政治局委员，政治局是为领导起义而设立的。季诺维也夫参加了得以彻底结束地下状态的十月革命。经过长期中断，在起义那一天出席彼得格勒苏维埃会议，号召继续进行斗争。1917 年 11 月初，中央委员会中的多数派同包括季诺维也夫在内的一些同志之间早先已有的分歧激化，这是在少数派过高估计所谓各苏维埃政党的左翼对群众影响的基础上产生的分歧。意见分歧在几天内就消除了。

11 月中旬（旧历）以前，季诺维也夫在彼得格勒工作，以党中央委员身份在农民代表大会、彼得格勒苏维埃等会议上发言。11 月中旬，季诺维也夫受中央委托赴乌克兰组织反对乌克兰拉达的斗争。季诺维也夫走遍乌克兰的各大城镇，出席在基辅召开的准备反对拉达的起义的代表会议。在基辅以及兹纳缅卡险遭逮捕。回彼得格勒后，季诺维也夫于 1917 年 12 月 13 日当选为彼得格勒苏维埃主席，迄今一直担任此职。1918 年 1 月初领导革命保卫彼得格勒委员会，其任务是组织反击德军的进攻。

1918年2月26日，他当选为彼得格勒劳动公社人民委员会主席。这时候党内为签订布列斯特和约发生众所周知的分歧。季诺维也夫同列宁一道与所谓左派共产主义者和党内其他集团进行了斗争，因为他们的立场有使革命覆灭的危险。

4月26日，他担任北方区域公社联盟人民委员会主席。在下一个革命时期季诺维也夫是保卫彼得格勒的组织者（在尤登尼奇进攻时，他是第七集团军革命军事委员会委员），作为中央委员和北方公社领导人领导了克服饥荒的斗争，参加保卫和建设国家的领导。在进行国内工作的同时，季诺维也夫在列宁的领导下把在欧洲各地的一些齐美尔瓦尔德左派召集在一起，1919年成功地召开了共产国际第一次代表大会，季诺维也夫当选为共产国际执行委员会主席。

从这时候起，共产国际的工作成为季诺维也夫的主要工作。1920年，季诺维也夫参加在哈雷召开的独立社会民主党人代表大会，促使该党分裂并说服它的左翼参加共产国际。他领导了在巴库召开的东方各族人民代表大会。他是共产国际历次代表大会和党的几乎所有代表大会主要问题的报告人。在俄共第十二、十三次代表大会上作中央委员会政治总结报告。

最重要的著作有：《战争和社会主义危机》、《战争和社会主义》，同弗·伊·列宁合著的《反潮流》文集中的文章、《俄共（布）历史》、《论列宁主义的基本问题》、《共产国际》杂志和《面向农村》文集中的文章，等等。季诺维也夫起草了许多布尔什维克主义的重要文件，其中有：

1.《论党在无产阶级革命中的作用》的决议。2. 共产国际第二次代表大会通过的《加入共产国际的条件》的决议。3. 俄共第十次代表大会通过的《论工会的作用》的提纲。4.1925年共产国际执委会第五次扩大全会通过的《论共产国际所属各国党的布尔什维克化》的提纲等。《季诺维也夫文集》正在由国家出版社列宁格勒分社出版。季诺维也夫著作中讲得最清楚明确的是阶级斗争的策略问题、党和工会在革命中的作用问题、国际和国内政策问题、工人阶级同农民的相互关系问题、同孟什维克主义和党内背离布尔什维克主义倾向作斗争等问题。

（本人审定的传记）
Б. 波格丹撰写
郑异凡译

季诺维也夫续志

1922—1923 年列宁卧病期间，季诺维也夫同加米涅夫、斯大林组成“三驾马车”，掌握党和国家的最高权力，同最大的竞争对手托洛茨基展开斗争。在党的第十二、十三次代表大会上，季诺维也夫是作政治总结的报告人。托洛茨基在党内争论中失败，1925 年 1 月召开的中央全会上，季诺维也夫要求把托洛茨基开除出党，斯大林反对这种“割除”政策，托洛茨基仅被解除兵权。1925 年，季诺维也夫同加米涅夫、克鲁普斯卡娅、索柯里尼柯夫等组成所谓“新反对派”，就农业、工业化、一国建成社会主义等问题同斯大林多数派展开争论，在年底举行的党的第十四次代表大会上作副报告，公开同斯大林展开争论。“新反对派”在十四大遭到失败后，季诺维也夫与托洛茨基结盟，组成“托洛茨基—季诺维也夫联盟”。1923年开始出现的反对派通常叫作“左翼反对派”。1926年7月季诺维也夫被开除出政治局，解除共产国际执委会主席职务。1927年10月被开除出中央委员会，11月被开除出党。承认错误后于1928年6月恢复党籍。1928年起任喀山大学校长。1931年起任俄联邦教育人民委员部部务委员。1932年10月因柳亭集团案再次被开除出党，并被流放。1933年12月恢复党籍，任《布尔什维克》杂志编委。1934年12月基洛夫遇刺身亡，季诺维也夫被控参与暗杀，被开除出党，12月16日被捕，1935年1月16日被判处10年徒刑，1936年8月24日在“托洛茨基—季诺维也夫反苏联盟总部”公开审判中被判处死刑，25日枪决。1988年6月13日获平反。

加米涅夫，列夫·波里索维奇
（1883—1936）

1883年7月18日生于莫斯科。加米涅夫的父亲当时是莫斯科—库尔斯克铁路的司机。父母亲出身于小市民阶层，父亲毕业于彼得堡工学院，母亲毕业于贝斯士热夫女子学院。他们两人都同70年代末的激进大学生有来往。父亲是3月1日事件参加者格里涅维茨基的同班同学。不久父亲离开莫斯科—库尔斯克铁路上的工作，改任位于维尔纳省兰德沃罗沃车站附近的一个小制钉厂的总工程师。加米涅夫在位于工厂区的这家工厂度过了童年。童年的伙伴是工厂的工人孩子们。加米涅夫考入维尔纳第二中学后，同工厂的联系也没有中断。由于父亲的愿望，也出于自身的爱好，从中学回家度假时，他习惯于在工厂车间干活，先是从事细木工，后来是钳工。1896年加米涅夫父亲被调往梯弗里斯外高加索铁路工作，携全家前往。1901年，加米涅夫在梯弗里斯第二中学毕业。在中学的最后几学期，加米涅夫已经同马克思主义小组建立联系，阅读秘密书报。青少年时代在工厂的环境中和同工人交往中所获得的印象使他产生了对工人运动的向往和兴趣，拉萨尔的《工人纲领》则是把这种向往和兴趣固定下来的第一本秘密小册子。对当时马克思主义者同民粹派斗争的研究也在这方面起了作用，加米涅夫通过合法杂志聚精会神地注视着这场斗争。

1900 年的逮捕涉及许多人。加米涅夫同这些人也有来往，但未被牵连进去，不过他中学毕业时操行的分数很坏，这就关上了进入大学的大门。他不得不提出专门的申请，以从当时的国民教育大臣博哥列波夫那里获得上大学的权利。加米涅夫拒绝了父亲要他选择工程师职业的要求，而选择了莫斯科大学的法律系，当时他已决定献身于社会革命事业。

在莫斯科大学，加米涅夫立即与大学生中的激进分子建立联系，几个月以后当选为本年级的代表参加学生会联合委员会，坚持学生运动的政治路线，参加了大学被军警包围下的著名的 1902 年 2 月 8 日大会。

在莫斯科学生运动当时的领导人（策烈铁里、阿列克辛斯基、布季洛维奇等）被捕之后，加米涅夫和一批同志组织了第二个学生委员会，由它继续开展运动。受委员会的委托，加米涅夫赴彼得堡同彼得堡大学生领导人建立联系，写了许多有鲜明政治色彩的大学生宣言，号召把大学生的力量同工人运动结合起来。当祖巴托夫组织号召工人到亚历山大二世纪念碑去时，3 月 13 日，加米涅夫同其他一些人在特维尔林荫道组织了工人和学生的反示威游行。游行队伍遭到军警的包围，加米涅夫被捕，起初被关在布蒂尔区，然后被解往塔甘卡。

在狱中关了几个月以后，加米涅夫被解回故乡梯弗里斯，由警方监视并且无权返回大学。回到梯弗里斯之后，他同当地社会民主党组织建立了联系，作为宣传员在其中工作，在这以前他已获得两种经验，一种是在纳哈洛夫卡铁路工人中间的经验，另一种是在军官经济协会的制靴匠中间的经验。1902 年秋，为了阅读革命著作，加米涅夫来到巴黎，立即参加“火星派”小组。加米涅夫在莫斯科就已读过《火星报》。

在巴黎，加米涅夫认识了《火星报》巴黎小组的直接领导人（林多夫—莱特伊仁等），为《火星报》写作关于学生运动的报告。在弗拉基米尔·伊里奇·列宁首次来巴黎作报告时，加米涅夫认识了列宁。

认识列宁以及列宁巴黎之行所作的报告、讲演对他的今后命运和活动发生了决定性的影响。得知以弗拉基米尔·伊里奇为首的《火星报》编辑部从伦敦迁往日内瓦之后，加米涅夫也离开巴黎，移居日内瓦，在这里，他花了几个月的时间仔细地研究了革命社会民主主义著作，第一次在火星派小组作报告，反对当时司徒卢威、别尔嘉也夫、布尔加柯夫等人对马克思主义所作的时髦的批评。加米涅夫报告的评论员是马尔托夫，顺便说一下，马尔托夫在欧洲作巡回报告时用的就是加米涅夫的护照。党的第二次代表大会之后，加米涅夫立即于 1903 年 9 月回俄。还在巴黎的时候，在庆祝崩得成立五周年的集会上，加米涅夫认识了自己未来的妻子奥丽加·达威多夫娜·加米涅娃。

回到梯弗里斯之后，加米涅夫同那里的社会民主主义运动当时领导人（德·谢·波斯托洛夫斯基、M.A. 波里索娃、B.H. 涅涅施维利等人）建立了密切联系，作为宣传鼓动员参加了外高加索铁路罢工的准备工作。

1 月 5 日至 6 日夜（1904 年）的搜查之后，加米涅夫不得不离开梯弗里斯移居莫斯科，在党的莫斯科委员会领导下工作（宣传小组，散发传单，保藏铅字，等等）。这时候，由于布尔什维克同孟什维克之间的斗争，在俄国的社会民主党组织经历了内部危机。加米涅夫坚定地捍卫布尔什维克主义的观点，同布尔什维克中央委员会在莫斯科的代表捷姆利亚奇卡同志保持联系。

为防止在2月19日举行的示威游行，保安厅在莫斯科委员会周围进行了搜捕。加米涅夫同波·克努尼扬茨（拉定）、阿尼亚·施奈尔森一起被捕。加米涅夫在狱中关了五个月，7月15日被押送回梯弗里斯，置于警方公开监视之下。在狱中，加米涅夫写了一本小册子，坚决批判了新《火星报》的整个政治路线，此书曾在狱中传阅，但后来丢失，没有传到国外。

加米涅夫曾试图借助于进尤里耶夫大学来取得合法地位，但没有成功，因为警方给大学送去下列证明材料：

"据现有情报，原莫斯科大学学生列夫·波里索维奇·罗森费尔德自国外回来后于去年11月定居莫斯科市，在莫斯科社会民主党组织著名活动家被捕之后，他致力于组织有经验的社会民主主义思想宣传家小组的工作。他所组织的小组取名为社会民主党人小组，一方面同工人群众建立联系，一方面竭力鼓动组织今年2月19日的政治性街头示威游行。根据关于罗森费尔德的上述情报，莫斯科省宪兵司令部就上述反政府集团问题对他进行了传讯。在对罗森费尔德进行搜查时曾发现在政治方面有损其名誉的通信。在审讯中罗森费尔德拒不认罪，拒绝作任何说明。"

回到梯弗里斯之后，加米涅夫被选入高加索联合委员会［米哈茨哈卡雅、斯大林、克努尼扬茨（拉定）、哈诺扬等］，该委员会领导全高加索的工人运动。加米涅夫参加委员会机关报（《无产阶级斗争报》）的工作，进行宣传工作，作为鼓动员在同社会民主党准备高加索铁路罢工有关的各种盛大的铁路工人大会上讲话，到各地方组织——巴统、库塔伊斯等地巡视。

有加米涅夫参加的联合委员会持严格的布尔什维克主义观点，同格鲁吉亚的孟什维克（饶尔丹尼亚、策烈铁里、霍梅里基等人）进行了激烈的斗争。这段时间，加米涅夫还给列宁的《前进报》写通讯。

根据列宁的指示，在北方成立多数派委员会常务局之后，联合委员会完全加入这一全俄布尔什维克组织，派遣加米涅夫作为自己的代表参加该组织。

加米涅夫来到了彼得堡，在这儿接受任务到一些地方委员会去为召开第三次代表大会作宣传。他带着这一任务走遍了库尔斯克、奥廖尔、哈尔科夫、叶卡捷琳诺斯拉夫、沃罗涅什、罗斯托夫和高加索。加米涅夫本人从高加索委员会获得出席代表大会的证书，非法越过国境，参加了伦敦代表大会（在代表大会记录中用的是化名格拉多夫）。

会议结束后，新选出的中央委员会任命加米涅夫为特派员，委托他到一些组织去为布尔什维克的策略作宣传：抵制布里根杜马，准备起义等。加米涅夫接受这一委托，于1905年7—9月几乎走遍俄国中部和西部所有大城市，在地方委员会会议上、在宣传员小组里以及在民众集会上发言捍卫布尔什维克的策略。

十月全俄铁路工人罢工和10月17日宣言发表时，加米涅夫在明斯克参加了游行示威，这次示威遭到省长库尔洛夫的镇压。加米涅夫搭乘从明斯克开出的第一列火车回到彼得堡，参加了地方的工作，并成了弗拉基米尔·伊里奇在整个布尔什维克文字宣传事业中的最亲密助手之一。1905年底、1906年和1907年加米涅夫在彼得堡度过，他同弗拉基米尔·伊里奇保持密切联系，为所有合法和地下的出版物撰稿，以宣传鼓动员的身份发表讲演，在竞选会议上捍卫布尔什维克的观点，等等。在党的第五次代表大会前不久，1907年4月，加米涅夫受中央委员会的派遣赴莫斯科开展代表大会前的竞选运动，在这里当选为代表大会代表。第二届杜马解散后，加米涅夫作为布尔什维克中央的成员留在彼得堡，继续在这里工作（同季诺维也夫、梅什柯夫斯基、罗日柯夫一起）。

在弗拉基米尔·伊里奇出国后，1908年4月18日进行一系列搜捕之后，加米涅夫以准备印刷五一传单罪被捕。7月获释后，弗拉基米尔·伊里奇通过当时从国外回国的杜勃洛文斯基召请加米涅夫到他所在的日内瓦去。加米涅夫于1908年底出国，被任命为布尔什维克派中央机关报《无产者报》编辑（列宁、季诺维也夫和加米涅夫），参加了国外的所有党的会议和代表会议。有一段时间，受弗拉基米尔·伊里奇的委托，加米涅夫任党驻国际社会党执行局的代表，出席哥本哈根国际社会党人代表大会（1910年），并作为党的代表在1912年的马塞尔代表大会和德国社会民主党开姆尼斯代表大会上发表了讲话。

在国外除了为所有布尔什维克的合法或地下出版物写稿外，同时还出版了由列宁编辑的《两个党》一书，此书标志着同孟什维克主义的彻底决裂，而在党的职务以外的业余时间还研究包括赫尔岑和车尔尼雪夫斯基时代在内的俄国革命运动问题。

1913年，继列宁和季诺维也夫之后，加米涅夫也移居接近国境的克拉科夫，1914年初受中央委员会派遣赴彼得堡领导《真理报》和第四届国家杜马的布尔什维克党团。这一工作一直进行到8月9日《真理报》被查封为止，加米涅夫被迫去芬兰，宣战时他就在这里。加米涅夫在芬兰成功地召开了宣战后党团和地方工作者的第一次会议，并筹备更大型的会议。11月4日，这次会议的全体人员在彼得堡附近的小村庄奥捷尔基被捕（巴达也夫、彼得罗夫斯基、穆拉洛夫、沙果夫、萨莫伊洛夫、雅柯夫列夫、林杰、沃罗宁、安提波夫等）。1915年5月进行审讯，有等级陪审员参加的彼得堡最高法院判决加米涅夫及杜马代表和同案人员剥夺全部权利，流放西伯利亚。被判刑者起初被解往土鲁汉斯克，然后往叶尼塞斯克附近的农村亚兰，最后被解到阿钦斯克，二月革命时他们就在那里。当时在亚兰的加米涅夫、斯大林、穆拉诺夫立即动身赴彼得格勒，在列宁从国外回俄前几天抵达。

在1917年的四月代表会议上，加米涅夫被选入党的中央委员会。与此同时，他是《真理报》编辑之一，直到10月，加米涅夫是党驻彼得格勒苏维埃及其执行委员会的代表之一，后来是驻苏维埃中央执行委员会代表之一。

1917年七月事变后，克伦斯基政府把加米涅夫逮捕并关进监狱，直至科尔尼洛夫进攻时为止。在被捕期间，加米涅夫受到孟什维克和社会革命党人最卑劣的指控。在十月政变发动之前，以加米涅夫和季诺维也夫为一方，列宁和中央委员会多数为另一方发生了意见分歧，因而，他遭到列宁的坚决反击；然而，在政变发动前夕，这些分歧就消除了，根据列宁的提议，加米涅夫当选为第二次苏维埃代表大会的主席，代表大会实行并在组织上完成了十月政变（переворот）；然后又当选为布尔什维克占多数的新的中央执行委员会第一任主席。不久加米涅夫把中央执行委员会主席职务交由雅·米·斯维尔德洛夫担任，而自己则参加签订全线停战协定的布列斯特和谈代表团。同德国人的谈判暂时中断后，1918年1月，加米涅夫受列宁委托秘密前往英国和法国，向它们介绍完成的政变和苏维埃政权的任务。在伦敦逗留了一个星期，被英国政府驱逐出境，随后取道芬兰回国，当时芬兰红军正同白军进行激烈的国内战争，加米涅夫落入白军之手，在阿兰群岛被捕，有一段时间被囚于马丽延哈本监狱，然后被转移到乌列阿博尔格要塞，在单人牢房关了几个月，于1918年8月以在彼得格勒被俘的芬兰人作交换获释。

回到莫斯科后，加米涅夫当选为莫斯科苏维埃主席。1919年在共和国处于极端困难的时日，加米涅夫作为国防委员会特派员巡视国内战争的前线。1922年，在列宁患病期间，被任命为人民委员会和劳动国防委员会副主席之一，列宁逝世后任劳动国防委员会主席。1926年1月被解除这一职务，被任命为商业人民委员。加米涅夫在其政治活动中是彻底的布尔什维克列宁主义者。他从自己的导师弗拉基米尔·伊里奇那里继承了不少东西。早在1917年7月，列宁在隐蔽起来的时候曾写信给加米涅夫说："如果我被杀死，我请您出版我的笔记《马克思主义论国家》。"① 还在列宁生前，加米涅夫开始编辑出版《列宁全集》。列宁在患病期间把自己的个人档案库交给加米涅夫，这个档案库后来发展扩大成为列宁研究院，加米涅夫是该院院长。

在全部社会活动中，加米涅夫花了很多精力从事写作。他在1917年革命以前写的关于社会政治问题的文章有一部分收集在《两次革命之间》。此书未收入文学问题的文章，包括探讨车尔尼雪夫斯基、赫尔岑和涅克拉索夫的巨著和收集在《文学的没落》文集中的文章，都未收入。他还著有

① 列宁想给自己的书起这样的书名，后来此书以《国家与革命》的书名问世。

《帝国主义的经济体系和社会主义的任务》、《为和平而斗争》等书。目前正在准备出版全集，其第1卷已经出版。

（本人审定的传记）
Ф. 穆兹卡撰写
郑异凡译

加米涅夫续志

1922年，列宁卧病期间，加米涅夫担任人民委员会副主席和劳动国防委员会副主席，列宁缺席政治局会议的时候，会议由加米涅夫主持。在列宁卧病不能视事的时候，加米涅夫同季诺维也夫、斯大林组成“三驾马车”，掌握党和国家的最高权力。“三驾马车”集中全力展开反对托洛茨基的斗争。实际上“三驾马车”内部也并非铁板一块，击败托洛茨基后，其内部分歧逐渐公开。1925年，加米涅夫同季诺维也夫、克鲁普斯卡娅、索柯里尼柯夫等组成“新反对派”，在农村政策、工业化方针、一国社会主义理论等问题上反对以斯大林为首的多数派，尤其是反对斯大林“一人专政”。在党的第十四次代表大会上加米涅夫在发言中直接指名斯大林，高呼“我们的总书记不是能够把老布尔什维克司令部团结在自己周围的人物”，“斯大林同志不能完成团结布尔什维克司令部的任务”，声明“我们反对一人专政的理论，反对制造领袖”。

“新反对派”在十四大遭到失败。1926年1月，加米涅夫被解除人民委员会和劳动国防委员会副主席和莫斯科苏维埃主席的职务，改任国内商业和对外贸易人民委员。1926年起任苏联驻意大利全权代表，苏联最高国民经济委员会科学技术管理局局长、租让总委员会主席。1926年10月被解除政治局候补委员职务。1927年11月被开除出中央委员会，在党的十五大上被开除出党。承认错误后1928年6月22日恢复党籍。1932年10月因柳亭集团案再次被开除出党，被判处流放并于12月16日被捕。1933年12月恢复党籍。1933年起任“科学院”出版社社长，1934年任苏联科学院世界文学研究所所长。1934年12月基洛夫遇刺身亡，加米涅夫因此受到指控，于1934年12月20日被开除出党。1935年1月16日被判5年徒刑，1935年7月27日改判10年徒刑。1936年8月24日在“托洛茨基—季诺维也夫反苏联盟总部”公开审判中被判处死刑，次日枪决。1988年6月13日获平反。

斯大林，约瑟夫·维萨里昂诺维奇

（1879—1953）

1879年出生于梯弗里斯省哥里城，是格鲁吉亚人。他的父亲是皮鞋匠，在梯弗里斯的阿杰尔哈诺夫制鞋厂做工，不过按户口登记册，他是梯弗里斯县第地—利洛村的农民。

1893年，斯大林从哥里的一家教会小学毕业，于同年升入梯弗里斯的正教中学。当时，这所中学是梯弗里斯青年中各种解放思想——包括民粹主义的民族主义思想，以及马克思主义的国际主义思想——的温床。因此，校内各种各样的小组如雨后春笋般出现。1897年，斯大林成为校内的马克思主义小组的领导人。在此期间，他与梯弗里斯社会民主党的地下组织发生联系，从该组织取得违禁的书刊，并且参加梯弗里斯铁路工厂工人的秘密集会等。

1898年，斯大林正式加入俄国社会民主工党的梯弗里斯组织。在这期间，他在铁路和工厂地区的工人小组中间进行宣传工作。在正教中学内，对“嫌疑分子”的监视是相当严密的，校方开始怀疑斯大林所搞的秘密工作，于是就以“不可靠”为理由开除了他的学籍。

1899年至1900年，斯大林一直在工人小组中间进行紧张的宣传工作。1900年，俄国社会民主工党梯弗里斯委员会正式成立，斯大林是该委员会的委员和出色的领导人之一。在这时期，梯弗里斯的工人运动已经开始突破只对工人中的“突出的个别人”进行单纯的宣传工作的老框框。针对大家关心的问题散发传单，召开飞行集会和举行反对沙皇制度的政治性示威游行——用这些办法在群众中进行宣传鼓动工作，已为大家普遍注意。在主张采用单纯宣传工作老方法的“老年派”和主张“走上街头”的“青年派”之间发生了激烈的争论。斯大林属“青年派”。应当着重指出：列宁最亲密的战友、第一位在外高加索传播列宁思想的人库尔纳托夫斯基，对于采用新的工作办法而放弃老办法，以及在对斯大林进行革命教育方面，都起了重大的作用。

1900—1901年间，在梯弗里斯全市掀起的经济罢工浪潮，以及在市中心举行的声势浩大的五一节政治示威游行，使梯弗里斯委员会遭到破坏。1901年，斯大林的住处被搜查，此后，又得悉暗探局已下达逮捕他的命令，因此，他被迫转入地下。从此以后，斯大林就成了秘密的职业革命家，直至1917年二月革命时期为止，始终处于地下，用“大卫”、“柯巴”、“尼日拉泽”、“契日科夫”、“伊凡诺维奇”和“斯大林”等不同的化名进行革命工作。

1901年底，斯大林转移到巴统，在那里建立了俄国社会民主工党巴统委员会，领导了罗特希尔德和曼塔舍夫两个工厂的罢工，并在1902年2

月组织工人进行了大规模的政治性示威游行。1902 年 3 月，斯大林在巴统被捕，在狱中被关押到 1903 年底，然后，被流放到西伯利亚的东部，伊尔库茨克省巴拉干县新乌达村，刑期三年。

1904 年 1 月，在到达流放地一个月以后，斯大林逃跑了，回到梯弗里斯，以外高加索地区组织（当时称为外高加索联盟委员会）成员的身份进行工作。1904—1905 年间，斯大林在同孟什维克主义进行激烈斗争的旗帜下进行工作。斯大林经常巡视外高加索地区（巴统、恰图拉、库塔伊斯、梯弗里斯、巴库），同孟什维克以及社会革命党人、无政府主义者和民族主义者进行口头争论和文字争论。早在 1903 年，斯大林在狱中时，就从参加第二次党代表大会的同志那里了解到布尔什维克与孟什维克之间的严重分歧，斯大林坚决地站在布尔什维克一边。斯大林从流放地回来以后，当布尔什维克和孟什维克之间的斗争已变得非常激烈时，他是外高加索布尔什维克的领袖，领导布尔什维克的秘密机关报《无产阶级斗争报》(1905 年)，并积极参加组织布尔什维克的第三次代表大会。1905 年的《十月宣言》发表时，斯大林正在梯弗里斯为布尔什维克的革命口号而进行紧张的斗争。此时，他用格鲁吉亚文字写了一本小册子《略论党内意见分歧》。1905 年底，他作为高加索布尔什维克的代表，出席了在芬兰坦默福斯城召开的全俄布尔什维克代表会议，在这次会议上，他彻底地和列宁站在一起了。

1906 年是 1905 年革命被击溃的时期，是选举“新”杜马的时期，也是准备党的斯德哥尔摩代表大会的时期。布尔什维克主张抵制杜马。布尔什维克派和孟什维克派之间的斗争更加激烈了。无政府工团主义分子也登上了舞台，他们在梯弗里斯甚嚣尘上。斯大林是反对外高加索形形色色的反无产阶级派别的核心人物。这一时期，斯大林领导的布尔什维克的秘密日报《时报》在梯弗里斯出版。斯大林用格鲁吉亚文写的一组长篇论文《无政府主义和社会主义》就是在这个时期写就的。1906年斯大林用化名“伊凡诺维奇”作为梯弗里斯组织的布尔什维克代表参加了斯德哥尔摩代表大会。

斯大林革命活动的巴库时期是从1907年开始的。他在作为梯弗里斯组织的布尔什维克代表参加党的伦敦代表大会回来以后，就离开梯弗里斯，而在巴库扎下了根，在那里他拼命工作，把巴库的组织团结在党的伦敦代表大会的口号周围。在那里，他领导了秘密的布尔什维克机关报《巴库工人报》，并且顺利地组织了一场斗争，把孟什维克从巴库各工人区（巴拉汉内、比比一爱巴特、黑城、白城）赶走。同时，他领导了一次规模很大的运动：由工人和石油工业家进行协商并签订集体合同，最后使布尔什维克主义在巴库各级组织内取得了彻底胜利。从此以后，巴库就成了布尔什维克主义的堡垒。

1908年3月，斯大林被捕。在狱中关押八个月之后，他被流放到沃洛格达省索里维切哥茨克城，期限三年。几个月后，他从流放地逃回巴库，仍旧做地下工作。

1910年，斯大林再次被捕。在狱中关押几个月后，又被流放到索里维切哥茨克。

1911年，他再次从流放地逃跑。这次遵照党中央的指示，他到彼得堡工作。从这时起开始了他革命事业的彼得堡时期。但他在彼得堡没能工作很久，又遭逮捕，并被流放到沃洛格达。

1911年末，他再次逃跑，回到彼得堡，在那里领导地下工作。这时（1912年）他已是党的中央委员，这是在著名的党的布拉格代表会议上缺席当选的。他受党中央的委托，到俄国各重要的地区去巡视，筹备五一国际劳动节的示威游行，在勒那罢工期间领导《明星报》，并且参加创办《真理报》的领导工作。

1912年4月，斯大林又被捕，关押几个月后，被流放到纳雷姆边疆区，期限四年。同年夏季，他又从流放地逃亡，回到了彼得堡；然后，他到克拉科夫去找列宁。在那里，他参加了于1912年末召开的一次著名的布尔什维克的会议，然后返回彼得堡；在彼得堡，他领导杜马党团中的布尔什维克派，并且领导布尔什维克的机关报《明星报》和《真理报》。此时，他写了《马克思主义和民族问题》。

1913年春，斯大林再次被捕，几个月后被流放到土鲁汉斯克边疆区。1913—1916年，斯大林一直在土鲁汉斯克流放地——库列依卡村。

1917年二月革命后，斯大林返回彼得格勒，以党中央委员的身份参加党的领导工作。在布尔什维克的四月全俄代表会议上，当党内出现两派时，斯大林坚决捍卫列宁的立场。代表会议后，1917年10月成立了中央政治局，斯大林当选为政治局委员。从此以后，他就一直是中央政治局委员。在准备十月起义的整个过程中，斯大林和列宁完全一致地工作。在科尔尼洛夫叛乱时期，在民主会议和预备国会时期，在直接组织1917年十月起义时期，最后，在十月革命后的第二天争论关于组织“清一色的社会主义者政府”的时期——总之，在准备和巩固十月革命的所有这些时期内，党内一部分党员（加米涅夫和季诺维也夫）的动摇有破坏整个事业危险的情况下，斯大林始终是列宁最亲密的助手和志同道合者。从7月示威直到10月为止的这个时期内，斯大林是党中央机关报（《工人和士兵报》、《无产者报》、《工人报》、《工人之路报》等）的实际领导人。在十月革命的日子里，中央推选斯大林为“五人小组”（在政治上领导起义）的成员以及“七人小组”（在组织上领导起义）的成员。

从1917年起，斯大林是苏维埃中央执行委员会委员，1917—1923年间，他担任民族事务人民委员。1919—1922年间，任工农检查人民委员。从1922年起，是党中央的书记之一，至今仍任此职。从1925年起，是共产国际执行委员会主席团委员。

国内战争时期，斯大林大部分时间是在前线。1918年春夏，他在察里津前线工作，同伏罗希洛夫和米宁一起组织了察里津保卫战，击溃了克拉斯诺夫部队。1918年末，他同捷尔任斯基一起到彼尔姆区视察第三集团军的战线，全力协助我军停止退却。1919年春，他在彼得格勒战线工作，组织红军抗击尤登尼奇对彼得格勒的第一次进攻。1919年夏，斯大林在斯摩棱斯克的西方战线工作，组织抗击波兰的进攻。1919年后，他在南方战线工作，抵抗邓尼金的军队，一直到把邓尼金击溃、红军占领罗斯托夫和敖德萨为止。1920年，斯大林在西南战线（反波兰军队的战线）工作，直接领导在日托米尔区突破波兰战线、解放基辅并使我们的军队一直挺进到利沃夫城下的事业。同年，他还参加了保卫乌克兰南部抗击弗兰格尔的工作。1920—1923年，他是苏维埃共和国革命军事委员会委员。他由于屡建战功而荣获红旗勋章。

斯大林的主要著作有：《马克思主义和民族问题》、《走向十月革命的道路》、《论列宁和列宁主义》和《列宁主义问题》。

（本人审定的传记）

伊·托夫斯土哈撰写

姜鸿霄译

布哈林，尼古拉·伊万诺维奇
（1888—1938）

1888 年 9 月 27 日（俄历）生于莫斯科。父母亲当时都是小学教员。父亲的专业是数学（毕业于莫斯科大学物理—数学系），用通常的知识分子精神教育我，4 岁半我就会读能写，在父亲的影响下非常热衷于有关自然史的书籍，凯戈罗多夫、季米里亚捷夫、布雷姆是我喜爱的人物。狂热地搜集甲虫、蝴蝶的标本，经常养着小鸟，还爱好绘画。同时逐渐对宗教抱嘲讽的态度。我 5 岁前后父亲任比萨拉比亚省的税务督察员。我们在这里住了 4 年左右。这段时间的生活在“精神”方面一定程度上是贫乏的，无书可读。但总的气氛是迷人的外省边区城市生活的气氛。我和弟弟“自由”得多了，摆脱了合理化的教育，“走上了街头”；生活在花园、田野，熟悉花园里毒蜘蛛的每一个小洞。培育“人面蛾”、捕捉黄鼠等等。当时生活中的主要梦想就是获得《欧洲和中亚地区蝴蝶图谱》及达尔文的其他类似著作。然后我们又回到莫斯科，父亲约有两年时间没有工作。我们遭遇了严重的贫困。我时常搜集骨头和瓶子，卖两三戈比的钱；抱着旧报纸到小铺去换半个铜戈比。这时候我进入市立小学二年级学习。还需要指出，我父亲生活得毫无条理，却很懂得俄罗斯文学，在外国文学中，他最欣赏的是海涅。这个时期我简直什么书都读。海涅的诗我能倒背如流。背熟了科齐马·普鲁特科夫的作品。还完全是个孩子的时候就遍读了古典作家的作品。作为趣事我可以说一下，在这个年纪我几乎读完了莫里哀的全部作品，以及科尔什的《古代文学史》。这种非系统的阅读（“不管三七二十一”）有时造成了一些怪事。例如我记得，读了一些很不高明的西班牙骑士小说之后，我在西班牙与美国的战争期间成了西班牙人的热烈拥护者。在科尔什的影响下热衷于古代生活，不免抱着某种鄙视的态度看待现代城市生活。与此同时经常同所谓“市井少年”交往，然而我决不为此感到后悔。玩“半拐子”、“击木棒”、“打架”等等是这种生活所不可或缺的。大约就在这时候或稍晚些时候，我经历了第一次“精神危机”，同宗教彻底分手了。顺便说说，这是以相当淘气的形式表现出来的：我同那些崇敬圣物的孩子们打赌，从教堂含来了“圣体”，胜利地把它吐在桌子上。这里也有些趣事。这时候我偶然地看到了弗拉基米尔·索洛维约夫的著名的《关于反基督者的讲座》，这时候我对自己是不是反基督者，有点拿不定主意了。因为我从《启示录》中知道（顺便说一下，我因读《启示录》被学校的神父严重警告），反基督者的母亲必定是个荡妇，所以我就去问我的母亲，她是不是个荡妇——我母亲是一个非常聪明、异常贞洁、热爱劳动、极端爱孩子、有高尚美德的妇女，这自然使得她非常难堪，因为她怎么也无法理解，我怎么会产生这样的问题。

小学毕业时我是“第一名优等生”，但有一年时间没能进入中学学习，然后预习了拉丁语，通过了考试，上中学二年级学习。在中学（莫斯科第一中学）期间几乎全拿五分，虽然从来没花什么力气，从来没用过字典，总是匆匆忙忙地“抄”同学们的“话”，在老师上课前五到十分钟才“准备”功课。在中学四年级或五年级的时候开始组织“小组”、出版“杂志”等等，起先完全是天真无邪的。像常有的那样，我们也经历了写作活动的阶段。然后开始阅读非法著作，接着是组织有社会革命党人和社会民主党人参加的小组“学生组织”，最后终于决定投身马克思主义阵营。研究经济理论起初给我以沉重的感觉：在“崇高和美好”的后面是商品—货币—商品。但是一深入马克思主义理论的中心，我感到了它非同寻常的逻辑严整性。毫无疑问，正是这一特点对我的影响最大。我觉得社会革命党人的理论是一团混乱。此外，自由派熟人使我产生激烈反对自由主义的情绪。这时 1905 年革命到来了，到处都有群众大会、示威游行，等等。当然，所有这一切我们都积极参加了。1906 年我正式加入党，开始地下工作。在毕业考试期间我同伊里亚·爱伦堡一起在斯科得科夫壁纸工厂发动了罢工。考入大学后，主要是利用大学作为秘密接头地点，或者是在课堂讨论上对某一“可敬”的自由派教授进行某种理论“袭击”。

1908 年我被遴选入党的莫斯科委员会。1909 年我被选入其下一届委员会。这时候对经验批判主义者有某种异常的偏爱，并且读遍了俄文出版的所有这方面的书籍。1909 年 5 月 23 日在莫斯科委员会开会时被捕，然后获释，接着又被捕。然后我被保释，但是 1910 年当整个党的莫斯科组织被破获时，我也被捕（这时我在合法机构工作），在监狱中关押了好几个月，被驱逐到奥涅加，为避免被法庭判处苦役（用于我身上的是第 102

条），于是逃往国外。我在俄国从事党的工作期间一直是正统的布尔什维克（即不曾是“召回派”，也不曾是“调和派”）。在国外开始了我的生活中的新阶段。最初一段时间，我通常是住在工人家中，而整天都在图书馆度过。如果说我在俄国获得了一般知识和关于土地问题的相当专门的知识，那么，毫无疑问国外图书馆给我提供了更多知识。其次，我认识了列宁，他自然给了我巨大的影响。第三，我掌握了数种语言，并获得了欧洲工人运动的实践知识。在国外也真正开始了我的著述活动（《真理报》上的通讯，《启蒙》杂志上的文章，在《新时代》上发表的第一篇著作——《论杜冈—巴拉诺夫斯基》等等）。我到处都竭力实际参加工人运动。在奥地利听了柏姆—巴维克和维泽尔的课，于战争前夕被捕，被驱逐到瑞士；然后历尽艰辛到达瑞典（中途曾在纽卡斯尔被捕），在这里同亲密的朋友皮达可夫一道在图书馆紧张地研读，直到被捕（所谓霍格伦案件）。接着有一段时间住在挪威（直接参加了“青年派”机关刊物《阶级斗争》的出版工作），但不久被迫秘密赴美。在美国任《新世界报》编辑，参加组织社会主义运动“左翼”，等等。革命后取道日本回俄，因在士兵中间进行鼓动，在车里雅宾斯克被孟什维克逮捕。抵达莫斯科后任莫斯科苏维埃执行委员会委员、莫斯科委员会委员、《社会民主党人报》和《斯巴达克》杂志编辑。一直站在左翼（在国外时就曾捍卫“社会主义革命在俄国不可避免”的论点）。在党的第六次代表大会上被选入中央委员会，直到现在仍任此职。在我的政治生活的最主要阶段中，我认为有必要指出布列斯特时期，那时我领导了“左派共产主义者”集团，犯了极大的政治错误。以后的整个时期是列宁对我的影响越来越大的时期，我对他的感激之情超过任何人。从我所受的马克思主义教育来说是这样，从我有幸能和他同在一个队伍，并且他作为一般的同志和人，我有幸能站在他的身边来说，也是这样。目前我担任中央委员和政治局委员、共产国际执委会主席团委员、《真理报》编辑以及著作家、讲师、党的鼓动员、宣传员等。

主要理论著作有：1.《世界经济和帝国主义》；2.《食利者的政治经济学》（对所谓“奥地利学派”的价值和利润理论的批判）；3.《过渡时期经济学》（对资本主义瓦解和无产阶级专政条件下社会改组的基本规律作理论分析的尝试）；4.《历史唯物主义理论》；5. 理论文集《进攻》（反对柏姆—巴维克、司徒卢威、杜冈—巴拉诺夫斯基、弗兰茨·奥本海默等人）；6.《帝国主义和资本积累》（为批判罗莎·卢森堡和杜冈—巴拉诺夫斯基的理论而对再生产过程、市场和危机理论所作的分析）。通俗小册子中流传得特别广的有：《共产主义 ABC》（与普列奥布拉任斯基合著），《布尔什维克共产党人纲领》等。处于独特地位的有历史著作《从沙皇制度专政到无产阶级专政》和《论托洛茨基主义问题》（后一著作把苏维埃政治制度条件下经济政策上的正确路线和错误路线同城乡关系问题联系起来作了理论分析）。此外，还有许多具有次要意义的小册子、杂志文章等。许多著作，主要是通俗小册子，被译成欧洲和亚洲各国文字。

郑异凡译

布哈林续志

布哈林是领导人中唯一没有担任行政职务的人，十月革命后除签订布列斯特和约后的短时间外，一直担任《真理报》的主编，1924年起担任《布尔什维克》主编，1919—1929年是党的政治局候补委员和委员。1926年季诺维也夫被解除共产国际执委会主席职务后，布哈林接替他担任共产国际执委会政治书记处书记，是共产国际的第一把手。列宁在政治遗嘱中称他是“党的最宝贵的和最大的理论家”，“理所当然被认为全党喜欢的人物”。他帮助斯大林击败了托洛茨基、季诺维也夫和加米涅夫。

1928年苏联发生粮食收购危机，斯大林采用“非常措施”，动用刑法用强征的手段对付广大农民，布哈林同时任人民委员会主席的李可夫和时任全苏工会中央理事会主席的托姆斯基一道，反对把“非常措施”常态化，反对向农民征收“贡款”，反对用暴力把农民赶进集体农庄，反对超高速度的工业化，主张国民经济平衡发展，提出和平长入社会主义的理论，认为随着社会主义的发展阶级斗争将逐步缓和，等等，为此同斯大林发生严重分歧。斯大林利用所控制的多数击败布哈林，布哈林等人被定为“右倾集团”，1929年布哈林被解除《真理报》主编、共产国际政治书记处书记和政治局委员的职务。1929年起任最高国民经济委员会科学技术管理局局长，1932年起任奥尔忠尼启则领导的重工业人民委员部部务委员。1934年8月，布哈林在第一次苏联作家代表大会上做“诗歌、诗学和苏联诗歌创作的任务”的报告，获得热烈欢迎。1934—1937年任《消息报》主编。1935年参加苏联宪法起草委员会，据布哈林本人说，宪法从头到尾都是他起草的。

1937年2—3月中央全会期间被开除出中央委员会并被开除出党，同时被捕。关押在监狱的一年时间里，布哈林写了三部著作:《社会主义及其文化》、《辩证法概论》和小说《时代》，此外还有一些诗作。1938 年 3 月 13 日在“右派和托派反苏联盟案”中被判处死刑，15 日被枪决。

1988 年 2 月 4 日获平反，1988 年 6 月 21 日恢复党籍。

安德烈也夫，安德烈·安德烈也维奇

（1895—1971）

1895年生于斯摩棱斯克省的一个农民家庭。父亲起初在莫斯科的一家纺织厂当工人，后来管理院子。安德烈也夫在乡村小学上了两年学，然后去莫斯科谋生，13岁时在一家小饭馆洗碗、擦茶炊。他十五六岁第一次在莫斯科认识了党的同志，主要是印刷工人，也从这时起开始认真阅读秘密的和合法的马克思主义著作，并通过自学来充实自己的知识。1911年安德烈也夫离开莫斯科到高加索和南俄寻找新的工作，在这里从事各种各样的劳动，不断地从一个城市迁往另一个城市。1914他到了彼得格勒，进大炮库的炮弹车间当工人，然后在普梯洛夫工厂和斯科罗霍德工厂的社会保险金库工作。从到达彼得格勒时起实际上就开始处于地下状态，加入了党，从事地下工作直至二月革命。1915年底和1916年安德烈也夫从纳尔瓦区选入布尔什维克彼得格勒委员会，在其中同扎列日斯基、莫斯克文、托尔马切夫以及“执行委员会”的其他委员们一起工作。二月革命激烈进行的时候在党的区委和新的彼得格勒委员会中工作，同时开始在工会从事筹备彼得格勒五金工会的工作，在该工会任区工会书记和中央理事会理事。十月政变后，安德烈也夫受全俄五金工会临时常务局派遣赴乌拉尔组织工会。在乌拉尔工会和党组织工作至1919年。1919年调往乌克兰，以五金工会中央委员会委员和全俄工会中央理事会主席团委员的身份在此工作。1920年调往莫斯科，任全俄工会中央理事会书记，后来又当选为铁路工会中央委员会主席，任此职至今。在苏维埃系统任苏联中央执行委员会主席团委员，在党的系统，安德烈也夫1920年在俄共第九次代表大会上当选为党的中央委员，后来在第十一、十二和十三次代表大会上一再当选。目前任俄共中央委员会书记。

郑异凡译

安德烈也夫续志

安德烈也夫是苏联得善终的领导人。1924—1925年任俄共中央书记，1930—1931年任联共中央监察委员会主席，1939—1952年任联共中央党监察委员会主席，1932—1952年任中央政治局委员，1935—1946年任中央书记。1931—1935年任交通人民委员，1943—1946年任农业人民委员，1946—1953年任苏联部长会议副主席。1953年起任最高苏维埃主席团委员，1962年起为其顾问。1957年起任苏中友好协会主席。1971年去世，葬于莫斯科新圣母公墓。

安东诺夫-奥弗申柯，

弗拉基米尔·亚历山大罗维奇

（1884—1938）

1884 年 3 月 9 日生于切尔尼哥夫城后备步兵团的一个中尉家庭。父亲是没落的贵族，1902 年去世时的军阶是上尉。1901 年安东诺夫-奥弗申柯毕业于沃罗涅什武备中学并升入尼古拉军事工程学校。数月后因拒绝宣誓“效忠于皇上和祖国”而被关押了 11 天，然后由父亲具保获释。拒绝宣誓的理由是“本性厌恶黩武主义”。1901 年冬参加华沙社会民主党大学生小组（在这以前安东诺夫-奥弗申柯没有任何革命方面的熟人，抗议黩武主义是出于“自己的思考”，是武备中学和军校那卑鄙下流、凌辱人的环境所给予的印象造成的）。1902 年春离开老家，在彼得堡亚历山大罗夫港当粗工，接着在“动物保护协会”当马车夫。1902 年秋为争取做革命工作，考入彼得堡士官学校，同社会革命党人组织保持联系，从那里获得革命书籍。在学校士官生中开展广泛的鼓动工作。1903 年经斯托莫尼亚科夫同志（党内化名库兹涅佐夫，现任外贸部部务委员）介绍同布尔什维克组织建立了联系。1904 年 8 月携带非法书籍被查获，关押了 10 天，根据卖弄自由主义的前大公康斯坦丁·康斯坦丁诺维奇的个人命令获释。出来后任驻守华沙的第四十科雷凡步兵团军官。在学校留下了一个有力的社会民主党小组。1904 年秋受彼得堡布尔什维克组织的委托巡视莫斯科、叶卡捷琳诺斯拉夫、敖德萨、基辅、维尔纳，使和他一起从军校毕业的军官组成的小组同党建立了联系。在维尔纳同当地的军事组织建立了联系。在华沙同社会民主党、波兰社会党、无产阶级党和“崩得”建立了联系。建立了俄国社会民主工党华沙军事委员会（后来苏里茨同志——我们的驻土耳其大使、博哥兹基同志——我们的驻瑞士代表，参加了该委员会），在军官和士兵中进行了鼓动工作。1905 年春获得优先赴远东的任命。在社会民主党以及尼古拉同志（菲尔斯滕贝尔格）的帮助下转入地下，赴克拉科夫、利沃夫，同时保持同波兰社会民主党人的联系。两星期后返回波兰以领导预定两个步兵团和一个炮兵旅在新亚历山大里亚的起义。起义没有成功（安东诺夫-奥弗申柯在《火星报》第 100 号上记述了这次起义，文章署名“施蒂克”）。

安东诺夫-奥弗申柯赴奥地利，抵达维也纳，同所谓“党总委员会”（孟什维克的）接上头，受命赴彼得堡，于 5 月底抵达。在孟什维克的军事委员会和鼓动小组中工作。6 月底在喀琅施塔得水兵和士兵小组会议上被捕（名叫“尼古拉金眼镜”的奸细告密所致，此人即多勃罗斯科克）。以他人的名字于十月大赦中获释。参加了由诺根（“马卡尔”）领导的联合军事委员会。由军事委员会选入彼得堡委员会（联合）。编辑取得很大成就的地下《军营报》。1906 年 4 月初在莫斯科召开的军事组织代表大会上同叶梅利扬·雅罗斯拉夫斯基、捷姆利亚奇卡等一道被捕。5天后安东诺夫-奥弗申柯、叶梅利扬同志以及另外三位同志在墙上挖洞逃出苏舍沃警察局。数月后根据中央委员会的指示，安东诺夫-奥弗申柯赴塞瓦斯托波尔准备武装起义。起义于6月突然爆发。安东诺夫-奥弗申柯在街头被捕，那时他正从被警察和巡逻队封锁的举行战斗队代表会议的房子里钻出来。回击无效。在狱中关了一年，身份始终未查明，作为一个自称卡巴诺夫的身份不明的人被判处死刑，8月后改为20年苦役。又过一个月，1907年6月，在从塞瓦斯托波尔发送服苦役的前夕，他同另外20人在放风时炸毁院墙并向狱吏和哨兵开枪射击，越狱逃脱。越狱是由从莫斯科来的布尔什维克康斯坦丁同志组织的。在山上呆了一个星期，然后赴莫斯科。在路上为躲避暗探从火车上跳了下来，历经艰辛到达莫斯科，在这里找到了中央委员会俄国局的秘密接头点。中央俄国局派安东诺夫-奥弗申柯去芬兰，两个月后借助于“特别可靠”的护照来到彼得堡，开始在“军旗号”快艇的水兵中工作，但由于监视严密，不得不离开此地赴莫斯科。在莫斯科开始在苏舍沃—马里莫区的工人布尔什维克小组工作，但不久即转到公开组织中工作，同“取消派”建立了联系。1908年冬组织了工人合作社：“生活”合作社在列福尔托夫区，“劳动”合作社（在普列斯尼亚）、“联合”合作社（在李科里尼奇区）。同时在印刷工会工作（同布尔什维克柳比莫夫同志一起编辑周刊）。协助布尔什维克工人夺取了列梅尔托夫“戒酒协会”，建立了“合理娱乐俱乐部”，俱乐部开展了广泛的革命工作，但不久即关闭。这项工作是和布尔什维克工人一起干的。1909年春参加了下诺夫哥罗德的秘密代表会议（有下诺夫哥罗德、索尔莫沃、莫斯科和博哥罗茨克的社会民主党秘密组织的代表出席），会上决定在莫斯科出版一份由安东诺夫-奥弗申柯主编的普列汉诺夫倾向的秘密报纸。在参加（由工人合作社选派）莫斯科工厂医生代表大会时，（由于马林诺夫斯基告密）安东诺夫-奥弗申柯和其他一些人在社会民主党人会议上被捕，三天后获释，动身去基辅，但由于组织遭破坏，又返回莫斯科，在这里再度被捕。在狱中关了6个月。在德文斯克县“确定身份”之后（为“辨认”事交付了由大部分工人组织募集的400卢布），于1910年2月以安东·古克的名字获释。莫斯科组织遭破坏，无法找到可靠的护照，不停的监视，迫使安东诺夫-奥弗申柯越境出国（1910年7月）。越境时被普鲁士宪兵逮捕，但由于德国社会民主党的干预未被引渡回俄国。1914年战争以前一直在巴黎参加孟什维克集团，同时在协助社会民主党杜马党团小组以及各种出版事务中和布尔什维克（弗拉基米罗夫、洛佐夫斯基、索柯里尼柯夫）一道工作。曾任由工团俄国支部代表组成的巴黎劳动局的书记。1914年9月同德·曼努伊尔斯基（当时是前进派成员）编辑、出版国际主义日报《呼声报》。报纸很快得到了巩固，许多著名的国际主义者马尔托夫、托洛茨基、卢那察尔斯基、米·波克罗夫斯基、沃隆捷尔、洛佐夫斯基、弗拉基米罗夫等参加了该报的工作。在安东诺夫-奥弗申柯的积极参加下，该报以不同的名称一直出版到1917年4月。1914年底安东诺夫-奥弗申柯因孟什维克集团同社会爱国主义分子妥协而退出该集团，在“我们的言论派”集团工作，同布尔什维克（格里沙·别连基等）一起参加社会民主党国际主义者俱乐部，站在《呼声报》(《我们的言论报》）编辑部等左翼的立场，在所有根本问题上追随布尔什维克。1917年5月获赦返回俄国。回国后立即去布尔什维克中央委员会并正式加入党，公开声明同“区联派”决裂。在赫尔辛福斯工作，编辑《浪潮报》，由于参加党委会和市苏维埃，还在彼得格勒工作（鼓动员）。1917年7月15日在赫尔辛福斯被捕，在“十字监狱”关了一个月。曾任芬兰区域委员会委员，按照党的提名由北方战线选入立宪会议，任北方苏维埃委员会书记和彼得格勒军事革命委员会书记。1917年10月25日领导攻占冬宫和逮捕临时政府的官员。被选入人民委员会——陆军人民委员部。任彼得格勒军区总司令。1917年12月6日赴乌克兰，任同卡列金及其帮凶斗争的总司令。领导了反对卡列金分子、科尔尼洛夫分子、拉达分子的斗争。1918年3月至5月任南方各苏维埃共和国武装力量最高统帅。曾任共和国军事委员会和革命军事委员会委员、陆军人民委员部部务委员。1918年9月至10月指挥第二集团军和第三集团军，从11月11日起指挥库尔集团军，1919年1月至6月指挥乌克兰方面军。1919年8月和9月任全俄中央执行委员会驻维切布斯克省征粮特派员。1919年11月至1920年4月任全俄中央执行委员会驻坦波夫省特派员、省委会主席和省执行委员会主席，1920年4月任实行普遍劳动义务制总委员会副主席、劳动人民委员部部务委员。1920年11月至1月任内务人民委员部部务委员和小人民委员会副主席。自1921年1月中旬至2月初任全俄中央执行委员会驻彼尔姆省特派员（苏维埃主席，播种组织与协助委员会，省委会，省政治教育委员会）。1921年2月中旬至7月中旬任全俄中央执行委员会肃清坦波夫省土匪的全权委员会主席。1921年10月起任萨马拉省执行委员会主席，领导了克服饥荒的斗争。1922年秋至1924年2月任共和国红军政治部主任和革命军事委员会委员。1924年2月起在外交人民委员部任职。

郑异凡译

安东诺夫-奥弗申柯续志

安东诺夫-奥弗申柯在十月武装起义中发挥了重要作用，是攻占冬宫逮捕临时政府官员的军事领导人之一。国内战争中南征北战，1922—1924年任共和国革命军事委员会政治部主任，在1923年党内争论中支持托洛茨基。托洛茨基1923年12月发表《新方针》，安东诺夫于12月24日发布政治部第200号通告呼应。政治局要他收回此通告，安东诺夫回应说："如果敢动一动托洛茨基的话，整个红军会起来保卫苏联的卡诺的。军队会让那些大胆妄为的领袖们老实的。"1924年1月17日安东诺夫被解除政治部主任的职务，由布勃诺夫接替。此后安东诺夫被派去东欧各国担任苏联全权代表。把反对派分子派到国外工作以阻断他们对国内影响，是当时对付反对派的一个手段。1928年声明脱离"左翼反对派"。1934年起任俄联邦检察长，1937年起任俄联邦司法人民委员。西班牙内战期间，任苏联驻巴塞罗那总领事，苏联通过此地把大量军火运进西班牙，安东诺夫作为军事顾问给予共和国军队以巨大的帮助。

1937年底安东诺夫被召回莫斯科，旋即被捕。1938年2月8日以参加"托洛茨基恐怖间谍组织"的罪名被判处死刑，10日枪决。其妻也遭枪决。临刑前安东诺夫同朋友们告别，脱下上衣和皮靴留给他们，说"我请活到自由的人转告人们，我安东诺夫-奥弗申柯过去是布尔什维克，一直到死仍然是布尔什维克"。

1956年2月25日获平反。

奥尔忠尼启则，格里哥里·康斯坦丁诺维奇

（1886—1937）

1886年生于格鲁吉亚西部沙罗潘斯克县的戈列什村的小贵族家庭。在哈拉高利二年制小学受初等教育，然后进梯弗里斯米海伊洛夫医院的医士学校，于1905年毕业。奥尔忠尼启则于1903年加入俄国社会民主工党，在党改名以前一直属布尔什维克派。学校毕业后有一段时间在格鲁吉亚西部从事宣传鼓动工作。1905年秋他在古道塔（阿布哈兹）积极参加了党和革命工作。

1905年12月24日他在离古道塔不远的鲍姆巴拉特和其他同志一起被捕，这时正在卸载他和其他同志从加格腊运来的武器。在苏呼姆监狱关至1906年4月底，在这里被控以第126条第2款。后保释出狱，此后短期内赴德国，于1907年初回到巴库城，从事党的工作，同时在罗马内的沙姆西·阿萨杜拉也夫采油场任医生。

1907年5月1日他于五一示威时在“斯坚卡·拉津”山丘被捕，以库奇希什维里为化名在巴库监狱关了26天。获释后连续在该地工作。这时期在此地工作的有斯大林、斯·邵武勉、阿·查帕里泽、斯潘达梁、穆迪瓦尼等人。同年10月再次被捕，因参加俄国社会民主工党（布）巴库组织，根据第102条被判处流放，接着因1905年案件被解往苏呼姆，在这里被判一年半监禁。

1909年春被流放安加拉河沿岸边疆区叶尼塞斯克省平丘基乡帕塔斯奎村。在流放地呆了两个月即返回巴库；这时波斯革命正在继续，奥尔忠尼启则参加了这场革命。奥尔忠尼启则在波斯同巴黎布尔什维克小组保持经常联系。通过与娜捷施达·康斯坦诺夫娜·克鲁普斯卡娅通信，取得我们的国外出版物，在恩捷里和腊什特城建立协助小组，1910年底赴巴黎。

抵达后他开始在布尔什维克—列宁派巴黎小组工作。1911年夏他在巴黎郊外列宁组织的党校呆了一段时间。在国外局分裂和筹备党代表会议的国外组织委员会成立之后，他同李可夫、施瓦尔茨、勃列斯拉夫一道被组织委员会派往俄国以筹建俄国的组织委员会。

在巡视了北方、南方和外高加索的许多城市之后，在1911年夏末秋初同其他被派遣的同志们一道成立了筹备全俄党代表会议的组织委员会。委员会的第一次会议在巴库召开，参加的有乌拉尔（C. 施瓦尔茨）、基辅、叶卡捷琳诺斯拉夫的代表。莫斯科和彼得堡的代表在赴巴库途中被捕。在巴库举行委员会第一次会议，之后由于遭到破坏，会议移往梯弗里斯并在这里结束工作。在选举了代表会议代表之后，他动身赴巴黎，然后去代表会议所在地布拉格。在代表会议上奥尔忠尼启则被选入党的中央委员会。会议结束后他立即返回俄国以组织中央委员会俄国局，并去沃洛格达找被流放于该地的斯大林。斯大林在巴黎代表会议[①]上当选为中央委员和俄国局委员。奥尔忠尼启则和斯大林由此赴高加索。

奥尔忠尼启则同斯大林一起回彼得堡，1912年4月在此地被捕，当时的化名是古塞伊诺夫。彼得堡保安部门很快查明了奥尔忠尼启则的身份，将其送交法庭审判。他在羁押所关了6个月之后，被判处3年苦役，在什吕谢尔堡服刑。

1915年秋被解往西伯利亚的亚历山大罗夫斯克的流放犯羁押监狱，一直关到1916年春，然后被解往雅库茨克。二月革命前，住在雅库茨克附近的波克罗夫斯克村，任诊疗所的医生。同古别利曼（雅罗斯拉夫斯基）、基尔萨诺娃、格·伊·彼得罗夫斯基以及其他同志一起继续进行工作。二月革命后同上述同志以及其他同志一起在雅库茨克进行组织革命政权的工作，任执行委员会委员。5月他同其他同志乘第一艘轮船离开雅库茨克，于6月抵达彼得格勒。

在这里根据列宁的推荐被选入彼得格勒委员会和彼得格勒委员会执行委员会。在彼得格勒至1917年秋初同斯大林等一起工作。秋天到高加索去了一段时间，10月24日返回彼得格勒。十月政变之后，彼得格勒委员会派他和曼努伊尔斯基到普尔科沃村附近我们的作战部队反对克伦斯基。然后被任命为乌克兰、南俄和北高加索的特派员。

国内战争时期他一直在前线——起先在察里津，后在北高加索。在北高加索集团军被打垮及其一部分进入阿斯特拉罕之后，奥尔忠尼启则同А. 纳扎列强、菲·马哈拉泽和以Б. 卡尔梅柯夫和阿尔茨卡诺夫为首的一

① 原文如此，应是布拉格代表会议。——译者注

批山民一道避入英古舍季亚山区，1919 年春奥尔忠尼启则由此越过高加索山脉秘密进入孟什维克统治的格鲁吉亚，由此赴巴库，然后同卡莫、瓦罗·查帕里泽等乘土库曼人的渔船经 13 昼夜的海上漂泊抵达阿斯特拉罕。到达阿斯特拉罕后即动身赴莫斯科。

奥尔忠尼启则从莫斯科去西方战线斯大林处，斯大林当时是西方战线革命委员会委员。奥尔忠尼启则被任命为第十二集团军革命军事委员会委员，一直工作到马蒙托沃突破南方战线。这段时间他同拉脱维亚师一道转移到南方战线并被任命为第十四集团军革命军事委员会委员。攻克哈尔科夫后他被调往高加索战线，任高加索战线军事革命委员会委员和高加索革命委员会主席。在这里他同基洛夫、穆迪瓦尼、斯托帕尼、图哈切夫斯基等一起工作。5 月 1 日拂晓同基洛夫等同志一道进入巴库，1920—1921 年为在亚美尼亚和格鲁吉亚建立苏维埃政权的积极参加者之一。

目前奥尔忠尼启则任中央监察委员会主席，工农检查人民委员，苏联人民委员会副主席和劳动国防委员会副主席。从党的第十次代表大会起是联共（布）中央委员、联共（布）外高加索边疆委员会责任书记、苏联和高加索红军革命军事委员会委员、苏联中央执行委员会委员、外高加索中央执行委员会委员、格鲁吉亚中央执行委员会委员以及一系列苏维埃和工会组织的成员。

（本人审定的传记）

博姆宾撰写

郑异凡译

奥尔忠尼启则续志

奥尔忠尼启则1922年2月起任外高加索边疆区委书记，在处理格鲁吉亚民族问题上受到列宁的批评。1926年起为北高加索边疆区委书记。1926—1930年任中央监察委员会主席，后任重工业人民委员，被贬谪的布哈林有一段时间就在他的手下工作，两人关系良好。1930—1937年为政治局委员。

奥同斯大林的关系密切，是斯大林以“你”相称的少数密友之一。斯大林妻子阿利卢耶娃自杀身亡后，整夜陪伴斯大林的只有两人——奥尔忠尼启则和基洛夫。但是当斯大林开始大清洗的时候，奥反对消灭“老布尔什维克”，竭力保护重工业人民委员部的干部，反对提拔贝利亚担任格鲁吉亚的第一把手，因而同斯大林发生尖锐分歧。1936年10月正当奥在外地庆祝50岁生日的时候，传来他的哥哥巴维尔被捕的消息。1937年春召开的中央全会，预定由奥尔忠尼启则就“日本—德国—托洛茨基暗害间谍活动的教训”做主报告，奥根据自己的调查草拟了报告的决议，其中未提及暗害活动的规模等问题，把重点放在消除重工业部内部的缺点上。报告受到斯大林的批评。就在召开中央全会的前夕，1937年2月18日突然死亡。骨灰被安放在莫斯科红场克里姆林宫的城墙上。奥的突然死亡推迟了中央全会的召开。关于奥的死因，有两种说法，一种说法是自杀，另一种说法是按照斯大林的命令枪杀，两种说法都没有得到证实，官方的说法是心肌梗塞导致死亡。但是后来发布心肌梗塞医学报告的医生都被枪毙。

奥死后其妻子、三个兄弟和侄子遭迫害，有的枪毙，有的判处徒刑，以奥尔忠尼启则的名字命名的城市改名。

波德沃伊斯基，尼古拉·伊里奇[1]

（1880—1948）

波德沃伊斯基生于农村教师、神父家庭，乌克兰人。就学于涅任教会学校，1894 年入切尔尼戈夫神学院学习。根据官方的说法，1901 年因参加革命运动被开除出神学院。不过据他的同学回忆，1902 年他读完全部课程在神学院毕业。

1901 年加入俄国社会民主工党。1901—1905 年在雅罗斯拉夫尔的一家法学院学习。俄国社会民主工党第二次代表大会后属布尔什维克。1904—1905 年为党的北方委员会委员。1905 年是伊万诺沃—沃兹涅先斯克纺织工人罢工及该地工人代表苏维埃的领导人之一，雅罗斯拉夫尔工人战斗队的组织者。在一次战斗中负伤后出国。

---

① 《格拉纳特百科辞典》没有此人的传记，现在的传记是根据资料编写的。

1906—1907年侨居德国和瑞士。1907年回国，在彼得堡等地的布尔什维克组织中工作。1907—1908年是彼得堡党的合法出版社“种子”的领导人之一。1910—1914年参加《明星报》和《真理报》的组织和出版工作。1915—1916年任《保险问题》杂志编辑、俄国社会民主工党俄罗斯局财务委员会主任。1916年11月被捕，1917年2月被判流放西伯利亚，二月革命期间获释。

十月革命前率领装甲师的士兵占领克舍辛斯卡娅宫，此处后来成为布尔什维克的总部。他是党的彼得格勒委员会委员，彼得格勒苏维埃代表，布尔什维克彼得格勒委员会军事组织领导人，赤卫队的组织者，《士兵真理报》、《工人和士兵报》、《士兵报》的编辑，党中央全俄前线和后方军事组织局主席。而且作为军事组织代表出席党的四月代表会议。第一届全俄苏维埃代表大会代表，当选全俄中央执行委员会候补委员。

波德沃伊斯基是十月武装起义的组织者之一，时任军事革命委员会及其常务局委员，领导武装起义的三人小组成员，起义期间是军事革命委员会副主席，进攻冬宫的领导人之一。领导彼得格勒军区部队粉碎了克伦斯基的叛乱。

1917年11月至1918年3月任军事人民委员。1918年1月起为全俄组织和组建红军委员会主席。1918年2月至3月任彼得格勒革命防卫委员会委员。1918年3月起为最高军事委员会委员，共和国革命军事委员会委员（1819年9月至1919年7月），同时任乌克兰陆海军人民委员（1919年1—9月）。1919年10月至12月任西方战线第7军、1920年1月—3月任高加索战线第10军革命军事委员会委员。

1921—1927年任体育国际主席，1920—1923年为体育总委员会主席。

1924—1930 年任联共（布）中央监委。在党史研究所工作。1927 年在爱森斯坦的著名影片《十月》中亲自扮演他本人这一角色。1935 年退休。1948 年去世，葬于新圣母公墓。

郑异凡撰写

波格丹诺夫，亚历山大·亚历山大罗维奇

（1873—1928）

1873年8月10日（22）日生于国民教师家庭，是六个子女中的老二，不久父亲升为一所市立中学的学监，因此。我在六七岁时就得以进入学校图书馆，后来又进入学校的小物理实验室。在图拉中学学习，享受助学金，寄住在学校宿舍里，其条件有如兵营监狱；从这儿凶狠而死板的领导那里，我通过切身经验学会了畏惧、仇视掌权者和否定权威。毕业时获金质奖章，考入莫斯科大学，成为自然学科大学生；作为学生会联合委员会委员于1894年12月被捕，并被驱逐到图拉。在那儿由军械工人伊·伊·萨韦利也夫介绍参加小组工作，任宣传员；不久弗·巴扎罗夫和伊·斯切潘诺夫也参加了。通过这一工作于1896年从民意主义思想转向社会民主主义；根据小组的讲稿编出《经济学简明教程》(1897年底出版时已被书报检查机关弄得残缺不全；列宁在《世间》杂志1898年第4期

的书评中对本书表示热烈祝贺）。1895年秋起，部分时间在哈尔科夫度过，在医学系学习；参加当地的社会民主主义知识分子小组（其首领是切列万宁），但因道德问题同小组决裂了，他们认为道德具有独立的意义。1898年为回答我们工人在一般世界观方面的广泛要求，写了第一本哲学著作《自然史观的基本因素》。1899年秋大学毕业，接着因从事宣传被捕。在莫斯科监狱关了半年，被流放到卡卢加，由此地再流放到沃洛格达3年。进行了大量的学习和写作；1902年组织并编辑了反对唯心主义者的文集《现实主义世界观概论》。在精神病院当了一年半的医生。1903年底起编辑马克思主义杂志《真理》，在莫斯科出版。

1903年秋参加布尔什维克派，流放一结束，立即于1904年春赴瑞士，同列宁会合。在22人会议上被选入布尔什维克委员会常务局，这是第一个布尔什维克中心。大致与此同时，第一次被孟什维克的《火星报》革出马克思主义教门（第70号正统派①的文章指责我犯了哲学唯心主义）。1904年秋天回到俄国彼得堡，12月起在布尔什维克委员会常务局和彼得堡委员会工作。布尔什维克委员会常务局关于武装起义和关于召开党的代表大会的文件，以及常务局的大多数其他文件是我起草的。1905年春在伦敦代表大会（第三次代表大会，即布尔什维克代表大会）上是武装起义问题以及组织问题的报告人，被选入第一个布尔什维克的中央委员会。在彼得堡工作，参加布尔什维克《新生活报》编辑部，是中央委员会在工人代表苏维埃中的代表。1905年12月2日在苏维埃被捕。次年5月获保释，代表布尔什维克参加已被孟什维克控制的中央委员会；后被驱逐出境，接

① 柳·伊·阿克雪里罗得。——译者注

着秘密回国，在库沃卡拉同列宁住在一起，在布尔什维克的机关报刊编辑部工作，同时也在第一、二、三届杜马党团工作。在第三届杜马问题上主张抵制，但当党的代表会议决定反对抵制后，在我编辑的非法工人报纸《前进报》上开展了这届杜马的竞选运动。

1907年底，我受同志们的派遣出国，任布尔什维克机关报《无产者报》的三人编辑小组成员（同列宁和英诺森一道）。1909年夏我同列·波·克拉辛一起被作为左派布尔什维克开除出布尔什维克中央；而在1910年1月，在布尔什维克和孟什维克的党团合并时，被开除出党的中央委员会。1909年秋参与组织喀普里的第一工人党校，1910年秋参与组织波伦亚的第二党校。1909年12月是“布尔什维克集团”政纲的报告人，这个集团不久被叫做“前进著作集团”。在《目前形势和党的任务》的政纲中第一次提出了无产阶级文化的口号。1911年春，当“前进”集团越出文化宣传工作而转向国外精神的那种政治时，我退出了这一集团，并脱离政治活动；此后直至革命只为《真理报》及其他工人报刊写作宣传性文章。1914年回俄后，我被作为医生发送前线。革命时我在莫斯科；在这里我起初写作政治宣传文章，其中之一就是在1918年1月我作出了军事共产主义的论断；然后完全转向文化和科学工作——在无产阶级文化协会、无产阶级大学等工作。1921年秋我停止了无产阶级文化工作，完全从事科学工作。从1918年起直到现在我是共产主义（原社会主义）科学院院士。

我的主要著作有：

1. 政治经济学方面：《经济学简明教程》，是按历史线索写就的第一本经济学教科书（最后一版是同Ш. М. 德沃莱茨基合作修订的），曾被译成英文及其他几种文字；《政治经济学初级教程问答》大部头的《政治经济学教程》(同伊·伊·斯杰潘诺夫合作)。《交换和技术》(1903年),收在《现实主义世界观概论》文集中,首次论证了建立在平衡原则上的劳动价值理论。

2. 历史唯物主义方面:《关于社会意识的科学》,历史地叙述了意识形态的发展,主要是思维形式的发展,从生产关系出发解释它们的起源,此书被译成德文;《社会心理学》(1902—1906年文集)、《社会技术和经济的组织原则》(《社会主义科学院通报》1923年第4期)——阐述通过技术关系实行合作的形式。

3. 哲学方面:《经济一元论》,第一、二、三册(1903—1907年),从组织观点,即从作为不同类型和程度的组织性的复合和体系的形成、斗争和相互作用的过程的角度描绘世界;《生物经验的哲学》(1911年)——概述现实主义哲学体系的发展,以经验一元论结束;《从宗教一元论到科学一元论》,报告(《生动经验的哲学》第三版附录)——为争取取消一般哲学的科学的一元论而斗争提供论证。

4. 关于组织科学:《普通组织的科学》(组织形态学),第一、二、三册(1913—1922年)——关于组织自然界的一切要素、实践和思维的形式和规律的一般学说(第一册译成德文出版);《统一的经济计划的原则》(《劳动通报》1921年第4—6期)和《工人的劳动和需求》(《青年近卫军》1922年第3期)——用组织规律解决基本经济任务;《相对性原则的客观理解》——用组织的观点阐述相对性原则(《共产主义科学院通报》1924年第8期)。

5. 关于无产阶级文化:《新世界》(1904—1906年)——对生活的高级文化类型的通俗述评;《工人阶级的文化任务》(1911年)——对无产阶级

文化纲领的论证；《艺术和工人阶级》（有德译本）；《科学的社会主义》——论无产阶级科学（有一部分也被译成德文）；《工人阶级发展中的无产阶级文化因素》——历史分析；《论无产阶级文化》（1904—1924年文集）。有两部小说也可以列入这一类：《红星》（1907年），幻想小说（被译成法文、德文以及其他几种文字）；《曼尼工程师》（1912年）——描写无产阶级文化同资产阶级文化的冲突。

还有几本书，几十篇杂志文章、小册子和报告，大量主要是宣传性的报纸文章和传单。

郑异凡译

亚·亚·波格丹诺夫续志

波格丹诺夫可以说是一个百科全书式的学者，在哲学、经济学、社会学、文学等领域均有论著。按照历史学家波克罗夫斯基的说法，在20世纪初期，在俄国波格丹诺夫在党内的地位与列宁不相上下，是布尔什维克的“大管家”、“大宰相”。因哲学观点受到列宁的严厉批判，又因领导“前进派”，被开除出布尔什维克队伍。此后从事学术研究。由于其广博的学识，早在1918年就是科学院院士了，而布哈林是在1928年当选院士的，斯大林则由于缺乏有分量的学术著作而落选。布尔什维克党执政后，经常就各种重大的国内外问题向波格丹诺夫咨询。早在1917年底，他就预见并警告过布尔什维克不要搞军事共产主义，即兵营共产主义。他的报告《有组织的科学和经济的计划性》对制定国民经济平衡模式发挥了作用，被认为是一个“显著的贡献”。他倡导“无产阶级文化”，为此进行了理论论证。“无产阶级文化”理论受到列宁的批判。不过1925年布哈林还是公开表示，波格丹诺夫说的并不全是坏东西，认为波格丹诺夫是俄国也可能是全世界最有学问的人之一。

1921—1923年俄共内部出现一个由青年人组成的左倾派别“工人真理”小集团，受到国家政治保卫局的追查。波格丹诺夫被认为是该派思想上和组织上的导师，因而被捕入狱，关押了一个多月，因查无实据获释。不过对他的攻击并没有中止，有人著文直接指责他是“理论上的机会主义者和政治上的叛徒”。

1926年波格丹诺夫创建输血研究所，1928年在自身做输血实验时不幸牺牲。

他认为自己的一生只有在历史的法庭上才能得到公正的评价，相信历史会授予他“最高勋章”：“我将高傲地接受那个最高勋章，这种勋章在几个世纪里只奖给了少数几个人。在我之前得到这种勋章是这样一些人：伽利略，天主教世界给了他勋章；罗伯特·迈耶尔，市民世界给了他勋章。而我大概会从社会那里得到这枚勋章”。

布勃诺夫，安德烈·谢尔盖也维奇

（1883—1938）

1883年4月6日（3月23日）生于伊万诺沃—沃兹涅先斯克。在伊万诺沃—沃兹涅先斯克实科中学上学，1903年在该校毕业。然后进入莫斯科农学院（季米里亚捷夫农学院），未毕业。1903年加入俄国社会民主工党（布）。在此之前，1900—1901年曾参加学生的革命小组。自入党之日起就是布尔什维克。主要是在中部工业区各省和莫斯科工作，任组织员和鼓动员。在工作中曾多次被捕和监禁。总共被捕13次。在狱中关了四年多。1906年出狱后由伊万诺沃—沃兹涅先斯克组织选派出席斯德哥尔摩代表大会。1907年该组织又选派我出席伦敦代表大会。1905年夏起在党的伊万诺沃—沃兹涅先斯克联合局任委员，1907年党的中央委员会调我到莫斯科从事党的工作，1907年底起为党的莫斯科委员会委员。

在1907—1910年残酷的沙皇反动年代，尽管不断被捕，仍继续党的工作。1908 年当选为中部工业区区域局委员，被推选出席全俄党代表会议。但因被捕未能到会。1909 年出狱后，被任命为俄共中央委员会特派员。1910 年 5 月被遴选为俄国布尔什维克“中央”的成员。年底，莫斯科法院根据第 102 条对我起诉（三十四人案件）。从 1910 年起俄国工人运动出现复苏和高涨。1911 年，出狱后在下诺夫哥罗德和索尔莫沃工作。获悉被遴选入筹备全俄党代表会议的组织委员会后，我本应出国，但再次被捕。当选为候补中央委员后，和波捷尔恩一起出版布尔什维克报纸《伏尔加沿岸实事报》(出了 6 期)。1912—1913 年在彼得堡《真理报》和杜马党团工作。任党的彼得堡委员会执行委员会委员。

第一次世界大战爆发时在哈尔科夫，我是在彼得堡被捕后流放到这里来的。从战争一开始，就持彻底的国际主义立场。1914 年 8 月初，于哈尔科夫的布尔什维克组织发表反战宣言后，被捕，在狱中关押后流放波尔塔瓦。从波尔塔瓦转到萨马拉后，参加了筹备下伏尔加河流域布尔什维克组织代表会议的组织局。遭破坏后，于 1916 年 10 月被捕，并于 1917 年 2 月流放西伯利亚土鲁汉斯克边疆区。这一时期从事统计学研究，并且出版了一些关于经济问题的小册子。

二月革命爆发时，在博勃罗夫卡村的流放犯旅站的小屋里（克拉斯诺亚尔斯克—叶尼塞斯克大道）。返回莫斯科，成为中部工业区区域局成员。党的第六次代表大会选举我为中央委员。这时是莫斯科苏维埃执行委员会委员。1917 年 8 月中央委员会调我去彼得格勒，以中央委员和彼得格勒苏维埃执行委员会委员身份工作。参加党的军事报纸编辑部（作为党中央委员会代表）。作为彼得格勒军事革命委员会委员参加了十月政变。在 10 月 10 日的中央委员会会议上我被选入中央政治局，10 月 16 日被选入领导起义的军事革命总部。11 月作为共和国铁路委员被派往南方，参加了反对卡列金的斗争（在顿河岸罗斯托夫）。党的第七次代表大会后赴乌克兰，在乌克兰任人民书记——工农政府委员，参加了同德国人的斗争。乌克兰政府被推翻后参加了起义委员会。任乌克兰共产党中央委员会委员和全乌克兰军事革命委员会委员。1918 年从 8 月至 10 月在“中立区”工作（切尔尼哥夫—库尔斯克省），组织了游击部队以解放乌克兰。全乌克兰党代表会议（1918 年 10 月）后，被派往基辅进行地下活动。任地下党的基辅区域局委员、基辅地下苏维埃委员，同时兼任地下司令部司令。肃清佩特留拉匪帮后，参加了乌克兰工农政府。被选派参加党的第八次代表大会，当选为中央委员会候补委员和党纲起草委员会委员。与此同时，我当选为乌克兰共产党中央委员会委员，又是基辅工农代表苏维埃主席。1919 年被任命为乌克兰方面军革命军事委员会委员，然后是第十四集团军革命军事委员会委员。同年 10 月被任命为科兹洛夫突击部队集群革命军事委员会委员。1920 年在莫斯科做了一段经济工作，后被任命为北高加索军区革命军事委员会委员。这时候我是党的莫斯科委员会委员，而在顿河岸罗斯托夫任顿河区域委员会委员和俄共（布）中央委员会东南边疆局委员。党的第十次代表大会期间因参加肃清喀琅施塔得叛乱荣获红旗勋章。1922—1923 年任俄共中央宣传鼓动部部长。在党的第十二次代表大会上当选为俄共中央候补委员。党的第十三次代表大会上当选中央委员。1924 年初任工农红军政治部主任和苏联革命军事委员会委员。同时从事党的工作，任俄共中央组织局委员。还是苏联中央执行委员会委员。是党的老著作家。笔名有 A. 格洛托夫、C. 雅格洛夫、A. G.。早就研究革命运动史和我党的历史。在这一方面有小册子《俄国共产党发展的基本阶段》，此书曾为党的许多省委会多次再版。经济著作中值得一提的小册子有《粮食的水运费》，1915年出版，还有发表在《地方自治会的农艺师》（萨马拉）和哈尔科夫和波尔塔瓦农业杂志上的一系列关于一般农艺问题的文章和简评。

郑异凡译

布勃诺夫续志

布勃诺夫1924年接替安东诺夫-奥弗申柯担任红军政治部主任，1925年任俄共中央书记。1929年接替被认为有自由主义倾向的卢那察尔斯基担任俄联邦教育人民委员。布勃诺夫是最早的党史作家之一，他为第1版《苏联大百科全书》撰写的“联共（布）”条是早期较为客观、系统叙述党史的长篇文章，曾出单行本。1938年前国立列宁格勒大学曾以他的名字命名。

1937年10月17日被捕，1938年8月1日被判死刑，执行枪决。

其妻死于狱中，女儿于1944年以“组织暗杀斯大林”罪被捕，1945年被判剥夺自由5年，在集中营关押7年多，又被判终身流放。

布勃诺夫及其女儿均于1956年获平反。

德宾科，巴维尔·叶菲莫维奇

（1889—1938）

生于1889年2月16日。切尔尼哥夫省（现哥美耳省）新兹勃科夫县柳德科夫村人。农民家庭出身。他的亲属——父母和兄弟姐妹至今在柳德科夫村务农。该县该村的农民土地很少。革命前拨给农民的土地完全是沙地。所有较为方便和较为肥沃的土地都属地主所有，在该县大地主有7家，而小地主，即所谓世袭贵族仅在柳德科夫一村就约有40家。小土地贵族拥有100—300俄亩耕地。该县农民，特别是柳德科夫村的农民极其贫困，经常打短工、移居美国和给小土地贵族打短工。德宾科一家就属于这种贫苦农民之列，全家九口人有三俄亩地、一匹马和一头奶牛。父母经常打短工。全家有劳动能力的只有两人——父亲和母亲。家庭的其他成员是六个孩子（大姐在1899年才13岁）和102岁的祖父。贫困跟德宾科一家形影不离，迫使年幼的小孩为挣半个戈比在夏季去干活。德宾科7岁时和父亲一起在大田干活——帮忙耙地和运送肥料，在空闲时间则放牧小地主的牲口。母亲被一群年幼的子女拖累着，从不间断地天天干活，特别是在春夏季，清晨和夜晚在家里干活，白天则打短工挣几个戈比，她仇视地主，经常咒骂那些靠农民养活、不珍惜他们劳动的地主们。在这种艰难的生活条件下，家里所有的人都从小时候起就仇视那些地主——奴役者。

尽管家庭生活条件极其困难，德宾科作为长子，6 岁时曾被送到牧师的女儿那里学习，她在一个不生火的厨房教他和另外四个农民的孩子读书，厨房同时还养育小牛和小羊。女教师在教室里几乎每天都用尺子毒打学生和打他们的耳光。尽管德宾科非常渴望学习，但这种恶劣态度迫使他在 4 个月后放弃学习，直到下一年才又进了国民小学。在国民小学他是个优秀学生，受到学校校长、当时的社会民主党人 M.K. 达威多维奇的喜爱。国民小学毕业后，尽管德宾科要求继续上学，但父母不同意，只是由于一直照顾他的达威多维奇的坚决要求，双亲才不再坚持，1899 年秋德宾科进入市立中学。进入市立中学后，双亲已帮不了他任何忙，因此在假期只好为小土地贵族干活，挣一点购置书本和服装的钱。在中学的四年学习期间，德宾科没有中断同对他的教育起过一定影响的以前的女教师的联系。1905 年德宾科是市立中学的学生，尚未准确地弄清楚发生的是什么事，就参加了实科中学、技术学校和市立中学的学生罢课运动，为此在 1906 年新兹勃科夫县的农民起义被镇压下去之后，受到斯塔罗杜勃区法庭的追究。法庭宣告他无罪。14 岁时在三年制的市立国民中学毕业，这以后父母坚决不让他继续学习，理由是家境贫困，要他去工作以帮助养活其他孩子。这时候二弟费多尔·叶菲莫维奇（他在 1919 年国内战争中在夺取巴利采沃车站时阵亡，当时任师长）也考入市立中学，要求让他学习。德宾科只好服从父母的意见，到新亚历山大罗夫斯克的市金库工作，这里的一名司库是他的一个亲戚。在金库工作了一年，根据新亚历山大罗夫斯克警察局长的要求，以参加非法组织被解除职务。被金库开除后到了里加城，一个17岁的少年在轮船上当普通的装卸工，在这里工作了两年。这个工作是季节性的，因此冬天没有活干。然而在整个夏天能积聚为数不多的钱，用这些钱冬天就可以去上电工技术训练班。1910年进里加冷藏库工作。在冷藏库工作期间，同拉脱维亚的布尔什维克小组建立了联系，德宾科虽不是党员，但同他们一起工作。后由于参加冷藏库的罢工而被解雇，1910年7月到建筑工地工作，这里8月份也爆发了罢工。当时他已受警察监视和侦查，所以在罢工期间，他转到利巴瓦，在此地秘密住到1911年。1911年返回里加，还是在轮船上当装卸工。由于不去征兵区报到和拒绝服兵役，1911年11月在里加被捕，然后被押送到新兹勃科夫的征兵区。到新兹勃科夫后被接纳在波罗的海舰队服役。1912年在波罗的海舰队当水兵时正式加入布尔什维克党，同斯拉德可夫一道工作，斯拉德可夫在1922年死于喀琅施塔得。1913年在水雷学校毕业后被编入战列舰“彼得大帝”号上工作，该舰二月革命后改名为“共和国”号。水兵们把这艘军舰叫做“海上监狱”，德宾科在舰上展开了积极的地下工作，1915年“彼得罗巴甫洛夫斯克”号无畏舰起义期间，他是起义的组织者。1916年和海军营一起开赴里加战线伊克斯丘利防御阵地。在进攻时这些受过充分改造，怀有革命情绪的海军营拒绝进攻，第45西伯利亚步兵团也持这种态度。由于举行起义，水兵营被紧急调回里加，营队被解散并被押回赫尔辛福斯。许多水兵在途中被捕。在遣送营队时德宾科借口生病住院留在里加，在这里呆了两个月才返回，后来因此而被判两个月的徒刑。1917年二月革命后当选为波罗的海舰队中央委员会主席，在中央委员会中是少数（波罗的海舰队中央委员会共有33名委员，其中布尔什维克6名，其同情者5名），但还是通过一个中央委员会章程，其中明确规定，波罗的海舰队中央委员会承认临时政府，但是临时政府所有指令的贯彻执行必须得到舰队中央委员会的核准。7月份因参加七月起义被捕，受到士官生的毒打，在“十字监狱”里一直关到9月4日。从“十字监狱”出来后重返赫尔辛福斯并就职波罗的海舰队中央委员会，该委员会在七月事件后被克伦斯基的政委奥尼普科所解散。1917年10月初，当德国舰队在波罗的海大举进攻时，作为波罗的海舰队中央委员会主席参加了达果和埃捷尔岛附近的战斗。10月积极参加了起义，指挥了在皇村和加特契纳附近的军队，粉碎了克伦斯基的冒险工作，亲自逮捕了克拉斯诺夫，把他送交斯莫尔尼。德宾科在10月当选为海军人民委员，直至1918年4月。1918年5月因纳尔瓦让德国人占领而受审，然而法庭宣告他无罪。审讯后赴乌克兰和克里木从事秘密工作。1918年8月在塞瓦斯托波尔被苏利克维奇将军的政府逮捕，关押到1918年9月底。由于企图从塞瓦斯托波尔监狱越狱，被戴上脚镣手铐并转移到辛费罗波尔监狱。根据人民委员会同德国人签订的交换协议从监狱中释放。10月到达库尔斯克省雷尔斯克城附近的中立区，起初任团军事委员，然后指挥一个营，在攻克哈尔科夫之后，向叶卡捷琳诺斯拉夫方向继续推进时，指挥叶卡捷琳诺斯拉夫方向的集团军。1919年2月任外第聂伯师师长，该师在夺取克里木后改组为克里木军，至1919年7月由他指挥，同时任克里木共和国陆海军人民委员。1919年9月进入工农红军科学院，但立即被派往东南战线，指挥第37步兵师，率该师参加了11月28日在卡恰林斯卡亚车站摧毁白卫将军托波尔科夫兵团和夺取察里津的战斗。1920年2月指挥第一高加索骑兵师，而在消灭邓尼金部队时在迈科普方向指挥高加索集团军。1920 年 7 月在南方战线指挥第二骑兵师。1920 年 9 月返回科学院。1921 年作为军事科学院初级班学员被派往喀琅施塔得平息叛乱。到达奥拉尼恩包姆后受命指挥混成师，在攻取喀琅施塔得的那一天指挥结集在喀琅施塔得周围的部队。喀琅施塔得暴动被镇压后任喀琅施塔得要塞司令。数日后被调去讨伐安东诺夫匪帮。按照工农红军司令部的意见任黑海西岸首长，6 月任第 51 彼烈科普师师长。在任师长的同时，作为校外考生在一年半的时间内，即从 1921 年 6 月 1 日至 1922 年 9 月 1 日，通过了军事科学院高级和补充课程的测验。这样，1922 年在工农红军军事科学院毕业。1921 年 7 月任第六步兵军司令。军事科学院毕业后改任第五步兵军司令和政委。1924 年 4 月任第十步兵军司令。1925 年 5 月 6 日任工农红军炮兵供应部部长，在苏联第三次苏维埃代表大会上当选为苏联中央执行委员会委员。

因战功荣获三枚红旗勋章、全俄中央执行委员会奖给的金表、列宁格勒苏维埃奖给的银表和马。

郑异凡译

德宾科续志

德宾科是著名的“喀琅施塔得水兵”、“革命的骑士”。1918 年 1 月，他率领水兵驱散了立宪会议。1925年以后历任工农红军炮兵供应部部长、红军供应部部长，1928年以后历任中亚军区司令、伏尔加军区司令。1937年任西伯利亚军区司令，但未就任。1937年6月5日至9月10日任列宁格勒军区司令。1937年在德宾科等人领导下，列宁格勒军区对指挥人员进行了大规模清洗。德宾科参加特别军事法庭，把“图哈切夫斯基案”中的大批高级军官判处死刑。

1937年9月10日，德宾科被解除军区司令职务，不久复职，1938年1月又被解职，并被清除出军队。在1938年一月中央全会上，德宾科受到斯大林的严厉指责，说他生活腐化堕落、酗酒。作为“最后的考验”，被任命为副林业人民委员。1938年2月26日被捕，罪名是参与红军和林业部中的军事法西斯阴谋，是美国间谍，并且同图哈切夫斯基有联系。侦讯中遭严刑拷打，德宾科承认了对他的所有指控，但不承认是美国间谍。给斯大林送上悔过书，但无效。1938年7月29日被判死刑，立即执行。1956年获平反。

德罗布尼斯，雅柯夫·纳乌莫维奇（1890—1937）

1890年3月6日，我出生于切尔尼哥夫省格卢霍沃城的一个皮靴匠家里，小学毕业后被送进皮靴作坊学习制靴手艺。我父亲家庭人口很多。穷困经常笼罩着全家，这使我父亲变得冷酷无情，他在家里造成一种使人难以喘息的严酷气氛。皮靴匠那一伙的特点是粗野和狂饮酗酒，他们影响了我，而所有这一切促使我去寻找新路。13岁时，我离家外出，来到了阿斯特拉罕，但是作为一个无居留权的犹太人，被押解回原籍，在押解途中认识了一些政治犯，这是促使我投身革命的第一个推动力。在格卢霍沃城，我认识了因从事宣传而被从巴库流放来的波里斯·罗加乔夫斯基，他是制靴工人，引导我走向了革命。此外，给我强烈影响的还有1904—1905年开始的土地风潮，格卢霍沃城有很多地主庄园，所以这里的风潮规模巨大。1905年我参加了革命运动，完成了俄国社会民主工党地方组织的各种技术方面的任务，例如搞胶印印刷、散发传单和保管武器。

1906年，我正式加入俄国社会民主工党格卢霍沃组织。1907年3月，因参加罢工被捕入狱，一个多月后获释。1908年我因参加俄国社会民主工党在格卢霍沃城被捕。被预押10个月之后，因未成年，所以我在格卢霍夫城被基辅法院的巡回法庭判处5年徒刑。刑期结束后我去维尔诺城，因有反战宣传嫌疑，1915年1月由维尔诺流放到波尔塔瓦城。直至革命前我在波尔塔瓦俄国社会民主工党（布尔什维克）地下小组工作。革命期间在苏维埃和党的各种岗位上工作。

1918年，我参加组建乌克兰共产党（布尔什维克）并连任五届党的中央委员。1918年作为乌克兰共产党（布）中央委员被派往乌克兰从事地下工作和组织游击队抗击黑特曼—佩特留拉政权，在此被捕并被判枪毙。我在行刑时负伤逃脱，躲藏起来以待红军到来。

1919—1920年，我被动员上前线同邓尼金部队作战。在国内战争期间我曾四次险遭枪决。第一次是在1917年12月，中央拉达的部队，波格丹·赫梅里尼茨基团摧毁了波尔塔瓦苏维埃。我和一批同志被捕并遭到莫大的侮辱，全体人员都面临死亡的威胁。我作为民主波尔塔瓦杜马的议员，在杜马的坚决要求下获释。第二次的情况前面已说过。第三次在邓尼金军进攻乌克兰时，我被任命为第二混成师的军事委员。我到达部队时形势极端艰难。这是乌克兰苏维埃政权的最后日子。司令部设在黑海省克鲁塔车站。我们的任务是在撤出涅仁城、实行疏散之前阻止住邓尼金部队的进攻。这是很困难的，因为敌人在进逼，而我们的部队士气低落。我率一支小部队企图抵抗一小股哥萨克部队，但我们陷入包围，我被俘，脚部受伤，但最后逃脱。第四次是在我任波尔塔瓦执行委员会主席时，在哈尔科夫省的科维亚格车站被匪帮抓住，受到毒打并被关进地窖作为人质。由于南方战线革命军事委员会委员别尔津的坚决进攻，我才获救。1922 年我被任命为俄罗斯苏维埃联邦社会主义共和国人民委员会委员，1923 年被任命为苏联人民委员会行政—财政委员会委员，任此职至今。

郑异凡译

德罗布尼斯续志

德罗布尼斯 1923 年属“左翼反对派”，在“46 人声明”上签字。1927 年 12 月 18 日作为 75 名“托派积极分子”之一被开除出党，流放阿斯特拉汗。1930 年 1 月声明脱离反对派后恢复党籍。1931 年起在交通人民委员部工作。

1936 年 8 月 6 日被捕，1937 年 1 月被列入第二次莫斯科审判案，即所谓“托洛茨基反苏平行总部”案中的被告，被判死刑，2 月 1 日执行枪决。1988 年平反，恢复党籍。

伏龙芝，米哈伊尔·瓦西里也维奇

（1885—1925）

1885年生于杰特苏州（原塞米列契耶州，土耳其斯坦）皮什佩克城。他的父亲是一个俄罗斯化了的罗马尼亚—摩尔达维亚人，赫尔松省蒂拉斯波县的农民，在土耳其斯坦服兵役，期满之后仍在这里当城市的医士。母亲生于沃罗涅什省的农民家庭，19世纪70年代迁入塞米列契耶州。伏龙芝在城里的小学念书，后来在韦尔内城（现在的阿拉木图）的中学念书。他的童年是在物质条件非常困难的条件下度过的，早年丧父，因此只得靠独立劳动来取得生活资料。他最初接触革命思想还是在中学时代，那时他参加了自修小组。1904年中学毕业以后，伏龙芝进了彼得堡的工学院，他在这里参加了学生和工人革命小组并加入了社会民主党，党分裂以后，他追随布尔什维克。他因参加1904年11月的游行而被捕并被驱逐出彼得堡。他起先在莫斯科，后来在伊万诺沃—沃兹涅先斯克工作，是这里1905

年著名的纺织工人罢工的组织者和领导者之一，那次罢工在一个半月中席卷了整个伊万诺沃—沃兹涅先斯克工业区。后来他参加了 1905 年莫斯科十二月起义，投入了红色普列斯尼亚街垒战。伏龙芝是伊万诺沃—沃兹涅先斯克州组织的组织员，后来还是俄国社会民主工党伊万诺沃—沃兹涅先斯克联合会［既包括伊万诺沃—沃兹涅先斯克市组织，也包括整个伊万诺沃—沃兹涅先斯克区（舒亚、基涅什马等等）］的组织员。1905 年，伏龙芝代表伊万诺沃—沃兹涅先斯克组织参加在伦敦召开的第三次党代表大会，1906 年参加在斯德哥尔摩召开的第四次党代表大会。紧接着 1907 年在舒亚城被捕，使伏龙芝的革命活动中断很久。因参加布尔什维克社会民主党这一罪名，他被判处 4 年苦役，后因武装抵抗警察再加 6 年苦役（这一案件共在法庭上审理过五次并再次作出死刑判决）。伏龙芝曾在弗拉基米尔（5 年半）、尼古拉耶夫斯克（2 年）和西伯利亚的亚历山大罗夫斯克中央苦役监狱服苦役。1914 年底，他被流放到伊尔库茨克省韦尔霍连斯克县。1915 年夏天由于在流放犯当中建立组织而被捕。他逃到了赤塔，以“瓦西连科”为名在那里生活并参加了布尔什维克周刊《东方评论》的编辑工作。当他的住地被警察知道以后，他就迁往俄罗斯，以“米哈伊洛夫”的名字在全俄地方自治机关联合会找到差事并在西方战线工作。二月革命以前，伏龙芝已经是以明斯克为中心在西方战线第十集团军和第三集团军有分支机构的广大地下革命组织的领导人。从二月革命开始起，伏龙芝成了明斯克、白俄罗斯和西方战线革命运动的领导人之一，同时他本人就是明斯克民警警长。后来伏龙芝被选入明斯克工兵代表苏维埃和西线集团军前线委员会，当选为他所组织的白俄罗斯农民代表苏维埃的主席。科尔尼洛夫叛乱（当时伏龙芝是选任的明斯克区部队司令）以后，他转移到他从前从事革命活动的地方伊万诺沃—沃兹涅先斯克区并在舒亚当选为县地方自治局局长、市杜马主席和工农兵代表苏维埃主席。他是舒亚城选出的出席彼得格勒民主会议的代表。在莫斯科十月斗争时期，伏龙芝率领来自伊万诺沃—沃兹涅先斯克区的2000名由工人和士兵组成的部队驻扎在莫斯科并亲自参加战斗。十月革命以后，伏龙芝是沃兹涅先斯克省执行委员会主席、俄共省委员会主席和省军事委员。弗拉基米尔省选派伏龙芝代表布尔什维克参加立宪会议。在雅罗斯拉夫里起义以后，他被任命为雅罗斯拉夫里军区的军事委员。他从这里被调往乌拉尔战线，在他的指挥下，东方战线南方集群挫败了高尔察克的军队。此后伏龙芝领导整个东方战线，然后领导肃清土耳其斯坦白匪的战役。在推翻艾米尔的布哈拉八月革命期间，伏龙芝率红军部队帮助巩固革命政权和肃清布哈拉共和国内的艾米尔部队。1920年9月，伏龙芝指挥南方战线同弗兰格尔作战。占领克里木和摧毁弗兰格尔战线以后，伏龙芝在11月任乌克兰和克里木部队司令和革命军事委员会驻乌克兰苏维埃社会主义共和国全权代表。在他的领导下消灭了佩特留拉分子和马赫诺分子。他当选为乌克兰布尔什维克中央委员会委员和乌克兰苏维埃社会主义共和国中央执行委员会委员。1924年伏龙芝被任命为革命军事委员会副主席，同时是苏联中央执行委员会主席团成员（从苏维埃第三次代表大会起）和俄共中央委员会委员。1925年1月26日，伏龙芝被任命为共和国革命军事委员会主席和苏联陆海军人民委员。1925年10月31日，伏龙芝在长期患病和手术后逝世。（见《十二人传》，工人莫斯科出版社1924年版，《真理报》1925年第251号）

蔡恺民译

伏罗希洛夫，克利门特·叶弗列莫维奇（1881—1969）

我1881年生于叶卡捷琳诺斯拉夫省的维尔赫涅耶村。父亲是铁路卫士，母亲打短工。父亲是尼古拉时代的士兵，富有自由思想，是个很独特的人。他在地主的大农场、矿场和铁路从事最艰苦的劳动，因同东家和行政当局争吵而不断改换服务的地方。因此我从童年起就备尝艰辛。父亲曾多次失业，有一段时间我曾同姐姐一道出去乞讨要饭。六七岁时即到矿场去干挑选黄铁矿的活，一天挣10个戈比。十岁时同父亲一起为地主放牧。这时通过实践认识了富农土豪。有一次，我们家又闹饥荒（父亲外出寻找工作），家住农村、生活富裕的叔叔领我到他家“作客”，但不是把我当作客人，而是当雇农看待，受了一年的残酷剥削。后来我重返矿场，在车间工作，这时已是个少年。在这一时期邻村打短工的农民曾把我毒打了一顿，好像是为某件蠢事找碴儿，实际上是因为车间收了我，而拒绝了另一个农民。毒打我这个小孩的事件给全车间成年人一辈子留下了痛心的回忆。我是个文盲，这使我妈妈极为难受，她的终身目标是要使我成为“有教养的人”，使我能像她父亲（我外祖父）那样读圣诗集和日课经，她没有更大的愿望了。但不幸，我们居住的地方没有学校。1893 年斯拉维扬斯克县瓦西里也夫卡村开办了一个地方自治局办的学校，我被接受入学。读了两个冬天的书，顺利地读完全部“学科”。

在这两年期间换了三位教师，最后一位谢·马·雷日科夫是个优秀的教师和教育家。谢·马·雷日科夫真诚地喜欢我，在老师家里我成了自已人、亲人。他后来是第一届国家杜马代表及杜马第二秘书（劳动派分子），是个聪明、正直、乐观、有极为发达社会本能的人。我十四五岁时在他指导下开始阅读古典作家的著作和自然科学的书籍，就在这时候开始看透了宗教。1896 年，我进入阿尔切夫斯卡娅车站附近的工厂。我在工厂做工，并没有中断阅读，同老师的交往使我迅速成长，我在智力和文化上都得到了发展。然而有一天，大概是 1897 年或 1898 年，政府给厂里派来一个警察局长。从此开始了我的政治工作。该警察局长格列可夫去见邮政局长，我们这些 10—15 岁的小孩也从邮政局长身边经过。除我以外，所有的人都向警察局长问好。警察局长为人勤奋但愚蠢。他正坐在“太太”们中间，这时从长凳子上跳起，挥着拳头向我扑来，要求我解释为什么不鞠躬问好。我当着“长官”的面笑了起来，他就怒气冲冲地揪住我的衬衫，我则用双手抓住这个大发雷霆的“小暴君”的领带。邮政局长和我的所有伙伴们都不见了，而我则戴着双耳便帽被关进牢房。第二天我被放出，但此后开始了不断的、持久的迫害。起先对我“秘密”跟踪，后来警察局长的暗探便接踵而至。迫害起了它的作用：我不仅同老师公开谈论政治问题，并且在工厂和教师中广交好友。

1899年在我的领导下，生铁铸造车间的起重机司机举行了罢工。过不多久对我进行了搜查并短期逮捕。和我一起遭到搜查的还有我的老师。谢·马·雷日科夫被召往彼得堡，好像是去教育部，要求他中止同伏罗希洛夫的来往。我失业了3年。顿巴斯的所有工厂和矿场都拒绝我去工作，我被列入了黑名单。1903年，我从卢甘斯克进哈特曼工厂工作，但过了两三个月警察局把我从卢甘斯克撵走。就在这时候我正式加入了党并成了布尔什维克，参加了卢甘斯克委员会。1904年夏通过雷日科夫再次进入哈特曼厂工作。2月和6月我在工厂领导了几次罢工。就在这时候当选为工厂代表苏维埃主席。7月在罢工期间我在工厂被捕，被打得半死，在狱中一直关到12月。根据数千名来到监狱外的工人的要求，我被保释。不久为躲避袭来的反动浪潮，我隐藏了起来。1906年初，我作为代表出席斯德哥尔摩代表大会，在那里第一次遇见了我党的精英——伊里奇。

从斯德哥尔摩回来后加紧准备战斗行动的组织工作。我两次赴芬兰，运送从芬兰革命者那里采购来的大批武器。现任共产国际执委会主席格·叶·季诺维也夫也不得不为这批武器张罗。卢甘斯克组织拥有良好的战斗队伍和制造无数炸弹的出色的实验室。我始终是代表苏维埃的主席，还被选为哈特曼工厂重新组建的工会的主席。工厂的管理权实际上转入工人之手，厂长只是名义上实行管理。

10月，我和其他一些人本应接受哈尔科夫法院巡回法庭的审讯，但是卢甘斯克工人的总罢工使审讯无法进行。1907年春法院宣布我无罪，我立即作为卢甘斯克组织的代表赴伦敦出席党的代表大会。在这以前被派往莫斯科出席第一次五金工会全俄代表会议。1907年7月被捕，同年10月被流放阿尔汉格尔斯克省，刑期3年。

1907年12月从流放地逃出，受中央委员会派遣赴巴库工作。在这里同邵武勉、查帕里泽、斯大林、索斯诺夫斯基等同志一起工作到1908年秋，然后赴彼得堡。9月在彼得堡被捕，被重新发配阿尔汉格尔斯克省。1911年1月在流放地霍尔莫戈雷被捕，在阿尔汉格尔斯克监狱关到11月，然后押往麦津县。1912年从流放地获释后，我在“久莫”的工人合作社中工作，但三四个月后又被捕，被流放切尔登边区。1914年在切尔登获释，在察里津大炮制造工厂找到了工作。在察里津把分散在各工厂企业的老布尔什维克结集在一起，但不久不得不去彼得堡以摆脱沙皇军队。在彼得堡又遭到搜查和监视。

二月革命后，我是彼得格勒工人代表苏维埃委员和我党党团委员会委员。3月，我在顿巴斯。4月作为代表出席党的代表会议，然后作为代表出席党的第六次代表大会。1917年我在卢甘斯克工作，主持苏维埃、市杜马和党的委员会，是民主会议的代表，然后由叶卡捷琳诺斯拉夫省选为立宪会议代表。军事工作是从1918年组织部队开始的，3月在我的指挥下该部队同入侵的德军进行了战斗。不久被任命为乌克兰第五集团军司令，然后指挥在德军压制下从乌克兰撤至伏尔加和察里津的部队。在利哈亚车站进行了一次大会战。我们的部队在遇到暴动的哥萨克及其火力后朝白河方向仓皇逃跑。

需要把数万名士气沮丧、疲惫不堪、衣衫褴褛的人们和几千只装运工人的家具什物及其家庭的车厢运出沸腾的哥萨克顿河区。在受马蒙托夫、菲茨卡纳乌罗夫、杰尼索夫将军等四面八方包围的整整三个月里，我的部队在进行突围，修建了几十俄里被拆毁和烧坏的铁路路基，修复桥梁，修堤筑坝。经过三个月，“伏罗希洛夫部队”突围至察里津，在这里这支部队加上其他部队组成红军第十集团军，我受命指挥。1918年我参加了乌克兰政府，尔后任哈尔科夫军区司令。此后指挥第十四集团军和乌克兰内防战线。1919年底任骑兵第一革命军事委员会委员，1921年任俄共中央委员、北高加索军区司令和苏联革命军事委员会委员，而在1924年任主席团委员。1924年5月起任莫斯科军区司令，目前任俄共莫斯科委员会常务局委员、莫斯科苏维埃主席团委员、莫斯科国防航空化学建设之友协会主席、俄罗斯联邦国际航空化学建设之友协会副主席和苏联革命军事委员会驻俄罗斯联邦人民委员会特派员。因战功荣获两枚红旗勋章和荣誉武器。

郑异凡译

伏罗希洛夫续志

从国内战争时起伏罗希洛夫同斯大林的关系一直很好，伏在内战期间属“军事反对派”。1925年伏龙芝去世后，伏罗希洛夫接任革命军事委员会主席和陆海军人民委员职务，到1934年6月。1934—1940年任苏联国防人民委员，是在军事部门任职最长的将领。1935年11月晋升为苏联元帅。苏芬战争后被解除国防人民委员职务，由铁木辛哥接任。伏改任苏联人民委员会副主席和人民委员会下属国家国防委员会主席（1942年5月

30日撤销此建制），1944年11月22日被解除国防委员会委员职务，是唯一被解除此职务的人。

1929年12月斯大林50岁大寿，掀起一阵歌功颂德风，伏罗希洛夫发表《斯大林与红军》，1939年斯大林60岁寿辰时又发表《斯大林与红军建设》，无限抬高斯大林在国内战争中的作用，在制造斯大林个人崇拜中发挥重要作用。积极参与斯大林的大清洗，在185个清洗名单上签字，其中有18000人被判刑或枪决。积极清洗红军指挥员，例如他在内务人民委员部呈报的26人名单上批道："叶若夫同志：逮捕全体坏蛋。1937年5月28日。"在一份有142名指挥员的名单上批道："逮捕"。

战后1946—1953年任人民委员会副主席。斯大林晚年已经对伏不信任，伏的地位岌岌可危。1953年3月至1960年5月任最高苏维埃主席。1926—1960年为苏共中央政治局（主席团）委员。1957年4—5月曾访华。1957年参加"莫洛托夫马林科夫反党集团"，但未被开除出党，仅在苏共二十二大上遭到批判。

基洛夫，谢尔盖·米朗诺维奇

（1886—1934）

俄共中央委员，苏联中央执行委员会委员。1886 年生于维亚特卡省的一个小县城乌尔茹姆。我早年失去父母，同两个姐妹一起由祖母抚养，由于已故的祖父是尼古拉时代的士兵，所以祖母每月有 3 卢布的养老金。7 岁被送进孤儿院，因为祖母无力养活三个孙儿。一年后进入小学，毕业后进市立中学。学习很好，因此市立中学毕业后作为地方自治局助学金领取者被送进喀山机工技校。在这里开始了差不多独立的生活，首先是由于助学金有限（一年 96 卢布）。还在乌尔茹姆时就已结识政治流放犯，他们的影响很快就显示出来了。后来在回乌尔茹姆度假时，这种结交更加巩固，并且带来了更为有益的结果——使我相当认真地阅读秘密书刊，同流放犯进行了大量的交谈，等等。这种最起码的政治准备提供了同喀山的革命大学生建立某些联系的机会，技校毕业时已成为相当坚定的革命者，倾向于社会民主党。技校毕业时成绩很好，想继续学习。1904 年秋赴西伯利亚的托木斯克，打算考工学院。在托木斯克进普通教育专修班学习。不久在托木斯克同在当地社会民主党组织工作的同志建立了联系（斯米尔诺夫等）。进行基本的准备工作。1905 年 1 月参加了组织武装示威的工作，以回应彼得堡的一月事件。1905 年 2 月 2 日在党的秘密会议上同 40 名同志一道被捕。按“行政处分”关押了两三个月，然后获释。从此开始了真正的革命工作，不久成了职业革命家。主要从事散发秘密书报和宣传工作，领导小组活动，参加工人集会等。参加当时人数不多的布尔什维克小组，那时多数组织是支持孟什维克的。后来被选入俄国社会民主工党托木斯克委员会（化名谢尔盖、谢尔日、科斯特里科夫），主持地下印刷厂工作。1905 年革命时在托木斯克工作，主要是在塔伊加车站，在这里同在 1905 年牺牲的皮萨列夫一道领导了铁路工人罢工，取得很大成就。1906 年初受党委派赴莫斯科和彼得格勒去弄一台优良的印刷机（普通的手摇印刷机已不能适应我们的任务），但是在动身的那一天在察列夫县组织司库家里被捕。依据刑法第 126 条在托木斯克监狱关了一年左右，在交保证金后开释至开庭前。出狱后同 M.A. 波波夫、Г. 什波列夫和列舍托夫一起建设一个出色的（在保密意义上）的地下印刷厂。印刷厂设在城市边缘格拉齐阿诺夫医生家里，他后来是高尔察克政府的成员。我们工作得很卖力。场地已接近完成。可惜一天早上我们四人在现场被捕。但是尽管进行了极为仔细的搜查，安放了印刷机的场地却没有被发现（地下室和地面之间的天花板未铺砌，屋里堆了一俄尺高的厚厚一层土，地下室的出入口经过仔细的伪装）。进行了长时间的侦讯，但是宪兵们未能找到任何罪证。除了科（科斯特里科夫），全体获释；科因前案（是被保释放的）而不得不留在监狱里。不久此案开庭审讯，科、莫伊谢也夫、男爵等六位同志受审。除科外全被判处流放，科“因未成年”而被判处三年徒刑。监狱关押期为我们提供了自学的极好机会。监狱里的图书馆相当不错，此外还能获得当时的所有合法书刊。妨碍学习的只是猖獗一时的充满兽行的法庭，有数十人在此被绞死。在托木斯克郊区监狱的单人牢房里夜间常常充满了被送去处决的“死刑犯”发出的和同志们用生命告别的使人肝肠欲裂的喊声。但总的说来，比起自由的时候在地下状态时的学习条件要好得多。长官们似乎还鼓励犯人们的这种生活方式——安静一些，少来些狱中“晚会”、绝食等。

服刑期满后移居伊尔库茨克。组织遭到了破坏。不久得知，在托木斯克曾建立地下印刷所的格拉齐阿诺夫医生的住宅由法庭指定某警官居住，有一天炉灶倒塌了。宪兵们记起该住宅的历史，对地下进行了挖掘，一切都暴露了。我们不得不逃往高加索，因为西伯利亚已不安全。波波夫等人在不同的地方被捕。基洛夫逃到弗拉基高加索。这里没有组织，只有个别同志。我当时处于地下状态，作为撰稿人为当地一家合法报纸工作。1915年再度被捕，因印刷厂案被押送托木斯克。在监狱里关了一年，受到审讯，但因“缺乏罪证”宣告无罪；实际上问题并不在于缺乏罪证，而是由于新纪元到来了，革命已在敲门，法官们不会听不到这种声音。

宪兵指定我去纳雷姆边疆区，但连这也没有得到执行。再次去高加索，这时这里开始形成某种组织。在此地住到1917年革命。以弗拉基高加索社会民主党组织委员会委员身份直接参加了这一革命，在这一组织中共事的有布尔什维克和孟什维克的成员。十月革命后不久，开完苏维埃代表大会从彼得格勒返回北高加索时碰上了独特的国内战争。被组织派往莫斯科筹划武装和供应等事宜。1918年随庞大的武器和弹药运输车队取道察里津返回高加索，但已无法通过。碰上被击溃撤退的第十一集团军。被派往阿斯特拉罕。开始收集第十一集团军的残部。以第十一集团军革命军事委员身份开展保卫阿斯特拉罕和伏尔加河下游的工作。粉碎邓尼金叛乱后随第十一集团军进入北高加索，然后去巴库。在党的第十次代表大会上当选为俄共中央候补委员，在第十一次代表大会上当选为俄共中央委员。阿塞拜疆建立苏维埃制度后被派往格鲁吉亚任俄罗斯联邦全权代表，过些时候参加里加代表团同波兰谈判。同波兰缔结和约后先后在北高加索和阿塞拜疆从事党的工作，任阿塞拜疆共产党中央委员会书记和外高加索边区委员会委员。

郑异凡译

基洛夫续志

基洛夫于1926年接替被解除职务的季诺维也夫，担任列宁格勒省委、市委第一书记，联共中央西北局书记。任中央政治局候补委员，1930年起为政治局委员。1934年起任中央书记。

1929年底，列宁格勒的一批干部举报基洛夫革命前同“左翼资产阶级报刊”合作，要求把他解职。联共中央政治局和中央监委主席团召开秘密会议进行审查，因得到斯大林的支持，基洛夫安然无恙，而举报人被撤职。不过会议的决定中仍说是基洛夫的一个错误。

在联共（布）第十七次代表大会的选举中，基洛夫得票数超过斯大林。1934 年 12 月 1 日，基洛夫在列宁格勒斯摩尔尼宫被列·尼古拉耶夫刺杀。其骨灰安放在克里姆林宫的宫墙上。

基洛夫之死引发一轮大清洗，季诺维也夫和加米涅夫等人被牵扯进去而被判刑枪决。对于基洛夫之死有各种说法，有说是内务部人员根据斯大林的指示实施的暗杀，有说是情杀。官方在事发数小时后迅速宣布是“苏联敌人阴谋家”所为。苏共二十大后，虽进行了多次专案调查，但始终未能查明真相，得出明确结论。

加里宁，米哈伊尔·伊万诺维奇

（1875—1946）

苏维埃社会主义共和国联盟和俄罗斯苏维埃联邦社会主义共和国中央执行委员会主席，1875年11月7日生于特维尔省科尔切瓦县上特罗伊查村。加里宁的父母是不富裕的农民。13岁以前一直帮助父亲经营。10岁开始跟一个识字不多的老兵学文化；11岁进邻近女地主莫尔杜海—鲍勒托弗斯卡娅庄园的地方自治小学，同学校的孩子们一起游戏。小学毕业时名列前茅，到当时住在彼得堡的莫尔杜海—鲍勒托弗斯卡娅家当侍役。用他的话说，侍役的职责完成得不好，很不上心。但是，侍役使他能够读到莫尔杜海—鲍勒托弗斯卡娅家的许多藏书。16岁时女主人决定让加里宁到彼得堡的弹药厂当学徒，在这里他入工厂的夜校学习。在该厂工作两年后入普梯洛夫工厂当旋工。在这里加里宁有了最早的政治结交；他加入政治小组，但不久即解散。然而加里宁继续投入政治生活，结识了一名渐近老境的工人帕尔舒科夫和同地下组织有关系的图拉工人。1898年，加里宁开始在小组工作，这个小组由工学院大学生佛敏领导。半年后这位大学生被捕，由其他人接替。1898年加里宁加入社会民主党，继续在普梯洛夫工厂工作，这时这里已有好几个政治小组。1898年加里宁开始在报刊上发表文章（《工人思想报》上的文章）。次年加里宁第一次被捕，被指控参加“彼得堡工人阶级解放斗争协会”，此协会的创始人之一是列宁。在监狱里关押了10个月后，加里宁被流放高加索。顺路回了一趟在农村的家，然后赴梯弗里斯，在此地的铁路上当一名旋工，并在梯弗里斯工人中从事地下工作。在一次罢工后被从铁路上开除，加里宁进一家私营工厂工作，但不久被完全剥夺在高加索的居留权，因此转移到烈韦里。在烈韦里他进入“伏特”工厂，一年后重新返回铁路工作，一直继续地下工作。1903年加里宁再次被捕，被押送到彼得堡监狱，在这里他被关了6个月。加里宁回忆这段时间说：“在1903年已经感觉得到一股新的潮流。整个拘留所关满了政治犯，吵吵嚷嚷，横行无忌。不记得由于什么原因开始了抗议。安静的监狱成了疯人院。”当局加强了镇压，犯人们则以绝食来回答。加里宁被转移到“十字监狱”，在这里同41名犯人一道受到毒打，其中一人因此死亡。毒打后过了一个半月，加里宁获释，再次被迫赴烈韦里，进入他过去工作过的“伏特”工厂。1904年初又一次被捕，判处流放西伯利亚四年；但由于对日战争爆发，把西伯利亚换成奥洛涅茨省，他在这里一直住到1905年获释为止。在农村家里作短暂停留之后，即回到彼得堡的普梯洛夫工厂，在这里任区委委员和战斗司令部成员。因罢工被解雇后，加里宁重新回农村住了几个月，然后重返彼得堡，进入弹药厂。但他在什么地方也呆不长久：他从弹药厂转到列伊赫利克仪器厂；被捕；回农村；赴莫斯科，在电车站工作；两年后再次出现在彼得堡的火炮厂；最后，被捕后被遣送回农村，在农村住了整整一年，从事农业。在这段时间里加里宁从未中断革命活动：1906年属布尔什维克派；在中央五金工会工作；担任区委委员；参加出版工人报纸；作为代表出席党的斯德哥尔摩代表大会。在农村逗留期间曾受到仔细的搜查，但由于邻居农民作证时没有提他的政治活动，证词对他有利，因此没有被捕。大战的头几年加里宁在彼得格勒“艾瓦斯”工厂工作，这是彼得格勒工厂中技术最先进、革命情绪最强烈的一个工厂。1916年11月，加里宁再次被捕，预定流放西伯利亚；1917年2月革命爆发，使他获得了自由。积极参加了十月革命的准备工作。改选彼得格勒市杜马时，加里宁当选为市首脑。1919年加里宁当选为俄共中央委员，斯维尔德洛夫逝世后他任全俄中央执行委员会主席，1923年任苏联中央执行委员会主席。1919年3月列宁在为加里宁的候选人资格辩护时说：“我们认为要实现社会主义农业，只有同中农达成一系列协议。而我们知道，更多地在革命时期工作的同志们，不总是善于很好地接近中农。对待中农的问题，在我国比在我们欧洲同志那里更加尖锐，因此我们应当让这样一位同志来领导苏维埃政权，他能够表明我们在对中农的态度上将真正贯彻党代表大会的决定。我们知道，如果我们找到一位既有生活经验又很熟悉中农生活的同志，我们就能够解决这一任务，而我认为，你们今天在报上看到的候选人是符合这一切条件的。这候选人就是加里宁。”[①] 鉴于自己担任中央执行

① 参看《列宁全集》第29卷第203—205页。——译者注

委员会主席职务的主要任务是加强工人群众同农民的联系，加里宁经常巡视各省。1919 年他要求取消地方上的粮食壁障，理由是农民对此持否定态度，他们很难理解“最高机关作出的旨在完成某些命令的这些决定的好处”。

见《十二人传》(工人莫斯科出版社 1924 年版),《米·伊·加里宁》(“红色处女地”出版社 1924 年版),《消息报》1924 年 2 月 8 日。

(本人审定的传记)
郑异凡译

加里宁续志

1919 年加里宁接替因病去世的斯维尔德洛夫，担任中央执行委员会主席。托洛茨基说是他提议加里宁任主席的，并称之为“全俄家长”。1919—1946 年任联共中央委员，1919—1926 年任中央政治局候补委员，1926—1946 年为政治局委员。

1932 年联共中央政治局决定流放被开除出集体农庄的“富农”。5 月 4 日在征询对驱逐 38000 家庭的意见时，加里宁写道：“我认为此行动缺乏根据。”两周后政治局撤销了决定，中止了已经开始的行动。1938 年 1 月加里宁当选为苏联最高苏维埃主席团主席。1946 年 3 月被解除此职，改任主席团委员。

1938年其妻叶卡捷琳娜·伊万诺夫娜被捕，1945年名义上获赦，但直至1946年5月才获释。1946年6月3日加里宁去世，骨灰安放在克里姆林宫宫墙上。

捷尔任斯基，费利克斯·埃德蒙多维奇
（1877—1926）

生于1877年，是小贵族的儿子。在维尔纳中学上的学，1894年中学七年级时参加社会民主主义自修小组，1895年加入“立陶宛社会民主党”，领导工厂学徒小组（由此得名“亚采克”），同时研究马克思主义。为了更接近工人群众，于1896年自愿从中学八年级退学。在校期间经常同校领导斗争。尽管“工人上层”阻挠知识分子深入工人群众，捷尔任斯基还是成了鼓动员并深入到完全未被触动过的群众中去——到小酒馆的晚会以及其他工人聚会的地方。1897年初党派捷尔任斯基去工业城市科夫诺，该城尚无社会民主党组织，而波兰社会党组织遭到了破坏。捷尔任斯基在这里深入工厂工人的底层，看到了骇人听闻的贫困和剥削，特别是对女工。也是在这里，他通过实践学会了组织罢工。由于一个叫做热勃罗夫斯基的少年工人的告密，捷尔任斯基在下半年被捕。1898年捷尔任斯基被判流放维

亚特卡省3年，起初在诺林斯克，后来转到往北500俄里的凯哥罗德斯克村，作为对他性格执拗、同警察争吵的惩罚，也作为对他在马合烟厂当填装工的惩罚。1899年8月捷尔任斯基乘小船逃跑并回到维尔纳，在这里激烈反对立陶宛社会民主党组织的民族主义。捷尔任斯基由此地出国，但他宁愿去华沙，以便在这里同工人建立联系，不久把大批不同职业的工人吸引到社会民主党组织一边（工作时用的化名是“阿斯特罗姆”和“弗拉涅克”）。1900年2月捷尔任斯基在一次会上被捕，起初关在华沙的一个城寨里，后来关进谢德耳策监狱，1902年被流放东西伯利亚，为期5年。在赴维柳伊斯克途中捷尔任斯基自韦尔霍连斯克逃脱，侨居国外。他参加了在柏林召开的波兰和立陶宛社会民主党代表会议。移居克拉科夫以从事联络工作（从这时起化名“约瑟夫”）。至1905年1月止，有时去俄属波兰从事地下工作，后来完全以波兰和立陶宛社会民主党总执行委员会委员身份工作。1905年7月捷尔任斯基被捕，直到十月大赦时才获释。1906年被送派出席俄国社会民主工党斯德哥尔摩统一代表大会，作为波兰和立陶宛社会民主党的代表被选入党的中央委员会。1906年底捷尔任斯基在华沙被捕，1907年6月被保释。1908年4月13日捷尔任斯基再次被捕，因新旧案件两次受审，1909年年底被流放西伯利亚叶尼塞斯克省塔谢耶夫卡，但捷尔任斯基在此地总共呆了7月就再次逃跑，取道华沙逃往国外。定居克拉科夫后，捷尔任斯基有时去华沙。1912年他在华沙被捕，被判处3年苦役。1914年被发配奥廖尔服苦役。然后把他转到莫斯科，1916年在此地因1910—1912年期间从事党的工作受审，追加6年苦役。1917年二月革命后，捷尔任斯基被从莫斯科中央监狱释放出来。8月前捷尔任斯基在莫斯科工作，8月份由莫斯科组织选派出席俄国社会民主工党（布）代表大会，会上当选为党的中央委员。捷尔任斯基留在彼得格勒。作为军事革命委员会委员参加了十月革命，然后接受组织同反革命作斗争的全俄肃反委员会的任务，被任命为该委员会的主席，同时任内务人民委员；1921 年 4 月 14 日起还任交通人民委员，然后于 1924 年领导苏联最高国民经济委员会。1917 年起一直任俄共中央委员。

经本人审定的自传的复述，载于弗·涅夫斯基《1880—1905 年时期参加俄国工人运动的社会民主党人传记词典资料》第 1 卷 А—Д，1923 年版。

郑异凡译

捷尔任斯基续志

捷尔任斯基在十月革命后的作用可以分为两方面。

一方面是在红色恐怖中的作用。1917 年 12 月成立契卡，其全名为全俄肃清反革命和怠工非常委员会，其任务是通过直接实施恐怖来同反革命做斗争，契卡拥有不经法庭审判直接执行枪决权，捷尔任斯基宣称，枪决权对契卡极端重要，即使宝剑会伤及无辜也罢。1918 年列宁遇刺后捷在全国实施了红色恐怖，大批的人被逮捕枪决。实施新经济政策后，为限制契卡的权力，将之改组为内务人民委员部下属的国家政治保卫局（格普乌），仍由捷领导。

捷尔任斯基的另一方面工作是任最高国民经济委员会主席，他在国民经济工作中主张工业发展要依靠广阔的农村市场，说害怕农村富裕就谈不上工业化，主张发展小私人商业，降低工业品的成本和价格。虽然斯大林指责他为托派，但他反对“托洛茨基季诺维也夫联盟”，认为它威胁党的统一和新经济政策的实施。1925—1926年间他反对政府的经济政策，认为需要改变经济管理体制，克服官僚主义，否则会出现葬送革命的独裁者。

苏联那时约有500万流离失所的儿童，捷尔任斯基任“改善儿童生活委员会”主席，救济了大批孤儿，其中有8人后来成为科学院院士。

1926年7月20日召开联共中央全会讨论经济状况，捷尔任斯基在会上做了长达两小时的发言，因激动导致心脏病发作去世。骨灰安放在克里姆林宫宫墙上。

卡莫（帖尔-彼得罗相，谢苗·阿尔沙科维奇）（1882—1922）

1882年生于梯弗里斯省哥里殷实的承包人家庭。父亲是个刚愎自用的暴君，贪吃而爱请“有名望的”客人吃饭，但很少管家。母亲年轻漂亮（生卡莫时才16岁），几乎生了一打子女，活下来的有5个，非常爱这个长子。卡莫7岁时进亚美尼亚小学，学习小孩不易懂的亚美尼亚语，因为家里讲的是格鲁吉亚语。11岁进入市立中学，在这里强制学习跟他完全格格不入的俄语。卡莫早在童年就接近贫民，这曾引起父亲的不满。卡莫亲眼看到父亲对他崇拜的母亲采取的粗暴和凌辱行为，便站在母亲一边，年纪再大一点更尽力保护她。1898年卡莫因不良行为（对神学采取自由思想）被开除出学校。他本决定志愿入伍，并为此目的赴梯弗里斯的姑母家。他就教于在哥里出生的斯大林和瓦尔达扬涅茨，他们当时已经积极参加革命运动。他们领卡莫结识新的同志，向他介绍革命马克思主义的基本理论。

但母亲病危，所以卡莫就回家了。父亲这时已破产，家境贫困，无钱治病。母亲逝世后，卡莫同妹妹们又回到梯弗里斯姑母处。1901 年他在这里加入社会民主党，有两年时间执行党的各种技术性任务，获得“卡莫”的名字（俄语 кому 的变音）。

1903 年卡莫成为俄国社会民主工党高加索联合委员会委员，组织联合委员会的印刷所，积极参加党的第二次代表大会代表的工作。他在散发秘密书报时有无穷的应变能力。1903 年卡莫被捕，但 9 个月后越狱逃脱。1904 年他加入布尔什维克党。转入地下状态后，继续在高加索联合委员会工作。1905 年 12 月梯弗里斯爆发起义，在同哥萨克斗争时卡莫受伤，遭到毒打并被捕。在狱中关了两个半月。他同一个格鲁吉亚人换了姓名，没有暴露。接着卡莫从事运送武器的工作，帮助 32 位同志逃出麦捷赫监狱。1906 年卡莫感到自己知识不足，决定赴彼得堡，但是党交给他一项重要任务——到国外采购武器，但未成功，运输武器的轮船从保加利亚出发后在中途沉没了。

1907 年卡莫化名达季安公爵赴芬兰，拜访了列宁，运载了武器和炸药回到梯弗里斯。在这里他进行了极其勇敢的剥夺行动，并于 1907 年 8 月赴柏林。9 月被德国警察逮捕，逮捕时搜出武器和装有炸药的箱子。他被控为无政府主义恐怖分子，有被引渡给俄国政府的危险。卡莫开始装作狂暴的疯子，成功地伪装了整整 4 年。1908 年他被转入柏林附近的布赫精神病院，住在有 9 名疯子的病房里。1909 年卡莫作为“痊愈者”被移交阿尔特—莫阿比特监狱侦讯处，但他在这里又装作失去感觉的病人。经过长时间的折磨、考验，医生承认他是精神病人，然后当局把他移交给俄国。宪兵把他押送到梯弗里斯，禁闭在麦捷赫监狱。德国社会民主党报刊的干预从绞刑架上救了他，它们指责德国政府把一个明显的病人当作政治犯交给反动俄国。律师O.柯恩给梯弗里斯寄去由一批柏林著名精神病学家签署的关于卡莫患慢性精神病的证明。在梯弗里斯法庭的大厅里挤满欲一睹著名英雄的公众，卡莫再次假装精神病人。军事法庭决定在麦捷赫监狱的精神病院进行新的检验，他在这里被关了一年零四个月，经受了同在布赫一样的折磨。最后，医生承认他是精神病人。卡莫被转移到米哈伊洛夫精神病院，他从这里逃脱，起初藏在过去一个同志的母亲家里，后来又在一个官吏的僻静房子里躲了一个月。当局采取了一切措施搜捕这位著名革命家，城市被封锁，城市的出口和通道受到严密监视。然而卡莫扮作中学生骑自行车到了姆茨赫特，然后到达巴统。巴统的同志们把他安置在轮船货舱的木桶和货箱之间，这样卡莫到了巴黎列宁那里，列宁给了他一笔钱，他从巴黎到了君士坦丁堡，然后赴保加利亚。他从布尔加斯取道君士坦丁堡赴特拉比鲁德。在君士坦丁堡正当他企图登上去巴统的轮船时被土耳其当局逮捕。卡莫自称伊凡·佐伊泽，土耳其的间谍知道此人在高加索进行反俄宣传。于是放了他并建议他去雅典。卡莫得以重返高加索。他在这里重新结集战斗队员，1912年曾进行剥夺卡召里马路上的运钱邮车的尝试。剥夺没有成功，四人被打死，卡莫本人受伤被捕，又被关进麦捷赫监狱。

过了不久，他在四个案件中每一案都被判处死刑。判决应在一月后执行。但是法庭检察官哥利岑斯基对卡莫个人非常同情，迟迟不把判决上报核准，而等到罗曼诺夫王朝三百周年的宣言。由于这一手法，检察官受到警告，影响了官运，但是根据宣言，卡莫由死刑改成20年苦役。1915年卡莫被移交哈尔科夫监狱，同刑事犯关在一起。二月革命使他获释。卡莫先到了莫斯科，然后又去彼得格勒。列宁送他到高加索休养以恢复健康。

在山区疗养院稍稍休养了一段时间，即动身去巴库，在巴库苏维埃和契卡工作，然后赴莫斯科。在这里党中央委托他组织一个小组到邓尼金的后方去工作。他召了一队人，用别出心裁的办法考验了他们的坚强程度，就动身去南方，但是攻克罗斯托夫打乱了他的计划。卡莫动身去梯弗里斯，被孟什维克政府逮捕，再次被关进麦捷赫监狱。从狱中放出后，卡莫去巴库，在这里从事地下活动，直至 1920 年 4 月 27 日红军到来为止。卡莫决定提高自己的学识，列宁建议他进总参谋部科学院。他认为自己缺乏完备的学识，因而不止一次地拒绝了推荐他担任的负责工作。1922 年 7 月 14 日他在梯弗里斯骑自行车时偶然被汽车撞死。[见 C. Φ. 麦德维杰夫《革命英雄（“卡莫同志”）》1925 年党史研究所版]。

郑异凡译

卡莫续志

卡莫这位传奇英雄的传记是完整的，一直写到他去世为止。需要说一下，文中所说的“剥夺行动”就是“抢劫”国库。1905 年 12 月到 1907 年 6 月，格鲁吉亚曾经发生五起武装抢劫国库案。抢劫行动由斯大林指挥，卡莫等人实施。规模最大的一次“剥夺行动”是 1907 年 6 月 25 日发生在梯弗里斯的抢劫运送国库钞票的马车行动，这一次共劫得 30 万卢布，约合现在的500万美元。抢劫所得上交布尔什维克党组织作为活动经费。这次抢劫案曾经轰动一时。然而抢劫行为是社会民主党所公开反对的，孟什维克甚至谴责这种盗匪行径。

1922年7月14日，卡莫在梯弗里斯骑自行车被一辆载重汽车撞死，那时格鲁吉亚没有几辆载重汽车，而这辆车还是当地契卡的，人们普遍认为事非偶然。不久斯大林命令移出卡莫在梯弗里斯的纪念碑，其姐妹也遭逮捕，从而从侧面证明有人需要消灭自己历史上丑行的见证人。

50年代以后，苏联曾经把卡莫传奇事迹搬上银幕：《我认识他》（1957）、《特殊任务》（1965）、《卡莫的最后功绩》（1973）等。

卡尤罗夫，瓦西里·尼古拉也维奇

（1876—1936）

《格拉纳特百科辞典》把卡尤罗夫漏掉了，但此人的经历与施略普尼柯夫的经历恰好互相补充。1917 年 2 月，在施略普尼柯夫作为布尔什维克党的实际领导人努力担起领导责任但又承担不了的时候，卡尤罗夫是维堡委员会的委员（由于彼得格勒委员会的成员于 2 月 26 日已被逮捕，维堡委员会实际上起着彼得格勒委员会的作用），他和丘古林、哈哈列夫等同志一起正从事日常的和具体的革命活动；如果说施略普尼柯夫属于布尔什维克党的领导层，卡尤罗夫则始终是一名基层党员。

卡尤罗夫于 1876 年诞生在一个工人家庭，1900 年加入俄国社会民主工党，1903 年俄国社会民主工党分裂时加入布尔什维克派。1917 年 2 月革命爆发时，他正在维堡区的埃里克松工厂做工，是俄国社会民主工党维堡区委员会的委员。二月革命后，当选为维堡区苏维埃执行委员会委员。

1918年夏初，奉命赴西伯利亚工作。从西伯利亚回来后，列宁派他去彼得格勒，把一封信带给彼得格勒工人。列宁在信中说，他派他的“老朋友”[①]卡尤罗夫来请挨饿的彼得格勒工人到农村去征集粮食和同富农作斗争（见1918年7月12日信）。八天后，列宁又召卡尤罗夫去承担其他任务。当时，喀山战线全线崩溃。第五集团军所属各团被捷克斯洛伐克军团击溃，喀山陷落。托洛茨基赶赴莫斯科的大门斯维亚日斯克。为了使一支已成惊弓之鸟的军队恢复士气并挡住敌军的进攻，必须派共产党员去，尤其是彼得格勒的共产党员去。列宁在1918年7月12日《告彼得格勒工人书》中说：“俄国其他地方的工人都没有彼得格勒工人那样有觉悟。”1918年7月20日，列宁在给季诺维也夫、拉舍维奇和斯塔索娃的信中写道：“必须从彼得格勒派出最大数量的工人：（1）几十位‘领袖’（像卡尤罗夫那样的），（2）数千名‘战士’。”

几天后，卡尤罗夫和丘古林带领了一支拥有几千名彼得格勒共产党员的队伍来到喀山前线，这是支援内战前线许多支队伍中最早的一支，其中的战士都参加过二月革命和十月革命，许多战士在战场上牺牲了生命。卡尤罗夫和丘古林参加了改组后的第五集团军司令部，这支军队在斯米尔诺夫和图哈切夫斯基的指挥下，于1919年打败了高尔察克，于1920年在西伯利亚建立了苏维埃政权。卡尤罗夫是第五集团军政治部的负责人。1920—1922年间，他在西伯利亚负责经济工作，并于1921—1922年间任西伯利亚地区监委主席，主持清党。1923年，他回到彼得格勒，写了几篇回忆文章（关于二月革命，与列宁的来往）。当三驾马车发生分裂和“联

① 七月三日事件后，最初曾是布尔什维克、后又成为普列汉诺夫分子的阿列克辛斯基指责列宁和季诺维也夫是德国间谍。列宁决定躲藏起来。他于7月6日选了卡尤罗夫家作为他的第一个隐匿地点。——译者注

合反对派”同斯大林作斗争时，他站在季诺维也夫一边，但并不占显要地位。他似乎已属被淘汰之列了。

1932年，右倾分子柳亭起草了一份政纲，指责斯大林是“俄国革命的恶魔”，并把斯大林比作1902—1909年间曾领导社会革命党恐怖活动的警察局奸细阿杰夫。柳亭声称，在党内民主问题上，托洛茨基派的立场是正确的，而右派在农业问题上的主张也是正确的。在柳亭所联络的一批人中就有卡尤罗夫。由于赞同柳亭的政纲，卡尤罗夫与其他柳亭分子一起被开除出党。斯大林因柳亭声称必须撤除他的总书记职务，要求把柳亭处决。1936年，党虽然已经斯大林化了，但总书记和内务人民委员仍认为这个党不够听话，一场恐怖浪潮便向全党袭来。卡尤罗夫拒不认罪，被亚哥达的警察所处决。

让—雅克·马里撰写
毓　才译

卡尤罗夫续志

《格拉纳特百科辞典》缺此人的传记，本文译自法国人让—雅克·马里编的《布尔什维克自传》。

卡尤罗夫1926—1932年在列宁研究所（后改为马克思主义—列宁主

义研究所）工作。1932年卡尤罗夫和儿子一道组织反对派集团，请已经被开除出党的柳亭起草纲领，8月21日成立“马克思主义者—列宁主义者联盟”，但仅存在两个月，全体成员被捕。卡尤罗夫把全部责任揽到自己身上。父子两人均被开除党籍。1933年3月被判流放3年。1936年流放期满后准备去阿拉木图，9月11日突然去世，死因不明，据他儿子说死于毒杀。其妻被赶出老布尔什维克协会，儿子被枪决。

1989年9月21日获平反。

柯伦泰，亚历山德拉·米哈伊洛夫娜

（1872—1952）

第一个参加政府的妇女和第一个担任国家全权代表与特命全权大使的妇女。

我出生于1872年，是在一个地主贵族家庭中长大成人的。我的父亲是俄国的将军，按血统是乌克兰人。母亲是芬兰人，出身于农民家庭。我在彼得格勒和芬兰度过了童年和青年时代。作为家里的最年幼者，而且是父亲的唯一的女儿（我的母亲是第二次结婚），我受到我们那个具有宗法习俗的人数众多的整个家庭的特殊关怀。家里不让我上旧制中学，因为怕我在那里接触“不良分子”。16岁时，我通过了获得中学毕业文凭的考试，开始上私人讲习班并且听历史、文学等学科的教授们开的课。家里也不让我上贝斯土热夫女子学院。我主要在著名的文学史家维·彼·奥斯特罗果尔斯基的直接指导下学习了许多东西。他认为我具有文学才能，所以竭力鼓励我走新闻记者的道路。我很早就结婚了，部分原因是要对父母的意志表示反抗。但是，三年后我就带着我的年幼的儿子同丈夫弗·柯伦泰（我出嫁前姓多蒙托维奇）离婚了。

这时我的政治信念已开始形成。我参加了一系列文化教育团体的工作，当时（九十年代中期）那些团体带有为地下活动作掩护的性质。例如，当我们在当时著名的“教材流动博物馆”工作时，我们就同被关在什吕谢尔堡的犯人建立了联系；我们在教育团体中工作，给工人上课，从而也就同工人建立起了密切联系；通过组织募捐晚会，我们为政治性的“红十字会”筹集了经费。

1896 年是我一生中具有决定意义的一年。这年春天我访问了纳尔瓦和有名的克廉哥尔姆纺织厂，那里的 12000 名男女纺织工人的受奴役的处境，给我以触目惊心的印象。当时我还不是马克思主义者，倒是更多地倾向于民粹主义和恐怖主义。在访问了纳尔瓦之后，我就研究起马克思主义和经济学来。当时相继出版了两种最早的合法马克思主义刊物《开端》杂志和《新言论》杂志，阅读这两种杂志使我大大开阔了眼界。自从访问纳尔瓦以来，我拼命探寻的道路终于找到了。

1896 年在彼得格勒爆发的有 36000 人参加的著名的纺织工人大罢工，对于澄清我的政治观点也有很大的帮助。我同叶·德·斯塔索娃以及其他许多刚刚参加外国工作的同志们一起，组织了募捐和援助罢工者的工作。无产阶级在受到充分的奴役又毫无权利的条件下，觉悟程度日益提升，这一鲜明的事例使我坚决地转到马克思主义者的阵营中来了。不过，我还没有在这一领域中进行过著述活动，也没有积极参加运动。我认为自己太才疏学浅了。1898 年，我写了第一篇文章，这是关于心理教育方面的，题为

《从杜勃罗留波夫的观点看教育的基础》。这篇文章于1898年9月发表在《教育》杂志上，该杂志当时还具有教学方面的特色，但后来变成了传播马克思主义思想的最坚定的合法机关刊物之一。编辑是阿·雅·奥斯特罗果尔斯基。那一年8月13日，我出国去研究社会科学和经济科学。

在苏黎世我进了大学，跟赫克纳教授学习。他的一本关于工人问题的著作的第二版使我很感兴趣。值得特别提及的是，我在研究经济规律方面日益深入，我也就随之而越来越成为“正统的”马克思主义者了。可是我的教授和导师变得越来越右，并且离开了马克思的革命理论，他在其著作的第五版中已成为真正的叛徒了。这是一个异乎寻常的时期，当时在德国党内，由伯恩施坦首先发难，出现了一种实行公开的、实际的妥协的倾向，一种机会主义、“修正主义”即修改马克思主义理论的倾向。我的可敬的教授追随和吹捧伯恩施坦，而我则坚决站在“左派”一边，迷上了考茨基，攻读他出版的《新时代》杂志；我亦迷上了罗莎·卢森堡的文章，特别是她的小册子《社会革命还是社会改良》，她在那本小册子中揭露了伯恩施坦的迁就妥协的理论。

我按照教授的建议并且带着他的介绍信，于1899年去伦敦“研究”英国的工人运动，似乎它一定会使我相信，真理在机会主义者方面，而不在“左派”方面。我有开给韦伯夫妇“亲启”的介绍信，但是在跟他们进行了第一次谈话之后，我就明白了，我跟他们讲的是不同的语言，于是我就不要他们的指导而开始了解英国的工人运动。不过，这种了解恰恰向我证明了相反的东西。它使我认识到：英国现存的社会矛盾十分尖锐，改良主义者想用工联主义策略或者借助像“托因比纪念馆”、“民众馆”、合作社、俱乐部之类的一些著名的“社会改良团体”（在工人宿舍中建立的一些文化组织）来医治社会矛盾，那是根本行不通的。我从英国回来的时候，更加相信“左派”即“正统的”马克思主义者的世界观是正确的了，不过我没有回苏黎世，而是回到俄国来了。我同地下工作者建立了联系，我想在实际工作中发挥自己的力量，并且参加斗争。

当我1898年离开俄国的时候，知识分子中的整个先进的部分即大学生，都怀有“马克思主义”的情绪。他们所崇拜的英雄人物，除了别尔托夫[①]之外，就是司徒卢威和杜冈—巴拉诺夫斯基。当时民粹派和马克思主义者之间正在进行尖锐的斗争。一些年轻的力量——伊林（列宁）、马斯洛夫、波格丹诺夫等人，从理论上论证在社会民主党的秘密活动中形成的革命策略。我怀着美好的希望回来，以为会遇到许多志同道合的人，但是，1899年秋天，俄国的情况已与一年前不同了，已经发生了变化，合法马克思主义与秘密马克思主义联姻的蜜月已告终结。合法马克思主义已公开地转到维护大工业资产的方面去了。“左”翼则已转入地下，更加坚决地维护无产阶级的革命策略。在大学生和知识分子中，对马克思的迷恋，被一种同样热烈的对“伯恩施坦主义”、修正主义的迷恋取代了。尼采及其“精神贵族”开始成了时髦。

我记得很清楚，为了给政治性的“红十字”会募捐，曾在叶·德·斯塔索娃的父亲的住所组织过一个晚会。司徒卢威作论述伯恩施坦的报告。听众是经过“挑选”的，有许多地下工作者，但司徒卢威的报告仍然获得了同情，甚至充分的赞许。只有阿维洛夫一个人起来反对司徒卢威，那个时期的所有的明星和“名流”都支持司徒卢威。我讲了话。本来人们是不

① 普列汉诺夫。——译者注

想让我这个无名之辈讲话的。对于我非常激烈地维护“正统派”(左派),人们普遍地表示不赞成,甚至愤怒地耸耸肩膀。有人认为,这是闻所未闻的胡闹——竟然反对像司徒卢威和杜冈这样的公认的权威;另一些人认为,类似这样的发言是为“反动派”效劳;还有一些人则认为,我们已经“说漏了嘴”,应当做小心谨慎的政治家……在这个时期,我为《科学评论》杂志写了一些反对伯恩施坦、论述阶级斗争的作用、保卫“正统派”的文章,但书报检查机关用红蓝铅笔一挥,说我的文章不适宜于发表。

于是我就决定在经济学方面从事科学研究工作。我同芬兰的联系很密切。当时芬兰人民正在经历博勃里科夫总督统治的黑暗时期,即遭受俄国专制制度压迫的时期。这个小民族的独立从根本上被动摇了,国家的宪法和法律都被粗暴地破坏了。芬兰人民和俄国专制制度之间正在进行斗争。我无论在理智上还是感情上都完全同情芬兰。我在芬兰看到了一股日益增长的、但还没有被人意识到的工业无产阶级的力量。我指出了日益激化的阶级矛盾的迹象,指出了要同民族主义的资产阶级政党——不管是亲瑞典人的、亲芬兰人的,还是赞成青年芬兰运动的政党——针锋相对,建立一个新的、工人的芬兰,同时我同芬兰同志进行了密切的接触,帮助他们筹集了第一批罢工基金。我论述芬兰的一些文章于1900年在德国的经济杂志《社会实践》、《科学评论》杂志和《教育》杂志上相继发表了。有一篇文章——具体统计分析的文章——登载在《俄国财富》杂志上。同时,在1900—1903年间,我为自己的论述芬兰的大部头经济统计著作汇集了资料,这部著作用的是书报检查机关认为无害的名称:《芬兰工人的生活》。当然,在这些年里,我不仅仅是从事著述和科学研究工作,我还要搞地下工作,不过多半是在外围:在涅瓦关卡外成立一些小组,起草传单,保存和散发秘密书刊等。

我于1901年出国。这一次，我在巴黎同考茨基、罗莎·卢森堡、拉法格以及在日内瓦同普列汉诺夫，建立了私人的联系。《曙光》杂志刊登了我论述芬兰的一篇文章，没有署名；考茨基的《新时代》杂志也刊登了我的文章，用了爱琳娜·马琳这个笔名。从那时起我就同外国的一些同志保持着经常的联系。1903年初，我的《芬兰工人的生活》一书出版了，这是一本对芬兰工人状况以及芬兰国民经济发展进行经济分析的书。这本书是以马克思主义的精神写的，它得到了地下工作者的同情，但许多合法马克思主义者对它表示不满。

1903年，我在由大学生在达吉亚娜洗礼日①组织的公开集会上第一次发表演说，我把社会主义的世界观同唯心主义的世界观相对立。1903年夏，曾再次出国。这是俄国农民起义的时期；南方的工人也发动起来了。我在国外心潮澎湃。两个敌对的势力日益尖锐地交锋了：一个是正在向革命进军的地下的俄国，另一个是要顽固地保持政权的专制制度。以司徒卢威为首的"解放社"则持中间立场。我的许多亲密的朋友跑到"解放社"分子那边去了，把他们视为"实际的力量"，认为纯洁的社会主义对于当时的俄国来说乃是空想。我只好同不久以前的战友和志同道合者分道扬镳。在流亡的社会主义者当中，争论已经不像前些年那样是在民粹派和马克思主义者之间进行，而是在"孟什维克"和"布尔什维克"之间进行。在两个营垒中我都有朋友。布尔什维克主义由于它的不妥协性和革命性，比较符合我的心意，但是，普列汉诺夫个人的感召力使我没有谴责孟什维克

① 达吉亚娜被认为是一个神圣的受难者，她的洗礼日即俄历1月25日是俄国大学生的一个隆重的节日。——译者注

主义。

我于1903年从国外回来以后，不参加党内的任何一个集团。党内的两个派别利用我充当鼓动员，去写“传单”和完成其他日常任务。1905年的流血星期日，我走上了街头。我曾同示威者一道走向冬宫。残酷镇压手无寸铁的工人的情景永远印在我的脑海中。异常明亮的一月的阳光，一张张轻信人家的诺言等待着佳音的面孔……排列在冬宫周围的军队发出的带来灾难的信号……皑皑白雪上的一摊摊血迹……皮鞭，宪兵喊“抓住”的声音，死的，伤的……被击毙的儿童……当时党的委员会对1月9日的罢工抱怀疑和谨慎的态度。许多同志在专门组织的工人会议上企图说服工人不要举行罢工，认为其中有“挑衅”和陷阱。可我认为“应当去”。这次发动是工人阶级自行决定的行动，是培养革命积极性的学校。而当时我则是被阿姆斯特丹代表大会关于“群众性行动”问题的决议迷了心窍。

在一月的那些日子之后，地下工作更加如火如荼地开展起来了。当时布尔什维克开始在彼得堡出版秘密报纸（我不记得它的名称了），我不仅作为新闻记者参加了它的工作，而且还作出版方面的技术工作。我那个时期所写的一些传单中，一份反对“缙绅会议”和主张立宪会议的传单获得了很大的成功。这些年来我一直同芬兰保持着密切的联系，我积极地促进了俄国社会民主党和芬兰社会民主党共同打击沙皇制度的联合行动。

在俄国的女社会主义者当中，我是为女工的组织奠定基础的人之一，我为女工组织了一些会议和俱乐部等。同时，从1906年起就捍卫这样一个思想：女工的组织不应脱离党，而在党内必须设专门的局或委员会来维护和代表女工的利益。我同布尔什维克一道工作到1906年，但在工人参加第一届国家杜马问题以及关于工会的作用问题上同他们发生了分歧。

1906至1915年间，我属于布尔什维克派，而从1915年到现在，我是布尔什维克党即共产党的党员。我曾于1908年逃离俄国，因为有两个针对我的刑事案件：一是由于我把纺织女工组织起来了，二是由于我在《芬兰和社会》这本小册子中号召实行武装起义。从1908年末起到1917年，即到二月资产阶级革命止，我过着政治流亡生活。在国外立即加入了德国、比利时等国的党，而且作为鼓动员和著作家曾在德国、法国、英国、瑞士、比利时、意大利、瑞典、丹麦、挪威和美国（1915—1916年）工作过。

大战时曾在德国被捕并被驱逐到瑞典，由于进行反军国主义的宣传又被逮捕。虽然如此，在大战年代，为了反对第二国际而维护齐美尔瓦尔德的联合、为了维护国际主义，我在挪威、瑞典和美国（应美国社会党内的德国人团体之请）进行了大量的工作，还以秘密的办法为俄国进行了工作。1917年回到俄国以后，当选为彼得格勒苏维埃执行委员会中的第一位女委员，接着又当选为全俄中央执行委员会委员。在布尔什维克的革命之前，我同其他一些布尔什维克领导人一起被克伦斯基的临时政府逮捕。十月革命前不久，在彼得格勒苏维埃的坚决要求下获释。十月革命时，我是布尔什维克党中央委员，当时我赞成由工人和农民夺取政权。在第一届布尔什维克的革命内阁中，我担任国家救济人民委员。从回到俄国的时候起，我就从事女工组织的工作。从1920年起任党中央妇女工作部部长。在担任社会保障人民委员期间，我发布了一些对母亲和儿童实行保护和保障的法令。

从1923年5月起任苏联驻挪威全权代表和商务代表；从1924年3月起任驻挪威外交使团代办；从同年8月起任苏联驻挪威特命全权公使。

我在社会主义和经济学方面的主要理论著作有：《芬兰工人阶级状况》

（1903）、《阶级斗争》（1906）、《第一个工作日程表》（1906）、《妇女问题的社会基础》《1908》、《芬兰和社会主义》（1907）、《社会和母亲》（600页）、《谁需要战争》（销售了几百万册）、《工人阶级和新道德》。此外，我还写了论述两性问题的大量文章和短篇小说，以及主要是反对战争和争取劳动妇女解放的各种鼓动书籍。

杨彦君译

柯伦泰续志

1917年布尔什维克四月代表会议上，柯伦泰是支持列宁《四月提纲》的少数几个人之一。十月革命胜利后她是苏维埃政权的第一位女部长——社会救济人民委员，也是第一位女大使。1920年，根据她的倡议在俄共中央下设妇女工作部，担任部长。1921年党内工会问题争论中她是“工人反对派”主要成员，起草了小册子《工人反对派》，主张把全部国民经济交生产者代表大会管理。后被迫放弃“工人反对派”的纲领。

1922年起从事外交工作，1922—1926年、1927—1930年任苏联驻挪威全权代表和商务代表，1926—1927年到墨西哥工作了一段时间，1930—1945年任驻瑞典公使和大使，对改善苏联同斯堪的纳维亚地区的关系发挥了重要作用。1945年因病离开外交工作。

柯伦泰是马克思主义的女权主义者，致力于维护妇女儿童权益，争取男女平等。在两性关系上曾支持十月革命后流行一时的“一杯水主义”，但仍强调两性间需要爱情。

柯秀尔，斯坦尼斯拉夫·维肯蒂也维奇

（1889—1939）

生于1889年。父亲是波兰人，工人。毕业于苏林五金工厂的厂办小学（苏林站原属顿河区）。13岁进工厂钳工车间工作，干了一年，由于1905年工人罢工，苏林工厂关闭，不得不转入卢甘斯克附近的尤里耶夫工厂。罢工对我起了一定影响，我的兄弟弗拉基米尔这时已参加俄国社会民主工党，我通过他完成党的一些技术性任务，1907年被正式接受入党。入党后不久即被捕，被行政驱逐，同时被工厂解雇，取消再入厂的权利。此后进手工制鞋作坊当学徒，同时从事党的工作；工作了一年，由于党组织被警察破坏，不得不离去。1909年，由于老关系重新进入苏林工厂，担任办事员。在工厂工作一段时间后被捕，在新切尔卡斯克州监狱关了6个月，以后被解往顿巴斯的巴甫洛夫矿场，交警察监视两年。在这里同尤里耶夫组织建立了联系，并参加了第三届杜马的预选运动。在巴

甫洛夫矿场呆了 4 个月，被驱逐出叶卡捷琳诺斯拉夫省境，到了哈尔科夫城。在哈尔科夫起初从事工会工作，后来同当时在哈尔科夫的党员建立了联系。

1914 年春为准备五一罢工进行了党的工作。因奸细鲁多夫告密而被捕，从哈尔科夫驱逐到波尔塔瓦。1914 年宣战后来到基辅，同一些党员建立了联系，共同组织了布尔什维克党的临时委员会。1915 年由于遭破坏不得不赴莫斯科。在莫斯科消费合作总社工作，被莫斯科组织的布尔什维克小组推选参加粮食供应会议，从事集合被破坏的莫斯科党组织和召开党的市代表会议的工作。由于被破坏，召开代表会议的尝试没有成功，我本人被捕，被判处流放伊尔库茨克省三年。1917 年二月革命后从流放地回到彼得格勒，起初在纳尔瓦—彼得哥弗区的党组织中工作，然后被选入彼得格勒委员会和执行委员会，一直工作到 1918 年（至迁往莫斯科为止）。1918 年赴乌克兰从事地下工作，任第聂伯河西岸区委书记。1919 年在乌曼正面地段工作，1919 年 12 月被选入乌克兰共产党（布）中央委员会。1922 年调到西伯利亚从事党的工作，一直工作到党的第十四次代表大会，在这次大会上当选为联共（布）中央委员会书记。

郑异凡译

柯秀尔续志

柯秀尔1917年10月任军事革命委员会政委。十月革命后在乌克兰工作。反对签订布列斯特和约，属“左派共产主义者”集团。1922—1925年任俄共中央西伯利亚局书记。1923年起为俄共中央委员，1925年起任联共中央组织局委员、中央书记。1927年起任联共中央政治局候补委员、委员。1928—1938年任乌克兰共产党总书记（第一书记），在乌克兰大力推行农业集体化。1932—1933年苏联发生大饥荒，乌克兰饿死人数在300万以上，被认为是强制集体化造成的恶果。1938年1月任苏联人民委员会副主席。是核准“斯大林枪毙名单”的三人小组成员，不过他签署的名单比其他人少，有5份。

1938年5月3日被捕，指控他属于所谓“波兰军事组织”，同被共产国际解散的波兰共产党有联系。1939年2月26日军事法庭判其死刑。

1956年3月14日获平反。

2010年1月13日基辅上诉法院认定柯秀尔是乌克兰“1932—1933年种族灭绝”的组织者之一。

克拉辛，列昂尼德·波里索维奇（1870—1926）

1870年7月15日生于托博尔斯克省的小县城库尔干。父亲波里斯·伊万诺维奇是位非常鲜明的典型的平民知识分子，是具有真正民主主义精神和倾向于（即使还不完全，也是足够强烈的）政治和社会激进主义的中级知识分子。这里起很大作用的是波里斯·伊万诺维奇·克拉辛同某些波兰起义者和流放西伯利亚的民粹派和民意派活动家的密切交往。此外，克拉辛的父亲是个有"行政气质"的人。看来克拉辛从父亲那里继承了善于工作和热爱工作的品质。总的说来，他精神上的发展受母亲的影响，其母安东尼娜·格里哥里也夫娜是个受过广泛教育，有很高的精神需求的典型的60年代俄罗斯妇女。

外部因素——童年和少年时代的环境对他的发展也起了作用。情况是，在19世纪80年代西伯利亚是为数不多的社会政治激进主义的温床之一（另一个是伏尔加河流域）。从俄罗斯不断涌来的流放犯在很大程度上影响了西伯利亚知识分子的精神生活。克拉辛的童年和少年时代是在政治流放犯影响的氛围中度过的。克拉辛是在“理想”的家庭环境中成长的，有真正幸福的童年和少年时代。需要补充一点，这远不是个挥霍无度的环境，相反地，他父亲的家庭人口相当多，常入不敷出。克拉辛早在进入事业和政治舞台之前就已懂得什么是预算和收支结算。

克拉辛在秋明实验中学接受中等教育，毕业时 17 岁。这时期克拉辛确定了对精密科学的牢固的志向。1887 年克拉辛考入彼得堡工学院。在学院学习的头几年克拉辛开始对马克思主义发生兴趣并进行了认真的研究，很快就被同学们公认为马克思主义的行家。克拉辛接受战斗洗礼是在 1890 年，当时因为参加大学生的学潮被短期驱逐出彼得堡。返回后于 1890 年 10 月参加了宣传小组，这是俄国最早的社会民主主义组织之一，它在当时的彼得堡工人中间进行工作。小组是由 M.И. 勃鲁斯涅夫和 B.C. 哥卢别夫奠定的，后来发展成“工人阶级解放斗争协会”，其组织者就是列宁。但克拉辛结识列宁并一起共事要晚一些。成立“斗争协会”时克拉辛已不在彼得堡，由于参加为作家舍尔古诺夫的葬礼而举行的大学生示威游行，他于 1891 年被驱逐出首都。与此同时，他还被开除出工学院，这一次他已被取消入学的资格。从这时起，克拉辛的传记就成了俄国革命家的相当一般的传记。被驱逐后他在下诺夫哥罗德服兵役，一边服役，一边在下诺夫哥罗德各种团体里宣传马克思主义，在知识界开展反对当时已瓦解的民粹派的激烈斗争，当时民粹派在下诺夫哥罗德拥有像 H.Ф. 安年斯基、兹韦列夫、卡列林这样的著名代表人物。同时克拉辛没有中断同 M.И. 勃鲁斯涅夫的联系，协助在莫斯科各纺织厂组织社会民主主义的宣传。勃鲁斯涅夫失事后，克拉辛于1892年被捕，转移到塔甘卡监狱，在单身牢房关了约10个月。获释后他在图拉服完兵役（1893年），一直处于公开监视之下。

克拉辛经常以非常满意的心情回忆起在塔甘卡坐牢的情景。经过最初几次审讯之后，宪兵不再打扰他了，他把自己的全部强制的空闲时间用来顽强地工作：研究德语，几乎读完席勒和歌德的全部原作，熟悉叔本华和康德，攻读穆勒的逻辑、冯特的心理学，读了相当多的索洛维约夫和车尔尼雪夫斯基的历史著作。总的说来，这大大充实了被命运从一个城市赶到另一个城市的一个俄国大学生的相当贫乏的理论知识。光是懂德语一项就为以后的自学提供了很有利的条件。青年活力，得之父母的健全体魄，一望无际的西伯利亚平原和茂密的森林带来的对生活的朝气勃勃的乐观精神，帮助他克服了单身牢房的不良影响。1894年由于亚历山大三世驾临克里木，克拉辛又被驱逐出居住了一个夏天的克里木。克拉辛选择沃罗涅什省的卡拉奇村作为居留地，在铁路修建工程中当工人，后来当工长。他精力充沛，热情焕发地投入自己的工作，同时也没忘了自己的革命活动，不久即被当做政治上不可靠分子而被解雇。接着，在1895年再度被捕，因勃鲁斯涅夫案被判处3个月的监禁和驱逐至沃洛格达省的亚连斯克县，后改成驱逐至东西伯利亚3年。克拉辛选择的流放地是伊尔库茨克。到伊尔库茨克时，克拉辛已是完全典型的马克思主义者和革命家了。在伊尔库茨克度过的3年里没有可能进行什么积极的政治工作，在这种情况下克拉辛主要是同民粹派分子进行争论，当时在伊尔库茨克的流放地几乎全是民粹派分子。在流放期间克拉辛一直是西伯利亚铁路的绘图员和技术员，最后担任建筑工程师的负责工作。

流放期满后，克拉辛进入哈尔科夫工学院以完成高等工艺教育和取得工程师的文凭。但直到1900年才毕业，因为正常的学习时而因暂时被驱逐出哈尔科夫，时而因铁路勘测实习而中断。学院毕业后，克拉辛作为工程师应聘到巴库从事专业工作，在这里工作了4年，建设大型电站。这4年的工作可分为两方面。一方面，克拉辛花很大精力从事专业工作——这几年恰好是巴库石油工业和油田电气化蓬勃发展的年代；另一方面，这位在西伯利亚未能从事实际工作的革命家以全部热情投入社会民主党的地下工作，不仅在巴库，而且还在高加索的其他重要中心城市。克拉辛的一方面工作是在巴库无产阶级中间进行紧张的宣传。巴库这时是俄国最大的无产阶级中心之一。油田上恶劣的劳动条件自然为宣传鼓动提供大量最生动有效的材料。克拉辛和巴库社会民主党人小组在这方面从事的工作导致了著名的1903年的巴库罢工，这次罢工本身又成为即将来临的1905年革命的第一个征兆。

克拉辛的另一方面工作是在俄国建立头一批社会民主党的大型地下印刷厂。这些印刷厂设在巴库城里，它们对当时还是统一的社会民主党起了非常重要的作用。《火星报》起初在苏黎世，后来在伦敦编辑，在由克拉辛及其朋友建立的巴库印刷厂印行，纸型直接由国外运来，然后制成铅版付印。巴库的工作使克拉辛获得杰出的工程师、坚毅的革命家和第一流的地下工作者的名声。他得到党的中央机关报的表扬，1903年党的第二次代表大会后被遴选为俄国社会民主工党中央委员会委员。1904年克拉辛由于健康状况（患痢疾）不得不转到中部俄罗斯，移居莫斯科附近的大工业中心奥列霍沃—祖耶沃，为自己找到了新的工作。这次转移扩大了革命工作，其成果之一是在党和莫斯科大工厂主萨瓦·莫罗佐夫之间建立了较为密切的关系。克拉辛以越来越紧张的速度开展党的工作，直到他不得不转入地下（在作家 И.Н. 安德列也夫住宅里进行逮捕时，中央委员会遭到破坏之后）。

1905 年克拉辛被选派出席社会民主党第三次（伦敦）代表大会，众所周知，大会不顾党内孟什维克那一部分人的意见，成立了多数派委员会常务局，会上党内的布尔什维克组织起来，作为单独的、独立的党分立出来了。克拉辛在这次代表大会上化名为季明—文特尔，当选为副主席，在会上起巨大作用。他就许多组织和政治问题作主要报告，其中包括和列宁一道使代表大会就社会民主党参加革命临时政府问题通过一项基本决议。代表大会再次选他为中央委员。秘密回国后继续大力从事党的工作，同时也没停止自己的职业活动（这时由于革命进入高潮，他成功地进入合法状态）。主管彼得堡照明电缆网的工程师的职业活动出色地掩护了他的革命工作。

1908 年他终于暴露，在芬兰被捕。然而这次逮捕中宪兵和检察官也未能弄到什么揭发材料，根据维堡省省长的命令克拉辛被释放，他不想冒险返回彼得堡，所以就移居国外。

由于反动派取得了完全胜利，在俄国出现了不可能进行任何实际工作的时期。在国外克拉辛不是个著作家，没法把自己的力量用于流亡小组的工作，就利用被迫中断革命活动的间隙致力于工程师的专业。定居柏林后，他埋头于工程师的实际工作，通过顽强的工作，甚至在高水平的德国工程师中间也占有一席之地。

对党在革命时刻发出的第一个召唤，克拉辛立即响应。应列宁和托洛茨基之邀，克拉辛积极参加了布列斯特—里托夫斯克的和谈，是 1918

年8月在柏林签订的所谓八月补充协定的起草者之一。从柏林返回莫斯科后，克拉辛任红军供应特别委员会主席。除这一职务外，他还担任了最高国民经济委员会主席团委员、工商人民委员的职务。1919年3月还同时被任命为交通人民委员。但是经济活动很快就被外交工作所取代。他和李维诺夫一道，是苏俄头一次同以邻国爱沙尼亚为代表的资本主义世界打交道的代表，这是1919年9月在普斯科夫会议上的事。同年12月，任和谈代表团首脑，稍后同爱沙尼亚签订了尤里耶夫和约，这是冲破封锁的第一个缺口。不过该条约的制订是越飞完成的。1920年在伦敦成立苏维埃代表处。根据列宁的任命，代表处以克拉辛为首。1921年3月，克拉辛签订了苏英条约，这是现今联系苏联和资本主义世界的一系列条约中最早的一个。

这以后克拉辛留在伦敦，任苏维埃共和国的全权代表。他以这个身份参加了出席热那亚会议和海牙会议的苏维埃代表团。后被任命为外贸人民委员，贯彻实行对外贸易垄断制度。

1924年底，克拉辛任苏联驻巴黎全权代表，同时保留外贸人民委员职。在俄共第十三次代表大会上克拉辛当选为中央委员。

（本人审定的传记）

M.列维多夫撰写

郑异凡译

克拉辛续志

这篇传记忽略了克拉辛的一些重要的活动。

1905年10月克拉辛和高尔基一道创办布尔什维克党的第一份合法报纸《新生活报》。

1905年底克拉辛领导俄国社会民主工党中央战斗技术小组，同时负责党的财务。他组织了党的战斗队，并供应其所需的各种武器。是为党筹集经费的“剥夺”行动的主要组织者之一。最著名的一次“剥夺行动”是梯弗里斯抢劫官方的运钞马车，这次共获得30万卢布。

后来克拉辛属“召回派”，一段时间参加“前进”集团。因此同列宁闹翻。1908年被捕后很长一段时间脱离党的活动，十月革命后应列宁的召唤回国参加布列斯特和谈。

新经济政策时期，克拉辛主张同协约国各国恢复贸易关系，认为苏俄的经济建设需要外国的投资，首先是利用租让制的形式吸收外资。认为接受西方的帮助并非放弃社会主义，也不是放弃主权。主张成立有外资参与的大型托拉斯，把部分股票给予被国有化的外资企业主，以吸引外资，同时吸引外国投资者参加托拉斯的管理。他批评党政官员“不内行”。列宁逝世后他是保存列宁遗体的倡议者之一，传说他希望借助于科学技术的发达使死者复活。

1926年在伦敦去世，骨灰安放在克里姆林宫的宫墙上。

克列斯廷斯基，尼古拉·尼古拉也维奇

（1883—1938）

1883年10月13（26）日生于第聂伯河岸的莫吉廖夫城中的一个中学教师家里。父母都是乌克兰人，生于切尔尼哥夫省。父亲还在中学时代就接受虚无主义情绪影响，在当时知识界这是非常流行的。母亲年轻时接近民粹派。但是，不久由于家务操劳，父母脱离了社会运动：父亲成了教育官员，母亲则成了有知识的小市民。因此，克列斯廷斯基的家庭没能发展他的革命情绪，但是使他养成一种要求：不仅仅按照个人利益来指导自己的言行。克列斯廷斯基在维尔纳中学接受教育，毕业于1901年。然后考入彼得堡大学法律系，于1907年毕业，起初当律师助理，后来是律师（至1917年）。在中学的最后几年级，在某些同波兰和俄国工人运动工作者有个人联系的中学同学的影响下开始接触革命运动和革命著作。但在这方面，对他影响最大的是中学体育老师И.О.克洛波夫，他是军官、社会

民主党人。

1901 年底，克列斯廷斯基开始积极参加大学生和军人中的革命运动。1903 年克列斯廷斯基成为社会民主党人，加入那时成立的俄国社会民主工党维尔纳组织，该组织当时还没有分成布尔什维克和孟什维克两派。在 1905 年革命年代，他看到布尔什维克的国际书刊，对布尔什维主义有好感。从 1903 年至 1906 年，他在西北边区，在维尔纳、维切布斯克和科夫诺组织工作，有时去彼得堡作短暂的逗留。从 1907 年起他在彼得堡的瓦西里岛区工作，然后从事工会运动，在杜马党团和布尔什维克报刊工作。在第四届国家杜马选举时由布尔什维克提名为候选人。

1904 年秋在维尔纳第一次被捕，未经审讯获释。1905 年 2 月在选举施德洛夫斯基委员会时于彼得堡第二次被捕。未经审讯即开释并驱逐出彼得堡；然后于 1905 年夏天和秋天在维尔纳两次被行政拘留，由于 1905 年十月罢工，根据大赦令此两案中止而获释。1906 年 1 月在维切布斯克再次被捕，同年获释，被驱逐出维切布斯克省；1906 年 8 月和 10 月在维尔纳又遭行政拘留，在这以后赴彼得堡。在彼得堡第二届国家杜马解散那一天遇埋伏被捕，对住所进行搜查后开释。1912 年因同组织《真理报》、保险运动和竞选运动有牵连，按照第 102 条因参加政党受到追究。1914 年宣战后被捕，行政流放乌拉尔，先在叶卡捷琳堡，后在孔古尔。1917 年 12 月以前在乌拉尔度过，在俄国社会民主工党（布）叶卡捷琳堡和乌拉尔区域委员会（主席）工作；1917 年 7 月在党的第六次代表大会上当选中央委员，任此职直至党的第十次代表大会（1921 年 3 月）。从 1919 年 12 月至 1921 年 3 月任俄共（布）中央委员会书记。

在乌拉尔工作期间直接参加一小部分苏维埃工作。仅担任叶卡捷琳堡苏维埃执行委员会委员，曾参加历次区域和州的代表大会，在十月革命前的最后一次叶卡捷琳堡州代表大会上布尔什维克取得了多数，克列斯廷斯基主持了大会。曾任叶卡捷琳堡革命委员会主席，这是叶卡捷琳堡政权完全转归布尔什维克苏维埃之前有社会革命党少数派参加的临时组织。由彼尔姆省选为立宪会议代表。

在彼得堡以人民银行副首席委员身份参加财政人民委员部部务委员会。苏维埃政府迁往莫斯科后留在彼得格勒，同时任人民银行副行长，彼得格勒劳动公社和北方区公社联盟司法委员。1918 年被任命为财政人民委员，实际上任此职至 1921 年 10 月，名义上则到 1922 年年底。从 1921 年 10 月起任苏维埃政府驻德国全权代表。从党的第七次代表大会和第三次苏维埃代表大会起，参加党和苏维埃的历次代表大会。此外，曾代表叶卡捷琳堡苏维埃出席 1917 年 3 月召开的第一次全俄苏维埃会议，任民主会议委员。从第二届中央执行委员会起任委员会委员。

郑异凡译

克列斯廷斯基续志

俄国二月革命后克列斯廷斯基当选党的叶卡捷琳堡省委主席，是加米涅夫和斯大林当时执行的“右倾”方针的反对者。在叶卡捷琳堡的工作成绩卓著，是俄国地方苏维埃中第一个布尔什维克占多数的苏维埃，1917 年 6 月即掌握了政权。

布列斯特和谈期间克列斯廷斯基是“左派共产主义者集团”的首领之一。1919 年 3 月当选第一届政治局委员、组织局委员和中央责任书记（非正式的称号是“总书记”）。1921 年工会问题争论中支持托洛茨基，为此在十大的选举中未能进入中央委员会。不过他虽未能进入“十人纲领派”提出的候选人名单，但表决时 479 名代表中仍有 161 人投他的票。1923—1926 年支持“左翼反对派”，1926 年退出。1922—1930 年任驻德国全权代表（大使）。1930—1937 年任外交人民委员部副人民委员和第一副人民委员。

1937 年 3—5 月任司法人民委员部第一副人民委员，旋即被捕，罪名是同托洛茨基有联系，准备对党的领导人采取恐怖行动。在“右派和托派反苏联盟案”审判的第一天，克列斯廷斯基翻供，不承认预审的供词，经“修理”后，次日承认了所有指控。1938 年 3 月 15 日被枪决。

1963 年 7 月获平反。

其妻于 1938 年 2 月被捕，判 8 年集中营劳改。女儿 1939 年 6 月被捕流放，后成为苏联功勋医生。

克鲁普斯卡娅，娜捷施达·康斯坦丁诺夫娜（1869—1939）

1869 年生于彼得堡。父母虽系贵族出身，但都在早年就成为孤儿，靠免费受的教育：母亲在学院，父亲在中等武备学校。母亲在学院毕业后担任家庭女教师，父亲毕业于军事科学院，在军队中服役。双亲没有任何动产和不动产。两人早就接受革命思想，克鲁普斯卡娅很早就在家里见过不同派别的革命者。父亲贯彻实行自己的革命思想，因此而被送交法庭审判，后来被宣判无罪。随着父亲服务地点的改变，克鲁普斯卡娅的一家不断地从一个城市迁往另一个城市。克鲁普斯卡娅 14 岁时父亲去世，此后和母亲一起靠偶然找到的工作艰难度日：抄写、授课、出租房屋。克鲁普斯卡娅在奥博连斯克中学求学，毕业时获金质奖章。中学毕业后有一段时间曾是托尔斯泰主义者。1891—1896 年，她在为工人举办的星期学校和斯摩棱斯克夜校（涅瓦关卡）教书。与此同时她成了马克思主义者，在工人中间进行宣传，参加“工人阶级解放斗争协会”的创建工作。她在1896年罢工期间被捕，在监狱中关了6个月，然后流放米努辛斯克州的舒申斯克村，为期三年，在此地同以前在彼得堡斗争协会一起工作过的弗·伊里奇·乌里杨诺夫（列宁）结婚。

流放的最后一年是在乌法度过的，在这里也进行了地下革命工作，1901年她取得出国护照。她在1901年抵达慕尼黑之后，担任《火星报》秘书，后来是“俄国社会民主党人国外同盟”成员，党的第三次代表大会后任中央委员会和中央机关报国外部分秘书。1905年底回俄，在俄期间一直任中央委员会秘书。1908年初再次出国。根据第102条在三个案件中缺席受审。在国外期间再次担任布尔什维克组织秘书，同时研究外国教育学著作和外国学校。从国外为《自由教育》杂志写文章，写作《国民教育和工人民主》一书。回俄国后起初在中央委员会书记处工作，但不久被选入维堡区杜马，在其中主管国民教育事务的管理局工作，同时参加革命运动。十月政变后任教育人民委员部部务委员，起先从事社会教育工作，后来还担任科学政治部主席。同时还协助妇女部、共青团、少先队工作，为报刊撰稿。从1894年起，一生都尽自己之所能协助弗拉基米尔·伊里奇·列宁工作。

郑异凡译

克鲁普斯卡娅续志

克鲁普斯卡娅是列宁夫人，十月革命后任国家教育委员会委员。1920年任教育人民委员部政治教育总委员会主席。1924年起任党的中央监察委员，1927年起任中央委员。1929年起任副教育人民委员。

在党的第十四次代表大会上属“新反对派”，和季诺维也夫、加米涅夫一道反对斯大林。不久承认错误。

1939年去世，骨灰安放在克里姆林宫宫墙上。克鲁普斯卡娅死因至今仍是个谜。

拉狄克，卡尔·伯恩哈多维奇

（1885—1939）

1885年生于东加里西亚的利沃夫城。五岁丧父，由母亲抚育成人，母亲是西加里西亚塔尔诺夫城的国民教师，我也是在这里念完中学的。母亲一家人都是渴望文化、靠自学有所成就的人。由于波兰文化是教权派天主教文化，因此德国古典文学及其属于全人类的人道主义思想，既是教育母亲一家人的源泉，也是教育加里西亚所有犹太人的源泉。母亲的大哥，一位啤酒酿造工人，喜欢莱辛的《智者纳坦》这本书，他在业余掌握了几种欧洲语言，阅读了大量哲学书籍。另一位舅父，奥地利军队的一个军官喜欢作家海涅，他以感人至深的方式帮助了我母亲。我从小就用德文阅读父亲留下来的书，其中德国民主主义者罗特克的《通史》起了主要作用。但是在学校里，我很快就受到波兰文学和波兰历史的影响。波兰爱国主义虽然具有天主教的外壳，但是使我入了迷。我也就接受了这种外壳。到13

岁时，我不仅成了波兰爱国者，而且热衷于天主教。探讨波兰四分五裂的原因以及将其重建的途径等问题，阅读旧的民主爱国主义的文学作品（它指出小贵族的统治是波兰没落的原因，并把波兰的未来同各国革命运动联系起来），都促使我去研究社会问题。当然，我们家所面临的困境（母亲不得不以可怜的一点钱来供养、抚育我和妹妹），我们周围穷手艺人的困境，也在促使我去研究社会问题方面发挥了重大作用。当我 10 岁那年在农村度假时，我听过一个老雇农讲述的关于 1846 年农民起义的故事：在奥地利政府保持中立（它企图以此消除波兰贵族向外扩张的危险）的情况下，农奴们杀死了一些波兰地主。维斯沃卡河和白河的整个地区，也正是抚育着我的地区，成了这一运动的中心。这个故事纠正了我对事件的那些来自爱国主义小册子的看法，这些看法掩盖了起义的阶级原因并把一切罪过归之于奥地利官僚的挑唆。故事深深地打动了我，这是一次伟大的革命运动。我开始贪婪地倾听农民在做什么。加里西亚的农民当时已经经历了一个政治动员时期。农村的民粹派在他们中间进行工作，天主教士斯托亚洛夫斯基一度被教皇革出教门，遭到政府和贵族的疯狂迫害，他向社会民主党求援。我开始倾听有关社会民主党的消息。当我还是小孩时，在报纸上读到关于社会民主党争取普选权的斗争时，在读到反对巴德尼伯爵的议会争吵的情景和维也纳的街头示威游行时，我对社会民主党就有了一个初步的泛泛的印象。今天记忆犹新的是，当警察逮捕工人代表，当矿工领袖希别什的上身从警察手里挣脱出来而头部撞到警察身后的议会的石阶上时，维也纳议会的情景给我留下了深刻的印象。我 14 岁时认识了第一个工人。我每天早晨五点到市内公园去读书。有一个星期天，在公园的出口处有一个不识字的建筑工人斯塔日克把我拦住了，问我能不能给他读读报纸。他从兜里拿出社会民主党的报纸《前进报》，我只好把报纸从头到尾给他读了一遍。我从他那里得知，市里有一个制帽工会、纺织工会和几个有组织的建筑工人。由于同他建立了联系，我开始从他那里得到社会民主党的小册子和国外的波兰社会党的出版物，这些东西模模糊糊地使我了解到波兰无产阶级反对沙皇制度的英勇斗争。我这个中学生同这个工人团体建立了秘密的联系。他们在一所小房子里集会，那是一个犹太面包师住宅的一间房子，我在那里发现了一书柜德国社会民主党的书籍。这些制帽工人是全奥地利联盟的盟员，这个联盟把德文图书分发给自己的下属机构。在那里我发现了考茨基的《爱尔福特纲领》、倍倍尔的《妇女和社会主义》、拉萨尔的演说集、梅林的《德国社会民主党党史》。在一年之中，我放弃了学校的学习，夜以继日地阅读这些书籍。我掌握了社会主义的基本知识以后，当然，便着手在学校进行宣传。学校通常都有地下组织。我本人参加了一个爱国的地下组织，这个组织提出了一些我不了解的最低目标，它在傍晚把我们这些小孩派到墓地去，试探我们的力量和性格。这个组织后来暗杀了格茨的一家大啤酒厂的厂主，为的是从他那里弄到钱财去解放波兰。我的一位高班同学参加了这次暗杀，他被捕并被判处 4 年苦役。这件事在当时引起了强烈的反响，为了端正我们的思想，当局给加里西亚的各个学校派了一个视察员——保守的历史学家鲍勃任斯基。两年来，悲惨的结局使我们畏缩不前，但是后来，在我拿到社会主义小册子以后，我便在社会主义原理的基础上着手建立新的小组。将近 20 人加入了这些小组，其中有现在波兰的著名演员斯特凡·雅拉奇、波兰军事史学家和独立后的波兰一所军事学院的院长马尔扬·库克尔。在我们看来，社会主义是同向往波兰的独立联系在一起的。关于波兰和立陶宛的马克思主义的社会民主党的情况，我们一点都没有听到过。这个党为1896年的逮捕行动所破坏，只是在1902年到1903年间才在较广泛的范围内公开进行活动。《爱国主义，民主和社会主义》是波兰爱国社会主义的老战士鲍列斯拉夫·利马诺夫斯基文集的标题，这三个词概括了我们的政治思想。但是，在我同工人们交往以后，我就得探讨他们的日常斗争问题，劳动保护、保险、工资问题；而且我觉得，争取他们的日常要求的这一斗争不是同争取波兰独立的斗争联系在一起的，这一斗争不是三部分波兰（波兰分裂成了三部分）工人的单独斗争，而是奥地利、德国和俄国的波兰工人争取解决国家发展所面临的问题的共同斗争。我开始阅读奥地利、德国、波兰王国的波兰人报刊，开始订阅德国社会民主党的中央机关报《前进报》和德国社会民主党左派的主要机关报《莱比锡人民报》。梅林、罗莎·卢森堡在这个报纸上激烈地、坚决地进行了反对修正主义的斗争，让我意识到了社会民主党的策略问题，那时我就感到这一斗争同我的世界观是不对头的。在1901年我读了恩格斯的《反杜林论》和《资本论》第一卷以后，这种感情加强了。我们在中学的鼓动工作没有摆脱得了我们老师的注意。他们之中有些人，如波兰第一批社会主义诗人之一的诺维茨基以及著名的波兰文学史家塔德乌什·皮尼，都帮助我们、保护我们，其他人则陷害我们。最后，人们对当局忍无可忍了。1901年夏天，在纪念格伦瓦尔德会战一周年时，在西加里西亚的波兰农民运动中心，东布罗瓦城农民举行了大规模的公众集会。我的某些中学同学出生于这一地区，我们应农民的邀请坐着农民的大车去参加集会。我那时生平第一次在市场上的大规模群众集会上发表演说。这个演说不仅指向地主，不仅指向资本家，而且指向奥地利、德国和俄国政府，并且以号召工人和农民为独立的社会主义的波兰共同战斗而结束。会后农民款待了我们，有一个老农大概在自己的一生中见到过一些起初表现得很好的知识分子后来叛变了的情况，他打量打量我就亲切地对我说："要注意，别背叛。"反犹太的克拉科夫报《人民之声报》报道了这件事，作者是加列茨基律师，现在他是西加里西亚的省长。有一天清晨，当我从市内公园回到学校时，我从校长那里得知我被开除了。

由于波兰语文教员塔德乌什·皮尼的坚持，前来参加中学考试的波兰中学视察员、把尼贝龙根之歌翻成波兰文的译者格尔曼把我叫去了，并且问我能不能等一年再去从事社会革命，把中学念完。我经过长时间的考虑后同意这样做了，他允许我在塔尔诺夫把中学念完，但我仍然不愿等待，并且很快就带着一包社会主义书籍失踪了，我第二次被校方开除，但仍然保留我在其他城市参加考试以取得文凭的权利。

母亲十分不安，担心会把我断送，而她则会被剥夺教课的权利；我失去了借以度日的学习机会，但我是很幸福的。我公开着手组织工人。经过两三个月的组织工作，我到克拉科夫去了，并且说服克拉科夫《前进报》的编辑黑克尔到我们这里来作公开报告。我在很多方面受惠于黑克尔，尽管他具有社会爱国主义思想，但读起古典社会主义文献来却如醉如痴，他熟悉古典社会主义文献，并且帮助我开始系统地进行阅读。我从他那里得知（当然是以歪曲的形式知道的），罗莎·卢森堡在波兰问题上是什么立场，以及加里西亚社会民主党的青年党员之一齐格蒙德·茹拉夫斯基是支持卢森堡的。我赶紧同齐格蒙德·茹拉夫斯基结识了，他很快就取得了在这段时间发展不大的塔尔诺夫工会的书记职位，我从他那里得到了波兰王国社会民主党的最初的文献，以及阿道夫·瓦尔斯基、罗莎·卢森堡和梯什卡出版的出色的马克思主义杂志《评论》的最初几期。这个杂志，特别是瓦尔斯基的文章给我的印象十分深刻。我从中得知，波兰的马克思主义者提出了波兰运动的一些纲领性问题，我便在内心深处同波兰的社会爱国主义思想决裂了。整整这一年我是在阅读马克思主义文献中度过的，那时梅林出版了马克思青年时代著作的最初几卷，这些书把我引进了马克思主义诞生的实验室，而在实际工作中，我是处在面包工人、制帽工人和建筑工人中间。1902 年夏季，我通过考试取得了毕业证书，于是便在文化方面迈出了一大步。我写了我的最初的三篇文章，即由青年社会主义杂志《光线》发表的关于历史唯物主义的处女作，《前进报》登载的关于塔尔诺夫面包工人的境况的文章（师父们为了这篇文章想要揍我）和评麦克斯·席佩尔的一本好书《沙糖生产史》的文章。我从当地律师西姆赫那里弄到一套德国社会民主党的学术杂志，我一期接着一期读了这些杂志。秋天，我进入了克拉科夫大学，在这里我不仅决定研究法学，还争取使加里西亚的社会民主党执行坚定的马克思主义政策。我不得不与齐格蒙德·茹拉夫斯基一起去做这件事，顺便说一下，现在他作为波兰工会中央委员会的主席、波兰议会的代表完全放弃了这项任务，成了十足的波兰社会党分子和共产主义的死敌。他们不管我的观点，把我吸收进了《前进报》编辑部，或者像加里西亚社会民主党的领袖达申斯基取笑说的，激进主义的幼稚病不会持久，每个人都会满怀信心地从事党的工作，党将由此揭开自己的篇章。这一年是在巨大的物质困难中，在紧张的脑力劳动中，在对克拉科夫工人的工作中度过的，我在克拉科夫大学生活的第一个时期就是在这样的一年中结束的。我同费利克斯·埃德蒙多维奇·捷尔任斯基结识了，他的革命热情、同志式的直率和关心使我长进很快。而且我认识到，在没有工业无产阶级的小资产阶级国家里要争得社会民主是不那么容易的，而在波兰王国进行工作将比较有成效，但是为了这项工作应当认真作好准备。因此，在我和黑克尔发生冲突（我在公众集会上攻击了他）后，我来到了瑞士，口袋里一文不名，却希望靠为华沙出版的马克思主义周刊《呼声》撰稿为生，在这个周刊起领导作用的是社会民主党的主要政论家阿道夫·瓦尔斯基。1904年，我在这个杂志上初次发表了关于加里西亚农民运动的发展的文章，并且开始每周刊登关于西方工人运动的文章以及关于波兰经济问题和国际工人运动问题的书评。那时我开始同罗莎·卢森堡通信，当瓦尔斯基把考茨基的《共产党宣言》新版序言的手稿交给我翻译时，我感到无比骄傲。

1904年秋天，我丢下了在克拉科夫没有偿还的债务，对未来满怀信心地来到了瑞士。在瑞士，我学习理论和参加工人运动。这里的学习条件比克拉科夫好得多，大学图书馆设备完善，具备研究经济史的大学生所需要的一切条件；在国立图书馆，研究工人运动史的资料很丰富。我的学习就是通过这两条基本途径进行的。在所谓的“国际协会”即瑞士的外国工人首先是德国人的组织，里面有一个收藏旧的社会主义出版物的非常好的图书馆，还有一个不仅有中央的而且有外省的工人报纸的阅览室，每周开会讨论工人运动的种种问题。所有这一切使我有可能（尽管瑞士幅员不大）较广泛地掌握国际现状，较深入地考虑工人运动的一些问题。我加入了波兰和立陶宛社会民主党的国外支部，它使我同俄国的工人运动联系起来了。这个支部加入了俄国社会民主组织联盟，我通过它结识了许多俄国的社会民主党人。那时季诺维也夫在伯尔尼学习，著名的崩得分子、辩才出众的麦迭姆也住在这里。我在这里第一次听到列宁在集会上演说，但是他讲的内容我一句都没有听懂；在这里第一次听到普列汉诺夫演说，但他给我个人留下的印象很坏。日俄战争爆发了，革命投下了自己的阴影，社会民主工党分裂为孟什维克和布尔什维克，这种情况迫使人们对革命的基本问题表态。

以后我移居苏黎世，在那里，在组织成“统一”协会的外国工人中间，我同无政府工团主义和无政府主义者进行了交锋。我第一次不得不公开反对半无政府主义者、社会民主党党员、现在的共产党员布鲁普巴赫尔博士，因为他在无政府主义者的集会上以最激烈的方式抨击瑞士社会民主党是纯粹的机会主义组织。作为改良主义的敌人，我对他的批评抱有好感，但使我大为恼火的是，他把党内的丑闻搬到敌对的集会上去了。我对他进行了痛斥，以致无政府主义者几乎要把我揍一顿。

俄国革命爆发使我离开瑞士来到沙皇统治的波兰直接从事党的工作。早在1904年，当我还是加里西亚社会民主党党员的时候，我就同罗莎·卢森堡通信，并且为在波兹南出版的《人民报》撰稿。现在我建议她到波兰来。卢森堡要我先在国外（那里有党的著作中心）工作一下，很快我就受邀请到柏林。在那里我并没有住很久。不过，我在图书馆从事写作的那几个星期里，我仔细研究了工人集会、工人组织；极其忐忑不安地结识了考茨基；加强了同由梅林和耶克出版的莱比锡《人民报》的写作方面的联系。我早在瑞士时就同耶克有过交往，从那里我给他寄过有关参加第一国际的波兰人的材料。

终于有一天我带着秘密护照来到了俄国边境，那时我连一句俄语都不懂。我在华沙一所秘密的住宅里见到的第一个人是费利克斯·捷尔任斯基，第二个人是我们党的主要领导人利奥·约吉希斯即梯什卡。我当即被安排在党中央机关报的编辑部工作，参与党的第一个合法日报《论坛报》

的出版工作，于是我便埋头于在华沙工人群众中进行鼓动的工作。我第一次同大工厂的无产阶级接触，在有成千上万人的群众大会上讲话，看到群众在革命斗争中迅速成长，我抖掉了自己身上的那种社会民主党传统上的灰尘。我在华沙经历了很好的锻炼。如果说，在革命战火中直接参加大规模的革命群众运动，参与创建群众性的革命政党和群众性的工会，这就足以抖掉我最初在德国社会民主党的学校中学到的一切东西，那么，这一次抖掉的过程就更加富有成效，使我同当时来到了华沙的罗莎·卢森堡以及梯什卡和瓦尔斯基这样一些优秀的革命家进行紧密合作。梯什卡给我留下的印象最强烈，他是我一生中碰到过的一个最好的编辑。对他来说，革命报纸不是革命文章的汇集，而是像大炮一样的战斗武器，它的每一篇文章、每一篇小小的评论都是配合当前中心任务的一颗螺丝钉。梯什卡不是简单使用编辑作者们写好的现成材料，他作为党的主要政治家把每一号报纸当作一发战斗的炮弹来安排，并在作者中间分配任务。他善于通过两三次周转把一篇文章同另一篇文章联系起来，我们的合法报刊和秘密报刊总是把全部攻击集中于整个资产阶级报刊。撰稿人同党员群众的密切联系使我们的报刊成了一种与群众同命运共呼吸的报纸。梯什卡不容许任何过分讲究文字和擅自行动的行为。撰稿人所写的一切应当配合党报当时提出的目标。不久，梯什卡和罗莎·卢森堡被捕，瓦尔斯基失踪；报社里只剩下马尔赫列夫斯基、马列茨基和我。同时开始了第一届杜马的选举运动。我不得不和一批工人一起夺取资产阶级报纸的印刷厂，以便保证每日出版我们的秘密的中央机关报。这常常引发一些具有幽默意味的场面，例如同自由派报纸的一位编辑克姆普涅尔就出版自由进行的一场讨论就是这样，克姆普涅尔在看到我们的战士手中拿着手枪以后，就不再空谈一气，并且放弃了他的自由派立场。同时我不得不出席那些参加第一届杜马选举的资产阶级党派所召开的合法集会。我们党不仅抵制选举，而且常常用武力破坏选举集会。1906 年 3 月或 4 月间，我在华沙被捕，由于我是在街上偶然被抓的，“我的长相不讨人喜欢”，党员同志们得以用钱把我从狱中救出来。过了两个星期，我又被捕了。这一次我坐了半年牢，这半年在帕维阿克过得很有意义，我学了俄文，读了列宁和普列汉诺夫的书以及那时刚刚由考茨基出版的马克思的《剩余价值理论》。在狱中，我为《新时代》(德国社会民主党的理论刊物）写了第一篇论述波兰工会运动问题的文章，当我收到考茨基的登有我的文章的一期杂志时，我感到异常骄傲。出狱以后，我被党派到工会中央委员会工作，编辑机关报，参与领导一系列的罢工运动。由于我懂得俄文（狱中学的），因此我开始对党内的争论有了较确切的了解（我们党在很大程度上是置身于这些争论之外的）。一般说来，我们支持布尔什维克，首先支持他们反对孟什维克同自由资产阶级联合的倾向（在波兰，自由资产阶级是微不足道的），但是在波兰方面（那里富农在农民运动中所起的作用还不是主要的）的影响下，我对农民革命作用的估计无疑是不足的。参加工会运动，增加了我对直接参加工人群众为改善自己的地位而斗争的兴趣，增加了我对工人阶级生活问题的重视。1907 年春我再次“坐牢”，立即被从洛兹转移到华沙要塞的“第 10 室”。在那里，从学习的意义上说，我独自度过了自己一生中最富有成果的几个月，我当即研读亚当・斯密和李嘉图的著作（借此学英文），研读三卷《资本论》，读了很多逻辑学的书，用柏拉图的对话（早在中学时代我就对柏拉图感兴趣，由于有一位很好的希腊文教员，那时我便读了这些对话的原文，并且记熟了许多段落）来作形式逻辑的练习。

冬天我被驱逐到奥地利，根据中央委员会的指示立即经柏林去捷里奥基，瓦尔斯基和从服苦役的地点（捷尔任斯基到了那里）逃出来的梯什卡在那里，俄国中央委员会相当大的一部分人也在那里。在那里我第一次同俄国党的领袖们亲切地结识了。我们在捷里奥基只住了几个月，在那里出版了党的中央机关报。警察的迫害迫使波兰中央委员会把我们转移到国外。1908年春，我同梯什卡经瑞典到柏林，在那里筹备党的中央机关刊物、党的理论杂志《社会民主党评论》和党的一系列其他出版物的编辑部。我加入了这些编辑部，但是那里的工作并未占去我的全部时间，于是我开始经常为德国左派社会民主党的刊物撰稿，脚踏实地地投入了德国社会民主主义运动。

1908年，正是巴尔干危机的那一年，新的摩洛哥危机临近了，斯托雷平任首相的俄国在巴尔干、君士坦丁堡和波斯转而采取积极的政策。土耳其爆发了革命，国际政治成了问题的中心。早在日俄战争时期，我就对国际政治有着强烈的兴趣。现在我全力以赴地研究论述现代帝国主义的文献，并且注视它在各国报刊上的发展情况。我开始在莱比锡的《人民报》、法兰克福的《人民呼声报》、不来梅的党报、德国社会民主党中央机关报《前进报》、德国社会民主党的理论刊物《新时代》和波兰的理论刊物《评论》上每天写一些有关国际政治问题的文章。在我了解了国际政治的动力以及社会民主党的报刊对这些动力的阐述以后，我立刻感到社会民主党的立场在理论上的前后不一致，感到它们的和平主义在面临的巨大危险面前注定会无所作为，感到要重新评价沙皇俄国的反革命作用，这种评价促成了采取反俄的方针，正如以后表明的那样，这种方针正是采取1924年8月4日那种立场的桥梁。1908年秋，我系统地阐述了我对国际形势、对社会民主党在不来梅党的机关报上提出的任务和所犯的错误的看法。在我调到莱比锡以后，我着手每天在莱比锡党的机关报上探讨国际政治问题，同时继续就这些问题同其他地方党的机关报进行合作。有一段时间，我在莱比锡大学听中国史的讲座和在拉姆普列赫特学校从事对外政策方面的研究工作。这一工作，特别是对社会民主党对待国际政治问题的态度（从1848年马克思所采取的立场起）的历史探讨，使我深信：社会民主党处于两个时代交替之间；西欧解放战争时期社会民主党政治家的传统妨碍这个党提出正确的观点；要使工人阶级对当前冲突的观点屈服于某一个玩弄外交手腕发动战争的人，是十分荒谬的，而执行同自由资产阶级接近的政策以借助于资产阶级帝国主义列强之间的和平主义条约（实际上将是瓜分殖民地的条约）来避免战争，也是十分荒谬的。一部分要求党参加争夺殖民地的斗争的改良主义者也反对这一政策，这迫使我详细地探讨欧洲列强殖民活动的情况。到1910年底，我就有了一种看法，在日益临近的战争危险面前，激进的社会民主党应当从反对资本主义的激进的抗议行动直接转到大规模准备革命斗争。在所有这些年代，我在德国工人中直接参加了宣传鼓动工作，同社会民主党的革命情绪最高的青年人建立了很密切的联系，因此同帝国主义作斗争问题，便立即作为为了改变德国和国际工人运动性质而斗争的一般问题摆在我的面前了。同帝国主义斗争的问题是同宣传总罢工和一般地宣传工人阶级议会外的斗争方法的问题最紧密地联系在一起的。我因个人的事情返回柏林，两年后到了不来梅，这使我有可能就这些问题同罗莎·卢森堡和荷兰的革命马克思主义者安东尼·潘涅库克取得一致的意见，并且在同社会民主党的日常实践及其各派代表人物的密切接触中检验自己的观点。根据我同德国社会民主党的日常活动的密切接触，我认为德国社会民主党完全不是按照代表大会决议和文献来研究德国社会民主党的波兰革命家和俄国革命家所想象的那样。党在议会讲坛上的鼓动工作和群众性的集会纯粹是本着改良主义精神进行的。在工会生活中，工会甚至没有尝试过把自己的日常工作同工人阶级的革命任务联系起来。尽管战争的危险、军备的增长、取得社会政治成果的机会的完全丧失等这些情况，提出了议会斗争不足的问题，必须摆脱改良主义政策框框的问题，必须过渡到进行大规模的革命鼓动和采取直接的大规模行动的问题，然而总罢工的问题只是由于俄国革命的爆发才摆到了德国社会民主党的面前。1905 年俄国的总罢工在德国工人群众中引起了巨大的热情。在这一情绪的影响下，倍倍尔在 1905 年的耶拿代表大会上提出了一项决议案，它规定，如果反动派企图侵犯议会的普选权，总罢工就是可以容许的斗争手段。在俄国革命失败的影响下，工会的官僚开始着手取消这一前进步骤。在曼海姆代表大会上倍倍尔大大地后退了。但是，同盘踞在普鲁士邦议会的普鲁士反动派的斗争尖锐化了。这个邦议会是在金融寡头控制选举权的基础上选出的。这就提出了为普鲁士邦议会的普选权而斗争的问题。很明显，普鲁士的政客们不会放弃采取大规模的高压措施的立场，为普鲁士的普选权而进行的斗争可能发展成反对德国的资本主义反动势力的共同斗争。因此，以罗莎·卢森堡和潘涅库克为首的极左派开展了争取在普鲁士实现普选权而举行总罢工的运动。就这一思想进行宣传鼓动就是德国政治和国际政治的全部问题所在。这一宣传鼓动是同反对帝国主义和战争危险的斗争，同反对德国内部反动势力的斗争联系在一起的。罗莎·卢森堡提出，党要把自己纲领中的建立共和国这一口号交给群众，她的这一要求体现了这种斗争。

上述情况既表明左翼激进党人的立场的力量，也表明这种力量的软弱性。德国的一切革命斗争都应当发展成争取社会主义的斗争。在德国阶级矛盾尖锐化的情况下，事情不可能是别的样子。我们都了解这一点，但我们缺乏为社会主义而斗争的纲领，而主要是没有把关于无产阶级专政的口号具体化。在我们当中进行的并在报刊上得到反映的热烈讨论中，我们表示坚信，不摧毁资产阶级的国家，无产阶级要夺取政权是不可能的（考茨基在同潘涅库克的辩论中把这一思想骂为无政府主义）；但是当直接接触到作为一个国家从资本主义向社会主义过渡的无产阶级专政问题时，我们都没有对这个问题进行探讨。从1910年到1913年，即在德国社会民主党的左翼激进派建立的这个时期里，我做了大量工作。我每天在不来梅和莱比锡人民报上写东西；此外，为党刊发布探讨世界政治的公报（每周两次），定期在15种报纸上发表。在1912年，我出版了一部关于德国帝国主义的著作，这部著作试图阐明德国的发展的历史道路，并且提出了关于社会主义革命的问题。我们在德国社会民主党中进行了斗争，这使激进的一翼分裂了，它分成了一个由考茨基和倍倍尔所领导的中央和一个左翼激进部分，后者就是现在的共产党的前身。除了上述的罗莎·卢森堡和潘涅库克外，最直接地参加这一斗争的还有现在的德国共产党党员：克拉拉·蔡特金、奥古斯特·塔尔海默、布兰德勒、瓦尔歇、弗勒利希、皮克。当时我不仅同他们实行了战斗合作，而且建立了私人友谊。在从我们即左翼激进党人中形成了未来的德国共产党的核心的时候，我们不仅对党的右翼领导人的仇恨增长了，而且对党中央的仇恨也增长了；我们日益感到，我们同他们走的不是一条路。但是，在德国工业中心的大批工人作出热烈响应之后，我们深信，如果工人群众在阶级斗争尖锐化的影响下投身于运动，那么他们就可以轻而易举地打退党和工会的官僚机构的反抗。因此，我们甚至没有想到必须使党走向分裂，而这是未来德国革命胜利的条件。但是很快我们就较清楚地看到，德国社会民主党的官僚机构是怎么回事。

我的朋友塔尔海默是符腾堡的格平根的党的机关报的编辑。格平根是一座小城，冶金工业发展迅速，它同斯图加特一起是德国南部激进运动的中心。斯图加特报和格平根报完全掌握在我们手中。符腾堡社会民主党委员会则依靠本国非工业地区的组织而不断地同这两个激进组织作斗争。为了顺利进行这一斗争，它决定扼杀格平根报，这一报纸虽说篇幅小，却是属于最审慎的左翼激进派机关报之列。为了这一目的，委员会利用了下面的事实，党组织所领导的格平根的工人由于不懂法律在建立印刷厂时犯了一系列错误，这些错误可以把他们置于被告席上。根据德国法律，合作社只能在同其本身的资本成一定此例的情况下接纳债务。根据合作原则建立起来的印刷厂，其债务超出了法律所允许的标准，于是它处于财政困难的境地，顺便说一下，党的其他许多印刷厂也是这样。塔尔海默对所有这一切一无所知。在他去休假而我代理他的职务时，符腾堡委员会突然向这一组织的领导提出了最后通牒。它赞同结清印刷厂的债务，其条件是格平根的机关报同改良主义的机关报合并，并且解除塔尔海默的职务。如果这一组织不同意这样做，符腾堡中央委员会就拒绝对报纸提供帮助，这必然导致破产，按诈欺破产条款对格平根组织的领导人提出指控。当我知道了这一切以后，我给塔尔海默打了一个电话，我们在党组织内作了动员，并向全德中央委员会提出了申诉，因为我们不知道这一套把戏是在党的第二主席艾伯特赞同下进行的。艾伯特为了审理这一案件同布劳恩（现在的普鲁士总理）一起来了。

在格平根组织的领导人和全德中央委员会以及符腾堡中央委员会的代表的联席会议上，我们证明，这是涉及讹诈的问题，涉及利用左翼激进报纸的财政困难使之转到机会主义者手中的问题。当时艾伯特和布劳恩向我们宣称，他们为调解冲突而来，而由于我们不同意这么办，所以他们要中断会议。他们不让我们把我们证明过的事实记录下来。但是格平根的冶金工人把桌子挪到门边以后对艾伯特说，只要他不表示要把那一点记录下来，就不放他离开会场。暴跳如雷的艾伯特对我们说："左翼激进的脓疱在党内成熟了，我们就要把它切开。"当时我们懂得了德国社会民主党的机关已经变成了什么样子。格平根的组织没有去冒彻底破产的危险，假如它的领导人因欺诈破产而受到判决，那么彻底破产无疑会随之而来，所以这个组织不得不屈服了。塔尔海默和我不得不进行斗争，于是他们便使出了各种手段来反对我。先是说我在德国是个外国人，加以出于政治考虑在城市之间搬来搬去，我没有按时缴纳党费，最后说由于波兰和立陶宛的社会民主党发生分裂，现在的革命军事委员会副主席温什里赫特和我因背后有华沙党组织而被总委员会开除出党。一方面是以加涅茨基、温什里赫特、马列茨基、多姆勃斯基和我为首的在波兰的党内反对派，另一方面是以瓦尔斯基、马尔赫列夫斯基和捷尔任斯基为首的总委员会，这两方面的斗争不具有原则的性质，而只涉及组织问题；这一斗争是革命时期得到发展的群众性的工人组织对国外中心的一次反抗，这个中心不了解工人的更大的自主性是革命的成果之一。德国社会民主党委员会以我被开除出波兰社会民主党为借口，宣布不再把我算作是该党的党员了。在开姆尼斯党代表大会上，这个委员会掌握了一张绝妙的王牌：一个来历不明的在外国出生的人竟敢指责德国中央委员会有营私舞弊行为。格平根的这个事件是压下去了，但是参与这一事件的人已经懂得，德国社会民主党的官僚机构是怎么一回事。我应当向德国工人致敬，尽管他们受到党的官僚机构的种种压力，这个机构未能迫使不来梅的工人抛弃我。有一周的时间进行过这样一场斗争：一个被开除出党的人是否可以当不来梅党报主要的政治问题撰稿人。不来梅的工人在 1919 年去世的我的朋友克尼夫·约翰（由于他的死，共产主义运动失去了一位既有钢铁意志又有学识出众的组织才能的人物，他无疑是德国共产党的卓越领导人之一）和安东尼·潘涅库克的领导下捍卫了我对他们的机关报的领导权，而且多年以来不来梅报提供一幅国际工人运动中前所未有的景象：一个被两个党开除的人在一家办得很好的党报上不仅阐述了所有的一般政治问题，而且阐述党的所有的策略问题。不久俄国社会民主党派际委员会完全消除了在派别斗争的后方即在波兰对我提出的个人指责，我似乎可以在下一次德国的党代表大会上有幸重新成为德国社会民主党的党员了，假如……事情不是这样急转直下，使一个革命者不再有幸成为德国社会民主党的党员的话。理应重新提出我的问题的代表大会不举行了。1914 年 8 月 1 日爆发了世界大战；德国社会民主党转到帝国主义一方。

战争开始的时候，我正在柏林。从奥地利皇太子被刺，我就清楚我们面临着世界大战。战争爆发前的几周在不来梅报上是激烈争吵的几周。我们知道我们很快将不得不闭起嘴来，我们所作的一切是为了使工人群众牢记，为什么进行斗争，为什么应当进行反对危险战争的斗争。在柏林，我们在李卜克内西领导下建立了一个小组织，这个组织力图使社会民主党举行的示威游行尖锐激烈，使之同警察发生冲突，以便促使工人群众加强斗争。勃鲁特的柏林警察局竭力避免冲突这一事实清楚地告诉我们，政府决心打仗了。终于宣战了。应征拿起武器的工人完全被引入了歧途。党沉默了。酒吧间里一片狂欢，炮灰打算把自己的惊慌不安压下去。我们激进派拼命地奔走，咒骂党不发出一个信号，哪怕是号召举行群众性的示威游行也好。悲观情绪最重的人害怕社会民主党党团在议会投票时弃权，但没有一个悲观主义者认为社会民主党党团会在议会投票赞同拨款。当8月3日晚议员亨克离开议会党团会场通知我说议会党团决定投票赞同军事拨款时，我们立即商定好由他投反对票，我在早晨以前起草好一项说明投反对票的理由的声明，他要设法使几位左派议员团结在这项声明周围。我完全手足失措了，只是在回我居住的郊区的途中、一个人留在车厢里的时候，我才明白发生了什么事，才明白工人运动的整个时代过去了。当清晨我把声明的草稿交给亨克的时候，从他的脸上就可以看出，他下不了决心反潮流而进。李卜克内西（我是在4日遇见他的）说明了为什么连他也没有下决心投反对票：在他看来，政府无疑很快就会转而去迫害党，那时全党就会使队伍转过来去反对战争。我已经不相信这一点了。社会民主党的报刊现在已经成了臭不可闻的藏垢纳污之地，以自己的臭气毒害工人群众。所有的报刊都为帝国主义效劳去了。

最初几天，我大概也像其他许多同志一样，感到用不着写什么。社会主义宣传持续了40年，难道它能拯救社会民主党的领袖于不祥的8月4日吗？但是不言而喻，这样的情绪只能持续几天。我着手工作了，尽管有检查机关，我还是在不来梅的党的机关报上开始阐明战争的性质。在这方面，对帝国主义进行详尽介绍的书籍小册子一类出版物，吹嘘德国帝国主义如何充分地准备了这场战争的德国的军事杂志，都给了我很大帮助。显然检查机关认为这一连串的引证是在替审慎的德国政府增光，但是工人中的先进分子却十分清楚地明白这样做的目的。罗莎·卢森堡和梅林在哥达的机关小报上开始了他们的活动。斯图加特党的机关报很快作出了反应。李卜克内西开始周游全国，摸清党的组织。罗莎·卢森堡开始在柏林郊区发表演说。1912 年在波兰组织中发生的分裂当然使我和罗莎·卢森堡之间的关系疏远了。但是我同李卜克内西和梅林保持了最密切的关系，并且通过他们我不仅了解到他们建立了罗莎·卢森堡的团体（后来由此发展成斯巴达克联盟）的创举，而且使自己的行动同他们协调一致了。因为我同西北的组织最接近，所以我就为自己提出了把汉堡和不来梅以及同它们有联系的城市的革命力量集中起来的任务。在不来梅，尽管保尔·弗勒利希和约翰·克尼夫应征入伍了，但原来的党组织的核心仍然完全保留在我们手中。区议员和党报编辑亨克在工会官僚的压力下表现得很没有信心，但毕竟还没有同我们断绝关系，因此报纸还在我们手中。在汉堡，党组织完全掌握在右派手中，但是在党的基层进行活动的有劳芬堡教授（汉堡工人运动史学家，他在工人队伍中享有很大的声望）和年轻的鼓动员沃尔弗海姆（他从美国组织“世界产业工人联合会”汲取了革命精神）。9 月，我在不来梅同他们见面了，我们决定出版反战的宣传性小册子。劳芬堡对罗莎·卢森堡的理论观点持怀疑态度，不愿同她的团体直接联系，但是答应通过我配合行动。在柏林，有一所宣传马克思主义的私立学校，它是由一个十分古怪的，但却是很倔强的人即博尔夏特领导的。博尔夏特在战前出版一种通俗的宣传性的杂志《世界之光》，这个杂志在基层工人中传播很广。他毫不迟疑地让自己的宣传学校和杂志去为反战宣传服务。我借口讲授英帝国主义的历史在这所学校里为数百名工人举办了讲座，这些讲座是要训练我们的宣传工作者去反对谢德曼政府。讲课时出现的喇叭声表明，有几辆汽车开来了，这使在场的人想到可能会从这里直接到亚历山大广场的柏林警察局的客厅里去。我所进行的工作不可能长期隐蔽。社会民主党人都非常清楚地了解我们的这些关系，而我很快就从海尔曼（开姆尼斯党机关报的编辑，战前改良主义政策的最露骨的倡导人之一和社会爱国主义政策的最坚决的倡导人之一）那里收到一封分析我们所采取的立场的信。他企图劝我，如果我们已经打算采取反对派的立场，那么就最好不要采取原则性的立场，而是采取旨在争取政府方面作出具体让步的反对派立场。同时我和我的老朋友、激进派的优秀人物之一的康拉德·亨尼施进行频繁的通信，他在战争的最初几周就转到大多数社会爱国主义者一边去了。我企图阻止他，而我们的这些来往信件落到了汉堡改良主义者的手中，他们把这些信印成了小册子，并且发给了各个组织。气氛紧张起来了。李卜克内西劝我到瑞士去调整同意大利党在法国国际主义者的关系。这项任务我完成了，在瑞士我还同党的一家机关报《伯尔尼哨兵报》的编辑罗伯特·格里姆谈妥了我们如何保持秘密通信和为他的报纸写稿。他把自己的日报完全交给德国的反对派支配，而我们商定，只要政府没有醒悟过来，我们就在德国散发报纸。我同安吉利卡·巴拉巴诺娃见了面，她为了同意大利中央委员会进行联系而住在瑞士。列宁从奥地利获释以后到山区去了，我无法找到他，但是他以中央委员会的名义发表的宣言因对问题的尖锐提法给我留下了强烈的印象。我完全同意宣言对战争的评价和对国际的评价，但是在德国社会民主党的状况的影响下，即在德国最初采取的一些软弱步骤的影响下，我认为通向国内战争的道路还很遥远，还不能提出关于分裂的问题。托洛茨基当时在苏黎世，他在后一个问题上同意我的意见，但对革命前景很乐观，并且责备我在苏黎世国外工人联盟所作的报告有悲观情绪。我同巴维尔·波里索维奇·阿克雪里罗得也有过多次长时间的谈话，他是反对社会民主党所坚持的观点的，他认为他可以成千上万次地说，那种观点实际上是维护社会爱国主义的。在我弄到了德国无人知道的一切文件以后，就在德国帝国国会第二次召开的时刻回去了。李卜克内西这一次决心公开投票反对拨款，并发表相应的革命宣言。梅林和罗莎·卢森堡认为，只有在还有几个左派同他一起投票的情况下才应当这样做。他们担心，如果只是他投反对票，那么这会对群众产生他完全是孤军作战的痛苦印象。但是在本来可靠的人当中，连施转到社会爱国主义者一边去了，累德堡下不了决心站出来反对党的原则，希望只有落在吕勒和亨克的身上。处理这后一个问题是我的任务。我和李卜克内西一起去见亨克。李卜克内西读了自己的宣言草案。亨克开始表示异议。李卜克内西立即同意委托我起草宣言，如果亨克同意这个宣言，就可以采用它。我回家就着手起草宣言。我们三人在1914年12月2日的国会会议前几个小时在约斯咖啡馆碰了头，无论是李卜克内西还是亨克都对我的稿子表示满意。尽管如此，亨克声明他不会投票反对拨款，并且十分坦率地说明了他作出这个决定的理由：不来梅的工会官僚加强了，工人当中还看不到有任何的运动，他是有家的人，不能冒险。当李卜克内西回答说孩子的多少不能决定一个革命者的立场时，亨克恶狠狠地回敬他说，他说得很轻松，因为他在物质方面可以不依赖别人。不过，李卜克内西也未必敢于一个人站出来反对党。李卜克内西没有回答他什么。我们到帝国国会去了。当我在国会走廊看到李卜克内西一个人站出来向帝国主义世界提出自己的挑战时，这给我留下了极其深刻的印象。所有的报刊都吵吵嚷嚷起来，它们开始把李卜克内西描绘成疯子。甚至下不了决心同他一起表示反对的所谓左派也开始窃窃私语起来。但是在党内多少还是有点生气的和革命的东西抬头了。斗争从秘密集会、从党的小组转为公开，树起了一面工人可以在其下面集合起来的旗帜。我以秘密途径寄给不来梅报并在报上以巴拉贝卢姆的署名发表的那些通讯，转移了社会民主党的报刊和资产阶级报刊的注意力，因为这些通讯还显示了反对派的团结，公开地传播了反对派的思想。社会民主党的报刊对作者的猜测，人们对我的点头赞许，都提出了这样的问题：冒被捕的危险是否值得，企图到瑞士去建立反对派的秘密基地是否更明智。同志们都表示赞同后一种做法，于是我到了瑞士。

这一次我立即找到了列宁和季诺维也夫。我们在一些基本问题上取得了一致意见。在关于民族自决口号的问题上存在着分歧；至于公开宣布分裂的口号，列宁也认为这在任何一个国家都是策略问题，不取决于反对派的力量的问题。我在伯尔尼住了下来，在这里的党校举办关于帝国主义的讲座，在伯尔尼和苏黎世的党的机关报上写文章，为不来梅的机关报和《世界之光》写文章。博尔夏特也通过在柏林的莫阿比特医院当医生的妻子同德国建立了秘密联系。每日同列宁接触、交换意见终于使我深信，布尔什维克是俄国唯一革命的政党，在 1915 年 4 月国际妇女代表会议上我已经帮助克拉拉·蔡特金进行反对中派主义情绪的斗争。同时我们一起在出版《青年国际》的青年中进行活动，一起在瑞士社会民主党中进行宣传。在按照托洛茨基、巴拉巴诺娃、罗伯特·格里姆的倡议开始筹备齐美尔瓦尔德代表会议时，德国的部分左派（所谓北德意志左翼激进派，布尔什维克）、瑞典左派、瑞士的部分左派已同布尔什维克建立起联系。我妻子来到瑞士几个星期后，得到了参加齐美尔瓦尔德代表会议的邀请，便回到德国去了。我们十分周密地筹备了齐美尔瓦尔德代表会议。我起草了提纲，这个提纲遭到了列宁的详细批评，他坚持赋予提纲以鼓动的性质，要十分简练。我们在起草提纲这一点上是没有原则分歧的。在代表会议召开的时候，会上力量对比的情况如下：代表右翼的是以累德堡为首的德国中派分子；代表中派的是法国人、意大利人，以及柯拉罗夫（保加利亚）、拉柯夫斯基、马尔托夫、托洛茨基、以迈尔为首的斯巴达克派、波兰社会党左翼的拉品斯基；属左翼的有代表布尔什维克的列宁、季诺维也夫，代表拉脱维亚的别尔津，代表边区的波兰社会民主党的我，代表德国左派的博尔夏特，代表瑞典的涅尔曼和霍格伦以及代表左派瑞士社会民主党人的弗里茨·普拉廷所组成的我们这个集团。我受我们集团的委托作了报告；累德堡作了回答，后来列宁和季诺维也夫对他进行了抨击。斗争是在两个问题上进行的：关于投票反对军事拨款和关于力求跨出宣传小组走上街头的必要性，关于开展群众性的阶级斗争来反对战争后果的必要性（目的在于根据这一斗争的发展把它变为反战的斗争）。为了捍卫我们的观点，我们委派列宁参加了委员会。尽管我们对委员会通过的决议不满意，我们还是决定同意签署宣言，因为我们认为，只有群众性的工人运动具有更大规模的时候，才可以同中派分裂。代表会议以后，我们举行了自己的齐美尔瓦尔德左派代表会议，会上决定发表代表会议宣言和对代表会议的不彻底性进行尖锐批评的报告，建立齐美尔瓦尔德左派的常设组织，我被任命为这个组织的书记。这个组织的斗争基金是这样筹集的：列宁代表布尔什维克中央委员会交纳 20 法郎，博尔夏特代表德国左派交纳 20 法郎，而我代表波兰社会民主党人交纳 10 法郎（从加涅茨基那里拿的）。因此，未来的共产国际拥有 50 法郎来征服世界，但是用德文出版关于代表会议的小册子就需要96法郎。我们不得不向什克洛夫斯基借46法郎，什克洛夫斯基是生产某些无机盐的厂主，他利用了季诺维也夫和萨法罗夫的劳动。我们从出售的小册子中赚回了这借来的46法郎。齐美尔瓦尔德左派组织后来同心协力地进行活动，在各国展开了反对中派分子的斗争。它的书记处就局势变化和中派实行的策略分发了通告信，这些通告信由我起草，经列宁和季诺维也夫审查修改后由我本人誊写胶印。我们还没有条件使用打字机。在这段时间里，《世界之光》开始每周出版，于是我们通过它在德国有了一个广泛传播的合法机关报。1916年不来梅的朋友们以工人会费集资200卢布，着手出版《工人政治》杂志，杂志的一半稿件由我在瑞士执笔；在这一杂志上撰稿的俄国布尔什维克有：季诺维也夫、柯伦泰、布哈林、叶甫盖尼娅·博什。为了同杂志保持秘密联系，曾经采取了很可笑的办法。一切通信都是通过普通邮政进行的，但是为了避免边界检查，我在信封上写上："由地方书报检查机关检查。急稿。勿压。"文稿和信件没有丢失过一次，也从未在慕尼黑被压下来等着检查，在不来梅它们不经检查便可交给编辑部，编辑部则只把确定付排的东西送去审查。所有的非法印刷品我总是公开地通过邮局寄出，但是经常将邮票贴得不足。当时瑞士邮局在递送时就将其列为罚款邮件，不经打开便可迅速地将邮件送到编辑部，其唯一的目的是从中弄到额外的20戈比的罚款。不来梅人没有立即猜到这是怎么回事，并且骂我粗枝大叶，给他们带来了这样的物质损失。《先驱》杂志的邮寄办法处理得更好，这个杂志是我们用罗兰-霍尔斯特的钱在瑞士出版的。杂志明确而公开地提出了一切问题，我们将它打百分之五十的折扣提供给社会爱国主义的鲍迈斯特尔出版社，让自己的同志到这家出版社去订阅。受政府保护的鲍迈斯特尔出版社定期收到邮件，以百分之五十的利润传播布尔什维克的书刊。

在1916年举行的昆塔尔代表会议上，我们已经代表一支相当庞大的力量了。战争的继续已经到处使人们向左转。布尔什维克实际上成了俄国唯一革命的组织。孟什维克分裂为公开的社会爱国主义者和不坚定的国际主义者，在俄国他们没有现实的力量。在波兰，我们的组织进行了反对德国占领者的英勇斗争。在德国，虽然李卜克内西和罗莎·卢森堡被捕了，但是斯巴达克派的运动得以发展并且站住脚了。在法国，莫纳特和罗斯梅排挤了比较温和的梅尔黑姆。我们同美国建立了关系。在英国，工人阶级的反对立场加强了。由于有了这些进展，我们在昆塔尔代表会议上才能使齐美尔瓦尔德派接受我们的反和平主义的立场，放弃同第二国际谈判的企图。斯巴达克派和意大利中央委员会的代表在一系列基本问题上是赞同我们的。在代表会议以后，我们在齐美尔瓦尔德执行局的会议上转而直接反对罗伯特·格里姆，因为他作为齐美尔瓦尔德联合会的书记在瑞士执行了机会主义政策。通过齐美尔瓦尔德左派组织，各国都受到了布尔什维克思想的影响。

在昆塔尔代表会议以后，我去达沃斯，从那里同列宁和德国保持联系。列宁同法国、英国、美国以及斯堪的纳维亚国家有着直接联系。在列宁从伯尔尼来到苏黎世以后，我们常常见面。在苏黎世，他迫使我和勃朗斯基同瑞士工人建立直接联系，他认为，甚至瑞士党的领袖中最左的人也都是摇摆不定的分子。他为瑞士革命的社会民主党人制定了土地纲领，并同我一起参加瑞士工人的小型会议。

有一次在达沃斯的巴塞尔疗养院的午餐席上，当上牛肉和甜煮水果的间隙，一位瑞士医生带着难听的鼻音告诉我，城里张贴出了关于彼得格勒发生革命的电讯稿。他说得这样不动声色，以致无论是我还是到我这里做客的保尔·列维都不相信，但是我们仍然感到不安，并且没有等到喝咖啡就跑到城里去了，在那里看到了通讯社的第一批电讯稿。当我回到家的时候，勃朗斯基给我打来电话，并以列宁的名义请我立即前往他们那里。火车是在第二天才到的。列宁迎接我们，立即提出了两项现成的决定：应该同齐美尔瓦尔德决裂并到俄国去。关于第一项决定，虽然按照他的论据，留在齐美尔瓦尔德就会造成同孟什维克联合的印象，但是我和季诺维也夫还是从列宁那里争取到了如下的让步，不同马尔托夫签署任何共同宣言，但不退出齐美尔瓦尔德。至于第二个问题，我和列维一起按照列宁的委托同《法兰克福报》的一位记者举行谈判，他好像姓达特曼或迪特曼，他要从德国公使那里摸一下情况，德国是否同意以准许俄国侨民回国的方式来交换相应数量的战俘。我们很快便得到了答复，德国大使准备讨论这个问题。于是我和马尔托夫把谈判的全权授予了罗伯特·格里姆。但是，他就谈判所讲的话使我们相信，这个沽名钓誉的政客可能把谈判搞成某种一般性的政治对话。因此，我们拒绝了他的效劳，我们把进一步谈判一事委托给了普拉廷，他认真地把这些谈判进行到了最后。帕尔乌斯所讲述的一切有关参加这些谈判的话都不符合实际情况。帕尔乌斯插手谈判的企图被列宁拒绝了，但不排除德国政府询问他对这个问题的意见的可能性。关于车厢上了铅封的神话也是完全不符合实际情况的。车厢上没有打上任何铅封；我们只答应不离开车厢。由普拉廷同德国人进行联系。我作为奥地利的国民，此外还作为德国的不合法的人（我妻子刚刚在德国被捕），在德国当局事前不知道的情况下到了斯德哥尔摩，如果我没记错的话，用的是沃伊柯夫的护照。我和加涅茨基以及沃罗夫斯基一起作为中央委员会的代表留在这里同国外联系。在斯德哥尔摩工作的时期开始了，这个时期只有几个月，但却充满了最有趣的事件。

俄国革命一开始，斯德哥尔摩就形成了国际环境。德国社会民主党人把俄国革命作为和谈的可能性来加以考虑。他们的尝试立即集中到这上面来了，他们同克伦斯基政府、孟什维克以及社会革命党人进行了联系。以伯格比尔为首的丹麦社会民主党人作为德国社会民主党的助手而进行活动。第一届苏维埃执行委员会把罗扎诺夫和缅什科夫斯基作为自己的代表派到了这里。协约国的社会民主党人则有瑞典社会民主党的领袖布兰亭作为自己的代表。以胡斯曼为首的第二国际国际局动起来了，他来到了斯德哥尔摩，在这里组织了他自己的执行局。召开第二国际斯德哥尔摩代表会议的筹备工作开始了；各国代表团来到了。到来的有以患重病的维克多·阿德勒和伦纳为首的奥地利人，以孔弗为首的匈牙利人，还有比利时人。我们试图同所有这些代表团的左派分子建立联系，以便了解情况，同有可能向左转的分子建立联系。最可笑的事情是发生在奥地利人身上。同他们的代表团一起来的有奥地利社会民主党的女老活动家——古斯达夫·埃克施坦的妹妹。同她一道的还有另一位同意我们观点的党的女活动家。可敬的伦纳在一无所知的情况下在自己的箱子里带来了我们奥地利同志的信，信是奥地利社会民主党中同情我们的同志交给他带来的。在其中的一封信中，同志们告诉我们，伦纳动身参加代表会议前受到过奥地利皇帝的秘密接见，我们迅速发表了这个消息，这使伦纳吃惊不小。在到这里来的社会民主党人当中，使我触动最大的是比利时社会民主党的领袖德布鲁凯尔，我在战前知道他是优秀的左派马克思主义者之一，现在他所说的和所想的除了把战争进行到底以外就没有别的了。孔弗把关于匈牙利革命形势的情况告诉了我们。他是社会民主党人中唯一坚信中欧面临革命的人。德国独立社会民主党人给人的印象最可怕，他们口头上很革命，却害怕报道有关德国形势的比较具体的情况。当然，我们也同斯巴达克联盟调整了关系，富克斯代表这个联盟到我们这里来了，我们还同我们与之进行秘密通信的志同道合者调整了关系。约翰·克尼夫转入了地下，当时在德国东奔西走，他有办法为我们弄到关于革命运动的消息，我们通过电报把这些消息转告给《真理报》，列宁感到十分高兴。为了介绍西欧社会民主党的报刊，我们起初开始出版胶印的公报，每周出两次，名称是《真理通讯》。这一公报为工人报刊广泛利用，它同时在日内瓦以法文出版，但很快让位给了名叫《俄国革命通报》的周刊。公报和通报的出版面临十分巨大的困难。我们不仅资金甚微（这迫使我们用手工出版，全部技术人员就是加涅茨基的妻子和我的妻子），而且得不到消息，因为彼得格勒的书报检查机关不许布尔什维克的报刊出境。不过，加涅茨基很快就打听到，这一禁令不适用于在芬兰出版的报刊，于是我们不仅可以得到我们芬兰党的机关报《工人日报》(上面登有很多来自布尔什维克报刊的消息)，而且还得到了我们布尔什维克的赫尔辛福斯机关报《浪潮报》。《浪潮报》在很大程度上转载了《真理报》上的东西，这样一来，我们就有了主要的消息来源。当时的全俄中央执行委员会的代表处也出版了公报，尽管具有官方的性质，但它通过信使得到的消息是很晚的，以致不能同我们进行竞争。老头子阿克雪里罗得在七月事变以后来到了斯德哥尔摩，他表扬我们能干，并且确信无疑地认为我们有秘密的无线电台同波罗的海舰队联系。人们普遍地相信了，并且引起了很可笑的事。赫尔辛福斯的《浪潮报》刊登了克伦斯基给海军上将维尔杰烈夫斯基的命令，说如果赫尔辛福斯舰队企图驶入喀琅施塔得就用潜水舰击沉赫尔辛福斯的舰只。我们得到载有这条消息的这一期《浪潮报》以后，就决定以《克伦斯基的叛国行为》为题将它刊登出来。全俄中央执行委员会的代表知道了这一情况对我说，这是一种叛国行为，因为不准刊登秘密的军事文件，为此不仅我们而且布尔什维克中央委员会都要负刑事责任。他还说，没有疑问，我们是通过秘密途径从赫尔辛福斯得到这些情报的。我们不想在这方面说服他，只是热情地说，我们对我们的行动完全负责，我们要发表消息。后来当瑞典的密探以各种借口开始到加涅茨基的住宅来，企图探听无线电接收机藏在什么地方的时候，我们感到十分可笑。

1917 年 9 月间要举行齐美尔瓦尔德代表会议。我们为此作了十分周密的准备，以便打击孟什维克，迫使齐美尔瓦尔德的各党派对俄国革命中的无产阶级派和小资产阶级派的斗争采取明确的立场。孟什维克方面出席会议的是叶尔曼斯基和阿克雪里罗得。我们的代表团中有沃罗夫斯基、加涅茨基、谢马什柯和我。斗争采取了十分尖锐的形式，这主要是因为老头子阿克雪里罗得公开地维护克伦斯基政府所采取的那些反对我们党的卑鄙措施。被我们窘住的德国独立党人的领袖哈阿兹，企图把争论转到我们是否对其他社会主义党派使用暴力的问题上来。我们十分明确地回答说，我们承认要对出卖革命的所谓的社会主义党派使用暴力，如果我们取得政权，我们就要承认这一点并将付诸实践。我们向齐美尔瓦尔德派提出了一个问题，他们是否承认同对无产阶级革命战士采取暴力的小资产阶级党派有联系。在斗争中，我们不仅得到了斯巴达克派的支持，甚至连老头子累德堡也忍受不了哈阿兹的辩护律师的行径而公开表示维护我们。代表会议以通过一项号召采取大规模的革命行动来保卫俄国革命的决议而结束。应当指出，列宁在他的来自彼得格勒的信中坚持准备同齐美尔瓦尔德派决裂，认为筹建第三国际的时候到了。我们对这一步下不了决心，认为为时尚早。

彼得格勒的斗争日益加剧，我们彻夜不眠地等待决定性的消息。深夜时分，消息终于来了，匈牙利记者古特曼把清早从电讯社得到的列宁在苏维埃第二次代表大会开幕时的讲话稿交给了我们。我和加涅茨基立即准备起程，但是电报把我们留下了，因为德国社会民主党的一位代表要同我们会面。这位代表原来不是别人，就是帕尔乌斯，他代表德国社会民主党作出保证说，这个党立即同我们一起为和平而斗争。他私下对我们说，假如德国政府在军界的压力下不接受光荣的和平，谢德曼和艾伯特就准备宣布总罢工。我们在瑞典的党报上公开地刊登了有关这次会谈的情况，之后我和加涅茨基就动身到彼得格勒去了，口袋里只装着沃罗夫斯基开的证件，证明我们是布尔什维克国外代表团的成员。因为我们不知道国境线掌握在谁手中，我们派去了一位芬兰同志，他带去了我们收集的关于十月革命所引起的反应的消息。他很快就带回了消息，国境线掌握在我们的同志手里，于是我们夜里越过了国境线。我们在那里找到了“共和国舰”上的热情忠诚的年轻水兵斯维特利奇内依，他立即使我们同赫尔辛福斯取得了联系，因为当时在芬兰发生了铁路罢工，不经罢工委员会的容许是不准前行的。我们获准乘专列以后，便派人到加帕兰达去迎接自美国进入俄国的俄国工人。在途中，我们得到了彼得格勒的资产阶级报刊，这些报刊鼓吹布尔什维克中央委员会中有分歧。我们带着十分沉重的心情奔向彼得格勒，但当通过车窗看到训练使用步枪的红军队伍时我们感到异常地高兴。我们好像在梦中来到了斯莫尔尼宫，一瞬间便到了列宁的办公室。

在俄国革命队伍中的10年工作太新鲜了，以致我不能就这些工作提供一幅连贯的图景。因此，我只限于把这些年中我的工作的一些主要事实列举一下。我来到彼得格勒后立即被派回斯德哥尔摩去同德国政府的代表里茨勒尔举行预备性谈判。回来以后，我和托洛茨基去布列斯特—里托夫斯克。在谈判破裂回到彼得格勒以后，我被任命为彼得格勒防卫委员会委员。在布列斯特和约签订以后，我领导了外交人民委员部的中欧司和中央执行委员会的对外关系司。德国革命开始以后，我同拉柯夫斯基、越飞、布哈林以及伊格纳托夫一起被派去参加出席德国苏维埃第一次代表大会全俄中央执行委员会代表团，后来遇到变故我就秘密地去了。我参加了德国共产党第一次代表大会的组织工作。在罗莎·卢森堡和李卜克内西被害以后，我秘密地留在柏林，并参加了党的领导工作。我于 2 月 15 日被捕，坐牢到 12 月，在那里我出版了七本探讨众人注目的德国工人运动问题的小册子，积极地参与了德国共产党的领导工作，同奥地利共产党保持了密切的联系，同英国的运动建立了联系。同时，我在监狱里调整了同塔拉特帕沙和恩维尔帕沙、德国政界倾向东方的代表人物以及前外交大臣欣策等人的关系。根据皮尔苏茨基同苏维埃政府缔结的协议，我出狱后经波兰回到了俄国。1920 年 3 月，我被任命为共产国际书记。我积极地参与了共产国际第二次代表大会的组织工作，在这次代表大会上我作了报告。代表大会后，我作为波兰革命委员会的委员前往波兰战线。失败时我正在谢德耳策。我同季诺维也夫一起参加了东方各民族第一次代表大会的组织工作，我在这次代表大会上作了报告。1920 年 10 月，我秘密地前往德国参与代表大会的组织工作，这次代表大会要解决左派独立党人与斯巴达克派的联合问题。1921 年 1 月，我以所谓公开信的形式倡议采取统一战线的策略。回来以后，我以策略问题报告人的身份参加了共产国际第三次代表大会。

在第四次代表大会上，我是关于统一战线策略和工人政府这一问题的报告人。在1922年，我领导共产国际的代表团参加了三个国际代表大会。1922年底，我被指派为俄国工会代表团团长参加海牙代表大会，讨论同战争危险作斗争的问题。

1923年初，我前往克利斯提阿纳以防止挪威共产党分裂。回到德国以后，作为第二国际代表大会的观察员到了汉堡。我就鲁尔被占领一事参与组织了一次运动，并参加了德国共产党莱比锡代表大会。在回俄国的途中，我受共产国际的派遣在10月间参与领导预定的起义。10月22日我回来的时候，退却已经开始。我赞同中央委员会的这一决定。回到俄国以后，我站在党内反对派一方参加了1924年的争论。在党的第十三次代表大会上，我反对拟议改变共产国际策略的做法。我再也没有进入中央委员会，而1919年以来我一直是中央委员。在共产国际第五次代表大会上，我反对当时制定的策略方针，我再也没有进入共产国际执行委员会。在革命的所有年代里，我是《真理报》和《消息报》的撰稿人。我写的主要是关于对外政策和国际工人运动问题的文章，我的文章和小册子编成文集的有：《共产国际的五年》三卷（红色处女地出版社出版）；《德国革命》三卷（国家出版社出版）；有关当前国际政治的文章集成一卷，即《1924年》（国家出版社出版）。部分用德文写的战前著作于1920年出版，书名是《在俄国革命的队伍里》。从1925年起我是中山大学的校长，并参加《苏联大百科全书》编辑部的工作。

唐春华译

拉狄克续志

拉狄克在1923年起的党内争论中积极支持托洛茨基派，因而丢掉了中央委员和共产国际的职务。1925—1927年担任莫斯科中山大学校长。1927年被开除出党，流放克拉斯诺亚尔斯克4年。因告密格普乌工作人员勃留姆金暗通托洛茨基并导致其被枪决，声名狼藉。1930年与普列奥布拉任斯基、斯米尔加等致信联共中央，宣布“思想上组织上脱离托洛茨基主义”，并在报刊上公开“悔过”，同年恢复党籍，在《消息报》工作。在文章和讲话中大力颂扬斯大林。

1934年基洛夫遇刺身亡后，斯大林加紧清洗步伐，拉狄克于1936年再次被开除出党，9月16日被捕，是1937年“托洛茨基反苏平行总部”案公开审判中的重要案犯之一，承认从事“阴谋”活动。1937年1月30日被判处10年徒刑。判决较轻，显然是因为当局需要留下活口，获得反对布哈林等人的口供。1939年5月19日，拉狄克在狱中被其他犯人殴打致死。据1956—1961年苏共中央和克格勃对拉狄克死因的调查，凶手是根据贝利亚的命令实施的谋杀。

1988年拉狄克获平反。

1938年6月其妻子和女儿被判处流放5年。不久其妻又被判8年徒刑，死在狱中。

拉柯夫斯基，克里斯蒂安·格奥尔基也维奇

（1873—1941）

我于1873年8月1日（13日）生在保加利亚一个小城镇科特耳。在19世纪前半期，科特耳已经成为重要的经济政治中心。我出生的家庭属于城市中的最富裕的阶级。我的父亲从事农业和商业。由于经商，他每年都要在君士坦丁堡住几个月。他属于所谓的“民主党”，求知欲非常强烈，受过中等教育，并懂得希腊文。但是，在父系方面，我没有继承到任何能决定我未来发展的东西。在母系方面，情况就不同了。母亲出身于在保加利亚人民政治和文化史上起过巨大作用的家庭。在这个家庭中出现过格奥尔基·玛玛切夫大尉，他在迪比耶奇·扎巴尔坎斯基的俄国军队中当过军官，而迪比耶奇·扎巴尔坎斯基在1834年曾第一次尝试举行反对土耳其统治的有组织的起义。起义被镇压了。玛玛切夫本人被逮捕，起初被流放到小亚细亚，后来被流放到萨莫斯岛，并在那里去世。他是著名革命活

动家萨瓦·拉柯夫斯基的亲舅舅。萨瓦·拉柯夫斯基是1840—1867年保加利亚整个政治文化史上起重要作用的人物。萨瓦·拉柯夫斯基在罗马尼亚时曾于1841年组织过起义分队，准备进入保加利亚。他被捕了，被判处了死刑。但他逃到法国，得以幸免。由于实行大赦，他才能够回到自己出生的城市，但没有多久，他们父子被投入君士坦丁堡监狱。他们的政敌的复仇心理还转到了失去了保护的家庭其他成员身上，其中也包括我的母亲，那时，她还是一个小女孩。家庭被“革出”教会，而且禁止同邻居有任何来往，而当时没有火柴，往往要向邻居借火才能点燃壁炉。由于父兄所受的政治灾祸，全家不得不忍饥挨冻。尽管从我记事起，萨瓦·拉柯夫斯基已经死了多年。但是对母亲和祖母还是记忆犹新，使这些事总是萦绕在我的脑海之中。

我从小就对俄国怀着强烈的好感，这不仅因为我的祖辈和叔伯辈的革命活动多半同俄国有着联系，而且还因为我是俄土战争的目击者。虽然我当时还不到五岁，但在我童年的记忆里，还保留着当时穿过巴尔干山隘口的俄国士兵的模糊形象。我们的房子是城里最好的住房之一，因此就成了高级军官的住所。我还见到过普列文包围战的组织者托特列宾将军；我见到过并陪伴过保加利亚义勇军师团的首长之一维亚泽姆斯基公爵，他负伤的时候，曾在我们家躺了40多天。在军官中还有同地下组织有关系的人。我家还保留着关于他们的传说，他们说过：“我们解放你们，但谁解放我们呢？”战争也扰乱了我的家庭生活；我们的地产落入了罗马尼亚的疆界，我们全家必须移居罗马尼亚的多布鲁甲。

我在科特耳城就上了小学，后来到多布鲁甲在母亲的指导下继续学习小学课程。小学的最后一年，我是在瓦尔纳上的。在那里，我又上了中学。在那个时期，甚至最年轻的青年学生都十分关心政治。我和其他人一样开始关心社会利益。1887 年，中学生中间发生了政治风潮，某些教师让一些个人不满分子卷入这一风潮，使这一风潮变成了真正的骚动。后来不得不召来一连士兵去平息这一骚动。我是被捕者之一，也是被保加利亚所有学校除名的学生之一。我在父亲的曼加利亚住宅住了一年，不加选择地阅读了我父亲的所有藏书和从亲友中所能借到的书籍。1888 年，我被允许重新进入中学，我到了加布罗伏，在那里读五年级。在那里，我住了不到两年，因为六年级结束以前，我又被所有保加利亚学校除名，而且这次是被永远除名。

在加布罗伏，我形成了自己的政治观点，并成为马克思主义者。我的导师是保加利亚革命运动的一个老战士达彼夫。我们同我的一个同志巴拉巴诺夫出版了一个地下的胶印报纸《明镜报》，后来这位同志惨死在日内瓦。这个报纸上有许多内容：既有卢梭的教育观点，又有穷人和富人之间的斗争，还有教师的恶劣品质，等等。我们在农民中进行了一些工作，散发了译成保加利亚文的日内瓦地下出版物。还在五年级的时候，我就步行到我出生的城市科特耳，并在教堂里宣传关于“第一个基督教的圣雅各教会”，换句话说，就是发表了关于基督教共产主义的演说。但一般地说，我们的活动都在校内。1890 年秋，我去日内瓦上医学系。我选择医学，是因为在我们看来，学医能直接同人民接触。当时我们只知道个人的作用。还没有想到群众工作。我们以为，保加利亚独裁者斯丹鲍洛夫的制度将永世长存。

到了日内瓦以后，我在短短几个月内结识了俄国的政治侨民，其中包括俄国社会民主党人小组。又过了若干时候，我认识了普列汉诺夫、查苏利奇和阿克雪里罗得，长期以来，他们对我产生了决定性的影响。

我在日内瓦逗留了3年，从1890年至1893年。虽然算个大学生并且考试及格，但是我对医学完全不感兴趣。我的兴趣在校外。我很快习惯于在俄国大学生中的工作。罗莎·卢森堡有一段时间住在日内瓦，我同她一起领导过马克思主义自学小组。

然而，我的活动不限于为了俄国的利益。我同其他同志——外国同志和俄国同志一起把日内瓦大学生中的社会主义者组织起来了。我们同其他国家特别是比利时的大学生社会主义者建立了联系，在1891—1892年间的冬天，曾在比利时召开了第一届国际学生社会主义者的代表大会。我没有能够参加这次代表大会，但我同组织者有通讯联系，而在日内瓦举行的第二次代表大会的准备工作，实际上是由我担负的。在我的工作遇到困难的一切场合，我都去请教普列汉诺夫，此外，我同日内瓦工人运动和法国工人党建立了联系。在日内瓦，我还同波兰和亚美尼亚的社会主义革命小组很接近，但我的主要工作是在保加利亚的工作。我翻译了杰维尔的《资本的进化》一书，同时写了很长的一篇分析保加利亚经济关系的导言。后来，我离开日内瓦，在保加利亚编辑杂志。这个杂志无论名称，或者形式、封面，都是模仿俄国国外杂志《社会民主党人》的。这是可以理解的，因为普列汉诺夫也是我们杂志的鼓舞者。其中的不少文章是我从他的手稿直接翻译过来的。在保加利亚创办第一个马克思主义杂志《日报》和创办第一个社会民主党周报《工人报》和《同志报》时，我当然是它们的经常的撰稿人，特别是后者的经常的撰稿人。有时整个一期全是由我用各种笔名写的文章，1893年，我作为保加利亚代表出席了苏黎世社会党国际代表大会。在日内瓦时期结束时，我增强了自己的马克思主义观点，并增加了对俄国沙皇制度的仇恨。

还在日内瓦当大学生时，我就多次到保加利亚去，在那里作了许多次反对沙皇政府的报告。1897年，我大学毕业时，在保加利亚出版了一本大部头著作《在东方的俄国》，该书多年来不仅为保加利亚社会党反对俄国沙皇制度提供了材料，而且为保加利亚和巴尔干一切所谓的反俄派提供了材料。我遵循的是普列汉诺夫的指示："应当在国际上孤立沙俄。"但是在这以前，也就是我最初几次去保加利亚时，保加利亚资产阶级报刊就注意我了。亲俄的报纸早在我当大学生时就已经发动了反对我的运动。1893年秋天，我在柏林进了医学系，目的是更深入地了解德国工人运动。在柏林，我开始为《前进报》撰写有关巴尔干问题的文章。我还参加了具有地下性质的德国学生社会主义组织，并同威廉·李卜克内西取得密切的联系。在李卜克内西那里，我还认识了德国社会民主党的其他领导人。李卜克内西对我有很大的影响。我长期同他保持个人的联系和通信，直到1900年。他对巴尔干表现了极大的兴趣，对俄国、波兰和罗马尼亚的革命运动也很感兴趣。在柏林，我的全部学生时代的政治生活是在俄国侨民中展开的。这是俄国合法马克思主义极盛时期。柏林的俄国侨民全神贯注于下列问题的争论：民粹主义和马克思主义，主观主义学派，辩证唯物主义。但我还得参加更专门的争论（例如，反对犹太复国主义者）。

在柏林呆了6个月，我就被捕了，过了几天，我被驱逐出境。1894年夏季学期，我在苏黎世医学院上学，当时巴·波·阿克雪里罗得也在苏黎世。1894—1895年冬季，我在南锡。我继续同保加利亚运动保持联系，并同普列汉诺夫和当时住在伦敦的维·伊·查苏利奇保持私人通信关系。

我大学生活的最后两年是在蒙彼利埃（法国）度过的。我继续同保加利亚保持联系，并在俄国和保加利亚学生中进行工作，同时开始接近法国社会主义运动，并为由拉葛德尔主编、在图卢兹出版的马克思主义杂志《社会主义青年》撰稿，还为改由茹尔·盖得主编的社会党机关报《小共和国日报》撰稿。蒙彼利埃的俄国学生争论的问题同柏林争论的问题一样。顺便提一下，犹太复国主义者在这里有更多的支持者。我同他们进行了坚决的斗争。此外，我还参加了法国学生小组并出席了非公开的工人会议。在南锡的时候我已受到法国警察的监视，在这种情况下，我当然无法扩大自己的活动。

我大学毕业时正遇上使欧洲政治空气活跃起来的国际事件：亚美尼亚和克里特岛的起义。我就这些事件写了一系列文章，竭力使法国社会党和法国无产阶级注意到，为亚美尼亚人、克里特人和马其顿人辩护是合理的。我总认为，对东方问题无知和不理解是国际社会主义运动的弱点。顺便提一下，在1896年举行的伦敦国际社会党代表大会上，我代表保加利亚社会民主党所提出的报告就是专讲这个问题的。后来考茨基在《新时代》上发表了这个报告。

我的医学教育以题为《犯罪和堕落的原因》的博士论文结束。我想用马克思主义观点来论述这个问题。这篇论文在学生和教授中引起了轰动，在地方报刊上以及后来在专门性的国际文献上也得到了反映。

在蒙彼利埃，我也开始密切关注罗马尼亚的工人运动。虽然按国籍来说我是罗马尼亚人，但很晚才同罗马尼亚同志取得正式的联系。在伦敦召开的国际社会党代表大会上，我同属于波兰社会党的波兰人关系密切起来了。我参加了他们的旨在反对俄国沙皇制度的法文出版物的工作。在其他政党中，我对亚美尼亚人—公察察克党人特别感兴趣，早在日内瓦时我就同他们的书记有个人联系。

1893 年我在苏黎世有幸见到恩格斯，听过他的讲话。在日内瓦时，我们同恩格斯偶有通信。他曾寄信给我们保加利亚《社会民主党人》。后来，当需要向他请教时，我是通过维·伊·查苏利奇去办的。恩格斯对她很热情和尊重。

1896 年，当我大学毕业的时候，我面临的问题是：今后向何处去？我主要在保加利亚社会党进行工作。然而按国籍，我是罗马尼亚人。最后，我的热切愿望是到俄国去工作，由于我同一个俄国的莫斯科人，普列汉诺夫和查苏利奇的亲密朋友、马克思主义革命者 E. П. 里亚波娃结了婚，上述愿望就更加强烈了。

我先到保加利亚，走遍了一切中心城市，在那里做了各种题目的报告，并通过了医学考核，以取得在万不得已的情况下在保加利亚行医的权利，后来我决定暂时留在罗马尼亚，作为到俄国去的过渡阶段。此外，我必须服兵役，因此我预先在布加勒斯特通过了医学考试。我是作为军医服兵役的。1899 年 2 月，我有两周的假期，于是前往彼得堡，我的妻子已在那里了。在俄国，当时合法马克思主义著作界已有它自己的杂志《我们的言论》和后来的《开端》。在前一个杂志上，我以拉杰夫的笔名发表了一篇关于保加利亚的政党的文章。当时在彼得堡的民粹派和马克思主义者之间正展开一场激烈的论战。我利用在那里逗留的机会，在自由经济学会的一个分会中就以同样的题目发表了自己的意见。由于我不隐瞒自己的姓名，俄国警察要抓我并不难。但当他们知道我的地址时，我已不在彼得堡了。

服兵役并不妨碍我写作。我继续热心地为保加利亚社会党人的杂志撰稿。这时党的机关刊物已经不是《日报》，而是布拉戈耶夫主编的《新时代》月刊。此外，我用保加利亚文出版了《论德雷福斯案件的政治意义》一书，还出版了题为《科学和奇迹》的反对唯灵论者的论战性小册子。我还把自己的博士论文修改成供俄国出版的通俗本，并换上新的标题《不幸者》，署名女医生斯塔乔娃，通过了沙皇的书报检查。这篇文章还用保加利亚文出版，但用的已是它的真正作者的姓名。同时我准备写《当代法国》一书，这是彼得堡“知识”出版社向我预约的。在彼得堡逗留的短暂时期，我期望见到列宁，当时他在普斯科夫。但是此事没有实现。我在罗马尼亚服兵役的期限于1900年1月1日结束。脱下军官制服，我就可以在罗马尼亚社会主义报刊上和布加勒斯特工人大会上发表言论。但我这样做只不过为了确证，罗马尼亚工人运动由于其领袖几乎完全倒向布腊提昂诺的自由党的这种背叛行为而被完全取消。不过由于我急于去俄国，当时我在罗马尼亚运动中的活动只是限于发表这种言论。查苏利奇和普列汉诺夫同彼得堡的马克思主义者的大量通信都是通过我在罗马尼亚转手的；我把信件转寄到彼得堡我的妻子那里。我动身去俄国之前，查苏利奇本人来到了罗马尼亚，我给她弄到了化名为基洛娃的罗马尼亚护照，让她去俄国，我准备过几个月也去那里。在这期间，伯恩施坦主义者即司徒卢威同革命马克思主义者之间已经展开了斗争。普列汉诺夫对自己的亲密同志的叛变行为感到特别愤慨。他往罗马尼亚给我写信说，甚至必须同米哈伊洛夫斯基结成同盟来反对司徒卢威，并建议我到彼得堡后帮他用别尔托夫的笔名在《俄国财富》杂志上撰稿。

在彼得堡，我看到了这种景象，司徒卢威急剧向右转。司徒卢威严厉责备维·伊·查苏利奇回到俄国来，因为她会在失败的时候损害“自己的朋友”的名誉。这使查苏利奇大为伤心，早从伦敦（1896 年）时起（司徒卢威在国际社会党代表大会后曾在伦敦逗留过几个星期），查苏利奇就对他非常依恋。结果出现了这种情况，米哈伊洛夫斯基、卡尔波夫、安年斯基，更不用说我们的马克思主义者（杜岗–巴拉诺夫斯基、韦烈萨也夫、鲍古查尔斯基等等），常在我妻子的住所同维·伊·查苏利奇会面，而司徒卢威长时间不愿意看到她。

至于普列汉诺夫为《俄国财富》杂志撰稿的计划，我们在俄国同志中间进行了讨论，认为这个计划是不合适的。我们认为普列汉诺夫在波谢和高尔基出版的《生活》杂志撰稿比较适宜。

我个人对能到彼得堡来感到非常幸福。我深深地呼吸着冬天的空气，幻想能长期在俄国工作。我同妻子和同志们（其中有 A.H. 卡尔梅柯娃，尼·亚·司徒卢威，当时她比她丈夫左一些）一起制定了在青年和工人中进行工作的计划；我在写《当代法国》一书。但是，在我抵达后不久，就被通知必须在 48 小时内离开俄国。这破坏了我的一切计划。我一点不想返回巴尔干。我对巴尔干的兴趣减少了，尤其是因为我同俄国革命运动关系密切起来了。我被勒令在警察的监督下先到达烈韦里，然后坐船离开俄国。我是同妻子一起到那里的。在那里，我写完了《当代法国》，该书用印萨罗夫的笔名（这个名字是彼得堡的朋友们起的）出版。

经常为我能留在彼得堡而张罗的人中间有一个叫 H.И. 古洛维奇的，后来知道他是一个奸细。在临行前，他对我说，由于他同宫廷（不知是同弗雷德里克斯男爵的兄弟，还是同他的女婿）有联系，他相信，过一段时间他能让我回到俄国来。1900 年夏，他到巴黎来时又说了这番话。后来古洛维奇越来越频繁地谈到保证能够返回俄国。最后，问题归结为要给一笔钱，“收买弗雷德里克斯男爵的亲戚”。当然，我并没有花这笔钱，而又回到了俄国。临去俄国前，我在巴黎法律系报名当大学生。我考虑到在彼得堡一定会受到审查，此后，我就不能长期住在俄国而又不得不到法国了。

我感到彼得堡非常冷落。在1901年春大学生骚动之后，许多著作家被驱逐出彼得堡，其中有许多合法马克思主义者。我保持的唯一联系是同地下组织的联系，在那里，列宁的小册子《怎么办？》很快成为当时讨论的中心。

在这个时期，我加紧为俄国“大型”杂志撰稿，直到1904年止，主要用印萨罗夫和格里哥里也夫的笔名。但是，这一切不能满足我参加实际活动的渴望。在我不幸失去妻子后，于1902年底回到了法国，并参加了法律系的考试，我想住在法国，成为法国公民，积极参加革命运动。

在这个时期，我唯一一次自愿当上了医生，在法国卢瓦尔省波列耶村，时间不超过6个月。我同农民不仅建立了职业上的关系，而且还建立了政治上的关系，特别是因为在一次官方宴会上我发表了讲话，这次讲话使参加这次宴会的参议员和众议员极为不满。农民建议我留在波列耶。1903年夏天，我父亲去世，我不得不回家。从这时起，我又回到巴尔干各国党内，特别是回到罗马尼亚工人运动中来了。

1903—1904年冬，我回到巴黎。在巴黎正好赶上日俄战争爆发。在有各革命政党代表参加的大会上，我也发表了讲话。我的演说由于有失败主义的情绪而受到我的导师、大会主席普列汉诺夫的指责。还在宣战以前，为了宣读报告提纲，他就来到巴黎，因为他已被从法国驱逐出去，所以必须请求克列孟梭协助，以便允许他临时入境。我记得，在这次大会后的第二天，普列汉诺夫同我在茹尔·盖得家里吃饭，他向茹尔·盖得抱怨我的失败主义情绪。我记得，茹尔·盖得激动地回答说：“社会民主党任何时候也不能成为反民族主义的。”后来，普列汉诺夫多次向我提起盖得的这句话。在巴黎逗留三个月后，我回到罗马尼亚，从那里到了保加利亚。在保加利亚，“紧密派”和“宽广派”的分裂已经是既成事实。我积极地和坚决地站在“紧密派”一边。

同年，我到了阿姆斯特丹，作为保加利亚代表参加了国际社会党代表大会。同时，我也获得了塞尔维亚社会民主党的代表证书。在阿姆斯特丹，我积极参加了策略委员会的工作。也是在阿姆斯特丹，我受俄国代表团的委托，在工人大会上发表演说，大会的主题是普列韦遇刺事件。

我又回到罗马尼亚。1905 年 1 月 9 日事件是罗马尼亚工人运动觉醒的信号。我们创办了《工人罗马尼亚》周报，为这个名称的工人政治组织奠定了基础。同已经被消灭的罗马尼亚社会民主党不同，我们把自己的主要注意力放在组织工会上，以便把社会民主党建立在纯粹无产阶级的基础上。罗马尼亚既往的运动正是缺乏无产阶级性质，它是由知识分子、小资产阶级和较少数的工人组成的。这个时期相当顺利。罗马尼亚工人阶级准备响应《工人罗马尼亚》的号召。罢工运动已经达到这样的规模，连布加勒斯特的警察都要向我们请求组织罢工。我们建立了一批又一批新的工会。连资本家和政府也感到措手不及，第一次罢工很快胜利结束。但是，老板让步是为了更好地准备进攻。

在罗马尼亚，1905 年和 1906 年是在激烈的阶级斗争的标记下渡过的。罗马尼亚各种色彩的报刊看到我是整个运动的鼓舞者，便集中火力来反对我，说我按出身是外国人，以为这样就能诋毁罗马尼亚的整个工人运动。有两件事使罗马尼亚政府和罗马尼亚统治阶级更加紧反对我。一件事是“波将金”号装甲舰到达康斯坦察，另一件事是1907年春天农民举行起义。政府认为，“波将金”号来到康斯坦察，我参加招待水兵，其秘密的目的在于把“波将金”水兵组织起来，依靠他们在罗马尼亚发动革命，从而促进俄国革命。但是，我们的目的比较简单，即对“波将金”号水兵进行政治教育。在发生“波将金”号事件和1907年农民起义的同时，还有一件事使罗马尼亚政府更为警觉。一艘装满武器的从瓦尔那开往巴统的轮船（后来我是从李维诺夫那里知道的），在罗马尼亚靠岸，被罗马尼亚当局搜获。我曾会见了船员，其中有布尔什维克的代表卡莫。我从他那里知道，这里发生了叛变事件，船长自己转舵靠岸。但是，不管怎样，这批非常宝贵的货物——至少5万支步枪，名义上是运给土耳其马其顿革命组织的，落到了罗马尼亚政府手里。罗马尼亚报刊硬说，这些武器是用来在多布鲁甲组织起义的，而且把我的名字同这件事扯在一起。

1907年2月，在罗马尼亚爆发了农民暴动。它起初是反对北摩尔达维亚的犹太租佃者的，并且是由罗马尼亚自由派和罗马尼亚民族主义者—反犹太主义者唆使的反犹太主义活动引起的。但是，农民捣毁了犹太租佃人占用的庄园，转过来对付罗马尼亚的租佃人，然后对付地主，罗马尼亚形势危急。整个国家，也就是所有的农村都燃起了农民暴动的烈火。农民烧毁庄园，杀死在农村的地主。罗马尼亚政府枪杀农民并用大炮摧毁村庄。第二件事是迅速镇压工人运动，工人运动在农民暴动的前夜使城市中的国家政权处于经常的恐慌之中。政府害怕工人和农民联合起来。为了使工人运动不能为害，在城市里采取了一系列的措施，搜查、没收社会主义报纸，查封工会和工会基层组织的所在地。逮捕工人运动的领袖。第一个被捕的就是我。紧接着就是明显违法地把我驱逐出罗马尼亚。在以后的五年中，关于我回去的问题成了罗马尼亚工人进行阶级斗争的实际任务。在我被驱逐的期间，我继续参加罗马尼亚工人运动的领导工作，继续为党和工会运动的报纸撰稿，出版小册子和社会民主党人的杂志《社会的未来》。此外，我编写了两部书，一部是罗马尼亚文版的《专横与怯懦的王国》，另一部是法文版的《贵族的罗马尼亚》。头一部是为罗马尼亚工人写的，第二部是为国外的社会党和舆论提供情况，这两部书都谈到压制罗马尼亚的工人和农民的情况，其中也谈到了我的案件。我于1909年偷偷地回到罗马尼亚，然后被捕了，但没有按破坏法律的罪名把我送交法庭审判，只不过我又被驱逐出境。这里又演出了一幕大丑剧，因为我反抗，人家只好用武力把我推上车厢。匈牙利当局也拒绝接受我，我被当做一个包袱，从一个国家抛到另一个国家，直到最后通过罗马尼亚政府和奥匈政府的外交谈判，匈牙利当局才让我进入它的国境。我的希望和我们组织的希望都放在对我的案件的复审上，这可以成为我们在工人组织中进行宣传的手段。在此以前，当我不在罗马尼亚时，在1908年3月和4月里，罗马尼亚政府进行了两次对我的审判，并且（为了证明把我驱逐出境这一非法行为是正确的，因为罗马尼亚没有政府能够据以驱逐本国公民的法律）使用了最难以置信的法律手段和甚至无耻地捏造反对我的假证据。我们力求当我在的时候安排审判案，但罗马尼亚政府宁愿尽快释放我去国外，也不愿把我关在监狱里并对我提出诉讼，因为这个案件在罗马尼亚工人党和我们的手里是反对政府和反对资产阶级的斗争手段。我曾经说过1909年罗马尼亚的警察逮捕我之后是怎样把我赶到匈牙利去的。

虽然逮捕的事实是保密的，但是报刊上透露出来了。罗马尼亚政府开始矢口否认。罗马尼亚工人阶级凭经验知道，罗马尼亚政府什么非法的事情都做得出来，他们把罗马尼亚政府企图隐瞒我被捕和匈牙利不接受我入境的事实，看作是罗马尼亚政府对我抱着罪恶意图的不祥征兆。1909 年 10 月 19 日那一天，在布加勒斯特，工人阶级义愤填膺，特别是在晚报上登出布腊提昂诺打算对我采取"宁愿消灭，而不放回罗马尼亚"的办法之后，他们上街游行，结果同警察发生了流血冲突。除了几十人受伤外，将近 30 名工人被捕，其中有工会和政治性工人运动的领袖，他们当天晚上在布加勒斯特警察的地下室遭到毒打，所有这些令人愤慨的事实不仅在罗马尼亚国内——在它的所有大大小小的工人中心和资产阶级民主主义的报刊上，而且在国外都引起了抗议。工人和政府之间的斗争尖锐化了。发生了暗杀布腊提昂诺未遂事件，原来警察自己就参加了组织这一行动。布腊提昂诺政府不能再当权了，他在工人的咒骂声中下了台，让位于以科尔普为首的保守党人政府。1911 年 2 月，我又偷偷地来到了罗马尼亚，这次好不容易到了首都，当我和同志取得联系之后，我就前去听任司法当局的处置，不过这一次却没有给我打开监狱的大门，罗马尼亚政府宁愿再把我弄到别国的领土上去，因为匈牙利道路不便通行，罗马尼亚政府尽力设法把我弄到保加利亚去。但是它企图经过两个边境站把我送到保加利亚境内的尝试也没有成功。把我驱逐出境去俄国的道路仍然是可以通行的，但是政府不能使用这条道路，最后，还是走海路。我上了船，拿到了罗马尼亚护照，被送往君士坦丁堡。但在这里只过了几天，根据罗马尼亚警察的要求，青年土耳其党当局就逮捕了我。土耳其社会党议员进行了干预，才把我从土耳其监狱中放出。我到了索非亚，创办了社会党人的日报《前进报》，该报的主要任务是同准备巴尔干战争的保加利亚黩武的民族主义进行斗争。当然，我成了所有保加利亚民族主义者的攻击对象。

当时在罗马尼亚正酝酿着对我有利的转变。我们工人运动的主要敌人是自由党，它不仅代表地主和租佃资本主义，主要还代表工业资本，在向农民作出某些让步以造成农村某种程度的安定局面以后，保守党人断定，他们暂时可以不必担心农民的新发动，工人运动在这一时期在同自由派斗争中可能对保守战略起有益的作用。无论如何，在我第二次回国以后，在第二次把我驱逐出境以后，保守党人宣布，他们准备对我的案件进行复查。驱逐出境的命令撤销了，特别法庭恢复了我的政治权利。这是在 1912 年 4 月。

我们利用的党的“和平”建设时期并不长。1912 年秋爆发了第一次巴尔干战争，从那时起，罗马尼亚和整个巴尔干半岛进入了战争时期，巴尔干战争结束还不到一年，世界冲突的征兆就出现了。从 1914 年 8 月至 1916 年 8 月，当罗马尼亚参加战争的时候，罗马尼亚社会民主党不得不进行艰苦的斗争。在罗马尼亚国内，我们应当保持国家中立，反对两个主战派——亲俄派和亲德派。斗争不仅限于在报刊上进行空前尖锐的争论，而且举行集会和上街游行，但它有时具有比较悲惨的性质。1916 年 6 月在加拉兹发生了枪杀工人的事件，有 8 人被害。我被捕了，就组织反对当局的“暴动”问题对我进行的司法侦讯也开始了。这在工人中引起了极大的愤怒。在布加勒斯特宣布了总罢工，它有蔓延到整个罗马尼亚之势。政府显然害怕在这场战争的前夕引起国内的混乱，于是释放了我和其他被捕的同志。

在 1914—1916 年间，我的活动不限于反对罗马尼亚资产阶级和罗马尼亚地主的斗争。作为罗马尼亚党中央委员，我开始做我力所能及的一切，以便同那些在国外仍然忠于工人国际誓言的政党、团体和个别同志取得联系。

1915年4月，应意大利社会党的邀请，我去参加在米兰举行的反对战争的国际大会。在回来的路上，我在伯尔尼逗留时，曾同列宁以及瑞士工人党联系过。在此以前我还同托洛茨基有过联系，当时他领导着巴黎的《我们的言论报》，我也为该报写过文章。我们经过几次交谈和会见，决定召开齐美尔瓦尔德代表会议。

在此以前，夏天在布加勒特召开了巴尔干各国社会党代表会议，这些党持有明确的阶级立场和国际主义立场，因此，保加利亚社会民主党人机会主义者（宽广派）被这个代表会议开除了。一个“巴尔干革命工人社会民主联盟”建立起来了，它包括罗马尼亚、保加利亚、塞尔维亚和希腊的党。选举了中央局，我当选为中央局书记。可见，在齐美尔瓦尔德代表会议以前，巴尔干各党就制定了一条同帝国主义作不调和斗争的路线。

1916年春天，我参加了齐美尔瓦尔德派的伯尔尼代表会议并在那里同列宁一起出席了国际工人大会。我已经没有可能参加昆塔尔代表会议，因为罗马尼亚准备参战，我要经过的边境封锁了。罗马尼亚于1916年8月宣战，过了一个月，我就被捕了。

罗马尼亚政府从布加勒斯特向雅西撤退时也把我押解到那里。1917年5月1日，我被雅西的俄国驻军解放。解放后我访问的第一个城市是敖德萨，我在这里开始了反对战争和反对护国主义的斗争。到彼得格勒之后，我继续进行同样的斗争。虽然当时我还没有加入布尔什维克党，并且在某些问题上同他们的意见还不一致，但是，如果我继续自已的活动就有被驱逐出境的危险。

在科尔尼洛夫叛乱的日子里，布尔什维克组织把我隐藏在谢斯特罗烈茨克子弹制造厂。我从这里转移到喀琅施塔得。科尔尼洛夫叛乱被平定之后，我决定去斯德哥尔摩，那里将召开齐美尔瓦尔德派的代表会议。这里我正遇上了十月革命。12 月我在彼得格勒。1916 年 1 月初，我作为俄罗斯苏维埃联邦社会主义共和国人民委员会的组织委员同以热列兹尼亚科夫为首的水兵远征队去南方。我在塞瓦斯托波尔逗留了一段时间，在那里组织了去多瑙河的远征队，以反对当时已占领比萨拉比亚的罗马尼亚当局。后来我同远征队一起前往敖德萨。在这里成立了同罗马尼亚和乌克兰的反革命作斗争的最高自治委员会，我以该委员会的主席和罗马尼亚战线、黑海舰队及敖德萨代表苏维埃中央执行委员会委员的身份留在敖德萨，一直到这个城市被德军占领。我从敖德萨到尼古拉耶夫，从那里又到了克里木，然后去叶卡捷琳诺斯拉夫，在那里参加了乌克兰苏维埃第二次代表大会，然后去波尔塔瓦和哈尔科夫。在莫斯科大体上顶多逗留了一个月，我就随代表团前往库文斯克同乌克兰中央拉达进行和平谈判。在库文斯克，我们得悉斯柯罗帕茨基政变的消息。我在这里不得不同继续进攻的德国人订立停战协定。斯柯罗帕茨基政府勒令我去基辅。在基辅，我率领的和谈代表团的任务是，向乌克兰工人和农民群众讲清楚苏维埃政权的正确政策，把这个政策同斯柯罗帕茨基、中央拉达以及德帝国主义和俄国地主的其他代理人的政策相对比。9 月我接受了一项特殊使命，去德国继续同德国政府进行关于同乌克兰签订和约的谈判。我应当从这里到维也纳去，那里当时已经是共和国了。在柏林的时候，奥地利政府同意我去维也纳，当时奥地利政府的外交部长是奥地利社会民主党领袖维克多·阿德勒。但德国当局不允许我去维也纳。相反地，我和苏俄驻柏林大使越飞、布哈林以及其他同志很快就被德国政府驱逐出境。当德国革命的消息传来时，我们还在路上，在博里索夫，由德国人解送。过了一段时间，中央执行委员会派我同其他代表（马尔赫列夫斯基、布哈林、越飞、拉狄克、伊格纳托夫）一起去柏林参加德国工兵代表苏维埃第一次代表大会。但我们在科夫诺被德国军事当局扣留，几天以后“俘虏们”返回明斯克。在明斯克和哥美尔（当时那里的德国政权已被推翻）逗留短暂的时间以后，我到了莫斯科。乌克兰共产党（布）中央委员会叫我在乌克兰担任乌克兰临时工农革命政府主席的职务。1918 年 3 月召开的第三届全乌克兰苏维埃代表大会和由它产生的中央执行委员会选我担任乌克兰人民委员会主席。我任职到同年 9 月中，起初在哈尔科夫，后来在基辅，而在基辅撤退后，则在切尔尼哥夫。

9 月中，我到了莫斯科，在保留乌克兰人民委员会主席职务的同时，兼任共和国革命军事委员会政治部主任。我担任这一机构的领导一直到 1919 年 1 月份，也就是在邓尼金、高尔察克和尤登尼奇进攻我们的艰难岁月里。

当哈尔科夫从白卫分子统治下解放出来的时候，我过了一段时间被重新任命为乌克兰苏维埃共和国人民委员会主席，并担任起初被称为西南战线革命军事委员会的委员，该委员会负责最后消灭邓尼金的残部和同波兰人进行战争，后来该委员会改为南方战线革命军事委员会，由已故的米·瓦·伏龙芝领导，我仍然担任委员。在担任乌克兰苏维埃共和国人民委员会主席的同时，还兼任剿匪非常委员会主席、卫生非常委员会主席、燃料和粮食特设委员会主席和乌克兰经济委员会主席。我在乌克兰一直待到 1923 年 7 月，中间没有间断过，除了有一段时间同契切林、李维诺夫和其他同志出国以外，那次是作为苏俄代表团团员出席热那亚会议的。

1923 年 7 月我被任命为驻英国全权代表，在那里进行使英国承认苏联的谈判，以后作为代表团团长同麦克唐纳签订了一些条约，但后来替代他的保守党政府拒不承认这些条约。

我从伦敦出发先同赫里欧，后同赫里欧和德·蒙齐进行谈判，谈判以法国政府承认苏联结束。从1925年10月底开始，我调任驻巴黎全权代表。从1918年至1925年，我先是俄罗斯苏维埃联邦社会主义共和国中央执行委员会委员，后是苏联中央执行委员会委员，还是其主席团委员。1924年以前还是乌克兰中央执行委员会委员。从1919年起先后是俄共和联共中央委员，1924年以前还是乌克兰共产党中央委员和政治局委员。

蔡恺民译

拉柯夫斯基续志

拉柯夫斯基是名副其实的国际革命战士，曾经活动在欧洲各国。十月革命后在苏俄工作。俄共第12次代表大会上，坚决反对斯大林的民族政策，主张取消苏联各人民委员部十分之九的权力，把它们交还给各民族共和国。1923年6月，在俄共中央及各民族共和国和区域负责人会上，斯大林指责拉柯夫斯基搞邦联主义、民族主义和分立主义。数月之后，拉柯夫斯基被解除乌克兰人民委员会主席职务，改任驻英大使（1923—1925），1925—1927年任驻法全权代表。

拉柯夫斯基从1923年起属“左翼反对派”，是其理论家之一，他写的《论党和国家机关蜕化之原因》流传很广。把反对派成员派往国外工作，是当年对付反对派的措施之一。

1927年被解除所有职务，在党的第15次代表大会上被开除出党，接着被判流放4年，1931年又被判流放4年。拉柯夫斯基在很长时间拒绝承认错误，直到1935年才同另一位一直顽抗的反对派成员索斯诺夫斯基宣布脱离反对派。于是在1935年恢复党籍。但没过多久，又于1936年被开除出党，1937年1月27日被捕，关押在内务人民委员部监狱。最初拒绝承认强加的罪名。1938年3月是“右派和托派反苏联盟案”中的被告，拉柯夫斯基承认参与“各种阴谋”，是日本和英国的“间谍”，3月13日被判20年徒刑。卫国战争爆发后，根据斯大林批准的名单于1941年9月11日被枪毙。

1988年2月4日获平反，同年6月21日恢复党籍。

拉斯科尔尼科夫，费多尔·费多罗维奇

（1892—1939）

我于1892年1月28日（旧历）生于彼得堡郊区的大奥赫塔。1900年以前我由母亲教育，1990年这一年秋天我被送进奥尔登堡斯基公爵的慈善学校学习，这所学校相当于实科中学。这个学校还没有取消宗教学校的陋习，学生常因学习成绩不良而在班上罚跪，神父利西岑当众揪学生的耳朵，我不得不作为寄宿生在这所可怕的学校住了8年。1908年毕业，这时我16岁。在七年级时我成了无神论者。就在这一年我读到了最新文学作品，即马克西姆·高尔基、列昂尼德·安德烈也夫等人的作品。这些作品有助于巩固我的无神论。1909年我进入综合技术学院彼得堡经济学分部。

这里需要简要讲讲我的政治观点的形成情况。1905—1906年，我在实科中学五、六年级时曾两次参加罢课，有一次甚至被选进学生代表团，向学校校长提出改善生活的要求，为此几乎被开除出校。1905年革命引起我对政治的兴趣和对革命运动的同情，但是那时我才13岁，所以对各政党间的分歧根本弄不清楚，但从情绪来说我笼统地称自己为社会主义者。阅读舍列尔-米哈伊洛夫的著作使我同情被压迫和被剥削者，他的小说《砍树飞碎木》给我留下强烈的印象。这样，1905年革命时期的政治感受和强烈的社会不平感自发地把我引向社会主义。由于我们家庭的物质生活状况相当艰难，这就使我更加认同社会主义。

1907年父亲逝世，留下我母亲及两个儿子。她的60卢布月薪完全花于日常开销，然而还需要让我的弟弟亚历山大（党内化名为伊林-热涅夫斯基）受教育。由于缺钱弟弟只好从实科中学（他是寄宿生）转学弗韦坚中学。

尽管负债累累，母亲还是让我读完了中学。最初她也不得不为我支付在综合技术学院的费用。在以后的几个学期，教授委员会有时会鉴于我生活困难而免除我的学费。总的来说，这时期我的家庭是贫困的。

在一年级时我读到了格·瓦·普列汉诺夫的著作，这些著作使我成了马克思主义者。1910年夏我仔细研究了《资本论》。同年12月我入了党。布尔什维克的合法报纸《明星报》第一号出版后，我到编辑部去，声明自己完全同意报纸的倾向，愿意听从编辑部的支配。我从事党的著作活动的教父是康·斯·叶列梅也夫。从这时起我成了《明星报》和《真理报》的经常撰稿人。我从写新闻开始，逐渐转入写文章，我的第一篇文章是在1911年春发表的。此外，在《明星报》和《真理报》时期我同莫洛托夫一道在综合技术学院的布尔什维克派中工作并接受它的委托同彼得堡委员会保持联系。

1912年4月22日工人报纸《真理报》出版，我任编辑部秘书。但我在这一岗位上总共才干了一个月，因为我在5月21—22日夜被捕并被关入“拘留所”。根据第102条，我被指控参加俄国社会民主工党。在单人牢房监禁四个半月之后，我被判处行政流放阿尔汉格尔斯克省三年。不过流放被改为出国。10月9日我出发赴德国，到达离国境不远的因斯特尔堡，我决定在这里休息一天。但德国宪兵以俄国间谍的罪名把我逮捕，主要罪证是巴黎侨民区的地图，这是我从彼得堡出发前请康·斯·叶列梅也夫画的。几天后获释，我动身回俄国从事地下工作，但在边境韦尔日博洛沃被捕并被押解去阿尔汉格尔斯克省。但我在马利阿姆波尔得病卧床。这时候我感到了由监禁引起的神经震荡。不久我获准在彼得堡郊区的疗养所治疗。

1913年2月12日我作为大学生获得赦免，因而重新取得在彼得堡的居住权。自然，我立即恢复为《真理报》撰稿，该报当时由于书报检查用不同报名出版。从1914年春列·波·加米涅夫自国外回来后，我的报纸工作加强了。这时开始出现编辑部约写的我的长篇文章，通常以小品文形式刊载在报纸的底栏。我几乎每天都去《真理报》，有时也去《启蒙》编辑部，该刊也刊载我的文章。战争爆发后《真理报》遭完全破坏。我之所以没有被捕，事出偶然，在被破坏的那一天我比平常早一些结束工作回家了，后来得知，这正是在警察到来之前不久。

从帝国主义大屠杀最初之日开始，我就持国际主义的列宁立场。参加了集体起草答王德威尔得的信。像其他同时代人一样，战争使我成了军人。我早就向往海洋，我选择作为一种武器的舰队，尽管我没有政治可靠的证明，还是进入了独立海军学校。这几年我曾两次航行于远东，访问过日本、朝鲜和遥远的堪察加。二月革命爆发时我在海军学校，这时已进行过毕业考试。

我立即同彼得格勒委员会和像从灰烬中复活的不死鸟那样的《真理报》建立联系。我在这里发表了一系列文章，3 月中旬我受《真理报》编辑部派遣，赴喀琅施塔得领导当地党的机关报《真理之声》。在红色喀琅施塔得我并不限于编辑报纸，还致力于党和苏维埃的中心工作。在喀琅施塔得形成了一个友好团结的领导小组，其中有谢·格·罗沙利、基里尔（奥尔洛夫）、П.И. 斯米尔诺夫和我，稍后又加入了斯米尔加、杰舍沃伊、勃列格曼和弗列罗夫斯基。

不久我当选为喀琅施塔得苏维埃副主席（主席是无党派的拉马诺夫，后来在 1921 年喀琅施塔得叛乱中暴露了其白卫分子的面目）。我和其他喀琅施塔得人一起积极参加了七月事变，接着被捕，被关进“十字监狱”，以“布尔什维克案”受审。10 月 13 日获释，几天后受党中央派遣赴诺夫哥罗德和卢加，以准备无产阶级革命。

我在十月革命中直接参加了普尔科沃城下的战斗。粉碎克伦斯基和克拉斯诺夫匪帮后，我被派领导一支水兵部队支援红色莫斯科。不久把我从莫斯科召回，任海军总司令部委员，然后是海军委员部部务委员，1918 年任副海军人民委员。1918 年 6 月接受人民委员会秘密任务赴新罗西斯克去沉没里海舰队，以免成为帝国主义列强的战利品。1918 年 7 月我任东方战线革命军事委员会委员，被派往捷克斯洛伐克战线。8 月 22 日我被任命为伏尔加舰队司令，9 月 10 日该舰队直接参加了攻取喀山的战斗，此后连日作战，追击白卫舰队，进军卡马河，把敌舰队赶往白河，迫使它躲进乌法。

卡马河从白匪手中解放出来后，得以上溯萨拉普尔至加利扬，在这里我们碰上了开始出现的浮冰，因此红色伏尔加河舰队只好赶快开赴下诺夫哥罗德过冬。战役结束后我返回莫斯科，在这里我作为共和国革命军事委员会委员出席该委员会的会议并同已故的瓦西里·米哈伊洛维奇·阿尔特洛特一起领导海军人民委员部。

1918 年 12 月底我乘“斯巴达克”号驱逐舰去列韦里侦察，遇上了力量大大超过我们的英国分舰队，它由五艘装备了六时口径大炮的轻巡洋舰组成。我们的驱逐舰边战边朝喀琅施塔得方向撤退，但是出现了意外事故，舰只撞上了石滩，螺旋桨的全部叶片被撞碎。这样，我成了英国人的俘虏，被押往伦敦，关在布里克斯顿监狱。我当了 5 个月的俘虏，以被关押在苏俄的 19 名英国军官作交换而获释。交换于 1919 年 5 月 27 日在白岛进行。我从英国回来后当即被任命为里海舰队司令。不久，把从卡马河回来的伏尔加舰队并入里海舰队，内河和海上联合力量被命名为伏尔加河—里海舰队。我们的舰队不得不分成一支支小舰队在从伏尔加的萨拉托夫到里海的拉甘和加纽什金诺的广阔水面上活动。舰队参加的最激烈的战斗是在察里津和黑谷进行的。在这两处舰队几乎每天都遭受飞机的袭击。然而红军和红色舰队的联合行动使我们守住了苏维埃阿斯特拉罕，它当时处在白卫军的包围之中，只有一条铁路把它同萨拉托夫联结在一起。最后，1920 年攻克亚历山大罗夫要塞并俘获乌拉尔哥萨克白军残余，把英国人从恩捷里驱逐出去，从而结束了舰队的征伐。

国内战争期间我曾两次获得红旗勋章。1920 年 6 月我被任命为波罗的海舰队司令。在我们进军华沙时，红色喀琅施塔得全副武装以准备迎接英国来客。但使波罗的海舰队水兵大失所望的是，丘吉尔没有往喀琅施塔得水域派来任何军舰。

1921年3月由于国内战争结束和转入和平建设，我复员并被任命为驻阿富汗全权代表。1923年12月我返回莫斯科。任《青年近卫军》、《红色处女地》和“莫斯科工人”出版社责任编辑。1926年春我作为苏阿混合委员会我国代表团团长再度赴阿富汗。

郑异凡译

拉斯科尔尼科夫续志

拉斯科尔尼科夫是立宪会议议员，1918年1月6日夜他在立宪会议上发布布尔什维克退出立宪会议的声明，接着立宪会议被驱散。国内战争结束后，1921—1923年任驻阿富汗全权代表。回国后主编《红色处女地》杂志。1930年起从事外交工作，1930—1933年任驻爱沙尼亚全权代表，1933—1934年任驻丹麦全权代表，1934年9月至1938年4月任驻保加利亚全权代表。1938年4月外交人民委员部召他回莫斯科，路过柏林时他从报纸得知自己已被解除全权代表职务，为免于被捕和枪毙，拒绝回国。1938年7月26日在巴黎俄侨报纸《最后消息报》发表抗议信《如何把我变成“人民之敌”的》。1939年7月17日苏联最高法院宣布拉斯科尔尼科夫“不受法律保护”。同年8月17日拉斯科尔尼科夫写成《致斯大林的公开信》，谴责斯大林对国内各界的镇压，指责斯大林“开启了一个名为

‘恐怖时代’的新时代”，这是一篇声讨斯大林的檄文，不过到他死后才公布。9月在法国尼斯去世。关于死因一个说法死于肺炎，另一个说法是苏联内务部特工所为。

拉斯科尔尼科夫还是一位作家，著有悲剧《罗伯斯庇尔》(1930年)，《海军准尉伊林的故事》(1934年)，后者写了驱散立宪会议、黑海舰队的覆灭、里海舰队的活动等。其第一任妻子是著名女作家、国内战争女英雄雷斯涅尔。

雷斯涅尔，拉丽莎·米哈伊洛夫娜（1895—1926）

共产党员米·安·雷斯涅尔教授的女儿，1895年5月1日生于波兰王国的卢布林，父亲是此地普拉夫农业学院的教师。她在德国（柏林和海得尔堡）度过童年接受初等教育。父亲同俄国革命流亡者和德国社会民主党领导集团的关系密切，她就是在这种环境中成长的。这些岁月奠定了她同德国文化密切关系的基础。同双亲在巴黎度过的年月扩大了女孩对文化的兴趣。雷斯涅尔在俄国第一次革命失败的环境中接受的教育，中学学习时就已表现出文学才能和革命气质。很早就开始从事文学活动，同她父母友好相处的列昂尼德·安德烈也夫在形式方面对她有强烈影响，他教她学习文学史。安德烈也夫并没有影响到她的思想生活，她17岁时写的剧本《大西洲》证明了这一点（1913年由"野蔷薇"出版社出版）。该剧本的内容是一个人想用个人牺牲去拯救社会。雷斯涅尔是从彼利曼的《共产主义史》中汲取剧本内容的，这些材料清楚地说明雷斯涅尔当时生活于其中的思想圈子。从战争一开始，雷斯涅尔就敏锐地感觉到国际社会民主党的破产，看到俄国知识分子倒向沙文主义立场。父母在此基础上同安德烈也夫决裂，对此她完全赞同。雷斯涅尔教授感到不能置身于反战斗争之外，这促使他出版《鲁金》杂志，此杂志从形式（有反对倒向爱国主义阵营的倒戈者的出色漫画）到内容都鲜明地表现了孤立的革命知识分子集团对战争的抗议。《鲁金》的灵魂是拉丽莎·雷斯涅尔，她不仅在杂志上发表形式优美的诗，而且还有一系列尖锐泼辣的随笔。同时她还肩负同书报检查斗争，筹集出版资金的工作。由于缺乏资金，《鲁金》停刊，雷斯涅尔开始为高尔基的《年鉴》撰稿。1917 年，还在革命之前，雷斯涅尔同工人小组建立了联系。二月革命后，她立即表示反对同资产阶级联合。发表在《新生活报》上的激烈抨击克伦斯基的文章不仅受到资产阶级报刊的攻击，而且使高尔基报纸的编辑部也感到惊慌不安。雷斯涅尔同广大工人组织、喀琅施塔得水兵的教育小组建立了联系。

十月革命在她身上得到强烈反响。革命后的头几个月她从事保护文物的工作，她从事这项工作的心情不是为了拯救旧文物免遭野蛮人的攻击，而是要为新文物的创造者保护过去的最优秀遗产。但是国内战争的爆发使她不能再留在这一岗位。她被卷入了直接斗争。在喀山附近的斯维亚日斯克，在同捷克斯洛伐克人的斗争中，红军真正组建成了。雷斯涅尔手执武器站在部队的前列，战斗的直接参加者证实了这一点（见 A. 克列姆列夫的文章，《红星报》1926 年 2 月 14 日）。

后来在我们伏尔加河舰队的所有征战中她都是如此行动的。这些战斗的目击者，旧俄正规军军官 Ф. 诺维茨基说，这位年轻的女革命家在最危险局势中以其大无畏的精神赢得了老兵的极大尊敬。(《消息报》1926 年 2 月 12 日）同捷克斯洛伐克人斗争结束，伏尔加河解放之后，同红色舰队融为一体的雷斯涅尔被任命为舰队司令部政治委员。她那同冷静的理智结合在一起的热情和敏感赢得了像海军上将阿尔特法特和别连斯这样一批旧舰队指挥官的尊敬，他们在转向为苏维埃服务的时候，需要有能帮助他们接近革命的活生生的人。

当需要再次出动我们的区舰队去同邓尼金斗争的时候，雷斯涅尔同舰队一道走过了从阿斯特拉罕到恩捷里的全部航道。国内战争结束后雷斯涅尔住在彼得格勒，试图直接到工厂去研究工人群众的生活。经历了极端艰苦的喀琅施塔得叛乱，作为苏维埃全权代表费·费·拉斯科尔尼科夫的夫人赴阿富汗。在喀布尔，在苏维埃政府同英帝国主义进行的外交斗争中她并没有充当旁观者。她密切参与外交斗争，同在阿富汗政治中起不小作用的艾米尔的后宫建立联系，研究英国的印度政策（对它来说阿富汗起一个前哨的作用)，研究印度的民族运动。1923 年她从喀布尔回来，出版自己的著作《前线》和《阿富汗》。《前线》是描写我们国内战争的出色作品之一，作者敏感细心地观察并描述了斗争中的英雄和领导者们，以及直接进行斗争的群众。1923 年 10 月她带着双重任务赴德国：她应向俄国工人介绍德国国内战争的情景——由于法国人占领鲁尔和经济破坏，那里的国内战争正在逼近；同时，一旦在萨克森夺得政权，她应担任在德累斯顿的那部分德国共产党中央委员会及共产国际代表团同其余部分德共中央之间的联络官。但是萨克森事态的发展进程甚至没能让她着手执行交给她的任务。在萨克森失败后处于柏林最困难的时日，她帮助完全处于地下状态的共产国际代表们了解群众的情绪。她同失业工人一起在职业介绍所和小铺前面排队，参加工人会议和社会民主党的群众大会，到医院去，参加尽管政府解散了共产党但仍得以组织成功的头几批示威游行。

一听到汉堡起义的消息，雷斯涅尔立即赶往那里。但由于起义持续时间很短，她在起义被镇压后才抵达。她到逃脱的起义者家庭搜集关于汉堡无产阶级英勇斗争的情况，潜入对失败者施加迫害的法庭。她把搜集到的材料拿到著名的起义参加者那里去核对，从德国回俄后在《生活》杂志第1期上发表了《街垒中的汉堡》。这是唯一的一本此类作品，关于芬兰起义和苏维埃匈牙利都没有这样的著作。德国书报检查机关和德国帝国法院禁止德国出版此书并判决把此书烧毁，自由主义的《法兰克福报》的艺术至上主义者因为此书的高度艺术性而抗议这一判决，但是德国反革命的阶级法庭知道该怎么办：它销毁了此书，因为此书为德国无产阶级保存了汉堡起义的精神。刚刚从汉堡那种艰苦的地下生活中恢复过来，雷斯涅尔就动身去乌拉尔以研究乌拉尔无产阶级的生活条件。而这次旅行对她来说不仅仅是为了完成写作任务。她对新经济政策有不同看法，因此要到生气勃勃的生活中去寻找答案，她在铁矿和煤矿工人的沉重劳动中，在那些在乌拉尔被人遗忘的村落中工作的我们的经济工作人员的工作中，找到了我们是在建设社会主义还是资本主义这一问题的答案。她回来时对我们的未来充满信心，又投身于对我们经济建设的研究。《钢铁、煤和生气勃勃的人们》一书描绘了工作中的俄国无产阶级。此书在艺术方面的特点如下：雷斯涅尔是在高峰派中间成长起来并掌握了极文雅的文体的作家，现在开始写得简朴一些了，较能为工人群众所理解。这不是艺术上的简单化，而是在旅行，在莫斯科卫戍区的技术部队中从事宣传工作期间同工人接近的结果。1925年，由于波斯之行就已感染的痢疾，她动身去德国治疗，但是疾病也没能阻止她同汉堡无产阶级来往。她悄悄跑出痢疾病院去参加汉堡共产党人的示威游行，病情略有好转即到整个德国旅行，研究工人阶级的状况和在稳定基础上出现的社会进展。她深入到容克技术实验室、克虏伯事务所、庞大的乌尔斯坦报系和威斯特伐利亚煤矿，访问工人住宅和贫民窟。《在兴登堡的国家中》一书已非艺术随笔，而是一幅大型的社会政治画卷，它出自同工人阶级的斗争有深刻联系的巨匠之手。这部作品刚写完，她就着手研究十二月党人起义的材料。她关于特鲁别茨科伊、卡霍夫斯基、施泰因格勒的随笔受到俄国优秀的马克思主义历史学家的热情赞扬，同时也是她艺术上的杰作之一。但她已不能在报刊上看到自己的这些作品。她酝酿着一本描写普加乔夫起义时代、资本主义时代和苏维埃时代乌拉尔工人生活的书的大纲，同时又酝酿着一本描绘无产阶级解放斗争的历史的广阔画面的书，但她已因伤寒病倒，被痢疾所破坏的机体已无法支持下去。雷斯涅尔于1926年2月9日在克里姆林宫医院逝世。一位共产主义战士在其创作生活的盛期离去了，她直接参加了无产阶级的解放斗争，负有用艺术形象刻画这场斗争的情景的使命。一个共产党人逝去了，她同俄国工人阶级有深刻联系，同时由于有高度的文化修养，因而又善于把东方和西方的革命运动联结在一起。一位卓越的革命妇女逝去了，这是在革命的苦难中诞生的新人的雏形。

卡·拉狄克撰写

郑异凡译

雷斯涅尔续志

雷斯涅尔是拉斯科尔尼科夫的第一任妻子，国内战争期间曾任里海舰队政委，是传奇的女英雄。1921 年随丈夫在阿富汗使团工作。返回莫斯科后成为拉狄克的情人，1923 年同拉狄克一道赴德国，亲眼见证了汉堡起义，写了《街垒中的汉堡》。后同拉狄克分手，去顿巴斯考察，写作《煤炭、钢铁和活生生的人们》。1925 年出版《十二月党人群像》。1926 年 2 月 9 日因肠伤寒去世。

李可夫，阿列克塞·伊万诺维奇

（1881—1938）

1881 年 2 月 13 日生于萨拉托夫城。他的父亲是维亚特卡省亚兰斯克县库卡尔卡村的一个农民，早先在萨拉托夫种地，以后经商，最后到麦尔夫谋生，在那里因患霍乱去世，撇下了六口之家，有第一次结婚生的孩子，也有第二次结婚生的孩子。李可夫当时还不满 8 岁，童年是在极端贫困中度过的。继母能养活的只是她的亲生孩子。大姐克拉夫季娅·伊万诺夫娜在梁赞—乌拉尔斯克铁路办事处工作，并从事一些私人授课，挑起了照管弟弟的重担，并资助他上了中学。李可夫 13 岁时转到了中学高年级班，他自己也能通过私人授课挣钱了。李可夫在中学时代喜欢的学科有数学、物理学和自然科学。从四年级起，他已经抛弃了一切宗教的东西，不再去教堂忏悔了，这使因其出色成绩而非常器重李可夫的学校领导人十分伤心。青年革命者同学校领导人的关系逐年紧张起来，因此他不止一次地处于被开除的危险境地，只是学习成绩好才使他得以幸免。

在毕业考试前夕，李可夫遭到了搜查，多亏他机智，及时隐藏了非法书籍才平安无事。然而显眼的“四分”的“品行”使李可夫失去了进首都大学的机会。1900 年他不得不去喀山完成他的学业，在那里进了大学的法律系。

李可夫的青年时代正是俄国工人运动普遍高涨的时期，工人运动使这位青年精神振奋。萨拉托夫当时是“流放犯的城市”，一些工人和大学生“政治犯”被遣送到那里，具有革命倾向的小组在那里特别活跃。他们不仅读米哈伊洛夫斯基、皮萨列夫、车尔尼雪夫斯基的著作，甚至还开始研究马克思的著作。李可夫在秘密小组里接触到了俄国革命运动史和革命著作，第一次阅读了卡尔·马克思的著作以及关于西欧工人问题和工会运动的一些主要著作。他还参加了萨拉托夫出版的地下杂志的工作。李可夫积极参加活动的小组是由拉基特尼科夫领导的，他后来在社会革命党中起了显著的作用，而同老民意党人瓦尔·巴尔马晓夫（李可夫同他的儿子、1902 年杀死内务大臣西皮亚金的斯切潘关系甚密）的结识促使李可夫去研究农民运动。

中学生李可夫在萨拉托夫革命组织里的工作决定了他以后的命运。进入喀山大学之后，19 岁的大学生李可夫立即成为社会民主党地方委员会的委员，领导工人小组，同时还在大学生委员会中工作。李可夫在喀山从事这样紧张的革命工作只有很短的时间，因为 1901 年 3 月工人和大学生的组织就被摧毁了，李可夫也被带到喀山的监狱里“休息”了 9 个月，以后在等待警察当局判决期间，被遣送回故乡萨拉托夫，由警察公开监视。

在 1902 年之前，萨拉托夫已经成为某种“俄罗斯中学”，社会民主党和社会革命党在那里的工人群众中进行广泛的政治鼓动。在社会民主党委员会工作的李可夫试图建立统一的革命组织。但是在社会革命党成立之后，这个组织根据李可夫的倡议就解散了，因为李可夫那时已是一个彻底的火星派分子。作为 1902 年五一节示威游行的组织者之一，李可夫被黑帮、宪兵和警察打得遍体鳞伤，好容易跑进一家院子，越过栅栏，摆脱了被捕的危险。

不久，由于喀山的案件，警察当局判决李可夫流放阿尔汉格尔斯克省。李可夫认为转入地下状态比较好，一直到 1917 年他始终处于地下状态，常常从一个城市转到另一个城市，从一个监狱转到另一个监狱，频繁地更换身份证。他自己在以后的一封信中这样描写了这个时期的生活。“我还没来得及跨进大学的校门，就进了监狱。从那时起已经过去 12 年了，然而其中约有 5 年半时间是在监狱中度过的。此外，三次处于流放途中，耗费了我一生中的 3 年时间。而在短暂的‘自由’的间隙时间里，村庄、城市、人物和事件像电影一样在我面前闪现，而我总是坐着马车、骑马或乘船到某地去流浪。我没有一个住所是住上两个多月的。我活到三十岁还不知道如何给自己弄一张身份证。对到什么地方去租一个固定的住所，对此我一无所知。”

李可夫在基辅从《火星报》俄国局得到了秘密越境的“接头暗号”后，就前往日内瓦。在这里，李可夫同列宁和其他国外火星派的著作小组和组织小组的其他马克思主义者建立了私人联系。两个月后，李可夫带着在日内瓦弄到的非法护照、地址和暗号再次回到俄国进行秘密工作。这使他进入了令人神往的危险的地下革命工作的环境。从国外回来后，他开始在社会民主党北方委员会工作，该委员会主要是在雅罗斯拉夫里和科斯特罗马省开展活动。在那里，他领导着雅罗斯拉夫里、科斯特罗马、雷宾斯克、基涅什马和其他一些地方的社会民主党组织工作。在雅罗斯拉夫里的组织遭到破坏之后，逮捕开始了，李可夫就转到下诺夫哥罗德社会民主党委员会工作。1904 年他非常成功地领导了索尔莫沃工厂的大罢工。随后，党把他作为一名杰出的党的组织者派往莫斯科，因为当时那里的社会民主党的组织遭到严重的破坏。李可夫迅速地把组织恢复起来，不久，莫斯科的社会民主党组织在李可夫的领导下，从一个完全被破坏的组织很快成为规模最大的社会民主党组织之一。李可夫将大部分分散的、彼此毫无联系的社会民主党小组和团体集合在社会民主党委员会周围，恢复了工人区的工作，并且亲自在索科里尼奇和列福尔托沃区的工人中进行工作。他建立了莫斯科社会民主党委员会同马克思主义著作家的密切联系。当时著作家团体同斯克沃尔佐夫–斯切潘诺夫、波克罗夫斯基、罗日柯夫、弗里切等人一起着手出版一个马克思主义杂志。莫斯科的一系列罢工显示了工人运动在全俄蓬勃兴起，这激发了 1 月 9 日事件，而 1 月 9 日的枪杀则导致在莫斯科河南岸建立第一批街垒。

1905 年 3 月，李可夫作为莫斯科社会民主党委员会重要的组织者和领导者被推选参加了伦敦布尔什维克党的第三次代表大会，在那里被选进中央委员会。从那时起，除不长的一段时间外，李可夫一直是中央委员，起初是俄国社会民主工党（布）中央委员，以后是联共（布）中央委员。

伦敦代表大会之后，李可夫回到俄国，开始领导彼得堡委员会，但是 5 月 14 日在开会时全体委员被逮捕。李可夫本应流放 9 年，但是根据 1905 年 10 月 17 日宣言，他被放出监狱，加入了彼得堡工人代表苏维埃。苏维埃遭到破坏之后，他被迫在 1905 年年底前往莫斯科。在莫斯科李可夫化名米哈伊尔·阿列克谢也维奇·苏霍鲁琴科医士，领导筹备第四次统一的斯德哥尔摩代表大会，在工作中同列宁建立了密切联系，列宁有一次来到莫斯科并会见了李可夫。1906年年中，李可夫前往敖德萨同孟什维克进行斗争，并在那里建立布尔什维克支部。在遭到搜捕时，他又悄悄地逃回莫斯科，但很快就被捕了，被流放阿尔汉格尔斯克省的皮涅加三年。他从流放地逃回莫斯科，又在莫斯科组织中进行工作，领导工业区的区域委员会。在这段时间里，由于李可夫个人同革命者施米特的亲密关系，他直接参与了把施米特在他的工厂主父亲死后所得到的一大笔遗产转交给党以供革命工作之需的工作。1907年5月1日，李可夫因被女奸细普佳塔出卖而再次被捕，在“案子”未查明之前，在卡缅西克（塔甘卡监狱）监禁了17个月。1908年6月28日，除以监禁期折抵外，他被判处流放到萨马拉两年。

列宁把李可夫召到国外，当时社会民主党内布尔什维克同提出取消地下组织的孟什维克的不可避免的冲突业已成熟。在国外，李可夫受托同所有党的派别和小组进行谈判，以便建立统一的反对取消派的联盟。1909年夏天，李可夫回到俄国，立刻受到暗探局的监视，9月7日在莫斯科被捕，他是以哈尔科夫市民伊·比列茨基的化名住在莫斯科的。由于伪造身份证被监禁了3个月之后，李可夫被流放到阿尔汉格尔斯克省伯朝拉河的乌斯特齐尔马，为期3年。因为生病，警察临时把李可夫留在皮涅加，从那儿他又一次逃到国外，并根据列宁的特召前往巴黎，当时布尔什维克的中心就在那里。1911年8月，李可夫为了筹备新的党代表会议回到俄国，但是在莫斯科，在从车站出来的路上又被捕了，坐了9个月的牢，因而在他生活的道路上为了度过3年的流放期，又第三次到了皮涅加，李可夫用读书来度过被迫得来的空闲，以后作为采访员参加了《阿尔汉格尔斯克报》。他在皮涅加写道："我所有的时间都在阅读学术性的小册子、杂志和大量的报纸，特别是报纸，因为俄罗斯的生活开始微笑了，开始活跃起来了。"——他从遥远的地方就已经敏锐地感觉到1912年工人运动的新高潮。但是，1913年李可夫回到彼得堡之后，看到很多以前的党的工作者完全蜕化了，在反动派的压力下脱离了积极的革命工作，埋头建立"体面的家庭"。李可夫写道："新的生活方式以及个人和私人利益的目的甚至在正式的布尔什维克首脑们当中打开了缺口，造成了完全新的心境和新的心理。工人们倒是没有我国知识分子的这种变态，并且自发地、本能地向他们表明了反对立场。"

李可夫转移到莫斯科之后，又领导布尔什维克党的组织工作。然而在1913年7月他再次被捕，并被流放到纳雷姆边疆区4年，11月中旬，一部分人戴着手铐从莫斯科被押解到那里。尽管有极其严密的监视，李可夫在1915年9月还是从流放地逃跑了，开始沿着鄂毕河，以后沿着额尔齐斯河、托博尔河和图拉河，顺这条路线潜入了萨马拉。他并没有得到多少自由，因为就在那一年（1915）10月他被拘捕了，坐了7个月的监狱，又被遣送到纳雷姆边疆区，在那里一直到革命胜利。

从大战一开始，李可夫就捍卫彻底的国际主义的失败主义立场。他一分钟也没有陷入护国主义的情绪和爱国主义的狂热，在战争最初几年，甚至连有些流放犯也充满着这种情绪和狂热。李可夫领导了一些反战小组，在这些小组里他提出了齐美尔瓦尔德观点，由于他的巨大努力，把流放到纳雷姆的工人吸引到自己的周围。流放生活愈来愈艰苦，这在流放犯中引起了自杀之风。李可夫同他的妻子尼娜·谢苗诺夫娜和一些亲近的同志们一起顽强地同流放犯中各种各样的颓废绝望的现象作斗争。在领导当地的布尔什维克派时，他开展了广泛的政治活动，建立了流放地同俄国党的中央以及国外的联系，列宁尽力设法使他了解党的政策。当二月革命的消息传来时，纳雷姆边疆区收到了托木斯克社会委员会的电报，根据李可夫和其他两名同志的指示，要求释放700名流放犯，并把他们遣送回家。

李可夫和最后一批流放犯离开了纳雷姆前往莫斯科。党派他担任莫斯科工人代表苏维埃的代表并很快被选进苏维埃主席团。在这里他积极参与调解工厂主和工人们的冲突（工人们逮捕了最大的工厂主之一——弗托罗夫，发生了奥烈霍沃—祖耶沃冲突，等等）。根据他的倡议，莫斯科苏维埃在十月革命前两三个月就将利基纳纺织工厂收归国家管制和国家所有，并把它交给工人管理委员会。莫斯科苏维埃当中大多数成员是社会民主党的孟什维克和社会革命党人，李可夫提出布尔什维克的观点，例如，组织了违背苏维埃大多数意志的电车职员大罢工，并且为了抗议克伦斯基政府召集的八月莫斯科“国务会议”，在莫斯科组织了一天的总罢工。根据他的俄国政治局势的报告，莫斯科苏维埃全会否决了孟什维克和社会革命党人的决议案，通过了反对克伦斯基的布尔什维克行动纲领。十月革命时，李可夫是武装起义的组织者和领导者之一，在成立人民委员会时，他作为内务人民委员参加人民委员会。鉴于粮食供应遭到破坏，李可夫曾负责安排往莫斯科运送粮食的任务。1918年2月，他被派往图拉、奥廖尔、坦波夫、伏尔加河流域、哈尔科夫等产粮区，组织中途停运的粮食列车的运行，使定期收购粮食的工作有了一定的改善。

早在1918年，在苏俄遭到巨大经济破坏的时期，政府委托李可夫领导最高国民经济委员会。在他的领导下，实行了工业国有化，建立了商品分配方面的国家垄断制。国内战争开始了，需要向很多战场的红军有计划地实行补给。鉴于军队和工人的粮食和服装不足，1919年7月，建立了专门机构来协调最高国民经济委员会和经济机关的工作以及组织红军的畅通的补给工作。李可夫曾主持领导这件事，是“劳动国防委员会红军和红海军补给方面的特派员”。由于李可夫的努力，凡是能够为革命的武装和军队的补给所利用的一切东西都被从仓库和库房里抽调出来。

在他的亲自领导下，军事工业的一些工厂得以恢复并重新开工生产。

红军开始定期得到了足够数量的武器和弹药。

就在苏联的军事工业开始恢复元气的时候，在李可夫的领导下和平工业也开始恢复和得到改善。

1922年夏天，由于列宁患病，李可夫被任命为列宁的副手，暂时中止了最高国民经济委员会的工作。

1923年，李可夫作为最高国民经济委员会主席再次领导该委员会，同时担任人民委员会副主席的职务。此外，李可夫还领导着很多委员会的工作，如制定和实行统一的农业税，提高工资，工业托拉斯化，制订实行对外贸易垄断制的措施，等等。

李可夫担任主席的委员会（所谓“剪刀差”委员会）曾详细制订了党所赞成的关于降低主要日用品价格以及提高粮食和其他农产品价格方面的经济措施的计划草案。根据这个计划，迅速地消除了1923年秋天的销售危机，保证了从1924—1925年已经开始的蓬勃的经济高涨。

列宁去世后，党提名李可夫为苏联和俄罗斯苏维埃联邦社会主义共和国人民委员会主席候选人。1924年2月2日，根据苏联中央执行委员会和俄罗斯苏维埃联邦社会主义共和国全俄中央执行委员会通过的决议，他当选了苏联人民委员会主席，从那时起李可夫就领导苏联人民委员会的工作，而从 1926 年初又直接领导劳动国防委员会。在中央执行委员会和俄罗斯苏维埃联邦社会主义共和国全俄中央执行委员会的代表大会和会议，以及党的代表大会和代表会议上，李可夫作了关于政府和党的内外政策总问题的方针性报告。

他的大部分讲话已经专门出版，其中有特别重要意义的是：在党的第十四次代表会议上的报告《农村、新经济政策和合作制》；在苏联第三次苏维埃代表大会上的政府工作报告（出版时附有单独的序言《新时代的前夕》），说明了苏联即将来临的发展阶段的基本特点；在党的第十五次代表会议上的报告《国家的经济形势和党的任务》。李可夫最近的这个报告实际上拟定了党和政府在苏联工业化事业中的政策。李可夫全集正在筹备出版，包括 1918—1921 年期间的文章的第一卷已经出版。

李可夫在党务工作方面是一名老的中央委员，从 1919 年起又是中央委员会政治局委员，是列宁主义原则的坚定不移的捍卫者。

在这方面，特别有代表性的是他在党的第十四次代表大会上的讲话（《论新反对派》，有单行本）和第十五次代表会议上的演说，李可夫在演说中详细地评论了反对派的经济纲领。

李可夫的传记，除了一些较小的以外，还有两部大型传记，A. 洛莫夫：《阿・伊・李可夫》（1924 年，莫斯科工人出版社出版）；И. И. 沃罗比也夫，B. B. 米列尔和 A. M. 潘克拉托娃：《阿・伊・李可夫及其生平活动》（1924 年，红色处女地出版社出版）。

P. C. Д. 撰写
张海滨译

李可夫续志

李可夫是列宁的接班人。列宁病中他同加米涅夫一道成为列宁的副手，列宁去世后，1924 年 2 月 2 日至 1930 年 12 月 19 日任苏联人民委员会主席，1924 年 2 月 2 日至 1929 年 5 月 18 日任俄罗斯联邦人民委员会主席。1926—1930 年任劳动国防委员会主席。1922 年 4 月 3 日至 1930 年 12 月 12 日为联共中央政治局委员。

1928—1929 年同布哈林和托姆斯基一起反对取消新经济政策，反对加紧工业化和农业集体化，被打成“右倾集团”成员。1929 年 11 月在中央全会上承认错误，在党的十六大后仍当选政治局委员。1930 年 12 月 19 日被解除人民委员会主席职务，12 月 21 日被解除政治局委员职务。1931 年 1 月 30 日起任邮电人民委员。1934 年被解除候补中央委员职务。1936 年 9 月 26 日被解除邮电人民委员职务。检察长维辛斯基宣布对其进行审查，不久因查无实据作罢。1937 年 2 月中央全会将其开除出党，2 月 27 日被捕入狱。1938 年 3 月 13 日在“右派和托派反苏联盟案”中被判处死刑，15 日执行枪决。

1957 年曾试图平反，未果。1988 年与布哈林等一道获平反。

李可夫妻子在卫生人民委员部保护儿童健康局任局长，1937 年 7 月 7 日被捕，1938 年 8 月 22 日被枪决。其女儿 1939、1946、1950 年多次被判刑，在集中营和流放地度过 18 年，1956 年获平反。

李维诺夫，马克西姆·马克西莫维奇*

（1876—1951）

1876年生于资产阶级家庭。受实科中学教育；17岁时志愿入伍；一边服役，一边研究社会经济科学，接触了马克思主义和社会主义史，服役结束后立即在工人小组进行宣传活动，起初1898年在切尔尼哥夫省的克林采工人居住区活动。那里没有组织，单独一人进行工作。组织了几个小组，除了进行一般教育，还向工人和手工业者介绍马克思主义和政治经济学。由于受到监视，于1900年转移到基辅，在外围组织进行了短期工作之后，担任俄国社会民主工党基辅委员会委员。

1901年同全体委员一起被捕，由于一名委员叛变导致应判处流放东西伯利亚五年。关押在监狱期间加入《火星报》组织。判决前羁押了一年半

* 党内化名有"老大爷"、"卢文叶"、"费利克斯"、"尼茨"。

时间，未等判决即和11人一起越狱逃跑。逃至瑞士，在《火星报》编辑部工作，在社会民主党人国外同盟代表大会上同克鲁普斯卡娅·乌里扬诺娃和列·捷依奇一道当选为同盟的管理委员会委员，管理委员会当时被看作是《火星报》的实际中心；伦敦第二次代表大会分裂后，参加布尔什维克，在其队伍中一直工作至今。1903年初秘密回俄，工作至1905年革命，起初是中央委员会驻西北边区的特派员，在里加设有总部并管理“边境”。1904年还同时兼任俄国社会民主工党里加委员会委员，作为该委员会代表出席在伦敦举行的党的第三次代表大会。党内分裂后当选为当时在俄国的布尔什维克中心——多数派委员会常务局委员。参加在科尔皮诺召开的北方委员会代表会议（同李可夫、捷姆利亚奇卡、弗拉基米尔斯基、鲁勉采夫等一道）。1905年夏受中央委员会委托准备在离烈韦里不远的纳尔根岛上接收加邦在英国订购的武器，这是由后来在芬兰海岸撞沉的“约翰·格拉弗坦”轮船运来的。1905年秋应中央委员会之召赴彼得堡，同克拉辛一起安排第一份合法的社会民主党报纸《新生活报》的出版工作（化名“尼茨”）；斯托雷平反动时期开始后被迫于1906年逃往国外，在国外执行了中央委员会交付的一系列重要任务，其中有购买和安排往高加索运送武器的轮船（该船沉没了）。1907年再度回俄，在彼得堡的邦契–布鲁也维奇的书库里险遭警察逮捕。同年受中央委员会委托参加伏尔加河流域和乌拉尔党组织的区域代表会议。由于受到警方的监视，不得不于年底出国，在国外（伦敦）侨居几乎达10年之久。1907年作为俄国代表团代表和书记出席斯图加特国际代表大会。作为伦敦布尔什维克小组的书记，参加了1912年国外各集团伯尔尼代表会议。侨居国外期间担任国际社会党执行局布尔什维克支部代表，参加执行局第一次和第二次伦敦代表会议；在第一次世界大战初期召开的第二次代表会议上发表声明，抗议社会党人参加资产阶级政府和支持战争，并退出会议。几乎在欧洲所有国家里都曾被捕过。十月革命后任第一任驻英国全权代表。十个月后作为洛克哈特的人质在英国被捕，同洛克哈特交换。在俄罗斯苏维埃联邦社会主义共和国任外交人民委员部部务委员、工农检查院院务委员，驻爱沙尼亚全权代表、商务代表和人民委员会外汇业务全权代表，然后任外交人民委员部副人民委员；赴瑞典和丹麦同资产阶级政府谈判，就交换战俘签订了一系列协议；在欧洲缔结头一批商务协定，从而争得英国取消封锁，封锁取消后发出第一批货物。参加俄罗斯苏维埃联邦社会主义共和国热那亚代表团，是海牙代表团团长。主持了1923年的莫斯科裁军会议。签订了同德国和挪威的贸易条约。

郑异凡译

李维诺夫续志

李维诺夫1921年5月10日至1930年任副外交人民委员。1927—1930年任国联筹备裁军委员会苏联代表团团长。1930—1939年任外交人民委员。1932年作为苏联代表团团长出席国联裁军会议。1933年作为苏联代表团团长出席在伦敦举办的和平经济会议。1934—1938年任苏联驻国联代表。

1939年与时任人民委员会主席的莫洛托夫发生冲突，辞去外长一职，由莫洛托夫兼任外长。莫洛托夫曾准备针对李维诺夫的审判案，因苏德战争爆发而作罢。多方资料证实，斯大林曾准备暗杀李维诺夫，但没有得到实施。1941—1946年任副外交人民委员，与此同时，1942—1943年兼任驻美大使，1942—1943年兼任驻古巴公使。1946年退休，1951年12月31日去世，葬于新圣母公墓。

卢那察尔斯基，阿纳托利·瓦西里也维奇（1875—1933）

1875年生于波尔塔瓦城一个官吏的家庭。由于受家庭激进情绪的影响，早在童年时期就摆脱了宗教偏见，对革命运动产生了同情。曾在基辅第一中学上学。从15岁起，在一些波兰同志的影响下发奋学习马克思主义，并把自己看作是马克思主义者。曾是当时遍布基辅各中学的一个学生组织的参加者和领导人之一。17岁起开始在铁路工场工人和手工业工人中进行宣传。中学毕业后，没有进俄国的大学，为了能更自由地研究哲学和社会科学而前往国外，进入苏黎世大学，在那里花了两年时间研究自然科学和哲学，主要是研究经验批判主义体系的创始人理查·阿芬那留斯的著作，同时在阿克雪里罗得，部分地在格·瓦·普列汉诺夫的指导下继续钻研马克思主义。

因哥哥普拉东·瓦西里也维奇患重病，卢那察尔斯基中断了这项工作。他只好在尼斯住了一段时期，然后到兰斯，最后又到巴黎。在这段时间里，他和马·马·柯瓦列夫斯基教授走得很近，看过他的书籍，受过他的教诲，彼此之间建立了友好关系，但也经常发生争吵。尽管哥哥病得很重，但卢那察尔斯基还是向他和他的妻子索菲亚·尼古拉耶夫娜（现在姓斯米多维奇）进行宣传。结果他们两人都成了社会民主主义者，后来在工人运动中起了十分显著的作用。

1899年，卢那察尔斯基和他俩一起回到俄国。在莫斯科，他和列宁的姐姐安·伊·叶利札罗娃、弗拉基米尔斯基等人恢复了莫斯科委员会的工作，并在工人小组中进行宣传，撰写传单，与莫斯科委员会其他委员一起领导罢工。由于莫斯科委员会所属的一个地方组织的成员安·叶·谢烈布里亚科娃的告密，该组织的大部分成员被捕，卢那察尔斯基也被捕，但是过了不久，由于没有像样的罪证，卢那察尔斯基被保释到父亲所在的波尔塔瓦省，后又获准去基辅。卢那察尔斯基在基辅又重新开始工作，然而，不幸的事件发生了。他和其他出席为大学生募捐的易卜生问题学术报告会的人都被捕了，于是这项工作就停顿下来。以后在卢基扬监狱里被关了两个月。顺便提一下，在监狱中卢那察尔斯基和莫·索·乌里茨基结成了好友。刚从监狱释放，卢那察尔斯基又因莫斯科案被捕，并被押送到莫斯科。他在莫斯科塔甘卡监狱里关了8个月。他利用这次坐牢的机会努力钻研哲学和历史，特别是宗教史，他在巴黎吉梅博物馆里曾对宗教史进行过两年研究。刻苦的学习和孤独的生活严重地损害了卢那察尔斯基的健康。但是他很快得到释放，以听候当局判决，并被临时流放到卡卢加。在卡卢加成立了一个人数不多的马克思主义小组。参加小组的除卢那察尔斯基外，还有亚·亚·波格丹诺夫、伊·伊·斯克沃尔佐夫（斯切潘诺夫），瓦·巴·阿维洛夫、弗·亚·巴扎洛夫。卢那察尔斯基在这里进行了紧张的脑力工作，在具有马克思主义情绪的年轻工厂主德·德·冈察罗夫的帮助下出版了德国一些大部头著作的译本。在亚·亚·波格丹诺夫离开后不久，卢那察尔斯基和斯克沃尔佐夫就转到铁路机车库，在教师和其他人中间进行积极的鼓动工作。在这段时间里，卢那察尔斯基和冈察罗夫一家的友谊日益增长。他搬到他们的工厂"亚麻厂"去住，在工人中进行工作，并开始写作他的早期文学著作，曾登在《信使报》上。后来亚麻厂的工人把这个厂改名为"卢那察尔斯基造纸厂"。

卢那察尔斯基终于被判处流放到沃洛格达省三年。他住在沃洛格达这个当时是很大移民中心的城市里。亚·亚·波格丹诺夫也已经住在那里，卢那察尔斯基就和他搬到一起住。在沃洛格达城，同以别尔嘉也夫为首的唯心主义者展开了激烈的争论。萨文柯夫、舍戈洛夫、日丹诺夫、阿·雷米佐夫以及其他许多人也都积极参加了这场争论。在沃洛格达省居住的这段时间里，卢那察尔斯基主要同唯心主义进行了斗争。在这里，已故的谢·苏沃洛夫也加入了一直保持联系的前卡卢加小组。他们一起出版了《唯理论世界观概论》来反驳《唯心主义问题》一书。《唯理论世界观概论》一书共出了两版。卢那察尔斯基在《教育》杂志和《真理报》上发表过许多关于心理学和哲学问题的文章，这些文章的宗旨也是同唯心主义进行斗争。但是与此同时，整个小组却背离了普列汉诺夫对马克思主义唯物主义所作的解释。因此远不是所有的社会民主主义者都同意小组的观点，虽然这些观点在当时的俄国思想界具有相当的影响。

与省长拉德任斯基的争吵以及随之而来的意外事件使卢那察尔斯基到了托特马这座小镇。在这里，他是当时唯一的流放者。当地的知识分子试图与卢那察尔斯基取得联系，但被县警察局长的严厉呵责制止了。因此，卢那察尔斯基和他的妻子，亚·亚·波格丹诺夫的妹妹安·亚·马林诺夫斯卡娅几乎生活在与外界完全隔绝的状态中。在这里，他写了后来收在《批判和论战集》一书中的所有文章。在这里，他还写了解释阿芬那留斯哲学的通俗读物。卢那察尔斯基始终精力充沛地继续学习，他的身边总是放着许多书籍。

1903 年流放期满后，卢那察尔斯基回到基辅，在当时一家有马克思主义倾向的合法报纸《基辅评论报》工作。当时党内发生了分裂，以克拉辛、卡尔波夫等人为首的调和派中央请求卢那察尔斯基支持他们的政策。然而在波格丹诺夫的影响下，卢那察尔斯基很快放弃了调和主义立场，彻底归附布尔什维克。

列宁从日内瓦写信邀请卢那察尔斯基立即到瑞士去参加布尔什维克中央机关报的编辑工作。国外的最初几年工作是在同孟什维克的无休止的争论中度过的。卢那察尔斯基的工作与其说是在《前进》杂志和《无产者报》，不如说是广泛地走访欧洲的各个侨民区，做报告说明分裂的实质。在做政治报告的同时，他还做了一些哲学问题的报告。

1904 年底，卢那察尔斯基因病移居佛罗伦萨市。到那里时正好传来革命的消息，并接到中央委员会要他立即去莫斯科的指令，卢那察尔斯基无比欢欣地执行了这一指令。抵莫斯科后，卢那察尔斯基参加了《新生活报》编辑部，随后又参加了陆续代替该报的一些公开报纸的编辑工作，并在工人、大学生等中间积极进行口头宣传。在这之前，早在党的第三次代表大会上，列宁委托卢那察尔斯基做关于武装起义的报告。卢那察尔斯基参加了斯德哥尔摩统一代表大会。1906 年 1 月 1 日曾在一次工人集会上被捕，一个月后从“十字”监狱释放出来。过了不久，他遭到了严厉的指控，这指控可能产生极严重的后果。根据党组织的建议卢那察尔斯基决定出国。他于 1906 年 3 月取道芬兰到了国外。

在侨居国外期间，卢那察尔斯基加入了波格丹诺夫集团，和他一起组织了“前进派”，参加了《前进》杂志的编辑工作，并成为喀普里和波伦亚的前进派工人学校的积极领导人之一。这时他发表了一部名为《宗教与社会主义》的两卷本著作。该书引起了多数党内批评家相当强烈的谴责，他们认为书中有某种精巧的宗教倾向。该书术语上的混乱给这种谴责提供了足够的根据。卢那察尔斯基在侨居意大利期间同高尔基有亲密交往，这点在高尔基的中篇小说《忏悔》一书中有所反映，这部小说也曾遭到格·瓦·普列汉诺夫的严厉谴责。

1911 年，卢那察尔斯基迁居巴黎。在巴黎，由于波格丹诺夫的退出，“前进派”开始偏离原来的倾向。它试图建立一个统一的政党，但是它在这方面的努力没有奏效。当时米·尼·波克罗夫斯基、费·加里宁、曼努伊尔斯基、阿列克辛斯基等人都是“前进派”的成员。

卢那察尔斯基作为布尔什维克代表团的代表参加了斯图加特国际代表大会，并在起草关于工会的革命意义的著名决议的小组中代表布尔什维克。在这次会议上，卢那察尔斯基和格·瓦·普列汉诺夫之间就这一问题展开了相当激烈的争论。在哥本哈根代表大会上的情况也大致如此。卢那察尔斯基是俄国前进派的代表，但是在这次会议上，他在最主要的问题上都与布尔什维克达成谅解，并在列宁的坚决要求下代表布尔什维克参加合作社问题的委员会。在这里，他再次站在坚决反对代表孟什维克的普列汉诺夫的立场上。

战争爆发后，卢那察尔斯基就加入国际主义者的行列，并与托洛茨基、曼努伊尔斯基、安东诺夫-奥弗申柯一起在巴黎编辑反军国主义的报刊《我们的言论报》等。卢那察尔斯基感到不可能从巴黎客观地观察这场大战的进程，便迁居瑞士，搬到斐维附近的圣列日。这期间他和罗曼·罗兰十分接近，和奥古斯特·福雷尔很要好，和瑞士的伟大诗人施皮泰列尔关系密切，后者的部分作品曾由卢那察尔斯基译成俄文（但没有发表）。二月革命后，卢那察尔斯基立即到列宁和季诺维也夫那里，并向他们声明，他坚决站在他们的立场上，并要求根据布尔什维克党中央委员会的指示进行工作。这一要求被接受了。

卢那察尔斯基比列宁晚些时候，但和列宁一样取道德国回到俄国。回国后立即开始十分紧张的革命准备工作。卢那察尔斯基和布尔什维克之间没有任何分歧，但是根据布尔什维克党中央的决议，卢那察尔斯基和托洛茨基一样留在区联派组织中，以便以后带领尽可能多的拥护者加入布尔什维克组织。这一策略运用得很成功。党中央派卢那察尔斯基去做市政工作。他被选入市杜马，并在杜马中担任布尔什维克和区联派杜马党团的领导人。7 月间，卢那察尔斯基积极参加了当时发生的一系列事件，他与列宁以及其他人一起被控叛国和充当德国间谍，因此被捕入狱。在入狱前和狱中，不止一次地出现威胁他生命的危险情况。出狱后，在新的杜马选举中布尔什维克党团大大地壮大了，卢那察尔斯基当选为副市长，负责全市的文化工作。与此同时，卢那察尔斯基始终不渝地进行热情的宣传鼓动工作，主要是在摩登马戏厅和许多工厂里。

十月革命胜利后，布尔什维克党中央委员会立即成立第一届人民委员会，卢那察尔斯基作为教育人民委员参加人民委员会。在政府迁往莫斯科时，卢那察尔斯基愿意留在彼得格勒，以便和留在这个危险岗位上的季诺维也夫、乌里茨基等同志一起工作。卢那察尔斯基在彼得格勒呆了一年多，在这期间，教育人民委员部由米·尼·波克罗夫斯基在莫斯科代为主持工作。在内战时期，卢那察尔斯基不得不经常离开人民委员会，因为他作为革命军事委员会的全权代表几乎要走遍国内战场和波兰战场的前线各地，并在军队和前沿地区的居民中进行积极的鼓动工作。在邓尼金叛乱的最危险的日子里，他被任命为革命军事委员会驻图拉防区的代表。

卢那察尔斯基在担任党的鼓动员、人民委员会委员和教育人民委员的同时，继续从事他的文学工作，特别是戏剧创作。他写了许多剧本，其中一部分剧本曾在先后两个首都和许多外省城市的舞台上上演。

宋鸿训译

卢那察尔斯基续志

卢那察尔斯基有多种身份：革命家、苏联国务活动家、作家、剧作家、翻译家、政论家、批评家等等，由此可见其活动范围之广。1917 年 10 月起任教育人民委员，1929 年 9 月卸任，被任命为中央执行委员会下属学术委员会主席。20 世纪 30 年代初起任共产主义科学院文学与语言研究所所长。1930 年当选苏联科学院院士。1933 年 9 月被任命为苏联驻西班牙全权代表，12 月在赴西班牙途中因心脏病突发在法国去世。骨灰被安放在克里姆林宫宫墙上。

洛佐夫斯基，亚历山大*

（1878—1952）

1878 年 3 月 29 日生于叶卡捷琳诺斯拉夫省亚历山大罗夫县达尼洛夫卡村。童年在该省巴甫洛格勒县的察列达罗夫斯克和洛佐瓦亚火车站附近的一个小村庄度过。从 8 岁起开始工作：在市场上卖火柴、烟叶、柠檬等等。父亲是贫困的犹太教员，母亲在市场上有一个卖服饰商品的小摊，每逢星期天和集市日摆摊售货。在犹太人初等教会学校受的教育。在还是一个十一岁的小孩时，即入肉铺工作了一年半，然后当了几个月的食品杂货铺的店员。十四岁进打铁坊，当了 3 年学徒。接着在巴甫洛格勒县的洛佐瓦亚、巴甫洛格勒和美利托波尔当了 3 年铁匠。20 岁时放下工作，在兄弟的资助下开始学习——准备中学四年级的课程，1899 年底作为志愿入伍者

* 索洛蒙·阿布拉莫维奇·德里佐的化名。

参加喀山的第236拉伊舍夫后备营。1898年已读到进步书报，1900年在喀山有了进一步的了解。作为志愿入伍者有时收藏社会民主主义的书报。没有正式加入社会民主主义组织。由于自己的军人身份，没有参加集会。一边服役，一边在一些大学生的帮助下准备考取中学毕业文凭，1901年5月在辛比尔斯克通过了考试。1901年底回洛佐瓦亚，在这里教书并立即着手组织社会民主主义小组。当时同哈尔科夫和叶卡捷琳诺斯拉夫保持党的联系。还在帕纽季诺火车站组织了小组。1903年8月赴彼得堡。在这里化名马特维伊·格里哥里也维奇，开始在瓦西里岛，然后在涅瓦关卡从事组织工作。为取得居住权以药房学徒身份进行登记，但从来没干过这工作。1903年10月30日在彼得堡被捕，在拘留所关押到1904年10月31日。虽然宪兵曾依据某些照片，怀疑我从事组织和宣传工作，但没有提出明确的指控。出狱后被驱逐至喀山，在这里立即加入布尔什维克组织并进行组织和宣传工作。从1905年5月起成为非正式的俄国社会民主工党布尔什维克喀山委员会委员。1905年6月，因在喀山阿拉富佐夫工厂工人下工之时发表演说而被捕，当夜被工人救出，因为他们以捣毁工厂相威胁。1905年夏在萨马拉参加伏尔加河社会民主党布尔什维克代表会议。在俄国转了一圈后又返回喀山（7月），在工人和士兵中间工作。在喀山以“工人阿列克塞”的外号著名。1905年10月率领示威者解除了喀山各警察分局的武装，然后在大学附近分发了夺来的武器。社会民主党的布尔什维克执政了两天半，然后步兵、士官生和炮兵包围了市杜马，所有在市杜马的人都在1905年10月21日被捕。在狱中关了3个星期，在具结不离境后获释。1905年11月底被喀山组织选送出席社会民主党布尔什维克代表会议，会议于12月初在坦默福斯（芬兰）举行。会后在彼得堡瓦西里岛和港口社会民主党布尔什维克组织中工作。1906 年在波罗的海造船厂工人施季可夫的家中被捕（中埋伏），被关押在瓦西里岛警察分局的监狱里，在狱中的化名是卡尔·卡尔洛维奇·维特克。三天后逃脱，被派往设在哈尔科夫的党的中央委员会，化名伊凡·亚历山大罗维奇·库兹涅佐夫，在工厂从事组织和宣传工作。1906 年 3 月被捕，6 月初以库兹涅佐夫的名字保释，但在 6 月底因来自喀山的告密，再次被捕，在哈尔科夫省监狱和赫尔莫戈尔监狱关至 1908 年 5 月。以参加俄国社会民主工党（布尔什维克）哈尔科夫委员会的战斗组织罪被哈尔科夫法院判处流放。5 月被发送流放地。在亚历山大罗夫流放犯羁押中心监狱（伊尔库茨克省）关押了约 3 个月，然后解往伊尔库茨克省基廉斯克县普列奥布拉任斯基乡。但我到了达切崔斯克，即于 8 月逃往国外。1908 年 10 月底到达日内瓦，1909 年 1 月初转到巴黎，参加俄国社会民主工党（布尔什维克）小组。有时给《无产者报》和《社会民主党人报》写稿。在巴黎任俄国侨民劳动局书记，在一段时间里还担任成人电工学校管理人。担任了两年法国制帽工会总书记。领导了 10 个月的面包工合作社，当了几个月的汽车行经理。在巴黎期间，曾毕业于汽车司机学校，在工厂当过铁匠和金属旋工。一直是法国社会党党员。1912 年是社会民主党布尔什维克护党派领导人之一。法德宣战后（1914 年）在蒙彼利埃附近的葡萄园当了 6 星期的粗工，然后回到巴黎，担任《呼声报》的编辑之一。《呼声报》关闭后开始出版《我们的言论报》，该报又于 1916 年 9 月关闭。这以后由原编辑部出版《开端报》，《开端报》关闭后出版《新时代》。1914 年起在法国工会和在党内积极参与组织国际主义小组。曾任“重建国际联系委员会”委员。虽不经常，但曾为《同时代人》杂志、《年鉴》杂志和高尔基的《新生活报》写稿。在社会党支部和工会积极进行鼓动工作。1917 年 6 月回俄（法国政府不放国际主义者走，为时达两个月之久），在第三次全俄工会代表会议上（7 月 20—28 日）当选为全俄工会中央理事会书记。任全俄工会中央理事会书记至第一次全俄工会代表大会（1918 年 1 月 3—9 日）。代表大会前夕因参加反对派被开除出俄共。1918 年 2 月任全俄纺织工会责任书记，同年 7 月任全俄铁路工会理事会责任书记。曾在一段时间内担任莫斯科省工会理事会主席。1918 年 3 月至 1919 年 12 月任俄国社会民主工党（国际主义者）中央委员会主席和该党中央机关报《无产者》编辑。1919 年 12 月社会民主党（国际主义者）并入俄国共产党。从 1917 年起任全俄工会中央理事会主席团委员，曾短期担任其中央机关报编辑。1920 年 8 月以全俄工会中央理事会代表身份出国。结果在德国被捕并被驱逐出境。1920 年是创建工会国际的发起人之一。1921 年 5 月起是红色工会国际书记。《红色工会国际》杂志编辑，多卷本国际工会运动百科全书编辑。共产国际和工会国际世界代表大会上国际工会运动问题的报告人。苏联报纸和杂志上国际工人运动和国际政治问题的撰稿人。苏联共产主义科学院主席团委员，莫斯科第一国立大学教授，苏维埃学校和党校的讲师。苏联全俄中央执行委员会委员。

一系列国际和俄国工会运动小册子和著作的作者：

1.《煤和铁》。论争夺阿尔萨斯—洛林的斗争。（“书籍”出版社，1918 年）；2.《工人监督》（彼得格勒工会理事会，1918 年）；3.《苏俄的工会》（全俄工会中央理事会，1920 年）；4.《行动纲领》（工会国际，1921 年）；5.《法国国民教师》（“教育工作者”，1922 年）；6.《工人法国》（“红色处女地”，1922 年）；7.《无政府工团主义和共产主义》（全苏工会中央理事会，1924 年）；8.《莫斯科还是阿姆斯特丹》（全苏工会中央理事会，1924 年）；

9.《阶级战争的伟大战略家》(全苏工会中央理事会，1924年)；10.《工联主义和中立主义》(特维尔市工会理事会，1920年)；11.《道路正确吗》(全俄工会中央理事会，1922年)；12.《大战以前和大战以后的世界工会运动》("劳动问题"，1925年)；13.《第一次国际革命工会代表大会》(工会国际，1921年)；14.《他们和我们在反对战争的斗争中》("红色处女地"，1923年)；15.《红色工会国际的当前任务》("红色处女地"，1922年)；16.《世界资本的进攻和无产阶级统一战线》(工会国际，1922年)；17.《国际工会运动发展的基本阶段》(全苏工会中央理事会，1924年)；18.《工会运动指导员需知》(全俄工会中央理事会，1921年)；19.《组织问题》(工会国际，1921年)；20.《世界危机，工会的任务和策略》(同瓦尔加教授合著，1921年)；21.《革命工会运动的任务》(全苏工会中央事理会，1924年)；22.《我们在工会运动中的策略》(工会国际，1924年)；23.《争取统一》(工会国际，1925年)；24.《列宁和工会运动》(列宁格勒，1925年)，等等。

最重要的一些著作已译成法文、德文和英文。个别著作译成西班牙、意大利、捷克、塞尔维亚、保加里亚、土耳其、日本、中国、马来亚、希腊、罗马尼亚、瑞典、挪威、芬兰等国语言。

郑异凡译

洛佐夫斯基续志

洛佐夫斯基是红色工会国际的创始人之一，1919—1938年任红色工会国际书记，1921—1937年为其总书记。《红色工会国际》杂志主编。1937—1939年任国家图书出版社社长。1939—1946年任副外交人民委员，负责远东事务，参加和约与战后秩序问题委员会，积极参加克里木会议的准备工作。1941年7月起任苏联情报局副局长，1945—1948年任局长。情报局下设犹太人反法西斯委员会成立后主管其工作。主持起草请求在克里木组织犹太人自治的信。

洛佐夫斯基还同时从事教学工作。1940—1949年任联共（布）中央下属苏联当代国际关系和外交政策史教研室主任，在莫斯科国际关系学院讲授当代国际关系。

因“犹太人反法西斯委员会案”，1949年1月18日被开除出中央委员会并被开除出党。1月26日被捕。1952年7月被判处死刑，8月12日与所有犹太人反法西斯委员会其他被告一道被处决。洛佐夫斯基在最后陈述中说：我已经讲了一切，不要求任何从宽处理。我要的是或者为我完全恢复名誉，或者死亡。如果有朝一日查清我是无辜的，我请求死后恢复我的党籍，并在报上公布为我平反的消息。

1955年11月22日苏联总检察长宣布撤销判决，因缺罪证撤销该案。洛佐夫斯基获平反并恢复党籍。不过关于给犹太人反法西斯委员会成员平反的消息直到1988年才公布。

曼努伊尔斯基，德米特里·扎哈罗维奇

（1883—1959）

1883年9月21日生于沃伦省克列缅涅茨县斯维亚捷茨村一个农民家庭。上了乡村小学，毕业时教师认为他是很有资质的孩子，在教师的坚持下被送到奥斯特罗日中学上学。从四年级开始自食其力，靠授课为生。在中学组织自学小组，因此受到校方的迫害。1903年中学毕业后考入彼得堡大学，在这里同革命小组和彼得堡社会民主党组织建立了联系。参加大学生集会，用油印机非法印刷宣言。1904年11月28日参加在涅瓦大街举行的反对日俄战争的游行。在这里被捕时遭到毒打。1905年革命时是布尔什维克的鼓动员，参加党的彼得堡委员会鼓动员委员会。1905年11月根据党的决定赴德文斯克，用“麦福季”的化名进行工作。1906年春返回，由彼得堡委员会任用，在区组织工作，住在喀琅施塔得。

代表喀琅施塔得组织以“福马”的化名参加彼得堡委员会。准备和参加了1906年7月19—20日夜举行的起义，这是在斯维亚堡起义三日之后。起义被镇压后由可靠的同志们用小艇把他从喀琅施塔得送往奥拉尼恩包姆。

7月24日由于奸细奥尔德尔曼的指认在彼得堡被捕，在拘留所关了两星期后被押送喀琅施塔得海军监狱。1906年冬被发送阿尔汉格尔斯克省，但中途停在沃洛格达，根据内务部长马卡罗夫所属会议的特别决定，被判处流放雅库茨克州5年。

一直注视喀琅施塔得起义审讯案进程的同志们获悉，喀琅施塔得要塞司令阿杰利别尔格将军提出了把曼努伊尔斯基案移交军事法庭的问题。但他在12月得以越狱逃脱。越狱的办法本身值得一谈。当曼努伊尔斯基还关在喀琅施塔得军事监狱，有被处死刑的危险的时候，同志们就拟订了各种各样的越狱计划。

有人曾打算给他一把小锉，锉断窗户的铁条，下到窗下的河道，然后乘准备好的小船外逃。但小锉未能送达。于是决定通知俄国社会民主工党沃洛格达委员会，利用到达沃洛格达省监狱时的机会逃跑。

在各种各样的方案中最后决定采取曼努伊尔斯基本人提出的方案，就是让他躲在书箱里从狱中运出。计划是这样安排的：由于沃洛格达监狱常常发送徒步的政治流放犯，某些发配者在随身携带行李有困难的借口下可请求长官允许把书籍装箱在狱外寄送，筐里的货物在盖上监狱印章上封之后换上活货物——曼努伊尔斯基。这一方案的困难在于要非常准确地安排时间，要把曼努伊尔斯基呆在箱中的时间缩短到最低限度。最大的危险在于藏有曼努伊尔斯基的箱子在上封之后落入军需仓库或别的什么地方以致耽搁运送时间，即使搁到第二天也不行。

由于越狱组织者仔细研究了监狱的全部内部规章，越狱行动成功了。曼努伊尔斯基仅仅经历了几分钟的危险时刻，当时抬箱子的两个同志中有一人大概由于过于激动变得浑身无力，他把箱子放在监狱院子里后再也无法把它抬起来了……接着，门口的值班人在出口处开始对这只箱子感到奇怪，曼努伊尔斯基甚至闻到俯身检查封印的值班人的马哈烟烟味。他在箱子里待了两个多小时。

越狱的主要组织者是 A. 诺伊曼，他是捷里奥基炸弹案（军事技术组织实验室）的案犯。越狱后曼努伊尔斯基来到基辅，以“约内奇”的化名在基辅军事组织工作，参加党的基辅委员会。在选举第三届国家杜马时是抵制派，并在各种会议上作为抵制派集团的报告人捍卫这一立场。

1907 年秋基辅军事组织被破坏后逃亡国外。侨居巴黎，是召回派分子，加入“前进”集团，以“失业者伊凡”的化名为其报刊写稿。从战争开始即持反战立场，在同安东诺夫–奥弗申柯一起创办的《呼声报》上捍卫这一立场，该报在出到 101 号时被法国政府查封。同托洛茨基、安东诺夫–奥弗申柯一起编辑《我们的言论报》，该报也因从事反战斗争被法国当局查封。1917 年 5 月乘“铅封车厢”经德国回俄。在彼得格勒加入“区联派”，在瓦西里岛工作，1917 年 8 月区联派同布尔什维克合并后代表布尔什维克党进入市杜马。在为政权而战斗和抗击克伦斯基和克拉斯诺夫进攻时任红村政治委员。胜利后任粮食人民委员部部务委员，任此职至 1918 年春。1918 年 4 月同拉柯夫斯基一起参加“和谈代表团”赴乌克兰同黑特曼政府谈判。

1919 年 1 月同已故的阿尔曼和达弗强一起作为“红十字会”代表团赴法国，在法国被拘禁于丹克尔克。以交换获释后被派往乌克兰，担任下列工作：1920 年初任全乌克兰革命委员会委员；1920—1921 年任农业人民委员；1921年任乌克兰共产党（布）中央委员会书记；《共产党人报》编辑；1920年起任乌克兰共产党（布）中央委员；第十二次党代表大会时是联共中央委员。目前主要工作是共产国际执行委员会主席团委员和书记。同时曼努伊尔斯基担任联共（布）中央委员和乌克兰共产党（布）中央委员，苏联中央执行委员会委员和中央机关报《真理报》副主编。

（本人审定的传记）
C. 西罗廷斯基撰写
郑异凡译

曼努伊尔斯基续志

曼努伊尔斯基于1921年12月15日至1923年5月8日任乌克兰共产党中央第一书记。1922年起在共产国际工作，1924年起任共产国际执委会主席团委员，1928—1943年为共产国际执委会书记。1942—1944年在联共（布）中央和红军总政治部工作。1944年7月起任乌克兰人民委员会主席兼外交人民委员。1945年4月率乌克兰代表团出席在旧金山召开的国际会议，会上成立联合国。1922—1923年为俄共候补中央委员，1923—1952年为中央委员。

1953年退休。1959年去世，葬于基辅。

莫洛托夫，维亚切斯拉夫·米哈伊洛维奇

（1890—1986）

1890年2月生于维亚特卡省诺林斯克县库卡尔基村。莫洛托夫的真姓为斯克里亚宾。他是诺林斯克县小市民米哈伊尔·斯克里亚宾的第三个儿子。父母花很大精力和时间使孩子们获得教育。孩子们被送往省城喀山受教育。维亚切斯拉夫在实科中学学习。应当说一下，斯克里亚宾一家非常富有艺术气质。维亚切斯拉夫会拉小提琴，并且拉得不错，有很大的感染力和表现力。

斯克里亚宾兄弟友爱地共住一个小房间，同最左的大学生以及普通学生交往。喀山，特别是在那时候，确实挤满了怀着左的情绪的知识分子。暑假返回诺林斯克后，斯克里亚宾兄弟会去见怀着革命情绪的平民知识分子或被判处行政流放的政治犯。出身于劳动家庭的兄弟们自然而然地感染上了他们交往的人们带来的思想和情绪。通常在中学里接受革命思想的有两种类型的学生，以及与此相应的两种不同的掌握和领会的方法。第一种喜欢捣乱的分子，主要是“堪察加的居民”，即坐在最后排，用豌豆等向教师“射击”的学生们。这些自由自在的少年，多数是很好的孩子，但不太愿意学习科学，他们接受革命思想，把它看作是某种使他们不必服从教师及其他学校“奴仆”的东西，为马虎对待课业等等作辩解的东西。第二类是些学习成绩优秀的勤勉的学生，但他们并非所谓“死读书”的那种人，而是因对知识的兴趣而勤勉学习，这种知识尽管为数不多，但学生总还能学到一些。对这类青少年，革命思想促使他们对自己进行思考，不仅不放弃科学课程，反而更加提高了对理论工作的兴趣，引发独立思考。由于这一点，学生们只能在课余抽点时间学习学校所讲授的那些科学课程，但他们在“官方”知识领域还是取得了巨大的成绩。维亚切斯拉夫就属于这一类学生。

他第一次接触革命思想是在1905年，在他的故乡“零”，即诺林斯克[①]。只要提到这个年份就会让人明白，革命第一次接触这位十五岁少年的心灵之时，正是他的心灵软化、敞开并为事变准备好了的时候。至于铁路工人罢工、总罢工、彼得堡工人代表苏维埃的活动，关于萨马拉省、萨拉托夫省、坦波夫省、奔萨省等地烈火熊熊的地主庄园的简短消息，比所有谈话和讲演更为有力地影响当时的学生们。恰好这时候著名画家瓦斯涅佐夫的兄弟流放在诺林斯克。据莫洛托夫本人说，他正是从瓦斯涅佐夫的兄弟那里第一次听到对所发生的一切的评论，并且直接从他那里接受了一些革命任务。这位瓦斯涅佐夫的兄弟向莫洛托夫提出一个问题：是孟什维

① “零”俄文为 ноль，同诺林斯克 нолинск 词根相同。——译者注

克还是布尔什维克更适合于。其实，周围的全部生活环境也反映出这一问题。至于当时进行活动的颇有名气的社会革命党，莫洛托夫甚至没有考虑过加入该党的问题，也许是因为莫洛托夫刚巧是同社会民主党人交往；另外，莫洛托夫是实科中学的学生，这一情况也起了作用。在当时及其后可以看到一种现象，受所谓“古典”教育的中学生倾向于社会革命党，而实科中学学生作为未来的工程师、工业的领导层主要追随社会民主党。就接受革命思想的方式而言，莫洛托夫所属的那一类学生又可以分为两种。由于这是些对科学有兴趣的青少年，对思想和理论采取深思熟虑的态度，所以他们中间有些人——所占的比例不少——过于抽象地从书本那里接受革命思想。马克思只被看作学者，而不是革命家。他的《资本论》只被当作理论著作阅读，而不被看作是采取生气勃勃的行动的号召。对这些“革命家”来说，秘密小组主要是自学组织。

有一批人力求认识社会问题，不认为革命思想仅仅只有科学的认识论价值，莫洛托夫就是其中的一个。他们感觉到这些思想中有行动的号召。此外，当时已形成这样一种局面，即除理论学习外已经需要从事实际工作。那位瓦斯涅佐夫的兄弟在诺林斯克组织了制造炸弹的战斗小组。① 莫洛托夫也参加了这一小组。因此，对莫洛托夫来说，自学小组也是革命的学校，是以后长期有用的秘密活动的学校，是战斗队，参加这种战斗队还应学会在街头作战。当时在革命小组中，特别是在外省有不少早熟的有坚定信仰的人，他们逢人就问，你属何党和为什么，你在党内属何派和为什么，你对最近马尔托夫攻击列宁或者普列汉诺夫攻击马尔丁诺夫有什

① 所谓“化学”小组。

么看法，等等。这种问题使许多人莫名其妙，迫使他们尽快地决定自己的归属。这种过早的追求并没有使莫洛托夫感到不安。在整个如暴风雨般的1905年他始终回答说："我还没有弄清楚我应参加社会民主党的哪一派。"几乎直到1906年上半年莫洛托夫在革命者中间都是这样回答的。只是到这一年年底莫洛托夫才开始倾向于布尔什维克。老一代的人们失望了，离开了，但是"准备舍生忘死的新工作人员的队伍"接替了他们。由于他们的革命情绪是在杜巴索夫、特烈波夫、斯托雷平和杜尔诺沃时代形成的，所以这些年轻一代的人数量很少，但就精神品质，特别是在后来斗争中的不屈不挠精神而论，他们比那些在革命的浪漫主义时期，在革命高潮而非低落时期，在1904—1905年参加革命的人要好得多。

1906年秋莫洛托夫在地方中学和高等学校的革命组织中工作，自称无党派人士。在这一组织中维·亚·吉霍米尔诺夫①几乎是唯一真正的布尔什维克。莫洛托夫同他建立了紧密的真挚的联合。其结果是所谓无党派革命组织实际上成了以吉霍米尔诺夫和莫洛托夫为一方，和以这一组织的许多成员（主要是参加该组织的社会革命党首领）为另一方展开思想斗争的舞台。思想争论是培养和巩固世界观的好方法，是进行以后长期起作用的那种思想学科的教育的好方法。这场争论的现实结果是，参加该组织的许多社会革命党人，甚至连他们的首领都于1907年年底转入马克思主义阵营，并且同吉霍米尔诺夫和莫洛托夫一起加入俄国社会民主工党布尔什维克派。

在这一组织里莫洛托夫通过自学成了宣传员。另一方面是纯粹实践。

① 1917年至1919年曾任内务人民委员部部务委员，意外的死亡夺取了这位在很多方面都很出色的喀山同志的生命。

在当时条件下，一个组织必须有一套维持秘密工作的技术设施，即应当有开会的房子、各小组间联系的手段、设在某处的秘密金库及与之并存的小会计处。除此之外，组织还应有自己的秘密图书馆。莫洛托夫积极参与运用所有这些技术，此外还要扩大组织人数。他通过巴让诺夫[①]同叶拉布加组织建立了联系，也同奔萨组织建立了联系。他产生了成立全俄中学和高等学校革命联合会的想法，而要实现这一想法自然也须召开秘密代表大会。同时组织开始“印刷”和散发由莫洛托夫起草的第一份劳动节宣言，这应是莫洛托夫最早的政治性作品。莫洛托夫花了很大力量去起草“全俄中学和高等学校革命联合会”章程。1909 年我们的组织重新鼓动全体学生群众为实现 1905 年所宣布的“学校自由”的口号而同当局作斗争，其主要鼓动者就是莫洛托夫。

当然也免不了存在奸细。正当组织中团结在吉霍米尔诺夫和莫洛托夫周围的社会民主党人开始进行真正的宣传和思想工作的时候，即在 1907 年至 1909 年期间，在组织成员中钻入了两名奸细。三月份，吉霍米尔诺夫第一个被捕，过了几天莫洛托夫接着被捕，而过了几天该组织的许多其他成员也被捕。

喀山的监狱制度同 1905 年首都的监狱制度相同，很自由，是所有入狱青年的真正大学。莫洛托夫在狱中致力于学习，并且不只限于社会科学。在继续学习政治经济、革命运动史等等的同时，自然历史课程也吸引了他的注意力。

秋天莫洛托夫（同其他同志一道）被流放沃洛格达省，为期两年。他

① 曾任俄罗斯联邦国家计划委员会主席团委员。

们全是中学学生，只有两人除外：基塔英是党的职业工作者，吉霍米尔诺夫已在实科中学毕业。莫洛托夫以及其他被流放的实科中学生是差不多在毕业考试前夕被投入监狱的，这时他是在毕业班——七年级。沃洛格达省长赫沃斯托夫把莫洛托夫发配到托季马城。在那里莫洛托夫关心的事情之一就是争取部里准许他通过实科中学的课程考试。部里准许莫洛托夫在沃洛格达的实科中学通过课程考试，因而他被准许由托季马迁往沃洛格达，他一到那就立即同地方的党小组，首先是工人建立了联系。这一情况立即使考试的重要性退居第二位，不过他还是通过了考试。由于警方把他忘了，他就在沃洛格达住下。他在这里的铁路工人中间展开了积极工作。他通过流放工人同铁路工人建立起联系，因为这些从莫斯省流放沃洛格达的梅提施工人主要在铁路工作。

莫洛托夫虽然处在警察的监视之下，却能在这个小城市里同其他同志，例如马利采夫一道，组织起能正常行动的党组织，在城郊召开了几次露天的群众集会，最后甚至散发由他和其他同志起草的劳动节宣言（1911年）。莫洛托夫和他的两位亲密同志，在一个夜里把这一宣言张贴全城，干得干净利落。此后不久，在旧历1911年6月16日莫洛托夫的流放期结束了。此时吉霍米尔诺夫的流放期也结束了，他被准许出国。吉霍米尔诺夫在国外遇见了列宁，在拥有相当的物质条件之下，同列宁商谈过在俄国出版一份合法的布尔什维克报纸的问题。商谈的结果是，为响应列宁的倡议，吉霍米尔诺夫把自己的财产、自己的精力和知识都用于创办布尔什维克的合法机关报。自然，吉霍米尔诺夫首先向莫洛托夫及其他同志请求帮助。1911年在萨拉托夫附近召开了关于创办报纸问题的会议。这恰好在莫洛托夫流放结束之后。接着，莫洛托夫动身赴彼得格勒，进综合技术学院学经济专业。在那里他是积极的布尔什维克行列中的一员，积极参加了当时创办报纸的活动，起初是《明星报》，后来是《真理报》。他虽然在彼得格勒工作，但没有中断同过去的同志们的联系，而是利用一切可能的联系吸引大量的同志在精神上或物质上参加已经开始的伟大事业。

《真理报》创办后不久，莫洛托夫任其编辑部的秘书。那时候他作为彼得格勒委员会委员，也作为宣传员进行秘密活动，后来，他还积极参加了杜马党团的工作。莫洛托夫自然也参加了所有大众关注的问题的讨论，他还同国外中央及列宁个人保持联系。

这种地位迫使他密切关注纯粹的国务问题。包括莫洛托夫在内，许多《真理报》工作人员的毅力、随机应变能力和理论修养使报纸同杜马党团，同国外中央，同彼得堡、莫斯科、弗拉基米尔、伊万诺沃—沃兹涅先斯克以至全俄无产阶级保持了最密切的联系。

这段期间莫洛托夫写出了第一批作品。他的第一篇文章刊载在《真理报》，署名“阿基姆·波塔”，是由莫洛托夫当时的化名之一“阿基姆·普罗斯托塔”变化而成的。后来刊载在《真理报》上的文章用的署名是“B. 米哈伊洛夫”。最早用“莫洛托夫”署名的著作是1919年在彼得格勒出版的小册子《工人如何参加建设自己的经济》。

1913年莫洛托夫在编辑部遭到搜捕。他跳窗逃脱，转入地下状态，但没有停止在彼得格勒无产阶级中间的工作。

在彼得格勒难以秘密居住的时候，他转到莫斯科从事革命工作。现在才确实查明，莫斯科是个充满奸细的城市（那时我们对此只能猜测）。毫不奇怪，由于奸细的出卖，莫洛托夫在这里结束了自己的自由生活而被重新投入监狱。对莫洛托夫的个人生活来说，这意味着从实际工作转入理论学习。但是，不久发出的流放伊尔库茨克省的命令中断了他的理论学习。他这次流放是在最糟糕的条件下被遣送到西伯利亚去的。他在那里又被遣送到曼祖尔卡村。在这次流放中莫洛托夫遇到了新的同志——拉齐斯、佩拉也夫等人。他和他们讨论了在俄国出版布尔什维克的秘密机关刊物的可能性问题。为实现这一想法和继续革命斗争，他从曼祖尔卡逃到了喀山。他躲藏在喀山郊外一个叫作丘卡绍夫卡的地方。在 B. A. 吉霍米尔诺夫的别墅里，他同吉霍米尔诺夫以及过去的同志们一起讨论了恢复被破坏的布尔什维克组织和出版秘密报纸问题。

1915 年秋，他同吉霍米尔诺夫赶赴彼得格勒，在那里他们组织了一个小组叫作“1915 年布尔什维克小组”。参加小组的有博基、巴让诺夫、阿罗谢夫等同志。这个小组主要致力于建立一个没有奸细的能经常活动的组织核心。因此只有小组一致同意其加入的同志才能加入该小组。这个小组采取措施筹办秘密报纸。然而，由于政府大力镇压，小组被破坏了。莫洛托夫开始重建联系，几乎把所有的人都找到了，并得到每个人援助创办报纸的保证。佩拉也夫和埃马——两位从流放地逃出的同志筹办了秘密印刷厂并开始出版报纸。1916 年底施略普尼柯夫作为中央委员会的代表被派回国。在彼得格勒成立了中央委员会俄国局，莫洛托夫是委员之一。有了莫洛托夫积极参加，彼得格勒组织的活动开展得越来越广泛。

对 1917 年的革命，莫洛托夫同其他许多同志一样，是有准备的。在十月革命的日子里他是彼得格勒军事革命委员会委员。苏维埃政权建立之后，他是彼得格勒区国民经济委员会主席。1919 年俄共中央派他去下诺夫哥罗德，任省执行委员会主席。后来他从下诺夫哥罗德被调往顿巴斯工作，任省委书记。接着于 1920 年在全乌克兰党代表会议上当选为乌克兰共产党中央委员会书记。1921年他作为代表出席党的全俄代表大会，会上根据列宁的建议当选为俄共中央委员会委员和书记。

（本人审定的传记）
A. 阿罗谢夫撰写
郑异凡译

莫洛托夫续志

莫洛托夫于1921年3月16日至1930年12月21日任联共（布）中央书记，是斯大林对抗托洛茨基、季诺维也夫、加米涅夫、布哈林等反对派的最得力的干将。1928—1929年接替“右倾集团”成员乌格拉诺夫兼任莫斯科市委书记，上任后在莫斯科市委大力清洗，6个部长中清洗掉4个，6个区委书记中清洗掉4个，157个市委委员中清洗掉99个。1930年12月19日联共（布）中央和中央监委联席全会任命莫洛托夫取代李可夫任人民委员会和劳动国防委员会主席。20世纪30年代初至1940年任人民委员会下设国防委员会主席。1937—1939年任人民委员会下设经济委员会主席。1936年莫洛托夫曾经反对公审加米涅夫和季诺维也夫，差点使自己也坐上被告席。此后莫洛托夫积极参加清洗镇压活动，他签署的“枪毙名单”数量超过斯大林，达372份之多，相比之下柯秀尔仅签署5份。2010年1

月13日基辅上诉法院认定莫洛托夫在乌克兰1932—1933年大饥荒中犯有种族灭绝罪。1939年5月3日莫洛托夫接替李维诺夫兼任外交人民委员，上任后即于次日逮捕了李维诺夫的亲信，不过李维诺夫本人并没有被捕。1939年夏在莫斯科同英法谈判未果，转而同德国谈判并签订苏德互不侵犯条约，1939年9月28日签署苏德友好与边界条约，其中附有秘密议定书。1941年4月5日同南斯拉夫签订友好与互不侵犯条约，接着同日本签订苏日中立公约。

1941年5月6日斯大林任人民委员会主席，莫洛托夫成为斯大林的副手。1941年6月30日任新成立的国防委员会副主席，1942年8月16日被提为人民委员会第一副主席。第二次世界大战期间参加德黑兰、雅尔塔、波茨坦会议。战后参加成立联合国的旧金山会议。1946年3月19日人民委员会改名为部长会议，莫洛托夫任部长会议副主席兼外交部长。1949年3月4日被解除外长职务，由维辛斯基接任。这时候莫洛托夫已经失去斯大林的信任，同年其妻波利娜·热姆丘任娜因“犹太人反法西斯同盟案”被捕。1952年10月在苏共十九大后的中央全会上虽当选中央主席团委员，但未进入常务局，会上莫洛托夫和米高扬受到斯大林的批评。斯大林逝世前，莫洛托夫妻子在流放地被捕，押回莫斯科，准备接受新的审判。斯大林的逝世救了莫洛托夫一家，1953年3月5日莫洛托夫担任部长会议第一副主席兼外长，妻子得以回家。莫洛托夫支持赫鲁晓夫逮捕贝利亚。1955年任公开和秘密审判军事首长案复查委员会主席。在国内外政策上反对从奥地利全部撤军，反对同南斯拉夫关系正常化，反对开垦荒地，反对把克里木划给乌克兰，1956年5月1日被解除外长职务，11月21日被任命为国家监督部长。1957年同马林科夫、卡岗诺维奇一道试图解除赫鲁晓夫的职务，得到苏共中央主席团多数的支持，但在中央全会上被击败，被定为“反党集团”。1957 年 6 月 29 日被开除出苏共中央主席团和中央委员会，并被解除全部职务。后改任驻蒙古大使。1960—1962 年领导驻维也纳联合国原子能机构的苏联代表团。因批评准备提交苏共二十二大审议的苏共新党纲被从维也纳召回，被撤职并开除出党。1963 年 9 月 12 日退休。1984 年恢复党籍。1986 年 11 月 8 日在莫斯科病逝，葬于莫斯科新圣母公墓。

穆拉洛夫，尼古拉·伊万诺维奇

（1877—1938）

1877年生于塔甘罗格城的一个农庄（“罗塔”农庄），是小市民庄主的儿子。从童年至17岁一直帮父亲干活（耕田、耙地、收割、脱粒等）。冬天学习文化知识（从六岁起父亲教我学文化知识）。父亲伊万·阿那斯塔谢维奇是个有文化的人，毕业于六年制古典中学，克里木战争期间志愿参军，参加了巴拉克拉瓦战役，因英勇作战被授予四级乔治奖章，不久为英国人所俘，在英国人那里（普利穆特城）呆了两年，认识了赫尔岑，成了他的崇拜者，回俄时带回了《钟声》杂志。父亲是个博览群书的人，丧失视力之后，叫人给他朗读各种各样的书籍：小说、历史、哲学、自然科学著作，等等。我17岁时外出读书，考入农业学校二年级，20岁时毕业，回到父亲处，不久父亲逝世。到坦波夫县兹纳缅卡村地主普洛霍沃的庄园实习。在那里呆了一个季节，同地主争吵后绝交了（指责我对工人“不拘礼节”），接着充当莫斯科省纳扎罗沃村美延庄园的管家。曾想到去莫斯科格列那杰尔团服兵役。团队接受我为志愿入伍者，但是有“无限权力”的特列波夫不发给政治可靠的证明。只好离开该团回故乡塔甘罗格服兵役。招兵时发现有“余额”，因此给以优待，编入第一期的非常后备军，这以后（1899 年秋）赴高加索迈科普城，在该城先是管理一个酿酒厂，然后是榨油厂。在迈科普参加了马克思主义小组（阅读《资本论》《火星报》等）、工人小组和星期日学校。1902 年初赴莫斯科休假，被捕，关了三个月。同年秋加入谢尔普霍夫城的马克思主义小组。从事地方自治局的统计和保险工作。1903 年任波多尔斯克城（莫斯科省）地方自治局农艺师助理。就在此时此地加入俄国社会民主工党（布）。1905 年 11 月在黑帮分子暴行期间我手持武器给自己打通一条出路，逃往莫斯科，参加了这里的十二月起义，起义被镇压后（1906 年 1 月）逃往顿河区的一个农庄。在顿河区组织、塔甘罗格的集体（一个混合组织，几乎是反自然的——有布尔什维克，也有孟什维克）中工作，管理土地事务。遭遇两次搜捕，后被捕，先关在塔甘罗格监狱，后转至新尼古拉耶夫斯克监狱，出狱后再度赴莫斯科，然后去图拉省，1907 年担任庄园管理。在波德莫克洛沃耶村和其他同志一起以“戒酒协会”名义开办了一家民众茶馆，在这里为谢尔普霍夫组织印刷传单，散发秘密书刊，开办土地问题、工人运动问题讲座，等等。帝国主义战争期间被动员进第 215 步兵团，然后从该团转至阿弗托罗塔，二月革命爆发时就在此地。同其他同志一起组织了莫斯科苏维埃士兵部。十月革命时是莫斯科军事革命委员会委员和革命司令部成员。平定士官生叛乱之后被任命为莫斯科军区司令。1919 年 3 月 19 日赴东方战线第二集团军任革命军事委员会委员。1919 年 7 月被任命为东方战线革命军事委员会委员，1920年8月任土地人民委员部部务委员，1921年3月1日任莫斯科军区司令，1924年5月任北高加索军区司令，1925年2月被委以苏联革命军事委员会“特别重要”任务。被授予红旗勋章、金表、两个金烟盒。

郑异凡译

穆拉洛夫续志

穆拉洛夫1925年起任联共中央监察委员。1925—1927年任工农检察院陆海军检察院院长，同时兼任季米里亚捷夫农业科学院院长。在党内争论中支持托洛茨基，是“联合反对派”成员。1927年11月被开除出中央监察委员会。1927年12月在党的第十五次代表大会上发言抗议破坏党内民主以及对反对派成员夸大其词的指控，结果被开除出党。1928年被流放外地。经多次劝说，于1935年12月和1936年1月两次致信斯大林，宣布与托洛茨基分子断绝关系，请求恢复党籍。

1936年4月17日被捕，审讯中受到严刑拷打，但拒绝认罪。1937年1月在“托洛茨基反苏平行总部”案中被判处死刑，2月1日被枪决。1986年4月获平反。

亲属遭株连迫害：妻子安娜在监狱、集中营和流放地度过17年。儿子于1936年被捕，1943年死于集中营。女儿长期被流放。兄弟亚历山大·伊凡诺维奇曾任俄联邦农业人民委员、列宁农业科学院院长，1937年10月被捕，1938年9月3日遭枪决。姐妹尤利娅1943年死于集中营。

皮达可夫，格奥尔基·列昂尼多维奇

（1890—1937）

1890年8月6日（公历19日）生于基辅省切尔卡瑟县马林斯克制糖厂，父亲列昂尼德·季莫费也维奇·皮达可夫是该厂厂长兼工艺工程师。1902年进入基辅圣叶卡捷琳娜实科中学三年级。1904年加入具有不明确的社会民主主义性质的学生革命小组。1905年积极参加学生运动，并且是“造反”的领导人、中学生委员会的成员，同时还参加街头示威游行和集会。因领导“学校革命”被开除出学校。在这段时间里，接近了无政府主义者。曾作为校外生参加六年级的考试。1906年夏天，在农民和工人青年中进行积极的无政府主义活动，是一个50人小组的领导人。从这个小组和邻近的、由尤斯廷·古克领导的小组分化出以若克为首的剥夺小组。剥夺小组采取剥夺行动后就瓦解了。1906—1907年重新进入原实科中学，然而又一次因同学校的牧师进行“不礼貌的争论”被开除。

1907年作为校外生于实科中学毕业。1907年夏天，无政府主义小组瓦解了。秋天在基辅为了暗杀基辅省省长苏霍姆林诺夫加入了完全独立的恐怖主义小组。但这时发生了严重的内部危机。我厌弃了无政府主义的实践活动。无政府主义思想体系（我属于克鲁泡特金派的无政府主义者——共产主义者）不能使我满足。我开始仔细地和大量地研究革命书籍。普列汉诺夫的《论一元论历史观的发展》(在此以前我已经是一个唯物主义者和达尔文主义者了)、列宁的《俄国资本主义的发展》和《怎么办?》都给了我深刻的印象。从此我完全脱离了无政府主义，并着手研究马克思的著作。就在这段时间里，我以校外生应考拉丁文及格，进入了彼得堡大学。1907—1910年间，我专心致志地从事理论工作，即研究马克思和马克思主义文献，古典政治经济学（魁奈、斯密、李嘉图），现代经济文献，俄国经济，统计学（特别是数学统计），哲学（斯宾诺莎、康德、费希特、黑格尔和一些最新流派）等。1910年前，我已完全地和坚定不移地成为一个正统的马克思主义者。我同大学里的社会民主党人取得了联系，并成为一名社会民主党人。1910年底，发生了大学骚乱（"托尔斯泰纪念日"和"萨宗诺夫纪念日"），我也积极参加了。被捕后被行政监禁3个月，随后由于教育大臣卡索的命令被开除出大学，并被从彼得堡驱逐到基辅。在基辅，当时社会民主党组织遭到了大破坏。我一到基辅就寻找关系，同叶·波·博什、亚·施尔甘等人一起成立了恢复秘密组织的倡议小组。我们找到了俄国社会民主工党基辅委员会的幸存者，并同他们一起召开了市代表会议，会议批准了组织，选举了委员会（委员会成员有叶·波·博什、德·施瓦尔茨、弗·阿维尔金、皮戈相茨、我和其他一些人），并派德·施瓦尔茨参加布尔什维克召开的全俄代表会议（1912

年 1 月)，会上改选了俄国社会民主工党中央委员会。在同取消派的激烈斗争中秘密工作。勒拿惨案给我们提供了公开活动（罢工和集会）的机会。此后，组织和委员会都遭到破坏。我和几个委员得以幸存，没有被捕。整个工作需要恢复，我们也就这样做了；我本人不得不同时担任委员会书记，保管秘密文件，领导秘密印刷厂，书写和印刷传单，重建联系和组织小组；总之，为了适应秘密环境做了“各种各样的”工作。1912 年 6 月，我和部分委员被捕。1913 年 11 月，法院根据第 102 条给我定罪，我和五个同志一起被判处终身流放。1914 年 4 月到达流放地（伊尔库茨克省)，10 月经日本逃往国外。逃往国外是想弄清第二国际的破产和国际的局势，因为从战争的最初日子起，我就坚定地站在国际主义者和反战的立场上。

为参加布尔什维克的伯尔尼代表会议，我径直到了瑞士，直接参加了这次代表会议，并完全站在拥护伯尔尼决议的立场上。然后与列宁、季诺维也夫、布哈林和博什着手出版《共产党人》杂志。该杂志出了 1—2 期。1915 年底，我、布哈林和博什在民族问题上，以后又在继续出版《共产党人》杂志的问题上同列宁发生了冲突。我们三人所持的立场是错误的。杂志停止出版。我和布哈林、博什迁居到斯德哥尔摩进行工作。瑞典左派代表大会（我们也参加了这次大会的一些筹备工作）之后，一些瑞典人被捕了；布哈林被捕了，后来我、苏里茨和哥尔顿也被捕了。被捕后我们四个人被驱逐到克利斯提阿纳，在那里正赶上二月革命。我们（我和博什）立刻动身回俄国。我在国境线上被捕（因为我的护照是假的)，在托尔尼欧城的监狱里呆了三天，然后被押送到彼得格勒。从那里我又回到基辅。随即参加了布尔什维克组织的工作。成为社会民主党布尔什维克基辅委员会主席和工人代表苏维埃执行委员会委员。9 月当选为基辅工人代表苏维埃主席。在十月革命的日子里是革命委员会主席。我和其他许多同志一起被士官生和哥萨克逮捕，后被起义的工人和士兵释放。随后列宁把我召到彼得格勒去接管国家银行，同奥新斯基一起完成这项工作。布列斯特谈判之前，开始是国家银行总委员助理，以后是总委员。在布列斯特问题上我同中央委员会发生了分歧，被派往乌克兰同德国—盖达马克匪军作战。我加入了普里马科夫的部队，在部队里担任过各种职务，如领导政治工作，同列别捷夫一起出版小报《拿起武器！》，搞过审判和镇压，出去侦察，还当过机枪手。1918 年 4 月前，敌人把我们逼退到塔甘罗格—罗斯托夫。一些有首创精神的同志在这里会合，成立了召开乌克兰共产党（布尔什维克）代表会议的组织委员会，而乌克兰中央执行委员会建立了秘密的乌克兰工农政府。两个组织我都参加了，直到 1918 年底。积极参与领导乌克兰秘密的党和起义的工作以及创建乌克兰共产党（布尔什维克）。1918 年夏天，参加了镇压左派社会革命党人的叛乱。1918 年 12 月，德国革命后，当乌克兰爆发起义时，我是乌克兰临时工农政府的主席。1919 年 7 月前参加了乌克兰党和苏维埃的工作。在邓尼金进攻期间任第十三集团军革命军事委员会委员，以后任该集团军第四十二师政委。开始反击邓尼金后，我被召到莫斯科，不久被任命为总参谋部学院政委，随后同托洛茨基一起到乌拉尔第一劳动军。但波兰战争开始了；1920 年 5 月我被任命为波兰战线第十六集团军革命军事委员会委员，在那里一直工作到 1920 年秋天。同波兰缔结和约之后，我被调到弗兰格尔前线任第六集团军革命军事委员会委员。粉碎弗兰格尔以后，被任命为中央顿巴斯煤炭工业管理局局长，从那时起一直在搞经济工作（燃料总管理局代理局长、国家计划委员会副主席、租让事务总委员会主席，从1923年夏天起任最高国民经济委员会副主席）。

张海滨译

皮达可夫续志

列宁在“遗嘱”中曾评价皮达可夫为年轻力量中“最杰出的力量。……他无疑是个有坚强意志和杰出才能的人”。

皮达可夫1921—1923年为俄共候补中央委员，1923—1927年为中央委员，1930年起再任中央委员。1920年起从事经济工作。1920年11月至1921年12月领导顿巴斯煤炭工业，任租让事务总委员会主席。1922年5月起为国家计委副主席，是第一个五年计划草案的制订者之一。

1923年起为“左翼反对派”成员，1927年在党的第十五次代表大会上被开除出党。1928年声明退出反对派后恢复党籍。1927年领导苏联驻法国商务代表处。1928年任国家银行理事会副主席，1929年春任主席，因信贷改革失败于1930年10月被免职。1930年起为最高国民经济委员会主席团委员，1931—1932年为副主席。1932—1934年任重工业副人民委员，1934—1936年为第一副人民委员。

1934年12月基洛夫遇刺身亡后，国内加紧清洗镇压。1936年9月初皮达可夫被开除出中央委员会并被开除出党，9月12日被捕，是所谓“托洛茨基反苏平行总部”案的主犯之一，1937年1月30日被判处死刑，执行枪决。指控的罪行纯系凭空捏造，例如指控皮达可夫去挪威秘密会见托洛茨基，而据挪威当局调查证实，所说的皮达可夫与托洛茨基秘密会见期间奥斯陆机场并无外国飞机降落。

1988年7月获平反，1988年12月恢复党籍。

其第一任妻子是著名的女革命家博什·波格丹诺夫娜，1925年去世。第二任妻子于1936年7月7日被捕，1937年6月20日遭枪决。

普列奥布拉任斯基，叶甫盖尼·阿列克谢也维奇（1886—1937）

我于1886年出生在奥廖尔省波尔霍夫县一个神甫家中。很早就学会读书，4岁读托尔斯泰识字课本上的故事。我幼年笃信宗教。我的许多时光是在父亲供职的两座教堂钟楼上度过的：在那里捉鸽子、掏乌鸦窝和敲小钟玩。我很早就产生了社会正义感，厌恶物质上的不平等。我记得八岁时，曾故意把一双为过复活节而买的新皮鞋扔给母亲，理由是我的儿童玩伴米施卡·乌斯宾斯基，一个皮鞋匠的儿子，穷得穿破皮鞋过复活节。我最初是在我父亲的私立学校学习。后来，在入中学以前，我在波尔霍夫县城小学学习了两年。在奥廖尔市中学，最初两三年我学得很出色，是名列第二的学生。但是，我后来对中学的理科失去了兴趣，因为我爱读自由主义民粹派的报纸和杂志，爱读我国古典作家的小说和历史教科书。我在十四岁时，独自得出了不存在上帝的信念。从那时起，我在家里开始进行顽强的斗争，反对上教堂和参加其他宗教仪式。我对宗教日益厌恶，这是因为我从宗教的阴暗面亲眼观察了整个宗教的内幕。当我读了科尔布《文化史》两卷本以后，我的无神论观点更加坚定了。这部肤浅的著作之所以能够对我产生如此强烈的影响，正是由于作者彻底揭露了宗教迷信和宗教愚昧。不过，他未能理解宗教的历史规律性，但它对我当时的发展所起的作用是积极的，而不是消极的。我当时渴望知道的，主要不是解释宗教，而是绝对否定宗教。

我在得到第一本非法著作以前，已经阅读了《俄国财富》、《俄罗斯新闻》、《祖国纪事》、萨尔蒂柯夫–谢德林著作，特别是杜勃罗留波夫和皮萨列夫的著作，在它们的影响之下，我的思想非常激进。另一方面，我常在假期中到波尔霍夫县、姆岑斯基县和布良斯基县——那里是我常去度假的地方——的乡村去考察农民受苦受难、赤贫如洗和备受压榨的状况。

念中学五年级时我首次看到某种非法刊物，我记得在头几篇文章中，有一篇胶印的阿姆菲佳特罗夫的讽刺小品文《奥勃曼诺夫家的老爷和太太》，在它前面印有叶卡捷琳诺斯拉夫省矿业学院大学生革命委员会的宣言（在《俄罗斯》报上发表过），有揭露哥萨克毒打大学生的报导，还有几首诗歌，如《马赛曲》、《伏尔加船夫曲》、《勇敢前进吧，朋友！》等。我想起自己生平经历中一个非常重要的时刻，就宛如在眼前一样。那是一个夏天，我回到波尔霍夫家中度暑假，我溜进我家花园一个最阴暗的角落，那里在浴室后面的丁香花灌木丛中摆有一条长凳。我开始重读起我的全部非法读物，有旧的，也有新得到的，还有个手抄笔记本，抄有大学生宣言、讽刺诗和抒情诗以及摘自革命纪事中的某些材料。我在这个时刻要充分考虑一个实际问题：怎么办呢，同不同意参加革命者的队伍并忍受由此产生的一切后果——被学校开除、与家庭决裂、坐牢与流放，等等。就在这个地方，我下决心坚定地对自己说：对，无论如何要参加革命者的队伍。

这一年夏天，在我们城里的唯一的一个革命“支部”看来是由我和我的少年同学伊凡·安尼西莫夫组成的“支部”。他是本地商人的儿子，后来变成孟什维克，大概同白卫分子一起流亡到外国去了。我与他常到城里去，在最僻静的地方唱马赛曲，表示我们对专制制度的反抗，但唱得很低，除我们自己以外，谁也听不见。波尔霍夫县有座监狱，是一所破旧的小建筑物，里面经常关着大约 20 名小偷和盗马贼。我们路过那里的时候，就会想到那些“十字”监狱和“布特尔”监狱，那里有许多我们敬爱的反沙皇制度的战士正在受苦。

我度完暑假回到中学，决心在中学功课上尽量少花时间，只要得分不少于三就行。我从此转移了活动重点，每晚如饥似渴地阅读那些用卷烟纸抄印的国外文章，白天全用来阅读文化史、通史，特别是革命史和政治经济学初步知识等等书籍。此外，我同伊凡·安尼西莫夫着手在同学当中扩大宣传工作，成立了两个小组，与奥廖尔省城受监视者建立了联系。我在这段期间产生了复印非法刊物的神秘嗜好。在此以前，我同后来发疯的诗人亚历山大·廷亚柯夫合办过手抄杂志《学校闲趣》，由于在政治上毫无益处，现在丢开了。用胶印机印些小东西已经完全不能满足我，尽管用同样多的胶印原料我们已经可以印出上百份。我梦想有个印刷厂，为了实现这个梦想，我准备用以后的假期来“提高技术水平”。当时在奥廖尔省我们这个圈子里有许多革命青年，其中有本地印刷厂厂主阿列克辛的儿子。在我的坚决要求下，萨沙·阿列克辛从他父亲的铅字盘中偷出了五俄磅铅字。我主张用它们来进一步改进印刷《革命歌曲选》(马赛曲和其他歌曲)的工作。我带着这些铅字回家度假，在我父亲的花园浴室中“开办”印刷厂。我做了几个铅字盘，把铅字分放在盘中，动手排《同旧世界决裂》。为了使我在浴室的秘密工作不致引起家里的怀疑，我让父亲相信，清晨到本地卢格河洗澡，对我的身体是有益的。当然，我没有去洗澡，而是把时间全花在浴室，作掌握印刷技术的尝试。我排的版毫无结果，因为字母零散，又不够用。当我费了很大的劲排好第一节，小心翼翼想印好第一个印张时，却把字母全印倒了。我为自己这个“企业”伤了两周的脑筋，终于决心“关闭”印刷厂。我把铅字埋在地下，秋天便送还了阿列克辛印刷厂。我不得不像过去一样停留在胶印技术水平上，以便以后改用油印机完成奥廖尔委员会要我们印某些文告的委托。

当我升入中学七年级时，我不能再满足于不明确的非正式革命状态，必须在社会革命党和社会民主党之间作出抉择。《共产党宣言》和恩格斯的《社会主义从空想到科学的发展》两篇文章这时对确定我的世界观产生了决定性的影响。我在对这些文章经过长期的深思以后，断定民粹派的世界观没有科学根据，只有马克思主义能给我指出正确的道路。我的世界观的这种转变同时产生了一种实际结果。在此以前，我在青年学生中间不仅散发社会民主党的刊物，而且还有社会革命党的刊物。前者是社会民主党奥廖尔省委员会委员瓦列里扬·施密特和彼得·谢苗诺维奇·博德诺夫斯基(他们后来都成了孟什维克)交我散发的，后者是一个受监视的社会革命党女党员尼克列娃提供给我的。我记得我怎样抱着不愉快的决心，有一次对尼克列娃说，我不能再帮她散发社会革命党的刊物了，因为我现在成了社会民主党人。

我记得非常清楚，当时参加我们学生革命组织的同学有叶弗格拉弗·利特肯斯（后来曾任副教育人民委员），他后来悲惨地牺牲了，还有Д.库佐夫柯夫、H.米歇耶夫、列多夫斯基、E. M.柯廷。在毕业班同学中，我记得有罗曼诺夫、M.费罗曼科夫，等等。我记起了一件很有趣的事，参与人是上面提到的那个利特肯斯和我。我们在中学组成一个社会民主党的“三人小组”，经常得保存大量非法刊物。为了不再使用把刊物埋在地里或塞在树洞里等手工业方法，我们决定在受监视人巴里诺夫的住宅中设一个小仓库。为此，我们决定在俄罗斯式火炉的内部，用砖再砌第二道墙，在这个双层墙后面存放我们的非法刊物，上面盖了一块涂点颜色的活砖。我们在一个星期天花了很大力气细心地建成了这个结构，兴高采烈地把我们的全部非法储备都放在这个新储藏室。但就在这时发生了一个小小的不幸事件。女房东有时到巴里诺夫（他租了住宅另一半）住宅来生炉子。她这次生旺炉子以后，想把火钩子捅进火炉去，现在却突然完全捅不进了。女房东吓慌了，走去告诉男房东。他们打着灯笼一道来查看洞口，但在那里什么也未发现，墙仍是墙，火钩子就是捅不进去。周围邻居都纷纷议论这个火炉。于是，我们明智地决定在下一个星期天拆掉我们的仓库。我们像修建它时那样，干得非常细心。砖是在深夜运走的，扔在奥尔里克河里。但当女房东下次再来生火炉时，火钩子现在又能像过去一样，正常地捅入火炉中去。男房东又打着灯笼来查看炉口，但仍然什么也未发现。他们这一次比上一次吓得更厉害，女房东说起什么鬼魂在作祟了，并把这种情况同房客巴里诺夫受监视联系在一起。这件事对我们总算没有产生非常的后果。1903年秋天，我们在各学校开展了更为紧张的宣传工作，并且是作为奥廖尔党委会的支部进行活动。

我在1903年冬自认为党员，尽管隆重地正式接受我和利特肯斯入党是在两三个月以后的事。

1904年秋天，当日俄战争爆发时，奥廖尔的党委会发表了反战宣言，并且委托我们三人在中学大量散发。我们三人在一次上课的时候，同时走出各自的教室到存衣室去。那里存挂着所有中学生的大衣。我们利用适当机会，把150至200份宣言塞在高年级中学生的大衣口袋里。这次活动进行得很顺利。当中学生穿上大衣各自回家时，会惊奇地发现口袋中有奥廖尔党委会的文章。这件事闹大了，行政当局到处追查罪犯，宪兵纷纷进行侦查，但是找不到罪犯。我们这次有组织的活动完成以后，奥廖尔党委会认为可以吸收我们正式参加直属党委会的宣传员小组。经过一些简单的口试，这件事在1905年2月就定下来了。

这一年夏天，我接触了一个小组，是由赫鲁晓夫机器厂两名工人组成的。我花了很长时间向他们解释党纲，但讲得不很得力。同年夏天，我升入中学八年级，同党委会商量以后，就在马尔策夫几个工厂的中心，即布良斯基县的佳奇柯夫工厂和在县警察分局局长佐洛托夫的儿子那儿，担任暑假教师。我向我的学生尼古拉·米哈伊洛维奇·佐洛托夫（现住在法国）灌输社会民主党的信仰。我一面正式教他拉丁文，一面把主要精力放在佳奇柯夫、伊沃特和其他马尔策夫工厂的工人当中进行宣传工作。我在这里第一次认识了福金，他后来在我们布良斯基的苏维埃政权各级组织的建设中起了巨大的作用。县警察分局局长佐洛托夫（我学生的父亲）竭力想一网打尽我们在佳奇柯夫的支部组织。因为它散发了许多非法刊物和印刷了许多宣言。我们用一个非常巧妙的办法保存了油印机和非法刊物。我这位学生向父亲抱怨说，他没有放书和练习本的地方，要求父亲把自己办公桌的一个上锁抽屉给他用。父亲欣然同意，给了他一个抽屉和钥匙。佐洛托夫的父亲在佳奇柯夫到处搜查和侦查这个散发机构的时候，我们就在这个抽屉里存放油印机和非法刊物。当我们需要在各工厂举行林间小型集会时，我们如法炮制，要求县警察分局局长借我们两匹马去打猎。毫无戒心的县警察分局局长又欣然把自己两匹系了铃铛的马给我们。我们骑着马到处去找我们区的各个组织。这件事在过了一年以后才被发现。

我们小组在1905年4月和5月组织奥廖尔市各学校举行了一次总罢课。尽管我们在学生群众大会上公开发表演讲，通过了我们提出的教学要求，但我并没有被捕，甚至还领到了中学毕业文凭。1905年夏天，我到布良斯克做党的工作，在那里与另外两个同志领导布良斯克党委会的工作。我住在布良斯克车站。由于房里没有床，我在地上铺了两张报纸睡觉，吃的是面包夹灌肠，每天花钱不超过20戈比。我每天傍晚去别日查，往返步行。这就是说，为了领导布良斯克机车制造厂工人小组的工作，我来回得走18俄里。就在1905年10月，根据奥里姆皮叶·克维特金的建议我被选入奥廖尔委员会。奥廖尔委员会当时是一个调和主义组织。奥里姆皮叶·克维特金离开以后，委员会的领导人波诺马廖夫向其他委员笑着说："我们这里有两个坚定的布尔什维克：米哈依尔·叶卡捷琳诺斯拉夫斯基，二十岁；叶甫盖尼·普列奥布拉任斯基，十九岁。"我不顾这种嘲笑，决心坚持自己的方针，维护我们党第三次代表大会的立场。在此以前，奥廖尔委员会发生了一件有趣的事。组织安排奥里姆皮叶·克维特金出席第三次代表大会。他去时是孟什维克，回来却成了坚定的布尔什维克，全力支持我和米哈依尔·叶卡捷琳诺斯拉夫斯基的布尔什维克观点。10月，在著名的宣言发表以后，我参加了反对奥廖尔蹂躏者的斗争，后来被派去布良斯克工厂工作。我在布良斯克呆到11月中旬，后来由于当时在莫斯科工作的H. M. 米歇耶夫的建议，并经莫斯科委员会认可，我被调到莫斯科工作，担任普列斯尼亚区的宣传员。起义以前，我一直在这里做宣传工作。我在起义期间参加了领导普列斯尼亚区起义的区委员会历次会议。当时我们这里的人员都受谢多伊指挥。我这时的任务主要是在各个罢工的工厂召开群众大会。这些工厂这时已受到瓦甘科夫墓地上大炮的轰击。当时普列斯尼亚区已被谢苗诺夫士兵包围，市内在燃烧。我于是把勃朗宁手枪藏在自己住宅的厕所中，深夜溜过步兵散兵线进入市中心，花了几天时间到达奥廖尔，然后回来听候莫斯科中央常务局的调遣。A. И. 李可夫当时领导常务局。他提出两处遭到最严重破坏的组织——科斯特罗马省或乌拉尔的彼尔姆省——要我挑选。我选了乌拉尔，五天以后我就报到了，被安排在彼尔姆委员会工作。这时经常在彼尔姆工作的，有克拉夫基娅·季莫费耶叶夫娜·诺夫哥罗德采娃。一月失败以后，组织了我们党的乌拉尔联合会的雅柯夫·米哈伊洛维奇·斯维尔德洛夫也到这里来了。我在彼尔姆大约工作了两个半月。由于一个有点名气的叫莫托维里赫·沃廷诺夫的人告密，我与其他几个同志在3月18日被捕。这是我第一次坐牢。5个月后，经过四天绝食，我与宾娜·洛博娃、莉莎·金和其他同志被释放出狱，由警察局监视。当我出狱后腋下挟着一个小包往城里走的时候，在街上遇见了亚历山大·敏金。他给我介绍了组织情况，并建议我着手工作。第二天我就在卡马河对岸与社会革命党人进行争论。正常的地下工作车轮又转动起来了。由于省的组织遭到破坏，我到叶卡捷琳堡、车里雅宾斯克和乌法去恢复联系，定于秋天在维亚特卡市召开省代表会议。但我本人未能与会，我被彼尔姆委员会派到彼得堡去为彼尔姆组织的工人战斗队购买勃朗宁手枪。由于Φ.列别捷夫告密（1919年他在奥廖尔偶然被我认出来，后在彼尔姆枪决），我在喀山车站被捕，又被押回彼尔姆，第二次关在彼尔姆监狱，后在臭名远扬的尼古拉耶夫苦役连囚禁了大约8个月，最后，当我们这批人的案件转到喀山法院时，因罪证不足，我又被释放出来。

出狱以后，我去了南乌拉尔，主要是在乌法、西姆地区各工厂和兹拉托乌斯特进行工作。我们终于又恢复了乌拉尔省的组织。尼古拉·尼坎德罗维奇·纳科里亚科夫（党内化名叫纳扎尔）当时是这个组织最著名的工作人员之一。我们在乌法一个很好的秘密印刷厂恢复出版我们乌拉尔省机关报《乌拉尔工人》，此外，还开始出版《农民报》和《士兵报》。1907年，我作为乌拉尔的代表参加了我们党在芬兰召开的全俄代表会议，在那里第一次认识了列宁。在环境日趋险恶、失败接连不断和反动势力日益猖獗的形势下，我在乌拉尔一直工作到1908年3月。3月，我在车里雅宾斯克市会议上被捕。我把会议日程和秘密地址都咽下肚里去了，并在当天深夜顺利地逃出了警察局。然而，当我在乌拉尔遭到彻底失败的时候，我不能离开它，我乔装成实科中学学生，从车里雅宾斯克逃往乌法。我必须召开原定在兹拉托乌斯特举行的会议。4月底，我在街上被密探逮捕，因为我在那里被认出来了。在我被捕以前，乌法发生了一件与我有关的趣事。宪兵曾在布留哈诺夫（现在是财政人民委员，当时是乌法委员会委员）家里进行搜查，按照从车里雅宾斯克报来的我的特征，想在那里抓到我。我像过去一样，乔装成实科中学学生。我在门口遇见宪兵大尉，猜出是怎么回事，便问他：大学生韦林·尼柯夫斯基住在哪里（这是两栋住宅房主儿子的名字，布留哈诺夫住其中一栋）。宪兵大尉给我指出到一栋相邻住宅去的路。我满心欢喜地走进那里去了。宪兵在很久以后才知道自己的错误。

我在乌法监狱关了一些时候以后，被转押到车里雅宾斯克，在那里一直囚禁到1909年秋庭审时为止。在庭审期间，我预料会被判处苦役，曾试图从押送队手下逃跑，但未能成功，反挨了押送士兵一顿毒打。不过判刑很轻：被判终身流放。在此以后，我根据第102条向彼尔姆再次上诉，但再次被判终身流放。我被押到伊尔库茨克附近的亚历山大诺斯克的流放犯拘押站，在那里关到夏天。我在夏天被安置在基廉斯克县卡拉普郑斯克乡。我们在流放地过着公社式友爱家庭似的生活，沉静的阿尔乔姆·谢尔盖也夫、彼得·科瓦连科、阿纳托利·加尔金等同志与其他人也参加了这种公社。我除了在农民那儿做零活以外，主要是从事打猎。1911年冬天，我们党的叶卡捷琳堡委员会要我从流放地逃往叶卡捷琳堡，代表叶卡捷琳堡委员会去国外参加将于1912年在布拉格召开的我们党的代表会议。我高兴地接受了这个建议，特别是我与娜·康·克鲁普斯卡娅正在通讯谈论这次代表会议，并且收到了列宁的密信，就更高兴了。在我要从流放地逃往叶卡捷琳堡之前不久，警察局曾下令对我进行搜查，为此派出了以枪杀勒拿工人而著称的捷烈申科大尉。他被安加拉河上的冬季浮冰所阻，不能渡江，毫无结果而回到基廉斯克。圣诞节第一天，县警察分局局长尼施宜·伊里姆斯卡（当时我们流放犯都归他管）接到了警察局关于立即逮捕我的电报，因为叶卡捷琳堡的组织已被破坏，要侦查我同这个组织的联系。碰巧伊里姆斯卡在圣诞节第一天醉倒了，他的秘书拆开了电报，内容被泄露给我们在伊里姆斯卡那儿流放的同志。同志们立即派人深夜骑马飞奔80俄里来告诉我，大约30分钟以后，我已坐上农民的大车，向图龙火车站疾驰而去。当这位县警察分局局长清醒后读过电报来追捕我时，我同他迎面而过，并且到了图龙站，然后再从那里去新尼古拉耶夫斯克。我在这里开始当合法的、有马克思主义倾向的《鄂毕生活报》的编辑，曾在报上发表几篇文章，维护我们布尔什维克党当时在几个主要政治问题上的立场。我那时正在同季诺维也夫通信，请他给报纸撰稿，并且收到了一篇署名为格·季的文章，列宁也答应撰稿，但他没时间写任何东西。1912年秋天，我们的新尼古拉耶夫斯克组织由于有人告密而全被破坏。在这个组织里工作的彼得·科瓦连科最早被捕。我是在应娜·康·克鲁普斯卡娅的邀请，出国参加某次会议的前一天被捕的。我从新尼古拉耶夫斯克被押解到叶卡捷琳堡监狱，在囚犯中我遇见了被流放的Л.谢列布里亚科夫、捷连斯基、库兹曼科和其他人。

我在叶卡捷琳堡与谢曼·施瓦尔茨、叶甫盖尼·博什、A.H.特鲁宾娜、A.巴拉蒙诺夫和其他同志一同受审。由于检察官在宣读诉讼词时愚蠢地把我错认为另一个叶甫盖尼，我在H.Д.索柯洛夫、A.Ф.克伦斯基和H.M.米歇耶夫参与辩护的配合之下，出乎大家意料地被宣告无罪。

我又从叶卡捷琳堡监狱被押去流放，在此以前，我因逃跑而被判处6个月监禁。我这次在流放地呆的时间不长，1915年就允许我回伊尔库茨克。我在那里加入了本地的党组织，但它很快就被破坏了。在此以后，为了避免出现新的奸细，我们组织了一个新的小组，由“最可靠的”同志扎瓦德斯基、罗姆、德兹雅尔斯基、克鲁特、萨姆索诺娃和我组成。我们筹办了一个印刷厂，着手出版我写的反战宣言。不久就发现我们六个“可靠人”中间出了奸细。于是我们这个小组解散了。只是在二月革命以后，根据伊尔库茨克宪兵管理处的档案，才查明谁出卖了我们。这个人就是大卫·克鲁特。1926年他在莫斯科因这个案件受到审判。我在伊尔库茨克期间，接触了社会民主党机关报《外贝加尔观察》，在报上发表了两篇反战文章。离开伊尔库茨克以后，我去了赤塔，在那里正赶上二月革命。我在4月离开赤塔，以代表身份参加了稍后举行的工兵代表苏维埃第一次代表大会。大会开幕以前，我在乌拉尔，在兹拉托乌斯特与乌拉尔的老朋友一起着手进行工作。

苏维埃第一次代表大会以后，我又回到乌拉尔，当选为乌拉尔区域委员会委员，并且代表乌拉尔参加了党的第六次代表大会，在会上当选为中央候补委员。

在我回到进行工作的兹拉托乌斯特市的时候，我们党甚至在十月革命时期在工人当中仍占少数。大多数工人拥护社会革命党。我在十月革命时期参加了我们党的武装示威游行，高喊“全部政权归苏维埃”口号。我的嗓子都喊哑了，说服了兹拉托乌斯特工厂的工人与其他同志支持政权转交苏维埃。我们在这方面只取得局部的成功。可是，我在10月26日到西姆斯克区时，我们的组织在各处夺取了政权，并把西姆斯克矿区的企业收归国有。十月革命以后，我与其他同志一起参加了乌拉尔苏维埃政权的建设工作，并且加强了我们党的各级组织。

从1918年春天开始，我们乌拉尔各级组织经受了一次捷克斯洛伐克军团攻击的考验，接着建立了反对高尔察克的阵线。1918年夏天，我作为乌拉尔代表出席了苏维埃第四次代表大会，参加了镇压左派社会革命党的暴动。我在进攻社会革命党人占据的中央电报局时，左太阳穴受了轻伤。后来，我被革命委员会派往库尔斯克区数天，整顿我们驻扎在乌克兰边境的部队纪律。我从莫斯科再去乌拉尔，那里的叶卡捷琳堡已被高尔察克分子占领，我们的部队向北撤退。我这时担任乌拉尔区域委员会主席，兼第三集团军政治部的职务。我用自己组织的全部力量完成了一切有关的工作。在高尔察克分子进攻彼尔姆时，我们的革命委员会是在白匪扫射之下，同姆拉奇科夫斯基师最后一批队伍一道从彼尔姆撤退下来的。以后，我们坚决撤退到格拉左夫和维亚特卡。在乌拉尔区域联合会实际丧失了几乎全部领土以后，中央委员会决定解散乌拉尔区域委员会，我被调回莫斯科，开始在《真理报》编辑部工作。我是党的第八次代表大会的代表，并且参加了起草党纲的委员会。后来，我被任命为全俄中央执行委员会派往奥廖尔省的全权代表。

回到莫斯科以后，列昂奇也夫斯克巷发生爆炸时，我在现场。乌拉尔解放以后，我又被派往乌法进行党和苏维埃的工作。我作为乌法组织的代表参加了党的第九次代表大会，并被选入中央委员会，而在中央我又当选为三位书记之一。我在党的第十次代表大会以后，被任命为直属中央委员会和人民委员会的财政委员会的主席，领导使我国的货币流通和财政经济适应新经济政策条件的全部工作，后曾任职业教育管理总局主席、《真理报》编辑并兼其他许多职务，这就不一一列举了。

我的著作除小册子和在《真理报》与杂志上发表的许多文章以外，还有《无政府主义与共产主义》、《共产主义 ABC》(与布哈林合著)、《无产阶级专政时代的货币》、《我国卢布贬值的原因》、《从新经济政策走向社会主义》、《论道德与阶级的标准》、《弗·伊·列宁》、《现代法国的经济与财政》和《论新经济政策时期的经济危机》。最后，还有尚未完成的《新经济学》一书第一卷。

夏道源译

普列奥布拉任斯基续志

普列奥布拉任斯基 1917—1918 年为党的候补中央委员，1920—1921 年为中央委员。1920 年 4 月 5 日至 1921 年 3 月 16 日任中央组织局委员、中央书记。1921—1924 年任俄共中央和人民委员会下属财政委员会主席，1921—1927 年任财政人民委员部部务委员。1921 年同时为教育人民委员部职业技术学校与高等教育机构总管理局局长。1921 年 9 月 14 日至 1922 年 3 月 6 日任《共产国际》杂志部主任。1923 年任共产国际农业委员会委员。1924—1927 年任租让总委员会副主席。

1923 年起属“左翼反对派”，是“46 人声明”的发起人和作者之一。1927 年秋因组织地下印刷所被开除出党。1928 年流放乌拉尔斯克。1928—1930 年在鞑靼自治共和国国家计划委员会机关工作。苏联实施工业化后以为执行了“左翼反对派”的纲领，因而支持斯大林的立场。1929 年 7 月与拉狄克、斯米尔加致信中央，宣布思想上组织上脱离反对派，1930 年 1 月恢复党籍。1930—1932 年任下诺夫哥罗德边区计委副主任。1932—1933 年任苏联轻工业人民委员部部务委员。

实际了解到农村全盘集体化的真实情况后，普列奥布拉任斯基再次成为斯大林政策的反对者，同斯米尔诺夫成立地下反对派组织。为此于 1933 年 1 月被开除出党，在所谓斯米尔诺夫、普列奥布拉任斯基等“托派反苏集团”案中受审，被逮捕。1933 年 1 月 16 日被判流放哈萨克斯坦 3 年，而对他的审讯是在 1 月 17 日才开始的，未审先判。1933 年 12 月恢复党籍。1933—1936 年任谷物肉类国营农场人民委员部财政司副司长。1936 年再次被开除出党，并被捕，在领导“青年托洛茨基中心”案和参加“反革命托洛茨基组织”案中受审，1937 年 7 月 13 日被判死刑，立即执行。

1988 年 12 月 22 日获平反。1990 年 5 月 16 日恢复党籍。

契切林，格奥尔基·瓦西里也维奇

（1872—1936）

按出生证是1872年11月20日生，实际上是11月12日在他伯父波里斯·尼古拉也维奇的卡拉乌里庄园中诞生。他出生于一个浸透了温和的自由主义传统的中等贵族家庭。他的祖父尼古拉·瓦西里也维奇·契切林是一个非常有教养的人，一个精通黑格尔的专家和自由派分子。他经常住在自己的卡拉乌里庄园里，他把这个庄园变成了省里著名的思想中心。波里斯·尼古拉也维奇，著名的法学家、哲学家和政论家，是他的长子。他的次子瓦西里·尼古拉也维奇，契切林的父亲，是一个文质彬彬的人，法语讲得流利、写得漂亮，热衷于外交活动。在1859年意大利战争时期，他是驻皮埃蒙特使团的秘书，正是在这一年同乔治·叶哥罗夫娜·美延多尔夫男爵夫人结了婚，而且婚礼是在热那亚港俄国军舰上举行的。乔治·叶哥罗夫娜的父亲本人不是外交官，但美延多尔夫的家庭为沙皇政府培育了许多出色的外交官，乔治·叶哥罗夫娜的母亲，是维也纳会议的参加者、1815年驻维也纳大使施塔克尔具尔格伯爵的女儿，仍是梅特涅时期旧传统的体现者。瓦西里·尼古拉也维奇在婚后不久就被任命为驻巴黎大使馆参赞。对腐化的周围环境和空虚的生活的不满在他身上表现为教派型的宗教迷和不可克制的虔信主义。在巴黎虔信主义的人士中，赫赫有名的、拥有百万家财的银行家的母亲安德烈夫人起了领导的作用。这时莱德斯托克勋爵在巴黎出现了，他是后来以巴什科夫为名在俄国流行的教派的创始人。瓦西里·尼古拉也维奇受到他的影响，同时并没有同东正教正式决裂。1867年乔治·叶哥罗夫娜的有精神病的堂兄鲁多夫·卡季米罗维奇·美延多尔夫男爵用行动侮辱了瓦西里·尼古拉也维奇，此事发生后，按照那个圈子里的人们的观念，应当进行决斗。在安德烈夫人的影响下，经过长时间的内心的斗争，瓦西里·尼古拉也维奇承认决斗同自己的宗教信仰是不相容的，他拒绝决斗，同周围的一切人断绝了关系，丢下了工作，迁居坦波夫省。他抛弃了上流社会的豪华生活而过着收入有限的外省地主的平淡生活。当他想到人们错误地把他的行为解释为胆怯的表现的时候，他非常苦恼，为了证明自己不是胆小鬼，他在土耳其战争时期报名参加了红十字会，在敌人的火力下到最危险的地方去把伤员抬回来。他没有死亡，但回来时带着肺病，病了4年，于1882年去世。他的长期患病和去世给契切林的家庭环境蒙上了阴影。

契切林自幼是在没有同龄人为伴、渗透了虔信主义的气氛下独自成长的，他的童年所留下的主要印象是老一套的祷文、齐声同唱的赞美诗、大声诵读圣经，总的来说是情绪激动的狂热气氛。他幼年的主要情绪是等待另一种现实即“天国”来代替实际存在的现实——可以说是救世主降临说。他的家庭靠在坦波夫的有限收入维持生活，但仍保持着同外省社会迥然不同的贵族文化传统。好像有一堵墙把他这个孤独的孩子同周围的生活隔绝开来。他的艺术修养很高的母亲培养了他较高的传统文化水平，教他欣赏流传下来的艺术作品。契切林从很小的时候就非常喜欢读历史书，倾心于五光十色的历史事件的更替，历史局势的演变，不断变更的时代。母亲清楚的讲述，她以前的生活留下来的纪念品，使外交界又展现在他的面前。虔信主义引起的狂热与迷恋在西方上流社会生活中尚未泯灭，18世纪的傲慢的、带讽刺味道的怀疑主义的倾向在他身上同时并存。他喜欢阅读和重读母亲收藏的外交文件，例如和约。他同女家庭教师玩他想出来的游戏：两人都拿同样数目的球，把这些球抛到地板上并设法拾起来，谁拾得多，谁就获得了胜利；在桌上摆着摊开的地图，玩游戏的人模拟两个固定的国家，每次战役以后，在地图上标明交战双方的军队的动向，直到一方开达另一方的首都为止，这时契切林坐下来根据各项规则起草向战胜者割让几个省份的和约。在既缺乏良好的自然环境，又严重脱离生活的情况下，七八岁的契切林时刻坐在小桌子前，阅读历史书籍或母亲留下的过去的文件，根据大百科全书编写拜占庭帝王、罗马神父的名单，等等。第一次同现实生活有联系是比他大五岁的在坦波夫中学读书的哥哥给他讲故事。这个在没落的环境中接受高深的文化传统熏陶的孤独的孩子，在窗口边一连呆上好几小时，凝视着上学、回家和遛大街的中学生，觉得他们就像登上了奇妙生活舞台的人物。夏天他是在乡村度过的，有时在科兹洛夫县，有时在小舅舅那里，农村大自然给契切林留下了不可磨灭的印象。他的母亲根据宗教原则在农村热心搞慈善事业，她日益平民化并竭力接近农民，农村贫穷的情景深深地印在契切林的脑海里，使他把不幸的人浪漫地予以神化。十岁的契切林透过茂密的树林忧郁地望着被阳光晒红的草原和农村的茅屋顶，他把对受苦人的崇敬同对农民生活的理想化（这使他产生了浓厚的浪漫主义人民性）结合在一起。

契切林进入坦波夫中学一年级之后，深切地感到家庭环境和外省中学环境完全相反。他把这两种环境加以区别并学会把官方的现实和非官方的现实仔细区分开来。契切林同为数很少的几个中学同学亲近起来，一方面掌握了官方活动的特点，另一方面同专门挑剔学生的淘气和不满行为的告密者作斗争，他惯于把教师看作敌人。在当时的外省中学里，聚集了各种各样的人，契切林经常看到种种不公平的事，校领导虐待贫苦学生的行为，以及这些学生陷于绝望的悲惨场面。但是他来到彼得堡并进入第八中学的四年级以后，这些情绪就没有进一步发展下去了，因为总的来说，在这里几乎清一色是彼得堡官员圈子里的人。这一时期，他对音乐和其他文化的兴趣大大发展了。契切林没有立刻同新圈子里的人们接近，在彼得堡生活的头两年，他过着离群索居的生活。这里有他母亲过去圈子里的人，但母亲回到彼得堡时已经贫困，已经脱离了这个圈子。契切林的家庭只同亲戚和很少的熟人来往，例如同已经变穷的阿里别琴斯卡娅来往。她是前杜尔哥鲁柯娃女公爵的女儿，年轻时曾经是亚历山大二世的情妇。契切林曾经一度向往豪华的上流社会生活，但这种社会的精神空虚又使他感到厌恶，而由于自己家庭开始破落，他又感到委屈，他有一种“被侮辱与被损害”的心理状态。他身上这种自怨自艾和自暴自弃的倾向越来越明显，这种羞怯和孤僻在他身上发展到了顶点，但有时又奇怪地同一种相反的倾向，即追求人生乐趣的倾向交织在一起，不过这后一种倾向因处于逆境而未能表现出来。他一方面狂热地追求非常高的思想境界，另一方面又赞赏

18世纪那种清高的怀疑主义或者法国的司汤达主义。他欣喜若狂地研究古希腊，把自己的余暇都用来阅读希腊的诗歌。他是一个狂热的历史爱好者，在中学时代特别喜欢读科斯托马罗夫的书，从中第一次找到了批判的方法，并特别赞赏他对人民群众心理状态的描写。瓦西里岛上闪烁着昏暗灯光的那漫长单调的冬夜的俄罗斯农村，在契切林看来却充满着非同寻常的美色，充满劳动生活的和谐的农民是人类最高楷模。他经常去看望外祖母美延多尔夫（娘家姓施塔克尔贝尔格），她讲话生动、风趣，他非常喜欢听她讲述梅特涅时代外交生活的回忆。由于家族的关系，他有时也去看望姑妈亚历山德拉·尼古拉耶夫娜·纳雷什金娜和姑父——一个有名的沙皇宫廷管事艾曼·德米，他们家里的生活非常豪华，这使他更加意识到自己这样一个穷亲戚的卑下的处境。城市贫民的可怕生活给他留下了强烈的印象。他缺乏思想的引导，缺乏周围同志的帮助，越来越陷入内心的矛盾之中。

中学六年级时，当他听到第一次在彼得堡演出的瓦格纳晚期音乐《尼伯龙根》时，他的思想发生了真正的转折。在他面前展示的泛神主义思想促使他去研究东方的文化，他身上第一次产生了对东方的狂热的爱。他在瓦格纳的音乐当中，领略到英雄人物的威力和暴风雨般的革命的力量。他在自己所热爱的歌剧《瓦尔基里亚》中看到了对暴动者的悲剧的光辉夺目的描绘，这些人虽然由于暴动而牺牲了，但却给下一代留下了遗产。这时他开始同中学的同学接近；虽然他曾经一度把彼得堡的官员理想化，但这时他已经认识到这些官僚阶层只会庸俗地谈情说爱，没完没了地玩牌，经常在讨厌的淫秽的奇闻丑事上争强斗胜。音乐和其他文化方面的兴趣使他同一些中学同学经常聚在一起，但总的来说，他越来越感到失意和空虚，他越来越充满着倒霉者的情绪。

在他进入大学历史—文学系之后，他给外祖母美延多尔夫写信说，历史和他的生活已经融合在一起，他在大街上迎面遇到的也将是这门学问。在大学时，他受到了各种思潮的影响。他尽可能多地听各种课程。由于缺乏指导，他对各种学科采取兼容并蓄的态度。对他影响最深远的是克柳切夫斯基的石印讲义，以及其中对历史过程所作的经济分析和尖锐的批评方法。伊萨也夫的课程和在走廊上的交谈使他第一次了解工人运动，当然，由于他受各种思潮的影响，对工人运动的认识是模糊的。1895 年的学生风潮吸引了他，唤起了他惯有的激情，但并不持久。在大学课程行将结束时，对无目标、无意义的空虚生活的不满，自怨自艾，缺乏积极的理想，使他达到内心悲剧的顶峰。正像他最喜欢读的尤利安《死者的对话》中凯撒所说的："决不做二等人。"他感到自己在某些方面低人一等，于是他无限自怨自艾。随着这种情绪的抽象发展，他变得再也不能容忍自己只是一种个别的、受限制的、暂时的人物。他从叔本华那里找到了人类个人的内在矛盾：个人是世界的眼睛，同时又是现象世界的个体。他不能容忍个人只是受限制的和暂时的个人。他不认为自杀是解决问题的办法。他决定去惩罚那些未知的力量，这些力量违背他的意志，使他变成个别现象，千方百计地使他受到损害，逐渐使他遭到毁灭。他内心世界充满着极端苦闷，突然又进入上流社会的生活，但这种生活是同他格格不入的，是他所厌恶的。他突然为社会悲伤派的情绪所支配，但这种情绪也毫无结果，瞬息即逝。他从反动分子 Б. В. 尼科尔斯基的创作中看到了对自己哲学悲观主义的回响。应该指出，当时只出版了尼科尔斯基的最乏味的作品。契切林从尼科尔斯基的作品中找到了对生活、自我和一切存在的绝对鄙视。但是，这些思想情绪发展到最后，对一切的鄙视本身又消失在空虚之中。“在蕴藏着鄙视和喜悦的高空中，无法歌唱；让白嘴鸦盘旋，让雄鹰飞翔；谁能看到一切，看到飞往何方。”总之，尼科尔斯基创作的基本思想的发展过程把他从出发点引上了荒谬绝伦的方向，从而帮助契切林寻找到一条相反的道路。

这个过程的第一阶段是个人无政府主义，他最初认为，这是革命性的最高表现。在尼科尔斯基的第一部长篇叙事诗《贵族的儿子杜契》中，约翰·格洛兹内依知道，他的儿子杜契否认他的权力，他把儿子召来，但杜契在贵族面前宣布，他不崇拜天上的上帝，也不崇拜地上的沙皇；他父亲宣布同杜契脱离关系。而在沙皇决定对杜契处以酷刑的时候，人民对他加以诅咒；但是，愈是对他诅咒，他脸上愈是流露出喜悦：“人民怎么能猜到呢？为什么容光焕发呢？”在受酷刑时，他不吭一声，他的坟头没有十字架，在他墓前经过的莫斯科人朝他吐痰。契切林热衷于把没有共同理想的个人奉为最高的原则，这种反动没落的思想在尼科尔斯基下一部长篇叙事诗《四兄弟》中得到了表现。有四个兄弟在寻求真理，长兄把所有奴隶从残酷的奴役下解放出来，但掌握了权力的奴隶不会使用权力，把国家弄得贫穷不堪，最后杀死了他们的领袖即长兄。二哥来到一个受到资本剥削的饥饿的手工业者的国家，把他们组织起来，使他们得到了解放，但他们的处境变得更坏，最后把二哥打死。三哥跑到一个遥远的国家，这里组织严密，但一切都受到刻板的条条的束缚，人类的个性往往像削足适履那样受到损害，他因千方百计地扩大个性而终遭死亡。四弟从三位兄长的命运中得到了教训，决定到山上去，一直走到人类的足迹从来没有到过的山峰上，这里充满着“幸福的宁静”。这种无为主义并不能贯彻始终，在尼科尔斯基身上，它的下一个阶段就是，从鄙视群众发展为歌颂胜利者。个人无政府主义导致至高无上的宗教裁判者。把自己个人当作最高原则导致荒谬，这终于使契切林走上相反的道路，不是把自己看作完美的原则，而是看作集体的一员。

契切林离开大学之时正是他生活中最困难时期的开始，他精神完全颓废，疾病缠身，瘦弱不堪。他非常爱读陀思妥耶夫斯基和尼采的书。一方面受这种厌恶生活和崇拜超人的痛苦心情的支配，一方面沉浸于音乐和神秘的泛神主义之中，特别是研究诺斯替教派[①]。从童年时代以来的第一次出国旅行，使他迷恋中世纪的城市，向往过去时代的生活。1895—1897 年，他沉醉于“模拟”文学和“风习”文学，这两个流派后来在战前文学中起过巨大的作用。1896 年，他不顾身居高位的亲戚的不满和反对，到外交部档案馆工作，以便离沙皇国家机构的实际工作远一些。契切林内心几乎完全消沉了两年以后，1897 年开始了急剧的转变，在出现饥荒而官方又采取了强迫他沉默的措施的情况下，他突然听到了现实生活的召唤，要求他去从事现实的实际工作和为社会目的而斗争。

他渴望同整个苦难的人类共同斗争。但在他找到革命的道路之前，还需要经过七年内心的斗争和曲折。汇合成大罢工的工人运动开始对他发生影响，但起初《工人思想》的幼稚思想使他反感。1899 年的大学生风潮和芬兰争取宪制的斗争使这些情绪尖锐到了极点。在他的亲密朋友、一位有学问的青年神经科医师那里，他遇到了这位医生的熟人们，他被介绍给各革命政党的党员并开始为他们提供技术性的服务。在他身上美学家和革命

① 奴隶制崩溃后流行的一种颓废教派。——译者注

家发生了冲突，还没有像后来那样融为一体。在他身上康德和开始在他面前出现的马克思的思想发生了冲突，但他已经意识到崇高的理想，看到了摆脱使他完全迷惘的持续的内在危机的出路。他在外交部档案馆同自己的顶头上司 Н.П. 巴甫洛夫-西里凡斯基接近起来，并同他一起为外交部九周年纪念编写了外交部俄国司的历史。这时，他在仔细研究整个 19 世纪俄国外交史以后，便专门研究亚历山大二世在位时期的外交史，他翻阅了档案资料、历史文献和回忆录，与此同时，俄国现实的可怕景象使契切林越来越感到痛苦，使他认识到不能再消极下去。他对给他带来如此之多的痛苦的旧社会痛恨到了无以复加的程度。1904 年初，他下定决心移居国外，在国外研究革命出版物、革命政党的活动和西方工人运动，从这里得出实际的结论，然后回俄国干革命工作。他为革命工作者提供的技术援助使他有被捕的危险，后来这种危险被消除了，于是他在 1904 年春公开去了国外。契切林起初同 Н.П. 巴甫洛夫-西里凡斯基（此人同左派立宪民主党人和社会民主党人有联系）保持密切的联系，并从国外通过外交部机关向他提供资料。他起初没有向自己的亲友透露自己的真正目的。

1904 年他的新生活开始了。他如醉如痴地阅读革命出版物，与革命者来往，接近德国工人群众。卡尔·李卜克内西对他产生了极其深刻的影响，契切林很快就同他接近起来。路找到了，契切林体会到重生的喜悦，摸索到那种具有明确目标和意义、由集体的任务统率个人的任务的内容丰富的实际生活。他找到了过分的热情与冷酷的现实、享乐主义与禁欲主义、最终的理想与日常平凡的工作的综合。以前折磨他的内心的不安得到了解决：他开始感到自己是集体的一部分。他从青年时代就习惯于历史地思考问题，他从历史时代更替的观点出发给自己提出问题，如当前的历史任务是什么，新兴的历史力量是什么，他从马克思主义中得到答案。在他刚到国外去的时候，他开始同社会革命党人接近，但他们的折衷主义、不坚定性、主观主义、非历史性、凭感情和情绪行事立即使他同他们疏远了。马克思主义的分析为他提供了观察一切社会现象的钥匙。马克思主义作为革命阶级先锋队的思想纽带，把他同无数受苦的群众联系在一起。在无产阶级革命中，他看到了英雄人物，而不是从前令他窒息的小市民。只要有政治条件，他力图进入生气勃勃的无产阶级分子的圈子，他受到了德国社会民主党思想的极强烈的影响，后来这种影响在他身上长期存在。但当时已在社会民主党领导人中广为流传的市侩习气使他感到非常厌恶。他感到同卡尔·李卜克内西是完全一致的，他个人同李卜克内西关系极其密切。

1905 年，他加入了地方布尔什维克组织，即所谓的国外组织委员会柏林支部。当时夺取政权问题的提出使他加入了布尔什维克：当革命进程要求夺取政权时，孟什维克拒绝夺取政权的提纲在他看来是同革命斗争的基本要求相矛盾的。他准备秘密回国，为此进行了准备，但此时他病了，疾病久久不愈使他留在柏林。当时两派组织合并了，国外组织委员会不再存在，在国外成立了俄国社会民主工党统一的小组并指定中央委员会国外局为它们的中心。1907 年契切林当选为中央委员会国外局书记，在伦敦代表大会上他也担任这一职务。德国社会民主党给契切林的巨大影响把他推向孟什维克方面，契切林认为孟什维克的策略同德国的策略极为相似。与梯什科同住在旅店时，契切林每晚同他长谈。在孟什维克代表中，著名的克罗赫马尔常常发表议论，这给他特别强烈的影响。契切林试图向梯什科证明，布尔什维克策略完全是饶勒斯主义，即经常同小资产阶级结成同盟

（只不过是在革命环境中）的策略；契切林认为，在保持社会民主党经常的行动自由的条件下，同立宪民主党人达成一次性协议的策略更接近于德国的策略。他过去的整个经历使他崇拜群众，因此他非常欣赏工人代表大会的思想，特别痛苦地看待载有禁止在群众中进行关于这个问题的宣传的布尔什维克决议。结果契切林同那些不久被称为《社会民主党人呼声报》派的集团接近。

1907年年底，契切林被捕，因使用别人的护照而在沙洛顿堡法庭受审，被判处罚款并被驱逐出普鲁士。Н.П.巴甫洛夫–西里凡斯基通知他说，收到了关于他的案件的警察材料，从中可以看出，他引起了特别的注意，他要去俄国是不可能的。契切林有一段时间住在德累斯顿附近的莱本，隐蔽起来并偶尔秘密潜入柏林，《社会民主党人呼声报》编辑部迁到巴黎以后，他就住在巴黎，几乎足不出户。这时他的一切都贯注着党的统一思想。他把无产阶级看作是同整个旧世界对抗的唯一的历史力量，所以当时特别痛苦地看待党的任何分裂，他感到他的理想的基础被破坏了。维也纳《真理报》争取统一的运动在他看来只是表面的、拉拢感情的，不能实现消除实质性分歧的历史要求。契切林极力反对取消主义，他在《社会民主党人呼声报》集团中寻找反对取消主义的对抗力量并对该派向取消主义让步的行为和摇摆的倾向非常不满。契切林特别积极地参加召开1908年各国外集团巴塞尔代表大会的工作，他把各集团的自治（特别是经费自治）看成防止国外集团由于这一个或那一个党的机关给予资助而发生分裂的唯一道路。契切林竭尽全力保持各集团的党性，而不是派性，他坚持各集团按党章的要求把百分之十的经费上交中央委员会。他千方百计捍卫各派别集团的统一，竭力组织各派人士作报告。契切林把全部时间都用在为各集团服务的细致工作上，他说：“当把各派往一块堆凑的时候，最细小的工作都会令人满意的。”他同时被卷入法国的政治生活，积极参加法国社会党第十四支部的工作，建立了个人同巴黎工人的联系。法国社会党的知识分子性质使他厌恶，法国工人轻视组织性的心理使他不安，他极力影响青年工人并且在他们身上花了大量的时间。1912 年他热烈支持八月联盟，把它看作向党的统一方向迈出的一步，特别是由于前进派参加了该组织，同时他服从组织委员会的安排。后来托洛茨基脱离八月联盟对契切林是个非常沉重和痛苦的打击，他的希望破灭了。这时，第二国际领导层的日益资产阶级化使他大为不安和愤怒。潘涅库克模棱两可的言论让他很不满意，但他对这些言论中表示要恢复革命工人运动的尝试是欢迎的。他厌恶使他的幻想破灭的《光线报》的机会主义和德国社会民主党领导的笨拙。他认为卡尔·李卜克内西是新时期最著名的和英雄的工人运动代表者，他对李卜克内西寄予了莫大的希望。

从 1907 年同社会主义青年运动接近以后，契切林在这里看到了整个革命运动美好未来的萌芽并千方百计地支持它。1914 年，当他亲自研究党在利尔的状况时，他在那里发现了可恶的小市民习气，和在虚伪的社会主义言辞的薄薄面纱掩盖下流行的钻营和个人利益。他同一个怀有革命情绪的当地社会主义青年的领导人勃柳诺一起为在利尔组织反战游行而奔走。

战争爆发以后，他从利尔到布鲁塞尔，在那里参加了所谓的“有原则的”侨民委员会，反对组织志愿军，后来到了伦敦。战争使他的思想产生了尖锐的危机。他清楚地知道不可对军事拨款投赞成票和不可赞同组织志愿军。但以后怎么办呢？他不能接受以前无政府主义的开小差的纲领。斯图加特决议和哥本哈根决议由于没有商量好和内部有矛盾而不能对他感到不安的问题给予明确的回答。在布尔什维克的书刊上，他发现有同战争有关的任务的表述：在俄国是消灭贵族制度，在德国和奥地利是消灭封建专制的残余，而其他国家的当前任务已是社会革命。可见，在德国、奥地利和俄国，革命运动还面临着资产阶级制度范围内的任务。在它们和资产阶级民主国家之间不能画等号。当契切林陷入这些困难之中时，他力图从中找到把活动的概念同估计的概念区别开来的出路：社会民主党在它的政治活动中应当一律反对本国政府，但在对不同国家军事事件作用的理论估计上，应有所区别。不过，这个想象中的纸房子在契切林那里存在不久，巴黎青年团的书记（契切林以前知道他是卓越的革命活动家）到伦敦来拜访契切林的时候对他说，战争使他看到每个民族劳资利益的一致性。这一席话非常清楚地向契切林说明了一个事实：护国主义是劳动向资本投降的表现。愈往后，各国的护国主义出版物就愈益向他说明了这一事实。契切林清楚地看到，英国资本通过护国主义利用工人组织来控制工人阶级。英国的政治现实非常明显地向他暴露了民主这个资本统治的漂亮形式的作用，并且使他知道了资本对群众发生作用的无数不同的形式。他终于清楚明确地认识到必须最无情地反对所有参战的资产阶级政府。契切林得出结论，目前护国主义是主要敌人。他成了巴黎《我们的呼声报》的经常撰稿人，该报是他转变的桥梁。他认为组织委员会毫无希望地陷入了护国主义泥潭，背叛了革命事业。他认为，格沃兹杰夫事件是骇人所闻的，孟什维克在这一事件中的行为是可耻的。他同他们不再有任何关系。

他从一开始就同英国社会民主党的左派接近，他同彼得罗夫一起积极参加了反对海德门之流的斗争，热烈祝贺英国社会党成立。他为俄国政治苦役犯筹集资金，同时还要在英国那些狂热地为沙皇制度辩护的爱国主义者中间开展宣传鼓动工作，因此，他同工联左翼少数派建立了联系。他开始在英国工会的刊物上撰写文章。

二月革命以其卑鄙的护国主义的叫嚣使契切林大为震惊。来到伦敦的所谓社会主义联盟的代表浸透了最可鄙的护国主义思想。由鲁萨诺夫、埃尔利赫、戈尔登贝尔格和斯米尔诺夫组成的委员会到欧洲各地寻找民主，而契切林深信这种民主只是资本统治的漂亮外衣。这时他在伦敦的主要实际工作是组织流亡者回国。当时担任伦敦大多数侨民组织的书记的契切林，也就是处理这一问题的代表组织的书记。在代表委员会中的社会革命党人代表，狭隘的和什么卑鄙勾当都干得出来的加甫隆斯基博士，根据同纳波柯夫代办达成的协议，企图阻挠布尔什维克返回俄国。在斗争最激烈的时候，契切林被行政拘捕，并被投入勃里克斯顿监狱，在那里一直呆到1918年初同英国大使布坎南交换获释为止。他于1918年1月回到彼得格勒，此后揭开了他的生活的新的一页。

（本人审定的传记）
蔡恺民译

契切林续志

契切林1918年1月回到俄国，当即加入布尔什维克党，任副外交人民委员，1918 年 3 月 3 日参加签署布列斯特和约。1918—1930 年任外交人民委员，在使苏俄摆脱孤立状态中发挥了重要作用。1922 年 4 月率苏俄代表团出席热那亚国际会议，期间同德国签订了拉帕洛条约，突破了西方对苏俄的封锁。1925—1930 年为联共中央委员。1930 年 7 月退休。1936 年 7 月 7 日去世，葬于新圣母公墓。

1918 年 7 月 1 日列宁对契切林有一个评价："契切林是个极出色的、极认真的、聪明而懂行的工作人员。这样的人应当珍惜。至于他的弱点——缺乏'指挥员气魄'，这没什么了不起。世上具有相反弱点的人还少吗？"①

① 《列宁全集》第 2 版第 48 卷，人民出版社 1987 年版，第 222 页。

丘巴尔，弗拉斯·雅柯夫列维奇

（1891—1939）

1891 年 2 月生于叶卡捷琳诺斯拉夫省亚历山大里亚县费多罗夫克村。父母有小小的家业，他们是种田人。父亲和母亲都没有文化。1897 年我进了小学。在 1905 年以前的那段时期，村里开展了革命小组（其中之一是“阿尔齐姆”创办的）工作，我也参加了小组活动，给不识字的人朗读小册子并讲解其中的内容。1904 年小组被破坏的时候，我是首先被那些到村里来侦察“叛乱”和逮捕“叛乱者”的宪兵抓起来和审问的（挨打并遭到侮辱）。在小组里，在两年制小学的老师们的影响下，我读完了达尔文的《物种起源》，不再信神并开始独立探求生活的道路。

同父母住在一起时，我在家里干活或给比较富裕的人打短工。眼看没有什么可经营的，而家庭还在扩大（8 个孩子），1904 年，我从两年制小学毕业以后，到亚历山大罗夫斯克机械技术学校去学习。在 1905 年大破坏时，我家的住宅也被毁坏，此后我去到村里，在那里我参加了农民运动。在学习期间，我参加了革命小组的活动，把搞到的非法书刊送到村里去。

1907年，一部分同志从流放地回来以后，我加入了党，属于布尔什维克，同工人建立了联系。暑假里我在铁路工厂工作；学习时，除了地方自治局的助学金和一位地方自治工作者的资助以外，我靠授课赚钱。1909年夏天，我携带非法书刊在火车里被拘捕，但逃脱了。

1911年我从学校毕业，进了工厂工作，除几次中断外（被拘捕约6个月，失业）一直工作到1915年春天。我曾在仓库工作，在莫斯科的克拉马托尔斯克工厂、尼科波利—马里乌波尔工厂、巴里兄弟锅炉厂当过打样工、钳工、装配工和锅炉房的帮工等等。在工厂工作时，我参加了罢工，参加了保险运动，在合作社和小组工作过，进行了宣传鼓动工作，并进行补习。

1915年"五一"以后我被动员入伍，在军队呆了几个月之后，即到1916年初，被调往彼得格勒的炮厂。在二月革命以前，我一直在该厂当旋工。从二月革命最初几天起，我脱产去从事组织工厂工人民兵的工作，这是遵照工厂委员会的意见，按照党的路线等等去办的。在工厂委员会第一次代表会议上，我被选入彼得格勒工厂委员会理事会。

十月革命前的整个时期我一直在这个组织里工作，我参加了多种经济机构（工厂会议等等）。在炮厂工人代表大会上，我被选入这些工厂的全俄工人委员会（工人监督机构）。在全俄工厂委员会代表大会上被选入全俄工厂委员会理事会。十月革命后我被选入工人监督委员会，后来又被选入最高国民经济委员会。在十月的日子里，我是炮兵总部政治委员。从苏维埃第三次代表大会以后是全俄中央执行委员会委员，在苏联成立时是苏联中央执行委员会委员和主席团委员（直到现在）。

从最高国民经济委员会成立至1922年，我一直在该组织中工作，作为最高国民经济委员会主席团成员完成了多种工作，我曾在交通局、冶金局、财政经济局及其他局工作。1918—1919年，我是国营工厂（索尔莫沃—科洛姆纳）即国营机械制造厂联合公司管理委员会主席。1919年被派往乌拉尔负责最高国民经济委员会恢复工业委员会的工作。1920年初被派往乌克兰，在那里担任最高国民经济委员会工业局局长，后任最高国民经济委员会主席。在彼得格勒、莫斯科、哈尔科夫工作时，是冶金工会委员，中央委员会委员。曾任全乌克兰革命委员会委员，后来从1920年起是全乌克兰中央执行委员会委员（现在仍然是）和人民委员会委员，我当乌克兰人民委员会委员时，同时担任主席。

1922年我被任命为顿巴斯煤矿工业的负责人，1923年7月从顿巴斯调往哈尔科夫，被选为乌克兰人民委员会主席。

从乌克兰共产党（布）第四次代表会议（1920年）起，我是乌克兰共产党（布）中央委员会委员，1921年我当选为俄共候补中央委员并提升为中央委员。后来在第十一次、第十二次和第十三次代表大会上当选为俄共中央委员。

我没有出版过著作，偶尔写些关于政治问题和经济问题的文章。

蔡恺民译

丘巴尔续志

十月革命后丘巴尔先在乌克兰工作。1919—1922年任恢复乌克兰工业组织局主席，全乌克兰革命委员会委员。1920—1937年为乌克兰共产党中央委员。1920—1922年、1923—1934年任乌共中央政治局委员。1921—1923年为乌克兰最高国民经济委员会主席，同时为中央煤炭工业管理局局长。1923—1934年为乌克兰人民委员会主席。

1921年8月起为俄共（联共）中央委员。1926年11月3日起为联共中央政治局候补委员。1935年2月1日至1938年6月16日为政治局委员。1923—1925年、1934—1938年任苏联人民委员会副主席，1934—1937年同时任劳动国防委员会副主席。1937—1938年任苏联财政人民委员。

1938年6月16日联共中央政治局通过决定，认为丘巴尔不能再担任政治局委员和人民委员会副主席，决定只给他外省的工作作为考验。1938年7月4日被捕，审讯中受到严刑拷打。1939年2月22日以从事反苏和恐怖活动以及暗害活动罪被判处死刑，2月26日被枪决。

1955年8月24日平反，恢复党籍。

施略普尼柯夫，亚历山大·加甫里洛维奇

（1884—1937）

我生于弗拉基米尔省的木罗姆市。我的父亲是木罗姆市的小市民，他从事各种各样的手工业，当过磨粉工人、壮工、木匠、店员。母亲是一个木工的女儿。父亲在我还不到 3 岁时就淹死了，留下母亲和四个小孩，其中最小的还不到一岁。

一个没有财产、没有人手的寡妇的生活是非常困难的。家里所有的成员从小就不得不学会做点事情挣钱，帮助母亲苦苦地维持生计。尽管生活艰难，母亲还是力图按照旧的习俗和旧的信仰教育子女。我父母双方的家庭都信旧教——属于北海教派，它受到警察当局和牧师的迫害。我从小就了解宗教的迫害。在教育方面，我们那个偏僻城市中大人们在街上扯皮吵嘴、打架斗殴，对我有很大的影响。

虽然母亲非常善良，但是我们童年的大部分时间是在无人照管的情况下度过的。为了勉强活下去，为了养活自己的四个小孩，母亲不得不到处去挣钱。为了给我们弄到一块面包，她什么活都干。有过这样的日子：从大清早起直到深夜她都不在家。有过这样的夜晚：我们这些小孩子呆在家里，没有人照管，我们都十分为自己母亲的命运担心；那是冬日的夜晚，我们的妈妈在给人当洗衣妇，到奥卡河上洗衣服去了。我们往往因利用无人照管的自由而害了自己：拖着一双冻得冰冷的双脚回到家里，结果病倒了，一病几个月，给母亲添了新的麻烦、担心和开支。

由于我们信旧教，出生簿籍上没有保存我准确的出生年份。在原来的市政机关的资料中，有我三个出生年份：1883年、1884年和1885年。出现这种情况的原因很简单：初小毕业时我就必须马上去找工作，而为了找到工作就非虚报年龄不可，否则人家不要。只要给市政机关的秘书或文书送上半个卢布作为茶钱，这就管用了，年龄就按照请求者的愿望而增加一岁或两岁。

我8岁上小学，读了三年书，学会了读书写字之后，就失学了。学校并不是我的母亲，使我受到教育的也不是学校的老师。一个宗教课老师知道我们家信旧教，就千方百计地折磨我，在两年中的每一个节日的次日，都由于我没有去教堂而罚我跪两个小时，而且在下午五点之前不让我吃午饭。那些老师都是一些粗暴的年轻人，他们往往对自己的学生拳脚交加。这几年的生活使我懂得了这个世界上没有真理。在各种宗教书籍的影响下，我曾准备为上帝的旧教的真理而斗争。当我刚刚学会读书的时候，母亲就开始让我高声朗读《圣徒传》、《圣经》中的赞美诗，其中有许多我已背得滚瓜烂熟。宗教的迫害、在街上和学校里受到的迫害、家里的贫穷和苦难，这一切在我幼小的心灵中造成了这样的幻想和情绪：要进行斗争，要不惜牺牲。

初小刚刚毕业，我就立刻找工作。在那样的年龄，对工作是不能挑挑拣拣的。为了在12小时的工作日里赚到15到20戈比，有时去果园摘果子，有时去工厂的翻砂车间筛砂子或干不是我那个年龄所能胜任的其他粗活。对工厂生活以及老一辈工人的了解激发了我要做一个自由的独立工人的愿望。我希望当上一名金属车工，并千方百计地力求实现这一理想。

后来我有机会到瓦恰村当时很有名的德·德·康德拉托夫继承者的钢材工厂的机械车间工作。我开始在刨床上实习。1900年转到了索尔莫沃，在那里我才当了车工。在索尔莫沃工作几个月后，我又来到了北方的首都——彼得堡。为了找工作我跑遍了这个城市的许多工厂，受尽了磨难，终于在涅瓦造船厂当上了一名钳工助手。那时我还不到18岁，尽管我设法在身份证上把15岁改到17岁，但还是未到能干车床或在机器上干活的年龄。

1901年春，在彼得堡爆发了遭到血腥镇压的奥布霍夫工厂的著名的罢工运动。当时我在谢米亚尼科夫斯基工厂工作，按照自己的年龄来说我算是积极参加了罢工，把各造船车间、木工车间的男孩子们集合起来，去追逐那些不想参加罢工的工人。我们在口袋里装满了螺母、碎料和各种各样的铁片，出发到船坞和各车间去。我们向那些不服从罢工决定的工人像冰雹般地扔铁片、螺母、螺钉，从而迫使他们参加共同的运动。我们一群群地在谢米亚尼科夫斯基工厂院里奔跑，一组组地出现在奥布霍夫工厂区。骑马的和徒步的警察常常为此而用皮鞭抽打我们，但这只能激发我们这些年轻人的斗志。我由于积极参加罢工而被谢米亚尼科夫斯基工厂解雇，并且进了黑名单。

想在另一家工厂找到工作的一切希望都以失败告终。在一些工人的帮助下，我进入了奥布霍夫工厂，可过了两周之后，我又因参加罢工而被开除了。其他几次也都是如此。因不可能进大工厂，我就只好在小工场里工作。小工场的工资非常微薄，连付房租都不够用，这样我就只好在由某个小工场进行修理的澡堂里过夜。过了一年，在首都经过了种种磨难之后，我赚到了路费，就回到了索尔莫沃，从那里又回到了家乡。

在彼得堡的罢工运动时期，我接触到了革命宣传。我不止一次地获得了一些小册子，它们的名称我现在已经不记得了，但是它们的内容并不使我感到吃惊，因为它们所描述的东西只不过是我青年时代所亲身经历过和了解的东西而已。在从彼得堡回家的路上，在索尔莫沃，我从当地的社会民主党组织那里获得了许多小册子、传单和当时在诺夫哥罗德出版的几期社会民主党的杂志。带着这些材料我回到了家乡木罗姆市。在家乡我很快找到了工作：当预备车工；在工厂工作，这就使我有可能不仅在这个工厂的工人中间，而且在别的地方，即在该地区的工厂工人间进行宣传。

1903 年，我们的工作得到了俄国社会民主党下诺夫哥罗德委员会的关怀，它给我们派来了人，送来了书籍。在木罗姆市成立了党的委员会，受党委管辖的有威克萨—库列巴基采矿厂，以及木罗姆地区的纺织企业和其他企业。在俄国社会民主工党木罗姆组织成员中有两个内奸：邮局官员莫申采夫和工人莫伊谢也夫。这两个人的所作所为很快就引起了人们的怀疑，并且很快就从组织里被孤立。然而，这种孤立只挽救了一部分组织，内奸破坏了组织的核心。1904 年初，宪兵在该地区内进行了几次逮捕。被捕者共约十人，其中包括我。宪兵制造了整整一个关于社会民主工党木罗姆组织的案件。但是，他们未能把案子搞到法庭上去审理，因为在调查过程中内奸已被揭露。在监狱里我呆的时间比其他的人都要长，即关了九个月单人牢房，后来我被释放出来，由警察进行监视，这使我有可能进入工厂。

1905年的“一月事件”在我们那个地区引起了一系列罢工和抗议，我们的组织都积极参加了。1905年7月为了纪念1月9日被枪杀的工人，我们的组织举行了群众集会。因为警察镇压这次群众集会，这次集会变成了武装的示威游行，殴打了警察，在全城游行了一通宵。一周后，我被捕，投入了弗拉基米尔中央苦役监狱。木罗姆监狱已被认为不够牢固，所以我和其他同志一起转到了弗拉基米尔。

1905年的十月罢工使政治犯得到了大赦，也使我获释，我又立即加入了社会民主工党革命工作者的行列。释放之日，弗拉基米尔的黑帮分子在街上毒打了我，我脸上带着伤回到了家乡。我以彼得堡工人为榜样，组织了当地的工人代表苏维埃和工会。党组织取得了合法的性质。

10月是我应征入伍的时间。一个专门的委员会审查了我的出生年份，按照我的外貌确定了我的年龄，认定1905年是我的应征入伍期。1905年的征兵运动是在青年革命情绪高涨的条件下进行的。青年的示威游行比比皆是。大部分应征入伍的青年——按照当时的说法——都受了革命宣传的感染。我本人就拒绝参加为沙皇和俄国忠实服务的宣誓，但当局不敢为我的这种行动逮捕我，因为他们害怕类似的逮捕会激起新兵捣毁军事机关和监狱。

不过，我毕竟没有去沙皇军队中当兵。从弗拉基米尔狱中释放出来两个月之后，省长发布了立即逮捕我的新命令。警察多次企图逮捕我，因害怕遇到武装拒捕而未能实行。但是，在圣诞节的前夜，逮捕终于突如其来地在一家理发馆里发生了，当时我为了过节而去那里理发。在狱中我一直呆到 1907 年初，同年 1 月被判处要塞监禁两年，而在判决后、服刑前以 300 卢布押金保释。这次释放后，当警察在技术学校搜捕社会革命党人时，我又一次在莫斯科被捕。但我在狱中只呆了一个月，没有被送到要塞去。

1907 年，我在列福尔托夫区党组织中工作，后来转到了彼得堡。在彼得堡参加了彼得堡委员会的工作，担任普斯科夫区（后改为罗日杰斯特沃区）的组织员，是彼得堡委员会的委员，参加了彼得堡组织的各种会议，直到 1908 年初为止。1908 年初出国，在国外侨居到 1914 年初，在法国、英国和德国的各工厂到处漂泊。

1914 年 4 月，用法国公民诺埃的护照回到了俄国。起初在列斯涅尔工厂工作，后来在埃里克松工厂当车工。受杜马党团和彼得堡委员会的委派我完成了各种各样的工作。参加了当时的许多罢工和群众集会，11 月底应彼得堡委员会的要求，我以全权代表的身份出国去与中央委员会联系，并完成各种国际方面的任务。1915 年在瑞典、丹麦、挪威居住，后来又到英国工作，11 月秘密回到彼得堡，根据中央的委托在彼得堡建立了领导俄国社会民主党工作的中央局。1916 年初再次出国。在这些年里，我是在与由列宁和季诺维也夫等人组成的中央委员会国外部分取得密切联系的情况下进行工作的。1916 年曾去过美国，为党的工作筹集经费。1916 年底又回到了俄国。此时，于 1915 年组织的中央局已部分遭逮捕，部分瓦解了，所以我只好又重新组建中央局。

1916—1917 年之冬我们党组织的工作已使群众接近于要同沙皇制度进行决战。二月革命前一个时期，我们俄国社会民主工党是号召工人群众实行武装起义，反对沙皇制度和战争的唯一的革命的党。我积极参加了 2 月底至3月初的各种革命事件。我是发起组织彼得格勒工人代表苏维埃小组的成员，2月27日当选为工人代表苏维埃执行委员会委员。

执行委员会责成我抓武装工人的工作，工人赤卫队的第一批骨干就是由我武装起来的。遵照我党彼得格勒委员会和维堡区委员会的委托以及维堡区工兵代表苏维埃的委托，我制定了赤卫队的章程，赤卫队的计划和供应武器的办法。还参加了组织我们的侨民回国的工作以及组织1917年4月3日迎接列宁等人回国的工作。

4月初，在一次宣传旅行中，我因汽车与电车相撞受伤，在医院里躺了两个星期。一出院就参加了党和执行委员会的工作，以及组织彼得格勒工会的工作。同月，彼得格勒五金工人选举我为彼得格勒五金工会理事会主席，三个月后，建立了全俄五金工会，我当选为全俄五金工会临时中央委员会主席。参加了工兵代表苏维埃第一届代表大会以及与这一时期有关的一切革命事件。当选为全俄中央执行委员会委员。

参加了7月3—5日的革命事件。作为执行委员会委员，走访了工人宿舍并营救了被殴打和被逮捕的布尔什维克同志。曾以工会活动家的身份，到当时的各种社会机构中当代表，还参加了莫斯科会议和在彼得格勒召开的民主会议。当选为彼得格勒工业区工厂会议的副主席。

以党的工作者和最大的五金工会代表的身份，参加了中央为准备十月革命而召集的许多会议。通过组织队伍和吸引工会积极支持以保证革命的胜利。积极参加了十月革命的全过程。参加了工兵代表苏维埃第二次代表大会。在这次代表大会上当选为人民委员会委员，即劳动人民委员。我借助工会组织的力量并通过劳动人民委员部同官员们的有组织怠工和罢工进行了斗争。组织了工商业人民委员部的工作，直到该部撤销为止。参加了组织工人监督委员会以及把它改组为最高国民经济委员会。参加了1918年1月召开的工会第一次代表大会的工作。根据人民委员会和彼得格勒工兵代表苏维埃的决定，被任命为因受德国威胁而从彼得格勒实行撤退的委员会的主席。

1918年夏，担任为俄国的各工业地区采购粮食的特派员，参加了北高加索的大规模的国内战争。在好几个星期中被白匪切断了与俄国中部的联系，最后以秘密和非常规的方式突出重围。同年，党中央决定派我以南方战线革命委员会委员的身份去从事军事工作，后来担任里海—高加索战线革命军事委员会主席。1919至1920年初，在西方战线工作。

这就是20年代前我的工作的梗概。仔细分析起来，这无非是罗列我参加过的这些当时的大部分革命事件而已。要更详细地叙述我在20年代以后的情况，这意味着要叙述我们苏维埃国家党的斗争和社会斗争的一小部分历史。目前，我既没有时间也没有可能。

姜鸿霄译

施略普尼柯夫续志

施略普尼柯夫1920年被调到全俄工会中央理事会工作，积极参加1921年的工会问题争论，同柯伦泰一起组织“工人反对派”，主张由工会管理全部国民经济。1921—1922年任俄共中央委员。1923年公开批评中央的经济政策，主张党内民主和工人民主。此后被打发去从事外事工作，任驻法国商务代表，1925年回国，在压力下宣布此后不再从事任何派别活动。1929年以前任金属进口股份公司理事会主席。

1923年至1931年撰写回忆录《1917年》和《1917年前夜》，回忆录招来麻烦，1932年2月19日联共中央组织局就施略普尼柯夫的历史著作作出决定："鉴于施略普尼柯夫同志不仅不承认自己的这些错误，反而坚持自己反列宁反党的造谣污蔑的捏造，中央决定：1. 停止传播施略普尼柯夫同志的'历史著作'(《1917年》《1917年前夜》)。2. 建议施略普尼柯夫承认错误并放弃出版。如果施略普尼柯夫同志拒绝执行第2条，将把他开除出党。"实际上这两部著作是研究十月革命历史的重要资料。

1933年施略普尼柯夫被开除出党，1934年被行政流放卡累利阿，1935年因参加"工人反对派"被判处5年徒刑，代之以流放阿斯特拉汗。1936年9月20日再次被捕，指控他是反革命组织"工人反对派"的领导人，曾于1927年秋给此组织的哈尔科夫中心下达指令，把个人恐怖手段作为反对联共、苏联政府的方法，并且1935—1936年又发布指令准备对斯大林实施恐怖手段。施略普尼柯夫拒不认罪，于1937年9月2日被枪决。

1963年1月31日平反，1988年12月21日恢复党籍。

斯克雷普尼克，尼古拉·阿列克谢也维奇*
（1872—1933）

我出身于铁路员工的家庭，我的父亲是铁路职员——起先是报务员，后来是站长助理。我的双亲是没有受过教育的普通人，他们对现存的政治压迫和经济压迫制度抱着模模糊糊的敌视态度。父亲在50年代初认识星期日学校的工作人员，农民解放以后他就在那个学校读书。我的母亲在60年代末70年代初为哈尔科夫革命者提供某些服务，那时她在助产训练班。他们俩从这个时期对革命者产生了一种崇敬的感情和对统治者的不满情绪，并在一定程度上把这种感情和情绪传给了我。我于1872年1月13日生在原叶卡捷琳诺斯拉夫省亚西诺瓦特镇。我是在铁路沿线的车站上长大的，我的父亲几乎每隔半年就要跑遍乌克兰的各个车站；我起先在哈尔

* 1921年清党时所写自传。

科夫省伊久姆县巴尔文科沃村一个分五个部分的农村二年制学校学习。后来在伊久姆专科学校学习，后因在农民中进行宣传工作暴露，我被学校开除。我是在无人直接影响下觉悟起来的，因为在伊久姆城不仅没有一个革命者，甚至连一个有自由思想的人都找不到。我独自成长。我成长的起点是阅读乌克兰的文学和历史；关于查坡洛什的哥萨克人祖先，关于18世纪一个祖先因参加扎利兹尼亚克和冈塔起义而被波兰小贵族插在木橛子上的传说对我也产生了影响。舍夫琴柯的诗歌激发我去阅读历史，其中包括乌克兰历史，特别是解放起义、战争和废墟时代的历史，我从这里知道了平民会议和被压迫者反对哥萨克头领的具有阶级性质的起义；这使我对有产者的统治采取的批判态度更加坚定，并且推动我去研究历史问题和经济问题。另一方面，那些乌克兰书籍引起的兴趣推动我不断钻研民俗学、语言学、人类学、地质学、原始时代史、宇宙发展史。

可见，我的成长道路同俄国革命知识分子的成长道路完全不同。世界观的形成是非常痛苦的，必须克服许多内部矛盾。我努力从各处——既从一个铁路职工、过去的波兰起义者那里，又从过去的十二月党人罗森的藏书中，还有其他来源，去获得书籍。我在很长时间里根本没有见到过非法书籍，关于革命事变的资料是从反动出版物中获得的，只是抛弃它们的解释而从“反面”理解。我和四五个与我一起成长起来的同志以旅行和采集乌克兰民歌的形式在伊久姆县的农民和手工业者中间进行宣传。现在回想起来，应当说，我们向听众传授的材料是混乱的，因为我们自己的观点就是混乱的；但是，过了很长一段时间，我遇到了两个农民，他们在我的最早的小组里受到了革命的洗礼。最初的关系和非法书刊我是从加里西亚的乌克兰激进分子那里取得的。转向马克思主义是很困难的。必须培养世界观，抛弃无定形的革命主义。读了季别尔的《李嘉图和马克思》、考茨基在《北方通报》杂志上的文章及其他出版物后，我仍然没有成为马克思主义者，直到我读了加里西亚出版的《爱尔福特纲领》的译本，我才同过去的观点决裂，开始研究考茨基的文章、马克思的《资本论》，并承认自己是马克思主义者。从1897年起我已经作为马克思主义者、社会民主党人进行工作，并从此时起就认为自己是党员了。

但是，我的马克思主义的世界观当时是相当折衷主义的。阅读俄国马克思主义书刊，特别是普列汉诺夫的《论一元论历史观的发展》帮助我在1899年（那时我住在库尔斯克）清除了许多糊涂观念；因此可以认为我的入党时间是1899年，甚至可以认为是1900年，那时我确实清算了照我看来是德国修正主义的一些不大的影响；但是这种发展的内部工作是经常进行的，就是现在也没有结束。至于说到入党，这在那个时期正是取决于是否接受马克思主义世界观、社会民主党的纲领（当时对俄国来说，这个纲领就是指德国社会民主党的爱尔福特纲领）和个人是否担负社会民主党的秘密工作。因此，我入党的年份是1897年。

1900年我仍是库尔斯克专科学校的校外考生（我没有在专科学校毕业，因为组织小组而被开除，后来在叶卡捷琳诺斯拉夫省、诺夫哥罗德省、哈尔科夫省工作）并且进了圣彼得堡的工学院。我同彼得堡“工人阶级解放斗争协会”合不来，因为它这时感染了经济主义，我归附了社会民主党彼得堡委员会的《工人旗帜报》。该委员会同工人组织“社会主义者”联合行动。1901年，我参加了喀山广场上举行的3月4日示威游行，当时我与其他人一起被捕并被遣送到叶卡捷琳诺斯拉夫。叶卡捷琳诺斯拉夫委员会当时坚持《南方工人报》的不彻底革命的、半经济主义的观点。因此我不能同他们取得完全一致的意见，只是同他们保持单独的联系来领导工人小组，同我一起领导工人小组的还有我在库尔斯克小组的一位同志科罗宁，他正好在此时从辛费罗波尔被遣送到叶卡捷琳诺斯拉夫，此外还有其他几位革命社会民主党人（其中有卡利亚耶夫，当时他还是社会民主党人）。

不久我从流放地回到了彼得堡。《工人旗帜报》的工作人员在这段时期大部分被捕了，而“社会主义者”的工人开始接受，并日益接近以后的社会革命党人（其实只要点一下其中某些人的名字就足够了：鲁坚别尔格、萨文柯夫）的观点。机关报《火星报》的代表来到彼得堡之后，属于《火星报》彼得堡分部，在涅瓦关卡外、在彼得堡区、在考察团和橡胶工场领导小组工作。1901 年年底遭到破坏后，我们便同《火星报》中央失去了联系。但另一个代表到来以后，《火星报》彼得堡分部开始得到巩固，于是我们同彼得堡协会进行了谈判。

但在 1902 年初我因准备示威游行的罪名而被捕并立即被遣送到雅库茨克州，流放期为五年。在去克拉斯诺亚尔斯克的路上，探望监狱的医生黑辛（现在是孟什维克，而当时是火星派分子）转告我一则消息：我被牵连到《火星报》案件中去了，因此我决定逃跑。只是在出伊尔库茨克城后，在去勒拿的路上，这一计划才得以实现。当时同我在一批逃跑的有乌里茨基、捷尔任斯基、拉拉杨茨以及莫斯科的大学生、著名的孟什维克和社会革命党人：策烈铁里、布季洛维奇、霍弗林等等。

在 1902 年六七月间，我从流放地先到察里津，后来很快到了萨拉托夫，我在那里同委员会以及当地的《火星报》代表 E.B. 巴尔姆津取得了联系。委员会的方向很不明确并且尚未完全清除工人事业派的影响。由于这个原因，必须在委员会的扩大会议上进行多次争论。我在工人和学生中进行宣传工作，我有几个小组；同时我还进行使社会民主党最终脱离当时还存在于萨拉托夫的“社会民主党和社会革命党联合会”的工作。萨拉托夫委员会几乎没有进行任何报刊宣传，因此我组织了一个印刷厂，我们使用的是买来打戳用的活字版上的橡胶字母。印刷很不方便，因为字母有弹性，会跳动。但仍旧有可能把胶印的单页变为铅印传单，后来通过排字工人弄到了铅字，技术工作也安排就绪，但我已经把心思集中在宣传工作上。我到沃尔斯克去了一段时间，在那里组织了磨坊工人小组。

在萨拉托夫，人们称我“伊万·瓦西里奇”，我以教书和画图为生。当我在萨拉托夫开始受到监视的时候，我去到萨马拉，那里的火星派代表有：格·马·克尔日札诺夫斯基，季·巴·克尔日札诺夫斯卡娅，В.П. 阿尔齐布舍夫。我把在萨拉托夫时从一位工学院的老同学阿波索夫（现在在乌克兰军队司令部情报处工作）那里得到的一笔用于革命目的的1000卢布转交给了克尔日札诺夫斯基，为了取书刊我到基辅去了一趟，把书刊送到哈尔科夫，经萨马拉去叶卡捷琳堡。

当时在叶卡捷琳堡没有社会民主党组织。在乌拉尔有“乌拉尔社会民主党人和社会革命党人联盟”，应当把社会民主党人分出来并在那里组织火星派组织。但是，在这个社会民主党人联盟的东方分部叶卡捷琳堡委员会里，当时根本没有社会民主党人，只有社会革命党人或不坚定的革命群众。在城里有几个人，他们从前曾被吸引到社会民主党的事务中来，但非常消极并且相当敌视火星派。我必须去电站，成立电站工人小组，通过他们同纺织工厂、亚捷斯工厂以及其他工厂建立联系。知识分子力量完全没有，只是后来从国外来了两个同志，他们同几个工人一起加入了委员会。

我们把几乎所有的工人从叶卡捷琳堡联盟分出来了，而当社会革命党人的大部分小组垮台以后，他们的其余小组全都转到我们方面来了，我到彼尔姆去办好了使社会民主党人脱离社会革命党的手续，因此乌拉尔联盟正式被埋葬。在下塔吉尔和其他地方，我组织了小组并使它们之间发生联系。当时我给《火星报》寄了许多文章和通讯，署名为“格拉松”。

在这段时间里——1903 年夏末——我在叶卡捷琳堡的环境相当紧张，有一次我穿过“游乐场”，才把密探给甩掉，而监视一直没有停止过。有一次甚至遭到警察逮捕，但逃脱了。我不得不火速离开叶卡捷琳堡。

我经过基辅（在那里见到了克尔日札诺夫斯基，当时他被第二次代表大会选入党中央委员会），到了敖德萨委员会，我从 1903 年秋到 1904 年 2 月在那里工作。当时在敖德萨委员会的有：К.И. 列维茨基（他从 1903 年至 1907 年一直是委员会委员），拉拉扬茨——“亚里士多德”，马克斯·戈赫别尔格（后来成了孟什维克），阿列克谢也夫（后来也是孟什维克；1905—1906 年他在敖德萨的社会民主党出版社），博哥莫列茨医生（脱党后到阿根廷或巴西去了）。在我参加委员会期间，所有的委员在讨论布尔什维克和孟什维克分裂问题时，起先十分坚定地追随布尔什维克，所以当 1903 年年底杜勃洛文斯基（即英诺森，当时他是“调和派”）到来时，我们拒绝接受他加入委员会。此外，到了这个时候，阿列克谢也夫也宣布自己为“调和派”。马克斯·戈赫别尔格开始倾向于孟什维克，博哥莫列茨也开始露出“调和派”的腔调，虽然他只在晚得多的时候才脱离布尔什维克。

我是莫尔达凡卡—卡绍诺洛姆尼—佩列瑟皮区的组织员，后来还是港口的组织员。组织起先联系不是很多，后来同各工厂的联系才扩大起来，小组几乎遍布一切工厂。在佩列瑟皮，我亲自建立了联系，为此我当了工人。特别加强了在卡绍诺洛尼的工作，冬天我在那里组织了颇具规模的工人群众大会，参加者达数百人，在港口也是如此。在港口，我于1903年年底同轮船的船员们取得了联系；通过他们在显然预见到将发生对日战争而开往远东的士兵中散发了大量的书刊。

1904年1月，由于对我的监视开始加紧，我便离开了敖德萨。

当我从敖德萨到基辅时，那里刚刚遭到巨大的破坏。我同格·马·克尔日札诺夫斯基、季·巴·克尔日札诺夫斯卡娅会面以后，我发觉对我的监视加紧了，于是我前往叶卡捷琳诺斯拉夫，恰好在日俄宣战的那一天到达。在我到来之前，叶卡捷琳诺斯拉夫的委员会遭到完全破坏。工作受到物质上的限制，在此以前给过资助的自由资产阶级在战争初期开始站在爱国主义方面，把钱给予官方的红十字会，而不给革命红十字会。但工人自愿捐款，组织恢复了，反战宣言的出版事宜进行得很顺利。必须加紧同孟什维克在工人中扩大其影响的企图作斗争。通过组织辩论和讨论，我们使孟什维克的这些企图没能得逞。由于列宁在国外处于孤立的地位而只得把《火星报》交给普列汉诺夫和马尔托夫，所以我们决定召开南方布尔什维克委员会代表会议，我被选进了代表会议，但在离开叶卡捷琳诺斯拉夫时我被捕了。我们的倡议晚些时候才得到实现，那时南方和北方布尔什维克代表会议成立了布尔什维克委员会常务局（它于1906年5月召开了党的第二次代表大会）①。

我从叶卡捷琳诺斯拉夫流放到阿尔汉格尔斯克省克姆区，为期5年，

① 原文如此。——译者注

由于战争的原因，往亚库特卡的流放暂停。在去克姆的路上，我又从斯涅加逃跑了。但无论在雅罗斯拉夫里，还是在莫斯科，我都由于组织被破坏没有同组织取得联系。

我又去到敖德萨，我促使那里的委员会在很大程度上进行人员更新。当时有许多新的力量没有得到充分的使用，“外围”对委员会的不满情绪也很强烈。我在本地区里把所有这些力量都团结起来了，大家同心协力地工作。不久我由敖德萨选为党的第三次代表大会的代表（速记记录上的化名是“辛斯基”）。

代表大会以后，我被中央委员会派往彼得堡委员会，起先我是涅瓦区的组织员，后来是委员会的书记，然后我被委派去建立战斗组织。

第三次代表大会决定，任务是“准备武装起义”和“武装工人”，但实际上武装起义的准备仅仅限于思想、宣传和鼓动方面。没有进行任何军事、组织方面的起义准备。彼得堡委员会根据我的报告认为必须实际准备这项工作。战斗组织应当由武装起义的工人战斗队组成，战斗队包括我们工厂小组的某些成员，而随着武装的增加，将吸收我们工厂小组的全体成员参加，也就是提出了把整个组织转到战斗状态的任务。我为每个区找到了若干武装起义工人战斗队的组织员，并在各个区组织了 8—10 人的基干战斗队，建立了中央武器库并在各区建立了区武器库；提出了一系列关于街垒战的策略和技术的报告。但准备起义的战斗组织工作遇到了不可克服的自发势力的干扰。冲破了警察重重障碍的工人群众急欲听到生动的革命语言，要求回答他们的问题。宣传工作成了最迫切的任务，投入了全部力量，彼得堡委员会听任宣传上的自发势力发展，使一切都服从宣传工作。我认为，武装起义的准备事实上因此而受到破坏，经过激烈的争论以后，我宣布退出彼得堡委员会，我把工作交给了我的继任人布尔（老埃森）。

这是在1905年十月宣言之前的事。中央委员会这时收到了里加委员会的报告，说那里的乌斯季德文要塞准备起义和夺取要塞。因此中央委员会派我去里加委员会，让我核查情况。在核查中发现这一切完全是由于革命的急躁性造成的。在1905年12月底，白色恐怖开始了，我不得不离开里加，因为在马尔克组织的武装起义工人战斗队的集会上我作过关于巷战策略的报告，从那次集会以后，对我的搜捕加紧了。开会的地区被军队包围，马尔克和相当一部分工人战斗队员被捕，我和部分同志费了很大的力气才得以逃生。后来有人告诉我，我在里加被缺席判处死刑。我从里加经彼得堡到了雅罗斯拉夫里，在那里非常偶然地被捕了。我为已经筹备好的北方区域各委员会代表会议准备的决议草案被发现了，我被发配到土鲁汉斯克边疆区，流放期为5年。我在叶尼塞斯克城外逃跑了，仍旧在克拉斯诺亚尔斯克工作。顺便提一下，这里在进行第二届国家杜马的选举运动，在最后一次选举会议以后，我在街上被捕。没有进行审讯，我又被送到土鲁汉斯克边疆区，流放期为5年。这次不得不到达土鲁汉斯克，然后沿叶尼塞河往上游乘船和步行1200俄里逃跑。

1907年10月我到彼得堡委员会时，正好委员会处于转折时期。事实上已经同孟什维克发生分裂，但1907年11月还在赫尔辛福斯同他们一起举行了一次党代表会议，在这次会议上我代表西伯利亚联合会。这时已经开始出现了知识分子退党等下一时期的征兆。我既是第二城区（罗日杰斯特沃区）的组织员，同时又“利用合法机会”担任“劳动者”合作社理事会理事，编辑工会杂志，参加合作社和工厂卫生问题等合法的全俄代表大会（化名是：Г.Г.叶尔莫拉也夫）。1908年我是涅瓦区的组织员，愈往后剩下的工作人员愈少，工作愈困难。

1908年夏天，由于监视加强，我出国到日内瓦呆了一个半月。在布尔什维克当中出现了“召回派”和“最后通牒派”，必须同他们作斗争，就像同取消派作斗争一样，因此我奉命去莫斯科。我担任了一段时期区组织员工作，接着有3个月时间离开了工作：工会中央常务局人员遭到逮捕（我是莫斯科委员会驻该机构的代表），它的全部参加者被行政拘押3个月，在释放时我感到很奇怪，这次被捕使我的非法身份证变得合法了。

获释之后必须同“召回派”和“最后通牒派”进行相当艰巨的斗争。我起先担任区的组织员，后来是委员会书记。由于知识分子逃跑和背叛，工作条件越来越坏——没有一周不收到关于某个工作人员离开工作，去到另一个城市，为了毕业文凭而回校学习，等等的消息。各区的工人还在坚守，但有奸细捣乱。寻找接头和住宿的地方一天比一天困难，“知识分子”个个都拒绝给予帮助。刊印呼吁书等变得极其困难——因为缺乏资金。所有的大学生和其他负责保管、散发材料等的青年都一阵风似的被吹跑了。由于保存下来的工作人员的极端努力，组织才得以支撑下来。

为了进行争取布尔什维克主义在莫斯科获胜的斗争和选人参加布尔什维克代表会议，我到乌拉尔各地去做报告。乌拉尔代表会议没有开成，也没有可能从地方工作人员当中选出某个人去参加代表会议。我取得了代表乌拉尔出席代表会议的代表证并承担再回乌拉尔作有关代表会议的汇报的义务。众所周知，在巴黎布尔什维克代表会议（《无产者报》扩大的编辑部）上，“召回派”和“最后通牒派”（波格丹诺夫、阿列克辛斯基、斯坦·沃尔斯基等）脱离了我们。以前的实践造成的那种把非法工作和利用合法或半合法机会结合起来的策略已经固定下来了。往后我也不必贯彻这一策略了：在周游乌拉尔期间我差一点儿被捕，而在去彼得堡的路上很快就被捕了，因为我被奸细谢罗娃出卖了。

我又被行政流放到亚库茨克省维吕斯克区，流放期为5年，1913年年底我才从那里回到彼得堡，根据党的“波涛”出版社（克列斯廷斯基、斯图契卡、董斯柯伊等人）的建议，我担任了党的保险杂志《保险问题》的编辑工作和《工人保险集团》的领导。在中央1913年12月全会和鲍戈马佐夫（后来发现是个奸细）离开编辑部之后，我参加了《真理报》编辑部，编辑部成员有奥里明斯基、我和K.H. 萨莫伊洛娃。加米涅夫到来之后，编辑部由加米涅夫、奥里明斯基和我组成。在奥里明斯基离开和加米涅夫去芬兰别墅以后，1914年6月下半月起，编辑工作由我担任。那是彼得堡总罢工日益成熟的激战前夕，7月初已经转向街垒。在《真理报》编辑部里，我也被捕了，好像是1914年7月8日，那正是战争的前夕，沙皇政府摧毁了所有的工人组织和出版物。准备进行审讯，但通过司法程序来导演一出俄国战争期间没有“社会和平”（这还是在我们的杜马代表被捕之前）的戏剧，对沙皇制度来说显然是不利的。因此，《真理报》的案件以行政程序解决。对我的判决是：流放到安加拉河边疆区，流放期5年（或者到战争结束之时，记不清了），旋即改为流放坦波夫省莫尔珊斯克。

对待帝国主义战争，我从一开始就采取了十分明确的革命立场。在战争最初几个月里，我同几十个彼得格勒工人、先进分子和其他同志呆在彼得格勒斯帕斯警区的公共牢房里；我现在记得其中有И.И. 基谢廖夫和阿·萨·叶努基泽。在我们的许许多多会议上制定了并在党的杜马党团中表现了我们对待战争的策略路线，这条路线同列宁后来制定的提纲是完全一致的。对战争和对两个交战同盟的敌视态度，既不同这个也不同那个帝国主义同盟勾结的“第三方”的地位，无产阶级起义，推翻资产阶级政权，社会主义革命等任务，这些就是由我制定并由约150名工人革命者通过的决议的基本点。这些革命者后来显然被沙皇制度当作这些思想的宣传者遣散到全国各地去了。

在莫尔珊斯克，在革命前整个战争时期，我继续受到警察的监视。通过老同志K.И.列维茨基（仍按敖德萨委员会的称呼）的关系，我在银行找到了工作，一开始当会计员，后来是会计助理。在战争时期未能同工人（个别人除外）取得联系；只是在临近革命的最后几个月，才得以领导铁路上的和纺织工厂的两个不大的小组。

我在二月革命后担任的工作，也像参加了革命斗争的一切事变的每个党员的工作一样，完全同革命交织在一起，如果要叙述我的工作，就必须叙述革命本身。因此，我想指出的仅仅是我所担负的工作中的某几项。

我在1917年6月末到彼得格勒。中央派我到彼得格勒工厂委员会中央理事会工作，并从这里选入第一届和第三届全俄中央执行委员会以及“预备国会”。我代表彼得格勒组织参加第六次党代表大会并由代表大会选为俄共候补中央委员。

在“科尔尼洛夫叛乱时期”，我参加了“保卫委员会”并在那里从事把相当数量的武器发给工人的工作。在十月革命时期，我是军事革命委员会成员，此外，还参加了普尔科沃战斗。

十月革命以后，我参加了组织最高国民经济委员会和制定该委员会的第一个章程的委员会。我到乌克兰参加了第一次乌克兰苏维埃代表大会，并当选为劳动人民书记，后任商业和工业人民书记。1918年1月在哈尔科夫举行了第一次全乌克兰农民代表会议。基辅被德军占领以后，皮尔塔瓦的苏维埃代表会议选我为乌克兰工农政府主席和外交人民书记，这已得到1918年3月在叶卡捷琳诺斯拉夫举行的第二次全乌克兰苏维埃代表大会的确认。接着，1918年4月在塔甘罗格开的乌克兰中央执行委员会会议把我选入起义人民书记处，而那里的党的会议把我选为召开乌克兰共产党第一次代表大会的组织局委员和书记，这次代表大会选我为乌克兰共产党（布）候补中央委员，从1918年12月起任中央委员。在1918年中央派我参加全俄肃反委员会的工作，我是委员会的成员和肃反局局长。1月我又是乌克兰苏维埃社会主义共和国工农政府的国家监察人民委员。我代表乌克兰共产党参加了共产国际第一次代表大会，后来我是国防委员会剿灭叛乱的泽连内伊首领的第聂伯河右岸师的特派员。从基辅撤退以后，我起先担任戈麦尔筑垒地域政治部主任，后来经过党的动员担任东方（高加索）战线特别部队的长官。1920年4月回到乌克兰并且当选为工农检察院的人民书记。后任乌克兰苏维埃社会主义共和国内务人民委员，全乌克兰中央执行委员会和苏联中央执行委员会主席团成员。从1922年初起是乌克兰苏维埃社会主义共和国司法人民委员。现在是俄共候补中央委员和乌克兰共产党中央政治局委员。

蔡恺民译

斯克雷普尼克续志

斯克雷普尼克 1927 年至 1933 年任乌克兰教育人民委员。1932 年反对提高粮食征购量。1932 年 2 月被解除教育人民委员职务，任乌克兰国家计委主席，乌克兰人民委员会副主席。

斯克雷普尼克著有大量论著，题材广泛，涉及经济学、法学、历史学、文学艺术、民族以及党和国家建设等等多方面的问题，部分被编入其 5 卷本文集（1929—1931）。

1933 年乌克兰开展了反对他的运动，指责他的论著中存在“歪曲列宁主义”“民族主义”的错误，他的语言学著作中存在有害的东西，等等。乌共中央全会要求他承认错误，表示悔过。1933 年 7 月 7 日政治局召开会议，再次提出斯克雷普尼克文章中的问题，他离开会场，在国家计委自己的办公室里自杀身亡。1933 年 11 月乌共中央与中央监委联席全会通过决议，认定形成了以斯克雷普尼克为首的“新民族主义倾向”。1934 年 3 月 12 日乌共政治局通过“取缔斯克雷普尼克著作”的专门决定。

1990 年 3 月 28 日，乌共中央通过决定，认为指责斯克雷普尼克所谓民族主义倾向依据的是伪造的材料以及对其观点的歪曲，是站不住脚的。决定为之平反。

斯米尔加，伊万·帖尼索维奇
（1892—1938）

我于 1892 年生在里夫兰省一个农场主的家庭。我的父母都是非常有知识的人。我记得父亲讲过的无数希腊神话中的故事，他很喜欢这些神话故事。按父亲的政治信仰来说，他可能属于民主主义启蒙者一类的人物。

1901 年卡尔波维奇枪杀国民教育大臣博哥列波夫一事唤醒了我的革命良知。1901—1903 年是我的世界观转变的年代。不管这是多么奇怪，尽管我的家庭中充满着自由的和自由思考的气氛，9—10 岁的我却坚持十分强烈的宗教的和保皇的观点。记得在博哥列波夫被刺以后，我们家里举行了类似节日的活动，只有我一个人根本没有参加。我觉得学生杀害大臣是极其反常的事情。但我天生是一个极端的理性主义者，在当时社会民主主义学生团体的影响下，我相当快地通过大量阅读当时的书籍重塑了世界观。在 1904—1905 年，我已经是坚定的无神论者和革命的追随者了。我们地区和我家庭中发生的事情促进了我以后的进步。我的父亲随同当时社会的左倾化而左倾，并在革命事变中起了非常显著的作用，在1905年底，在革命消灭了乡公所的时期，父亲曾当选为我们乡革命管理委员会的主席。1906年，他被沙皇政府侦缉队枪杀了。1907年1月，当我在专科学校学习时，我参加了社会民主工党。还在学生时代（1909—1910年），我的马克思主义世界观最终形成了。

我同警察发生第一次冲突是在1907年，由于参加了五一游行，我先受到搜查，后来被拘留了几小时。我第二次被捕是在1910年，那是由于在莫斯科剧院广场上参加了学生为反对同列·尼·托尔斯泰之死有关的死刑而举行的示威游行。坐了一个月的牢便获得了释放。1911年春天我在列福尔托沃区搞党的地下工作。同年7月再次被捕，坐牢3个月后被流放到沃洛格达省达3年之久。1914年从那里回来，战争已经开始，我立即进入了俄国社会民主工党（布）彼得格勒委员会，在那里一直工作到1915年5月，这时又被捕并流放到叶尼塞斯克县，流放期为3年，二月革命后从那里回来。将近5年的流放对我来说是真正的大学。流放时除了研究历史和我党的策略外，我主要攻读政治经济学和哲学。那时我以为摆在面前的党的工作主要是宣传方面的。事实上完全不是那么回事。在1917年4月代表会议上，我被选入党的中央委员会，一直到1920年为止。十月革命期间，我任在芬兰的俄罗斯人苏维埃区域委员会主席，并以这一身份最积极地参加了推翻临时政府的活动。1918年初我参加了芬兰革命。随着国内战争开始，我奉中央委员会之命转而从事军事工作。我作为革命军事委员会委员以及集团军和方面军司令参加了反对捷克斯洛伐克人、邓尼金、波兰人和弗兰格尔的斗争。国内战争结束以后，我从事经济工作。从1921年到1923年，我担任最高国民经济委员会副主席和燃料管理总局局长。1923年秋被任命为苏联国家计划委员会副主席。

蔡恺民译

斯米尔加续志

斯米尔加1920年起从事经济工作。1921—1923年任最高国民经济委员会主席团委员及其下属燃料管理总局局长。1923年起任国家计委副主席。1924—1927年任莫斯科国民经济学院院长，讲授苏联经济政策。

列宁逝世后在党内斗争中支持托洛茨基，虽然并不同意他的劳动军主张。1927年作为托洛茨基反对派的积极分子被解除一切职务，开除出党，并流放4年。1930年与拉狄克、普列奥布拉任斯基、别洛博罗多夫一道宣布脱离托洛茨基主义，得以恢复党籍，返回莫斯科，再次进入最高国民经济委员会主席团，任国家计委副主席。

1934年12月基洛夫遇刺身亡后，斯米尔加再次被开除出党，1935年1月被捕，判10年徒刑。1938年春被押解回莫斯科，关押在内务人民委员部内部监狱，遭受严刑拷打，但拒绝招供认罪。1938年3月12日以“参加托洛茨基反革命恐怖组织”罪被判处枪决。

1987年4月3日获平反，恢复党籍。

斯米尔诺夫，伊万·尼基托维奇

（1881—1936）

我出身于梁赞省农民的家庭。大约在我两岁的时候，我家因失火而破产。父亲去莫斯科工作，过了一年他就在那里去世了，于是，母亲也赴莫斯科工作。父亲是壮工，母亲是女仆。我8岁的时候被带到莫斯科，我在莫斯科念完了市立小学，起初进铁路工作，后来进了工厂。1898年我初次读到社会民主主义书刊并同一些从事宣传的大学生交朋友，而在工厂，我遇到了两三个在1896年组织被破坏后留下来的工人。我们成立了一个由工人组成的自学小组，小组约有15人，据我所知，有3人到现在为止仍然是党员。

1899年我第一次被捕，坐了约两年的牢，然后流放伊尔库茨克省，刑期5年，但服刑8个月后我从那里逃跑了。当时设在普斯科夫的党中央常务局派我到特维尔省工作。特维尔委员会派我到上沃罗乔克去，那里约有几万工人，委员会同他们没有联系，我在那里的普罗斯库梁科夫制革工厂当小工。在这个工厂工作了约半年，得以同普罗霍罗夫和里亚布申斯基两个大工厂建立联系，但是在那个时候，当工作开始走上轨道的时候，被解雇的工厂工人里亚布申斯基、斯拉德科夫中的一个出卖了我，我被捕了。特维尔委员会派了另一名工作人员哥卢别夫顶替我的职位，他很快也被捕了。不过1904年5月1日在上沃罗乔克散发了告民众书，并且发生了小规模的罢工。

我在上沃罗乔克坐了两年牢。然后因进行宣传（这已经是在1905年）被审判，而且我们的案件是在彼得堡1月9日枪杀事件后的第二天审理的。法庭判处我一年监禁，但是以预押时间折抵把我放了。审判是在莫斯科举行的。由于我行政流放没有结束，所以警察在搜捕我。在这个时期，我作为列福尔托沃区的组织员开始在莫斯科委员会工作。我在3月份被捕并且应当回到伊尔库茨克省流放地去。但是西伯利亚干线忙于运送军队（日俄战争），因此我被送往沃洛格达省。路上我患了伤寒，因此在1905年十月罢工前三个月才到达流放地。这次罢工后的大赦使我从流放地获释。

回到莫斯科，我继续工作。在武装起义期间我作为勃拉古申分区的组织员留在列福尔托沃区。但是在这些日子里我的名誉受到严重损害，在起义以后我只好离开勃拉古申到其他区去。过了一段时间我到了铁路区。

1907年以前我在莫斯科工作，在此期间我因再次被控组织散发被没收的书刊而受到追究。这时我是在莫斯科委员会所属的书店工作。指控因缺乏物证而未成立。1909年我被驱逐出莫斯科，到了彼得堡。我作为彼得堡区的组织员在彼得堡委员会工作。1910年6月，由于勃良金斯基进行奸细活动而被捕，在短期监禁以后被驱逐到纳雷姆边疆区。我在那里呆了一年半。这时有消息说，有可能把我从纳雷姆送到土鲁汉斯克边疆去。我同有些受到同样威胁的同志一起逃跑，逃跑以后我在罗斯托夫和哈尔科夫工作。

1913 年我在哈尔科夫把两个各自为政的布尔什维克派和孟什维克派联合起来。我在那里工作到 1913 年 7 月。当时有两个大奸细（西加耶夫和鲁多夫）潜进哈尔科夫组织，于是半年后我在那里被捕。我被送往纳雷姆边疆区，而且由于我参加了一个不重要的事件（游行示威）被判处 6 个月监禁。监禁期满以前，由于出了差错，把我放出了监牢，我便躲藏起来，跑到了克拉斯诺亚尔斯克。当我得到有效证件后，回到了莫斯科。

一战之初，我在莫斯科同一些同志想要再建组织，工作了约半年就由于奸细波斯克列布欣告密而被捕，结果又被送回纳雷姆边疆区。诉讼案未能成立，因为有损名誉的证件在逮捕时没有找到。

我在纳雷姆边区呆到 1916 年被抓到沙皇军队里去当兵为止。被召到军队中去的纳雷姆的流放犯讨论过究竟参加军队还是隐藏起来的问题，显然隐藏肯定是很困难的。他们决定参加军队，以便在军队里进行反战宣传。我们在纳雷姆曾决定建立一个未来的军事组织的委员会；我参加了这个委员会。到了托木斯克之后，我们立即同地方组织取得了联系。我们用从莫斯科方面得到的支援组织起来的流放犯的钱，在托木斯克建立了地下印刷厂并开始工作。我们在军队的组织取得了很大的成绩，据我所知，这是那个年代唯一的军队组织。这个组织在托木斯克联合了约 200 个士兵，其中很大一部分在新尼古拉耶夫斯克。号召书散发到西伯利亚多处。有一个名叫茨维特科夫的奸细潜进了我们的委员会，后来在二月革命期间真相大白，原来他要寻找适当时机叛变。但是事变走在他的前头。军事联合会只失去了一个在印刷厂工作的同志——纳汉诺维奇，后来他死在高尔察克的监狱里。我们的联合会二月革命期间在西伯利亚起了很重要的作用。在二月革命期间我参加了士兵代表苏维埃执行委员会。8 月我到了莫斯科，依据莫斯科中部地区区域局的建议成立了党的“浪潮”书籍出版社。

国内战争开始以前，党中央把我派往喀山。我在那里任共和国东线革命军事委员会委员。1919 年 12 月，我从军事工作转到在敌后组织党的力量的秘密工作，为此也参加了当时成立的党中央西伯利亚局。后来第五集团军被击溃后，根据革命军事委员会的命令任第五集团军革命军事委员会委员，也就是兼任上述两职。高尔察克被击溃以后，我被任命为西伯利亚革命委员会主席。1921 年我由西伯利亚调往彼得格勒做党的工作，我在那里任彼得格勒委员会书记和党中央西北区域局书记。同时我以西北区域局副主席的身份进行工作。我在彼得格勒工作 3 年半，然后在最高国民经济委员会工作了约一年，我在那里管理军事工业，后来在邮电人民委员部工作。

总的来说，我坐了约 6 年牢，在流放地呆了约 4 年，但没有一次是等到流放期满离开的。

蔡恺民译

斯米尔诺夫续志

斯米尔诺夫在1921年工会问题争论以及俄共（布）十大上支持托洛茨基，因此在列宁为首的“十人纲领集团”提名的中央委员候选人名单上未被提名，但在选举时479名代表中仍有123人投他的票，斯米尔诺夫最后当选候补中央委员。这种情况在苏共党史上实属罕见。会后继续从事党政和经济工作，1923—1927年任邮电人民委员。

1923年起属左翼反对派，1923年在“46人声明”上签字。1927年12月在联共（布）十五大上同76名“托派积极分子”一道被开除出党。1928年初被判流放3年。1929年声明退出反对派，返回莫斯科，恢复党籍。任萨拉托夫康拜因托拉斯经理，1932年起为重工业人民委员部新建筑管理局局长。

历来认为，1927年底托洛茨基反对派被粉碎，此后他们停止了活动。实际上，许多“投降者”即声明退出反对派并表示悔过者并没有放弃斗争，斯米尔诺夫领导了地下组织，1931年7月，他利用出差柏林的机会，通过谢多夫恢复了同托洛茨基的联系，1932年还给《反对派公报》投稿《苏联的经济状况》。1932年秋一些反对派集团曾经同斯米尔诺夫分子谈判，商议成立广泛的反斯大林联盟。1932年年底，由于有人告密，格普乌发现了斯米尔诺夫组织。在“斯米尔诺夫等反革命托派集团”案中逮捕了89人，搜查出托洛茨基著作、档案文件以及同托洛茨基的通信。1933年41人被判3—5年徒刑，有些人流放3年。此案中被判刑者仅16人在赫鲁晓夫“解冻”时期获得平反，“什维尔尼克委员会”认为其他人，包括斯米尔诺夫、普列奥布拉任斯基等人，没有根据予以平反。

1934年12月基洛夫遇刺身亡后，虽然斯米尔诺夫集团的人已经被关押在狱中，但“斯米尔诺夫等反革命托派集团”还是被当成组织暗杀基洛夫以及一系列未成功的暗杀的恐怖中心。1936年8月29日斯米尔诺夫被判处死刑，次日枪决。

1988年7月13日平反。

其家属遭株连。第一任妻子1938年1月5日被判死刑，1938年5月9日枪决。第二任妻子1933年4月被判流放3年，1936年在第一次莫斯科公开审判中出庭作证，后关押在集中营。女儿1927年被开除出共青团，1933年1月15日被判流放3年，1936年再次被判流放3年，1936年4月6日被捕，11月4日枪决。

斯塔索娃，叶列娜·德米特里也夫娜

（1873—1966）

生于1873年10月16日（30日）。我在家里排行第五，有两个姐姐和两个哥哥。年龄同我相近的是个哥哥，年龄最小的是个弟弟。无论比我大的或比我小的，我都和他们相处得非常好，但我们打起架来却毫不手软。我在男孩中间长大，我无论在哪方面都不比他们差。记得我同谢辽沙和沃洛嘉（矿业工程师亚历山大·安德烈也维奇·阿乌埃尔巴赫的儿子们）很要好，因此当他们生日邀请母亲去他们那里时，他们对母亲提出的问题是这样回答的："廖利娅·斯塔索娃最好，她扮演哥萨克强盗比所有的男孩都好。"

我从幼年开始，脑海里就留下了经常患病的母亲的印象，因此后来，也就是九至十岁的时候，我记得她的精神病怎样频繁地发作，我又怎样帮助姐姐们使她恢复正常。我的父亲德米特里·瓦西里也维奇·斯塔索夫是学法律的（1847年他十九岁时毕业于彼得堡的法律学校），在枢密院晋升很快，按起初的情况来判断可能会获得很高的职位，因为在亚历山大二世行加冕礼时他是承宣官。但是，他的观点和兴趣不是按政府所希望的方向发展的。1861年，即婚后一个月，父亲因在学生运动时期征集反对大学生入学考试的签名而被捕，当然也就丢了差事。从那时起，他再也没有在国家机关任职，他先当诉讼代理人，后来当律师。他同弗·瓦·萨马尔斯基-贝霍维茨、克尼里姆、加耶夫斯基、普林涅茨以及其他年轻的律师一起研究"伟大改革时期"的新法律规范，同时父亲还是第一届俄国律师协会（在彼得堡）的第一任主席。在1918年去世以前，他一直担任这个职务（其中只有短暂的中断），因为律师们认为他是同业团体的"良心"。大量的民法工作并没有妨碍父亲在旧法庭或改革后的法庭上处理政治案件（50人案件，193人案件，卡拉科佐夫案件等）。

为了他在这方面的活动，为了他作保的无数被辩护人，他不止一次地遭到逮捕和搜查，而在1880年从彼得堡被驱逐到图拉，因为亚历山大二世有一次说过，"不可掉以轻心，以免落到斯塔索夫手里，他处处都要插手"。除了从事他的律师活动以外，他用很多精力和时间去钻研音乐，因为他钢琴弹得很出色并且是一个造诣很深的音乐家。他同安东·鲁宾斯坦和科洛格里沃夫创办了彼得堡音乐学院和俄罗斯音乐协会，该协会在革命前在彼得堡及各大城市举办过交响音乐会并促进了音乐在俄国的普及。

我写了许多关于父亲的事，因为他对我的影响很大，我在许许多多方面多亏他的帮助。父亲对孩子们非常温和，循循善诱，可以说像慈父一样。但同时他又要求很高并很严厉，他对待我们的特点是平等和一视同仁。他准备把我们全都送到地理学校去，我记得，我是多么努力准备功课，因为不言而喻，不熟知指定的功课是不能到他那里去上课的。父亲读了许多书并且有大量的藏书，这些书供我们广泛利用。父亲读报纸和杂志时，常常把有趣的文章和短评记下来并指给我们看。他在年轻的时候对政治经济学颇有研究，在他的藏书中有资产阶级政治经济学的所有经典作家，他们也是我最初的老师。1900—1909年间，社会民主主义运动开始在社会生活中起着巨大的作用，父亲开始感觉到他的知识中的空白点。记得有一次他请求我向他讲述社会民主党纲领和社会革命党纲领的区别，并在此后得出结论说："应当给我读读马克思的著作，否则就会在黑暗中摸索。"

除了文章以外，我的叔叔，也就是我父亲的亲兄弟弗拉基米尔·瓦西里也维奇·斯塔索夫，对我的影响也很大，他是一个音乐和艺术批评家，我这里还保存了他给我写的信（从我小时候开始）。奇怪的是，这位非常有教养的、从事重大的学术和艺术工作的人非常善于接近儿童，他并不模仿儿童语言，而是把可爱的废话同严厉的艺术和广泛的人文问题结合起来。在培养我的自我批评精神和自制力方面，他无疑起了很大的促进作用。

十三岁以前，我在家自学，那时已经掌握了两门外语（法语和德语）并在1887春进了私立塔甘策娃女中五年级。我的学习成绩很好，中学毕业时获得第一块金质奖章和家庭教师的称号。在八年级时已经显露出我的教学才能，我们年级的一个教师曾劝我到星期日女工学校去，但我当时一方面想学医，另一方面又想在历史方面继续深造，因此没有听从劝说，从我的智力发展方面来说，1892—1893年对我有非常重大的意义，这一年我在这个中学听了人类原始文化史的专门课程——由A.C.拉波-达尼列夫斯基教授讲授。正像现在我所记得的，他关于原始人的私有观念产生的论述对我产生了深刻的影响，我马上决定，为了懂得生活必须熟悉政治经济学，由于我周围没有一个人能够帮助我找到了解这个问题的途径，所以我就干脆来研究约翰·斯图加特·穆勒的政治经济学。当然，工作是非常艰巨的，但由于有顽强的毅力和耐心，我读完了两卷。从那时起我养成了把读过的东西摘要记下来的习惯，这大大减轻了我的工作。

极为文明的家庭生活无疑对我产生了巨大的影响，这种生活保持了60年代俄国知识分子中一切优良的东西，如经常接触文艺方面的杰出人物（我们这里有所有的俄国音乐家和艺术家——巡回展览派艺术家）。记得我越来越起劲地谈到欠了“人民”的债，欠了工人和农民的债的感情，因为他们使我们知识分子有可能过我们所过的这种生活。这些思想，关于我们欠了无法偿还的债务的思想，一部分是读书之后形成的，回顾往事，我想起了伊万纽科夫的《俄国农奴制的崩溃》一书对我产生的影响。该书指出了在我所受的教育中的空白点，于是我开始研究谢麦夫斯基的《农民史》。显然自我修养加上外界生活中的事件（其中当时的学生事件起了不小的作用）促使我把力量投到实际工作中去，一方面“利戈沃成年女工和少年星期日夜校”的工作，另一方面“流动教科书陈列馆”的工作就是这种实际工作。在烟草女工和纺织女工中的工作使我接近工人，而一方面结识克鲁普斯卡娅、雅库波娃和涅甫佐罗娃，另一方面结识乌斯特鲁戈娃和西比列娃又使我能认识一批已经走上了政治舞台的同志。

我逐渐开始在政治红十字会工作，我们在家里不止一次地举行过讲座（收费的），因为当时这种做法非常流行，而我们的从事人文科学的知识界，其中包括我的亲戚乐意给予协助。与此同时，积极的同志开始利用我来保管文献和党的档案的出版物。由于干了这项工作，在管理文献库的同志遭到一次失败以后，我就受托管理彼得堡委员会的全部文献库了。这是 1898 年的事情，因此我认为 1898 年是我入党的时间，虽然 1896 年春天我已保存过《工作日》《什么人靠什么人养活》《对我们毫无办法》等著作。工作渐渐增多起来，归我管的不仅有文献库，还有彼得堡委员会的一切有关技术方面的工作，即尽一切可能提供会议室、接头地点和住所，收发书刊，安装技术设备（胶印机、印刷所等），还有同国外的通信。

从《火星报》出版和建党运动开始之时起，我常同伊·伊·拉德琴柯一起从事这方面的工作。

伊万·伊万诺维奇·拉德琴柯（阿尔卡季）是根据娜·康·克鲁普斯卡娅提供的接头暗号从日内瓦直接来找我的，他要求我给他取得同“斗争协会”的联系。伊万是《火星报》组织的代表，我当时使他同尼·阿列克谢也维奇·安诺索夫取得了联系，而我个人一直同他保持联系，《火星报》同彼得堡的通讯工作都是我们和伊万共同进行的。同时瓦尔瓦拉·费多罗夫娜、科热夫尼科娃-施特列麦尔和尼古·尼古·施特列麦尔也帮了很大的忙。这是我们亲密的“火星”派，他们同“经济派分子”——托卡烈夫、安诺索夫等人进行了坚决的斗争。“斗争协会”和《火星报》在彼得堡没有合并，在第二次代表大会上有两名代表分别代表这两个组织。

我在彼得堡委员会一直工作到 1904 年 1 月，由于组织被破坏和刚参加工作的一个技术助手无经验而使我暴露了，我不得不离开彼得堡。这时正巧中央委员格·马·克尔日札诺夫斯基召我去基辅。但是我已无需留在那里，因为在我到达基辅的前一天那里已遭到破坏，于是我同玛·莫·埃森（野兽）一道前往明斯克，那里的一位工程师同志 M.H. 库兹涅佐夫收留了我们。玛·莫·埃森不久就到国外去了，我接受了同马尔克（柳比莫夫）一起搞中央的技术工作的任务。为了这个目的我只得去奥勒尔，为身份证、同军事组织联系等事情，从那里越过边境到斯摩棱斯克去找费·瓦·古萨列夫，到维尔诺去找克罗波夫。在早春时节我到了莫斯科，克拉西柯夫、林哈尼克、加尔佩林、鲍曼和我奉命组织中央委员会北方局并进行工作，鲍曼、他的妻子梅德维杰娃、林格尼克在6月份被捕了，我只好把北方局迁到下诺夫哥罗德。但在莫斯科遭破坏的同时，在敖德萨的南方局也被破坏，“耗子”（库利亚勃科）转移到了莫斯科。决定由库利亚勃科担任北方局书记，而我担任南方局书记。为了把关系转给“耗子”（库利亚勃科），我到了下诺夫哥罗德，在那里被捕，过了一昼夜被送到莫斯科的塔甘卡，在那里一直关到1904年12月才被保释出来。我从莫斯科到了彼得堡并立即重新参加工作。捷姆利亚奇卡把所有的关系都转交给了我，我又开始在彼得堡委员会当书记。春天，刚开完代表大会回来，阿列克塞（中央委员阿·伊·李可夫）就被捕了，因此，在整个夏天我就担任了中央书记的工作。秋天，我把彼得堡委员会的书记职务交给了弗·克桑德罗夫，技术的领导工作交给了B.C.拉甫罗夫（工程师），但在1905年8月以前继续当书记。后来我作为中央委员会技术工作的代表被派往日内瓦。

1906年1月我回到彼得堡，作为彼得堡委员会书记工作到2月底。1906年2月我受托去芬兰并从赫尔曼·费多罗维奇（H.E.布勒宁）那里接受了同国外联络的工作（通过托尼欧—哈帕兰达的陆路和奥布、汉科、瓦查—斯德哥尔摩的海路向瑞典转送人员，接收武器）。同时我必须安排好在瑞典召开统一代表大会的工作，并承担接送参加代表大会的同志的工作。结束此项工作以后，我回到了彼得堡，一直到 1906 年 7 月 7 日被捕时为止，我同拉伊萨·阿尔卡季耶夫娜·卡尔芬克尔（孟什维克）都是彼得堡委员会的书记，因为在统一代表大会召开以后，彼得堡委员会也统一了。我同她一起召开了全市代表会议，这次代表会议的地点起先在城外大街 21 号的工程师协会，有一次在捷里奥基民众馆的大厅，然后在英吉利大街工艺师协会。最后这次会议没有举行，因为到会的人太少，卡尔芬克尔、克拉西柯夫和我一出会场就在街上被捕了，卡尔芬克尔和我被送到立陶宛监狱，而克拉西柯夫被送到十字监狱。因为除了准备给我们的合法报纸《回声报》用的关于组织的文章外，从我这里什么都找不出来，所以仅仅把我从彼得堡驱逐出去，但由于我父亲的斡旋，1907 年 1 月我已获准回来，我又在彼得堡委员会一直工作到 3 月份为止，那时疾病迫使我转移到高加索。但从 1907 年秋起我就在梯弗里斯作为宣传员在各小组中进行工作，一直到 1910 年秋为止，这时斯潘达梁和谢尔哥-奥尔忠尼启则吸收我参加中央委员会的工作，起先从事布拉格代表会议的准备工作，后来做中央委员会的出版和一般技术方面的工作。

1913 年 11 月我在梯弗里斯被流放，1914 年 1 月 9 日到达指定地点——叶尼塞斯克省坎斯克县雷宾斯克村。我是根据梯弗里斯高等法院的判决被流放的，我同维拉·什维采尔、玛利亚·沃赫米娜、阿尔缅努伊·奥维扬、瓦索·哈恰图里扬茨、苏廉·斯潘达梁、涅尔谢斯·涅尔谢相一起按刑法第一章第 102 条被追究。

我们都是在 1912 年 5—6 月间被捕的，而且只是在奥维扬和沃赫米娜被捕以后才找到我的罪证。由于这次搜捕才下令在彼得堡逮捕我，我到那里去毫无目的，只是前往父母的住所。原来警察已经在那里了，除了饭厅的通道和老佣人罗曼·斯米尔诺夫的房间以外，所有的房间都贴上了封条。我到那里的时候，正发烧到 40°左右的罗曼抢先告诉我关于搜捕的事。我要他把几份提纲藏好，因为我经常把我的秘密工作告诉他，他也不止一次地把我的东西藏起来，我洗完脸后想要到当医生的兄弟那里去，突然警察来了，检查了我的东西，什么也没找到，但仍旧逮捕了我并把我送到警察局（富尔什塔得斯卡娅 26 号），不过，允许我打电话给我的当调解法官的兄弟，说明我已到达并被捕。兄弟马上来到了警察局，我及时把钱（一部分是党的钱）给他，并把一些地址和事情转告他，这样一来同志们立即知道我被捕的事，斯大林（柯巴）有可能从我兄弟那里得到钱。在拘留所和流放犯羁押监狱呆了两个星期以后，由于父亲和兄弟花了钱，我被送往梯弗里斯。这次前去的情况是，我可以跑掉，兄弟也建议我这样做，虽然他已给我作保，但我拒绝逃跑，因为我相信自己十分清白。只是当我在梯弗里斯暗探局里，看到既装着信件、出生证和中学毕业证书又装着我手抄的中央档案的皮包时，我就明白判刑不会轻。1913 年 5 月 2 日开庭审判，我们都被判处流放。

9 月当局核准了对我的判决，11 月 25 日我们同奥维扬一起动身，取道巴库、科兹洛夫、里亚斯克、萨马拉和车里雅宾斯克到克拉斯诺亚尔斯克，因为指定的流放地是叶尼塞斯克省。在萨马拉我们遇到了许多男同志（谢列布里亚科夫、本·米·斯维尔德洛夫），而在车里雅宾斯克同我们会合的有谢苗·施瓦尔茨、安娜·特鲁宾娜和马鲁霞·切列帕诺娃；我同马鲁霞·切列帕诺娃一起到了流放地——坎斯克县雷宾斯克村。

1916 年秋天，我获准去彼得格勒“探望年迈的双亲”，因为有一个条文，按法律的一般字面意义解，流放犯和流放移民有权离开西伯利亚。

在彼得格勒，我马上同施略普尼柯夫、莫洛托夫、扎鲁茨基、玛·伊·乌里扬诺娃以及其他人取得了联系，因此我能够过党的生活。我没有回到西伯利亚，因为病得很厉害，在彼得格勒逗留的期限延长了，而那里开始了革命。但是沙皇警察不让我安宁，在1917年2月25日夜间到我这里来了，进行了无效果的搜查并把我送到利齐尧警察局，起先我在那里只遇到一个女政治犯，她是比我早一小时抓进来的，后来在一天之内又抓来了16人。

我于3月12日（2月27日）晚上被起义的人民释放。1917年3月13日（2月28日）我到塔夫利达宫去并受施略普尼柯夫的委托组织中央委员会常务局书记处。从这时到党的第九次代表大会我先后在彼得格勒和莫斯科担任中央书记的职务。从1920年5月起转到彼得格勒并作为组织员在党的省委员会工作，一直到该委员会同彼得格勒委员会合并为止。我受中央委员会的委托到巴库组织东方各民族第一次代表大会并在中央委员会高加索局工作。在东方各民族代表大会以后，我当选为东方各民族宣传和行动委员会委员和书记，同时在中央委员会高加索局工作。从1921年4月至1926年2月受共产国际支配；现在在联共（布）中央书记处工作。

蔡恺民译

斯塔索娃续志

斯塔索娃在十月革命前后起过重要作用，这从她的任职就可以看出。1912、1917年任布尔什维克俄罗斯局委员。1917—1920年为俄共（布）中央候补委员、中央委员。1917年2月28日至1919年3月25日为中央常务局书记，1919年3月25日至11月29日为中央责任书记，1919年11月29日至1920年3月20日为中央书记，1919年4月13日至9月26日任政治局委员，1919年3月25日至1920年3月20日任中央组织局委员。

1921年至1926年到共产国际工作，担任共产国际执委会驻柏林代表，在德国共产党从事秘密工作。

1926年起在联共（布）中央书记处工作。1930—1934年为中央监察委员会委员。1935—1943年任共产国际监察委员会委员。1927—1937年任国际支援革命战士协会主席团主席。1932年在阿姆斯特丹反战大会上当选世界反战反法西斯委员会委员。1934年参加筹办世界妇女反战反法西斯委员会。1933年同伊凡诺沃工人发起成立国际儿童院。1938—1946年为《国际文学》杂志主编。1946年退休。1966年12月31日在莫斯科去世。骨灰安放在克里姆林宫宫墙上。

索柯里尼柯夫，格里哥里·雅柯夫列维奇（1888—1939）

1888 年 8 月 15 日我生在波尔塔瓦省罗姆内县城，父亲在当地的利巴瓦—罗姆内铁路上当医生。很早（5 岁）就学会读书。在我家搬到莫斯科以后，我进了莫斯科第五古典中学，这个中学在教学计划中保留了拉丁语和希腊语课程。我作为犹太人受到了校领导的迫害。“古典”教学促使我参加雨后春笋般兴起的自学小组；自学小组不知不觉地变成了政治小组。

在革命运动迅速发展的形势下，青年政治小组发生了分化，其中一部分站到了无产阶级方面。当我接触到民粹派书刊和马克思主义书刊以后，我靠近了莫斯科马克思主义小组（特别是同米·隆茨·纳尔基里耶尔等人的小组接近），那里的人仔细研究合法的马克思主义的基本著作，经常阅读非法的期刊和小册子。从国外运来收藏在住所里的一大批书刊使我们了解到国外社会民主党报刊上讨论的理论和策略分歧。在地下青年晚会上我同社会革命党人和托尔斯泰主义者（C. 杜雷林、古谢夫）进行过辩论。在首批认识的“地下工作者”中间有洛基洛夫（安东），我通过他同布尔什维克莫斯科委员会建立了联系。1905 年我加入了莫斯科布尔什维克组织，领导了社会民主主义学生运动，参加了十二月起义。由于组织青年学生的事宜，常常同米·尼·波克罗夫斯基、H.H. 罗日柯夫、米茨凯维奇、策伊特林碰头。在加入布尔什维克还是孟什维克两者之间的选择，很大程度上是根据对两个派别对无产阶级在民主运动中的作用和参加临时政府问题的态度的估计作出的。1906 年春天我进入了市区宣传委员会，主要在印刷工人中间工作，然后在索科利尼基区工作：起先在纺织工人中间当宣传员，后来作为区委员会的委员充当组织员、鼓动员、宣传员。同时我在布尔什维克战斗队的总部莫斯科委员会所属的“军事技术局”工作。在这个时期我认识了维克多（塔拉土塔）、布尔（盖森）、马尔克（柳比莫夫）。由于工作的缘故，同弗拉斯（利哈乔夫）关系特别密切。由于军事技术局的关系，同“谢苗·谢苗诺维奇”（科斯季岑）和“埃罗特”（巴·卡·施特恩贝尔格）发生了联系。街头集会、林中群众大会、布尔什维克演说家在工人集体宿舍的突然出现、工人宣传员学校、宣言和工人手抄和油印的传单——这一切引起了警察的密切注意和严密的监视。1907 年秋莫斯科大破坏期间，索科利尼基区也遭到破坏。我在被警察包围的会议地点被捕，在索科利尼基区分局关押了几天便转移到布蒂尔监狱，1909 年 2 月从那里被流放。在转移之前，我被单独派去干一件工作：同刑事犯一起打扫多尔戈鲁科夫街并照例从好心的过路人那里得到几个“戈比”。我被送往西伯利亚前不久，由于在监狱长走过时拒不脱帽而被送入地下禁闭室，带上镣铐并服苦役。1908 年秋天，高等法院根据指控我是社会民主党（布）索科利尼基区委员会成员（第 102 条）的罪名进行了审理，结果判处我永久流放。我坐了一年半的单身牢房，在这段时间里，我系统学习经济、历史、哲学。我常常以敲墙壁的方式同隔壁下棋以调剂自己的学习生活。尽管用面包捏成的棋子被没收，尽管敲墙对话受到惩罚，我们还是玩得很起劲。在上述年代里，布蒂尔监狱的单身牢房的条件是比较不错的，1908 年年底条件开始恶化。鲁柳斯尼出版了监狱手抄杂志，该杂志的积极撰稿人之一是尼·列·美舍利亚科夫，当时他同同案人尼·索柯洛夫、韦谢洛夫等人在等着受审。在监狱的浴室里，在浓浓的水蒸气中，在哗啦哗啦的水声中，在水盆的响声中展开了关于经验一元论和辩证法的争论。最高纲领主义者—剥夺者换上了狱吏的衣服，打算从浴室逃跑，但他的不成功的逃跑行为导致狱方重新审查浴室自由宪章并大大减少了这种自由。

经过四个月的押解和关入羁押监狱之后，我到了流放地——安加拉河的雷勃村（叶尼塞斯克州）。在克拉斯诺亚尔斯克羁押监狱中遇到了奥尔忠尼启则、叶尔柯马什维尔、什克洛夫斯基。在安加拉河，流放犯组织反对社会革命党人的论战性的学术报告，举行有组织的集会，中间还穿插着到原始森林去游览和为当地的商人提供皮子。在雷勃村呆了 6 个星期以后，我同什克洛夫斯基从流放地逃跑了。通过莫斯科到了马里安波尔（靠近普鲁士边境），并靠斯托克利茨基的帮助越过边境。1904 年秋住在巴黎时，受列宁的委托主持“无产者”工人俱乐部的工作。这时在果贝伦大街的俄国图书馆里常常举行流亡者的会议，列宁就是在这些会议上反对取消派和召回派的。在中央机关报《社会民主党人报》编辑部里，我认识了娜捷施达·康斯坦丁诺夫娜·克鲁普斯卡娅。她经常在那里从编辑部的来访者中详细收集关于俄国的情报。

我第一次见到列宁是在巴黎布尔什维克派的会议上，他在作关于俄国农业发展的两种可能的道路的报告。当时正处于反动势力猖獗的艰苦年代，但列宁非常坚定和富有朝气。他住在马里罗兹街的陋室中，接连好几个小时在国家图书馆工作，晚上在干净的小厨房吃比较简单的晚餐时，列宁同顺便来看望他的同志谈话。我在巴黎从法律系毕业并念完了经济学博士研究生的课程。在1910年春中央全会后的分裂时期加入了布尔什维克护党派（参加该派的有马尔克〔柳比莫夫〕、列瓦〔弗拉基米罗夫〕、洛佐夫斯基〔德里佐〕等人），参加小组出版的《护党报》。曾两次见到普列汉诺夫，他当时把反取消派的孟什维克聚集在自己的周围；但普列汉诺夫所持的傲慢态度并不能掩盖这样的情况：他当时已经失去了判明俄国情况的能力。后来我在瑞士组织了“布尔什维克护党派国外组织瑞士局”。从战争开始时起我就持国际主义立场，在瑞士社会党里积极工作，为在巴黎出版的国际主义者的报纸《我们的言论报》（列·托洛茨基是编委）撰稿，在瑞士的许多城市里作关于帝国主义、社会主义革命的前途等的报告，在齐美尔瓦尔德会议之后支持齐美尔瓦尔德“左派”，同布尔什维克中央的立场接近起来。

二月革命以后，我同第一批侨民一起回俄国，这批人中间有列宁、季诺维也夫、拉狄克、哈利东诺夫、印涅萨·阿尔曼德、米林戈夫、利林娜、乌斯涅维奇等，在通过德国的路途上，在“铅封车厢”中不断讨论饿肚子的策略纲领——原则上决定拒绝德国红十字会准备请旅客喝的稀汤。德国社会民主党中央委员会的两名代表企图潜入车厢来向列宁祝贺，由于得到列宁的最后通牒——如果不想被抓住领子撵出去就走开，只得匆匆地走了。列宁向代表提出的最后通牒用词强硬并且产生了应有的作用。在瑞典同“铅封车厢”中的旅客的会晤是加涅茨基组织的。关于开始诽谤列宁及与他同行的布尔什维克的消息使我们设想临时政府有可能企图逮捕越过俄国国境的乘客，为防万一（根据列宁的建议），我们商量好了在询问时如何应对等等。

我在彼得格勒参加了同所谓的“区联派”（联合派—国际主义派组织）领导人合作的谈判，布尔什维克护党派的国外组织同该组织是有联系的。这个组织后来加入了布尔什维克党，但当时却反对立即同布尔什维克联合。这种情况使我不可能加入“区联派”。我从彼得格勒到莫斯科之后（1917 年 4 月），就回到了莫斯科布尔什维克组织，不久就被该组织选为莫斯科委员会委员和莫斯科区域局委员，同时也是莫斯科苏维埃执行委员会委员。这时由于工作关系我同布哈林、弗·米·斯米尔诺夫、奥新斯基、雅柯夫列娃、布勃诺夫、斯土柯夫、萨普龙诺夫接近。在国外的时候，我赞成苏维埃夺取政权和进行社会主义革命；因此支持列宁的四月提纲，反对最初表示反对“提纲”的那部分布尔什维克。在莫斯科区域各处进行鼓动时，在基涅什马被军官逮捕，又被预备兵释放了。我的一篇文章被收入莫斯科出版的题为《论修改党纲问题》的文集，我的文章提出了修改旧（社会民主党）纲领的原则部分的方案。

在第六次代表大会上我当选为中央委员会委员和中央机关报编辑部委员。我同约·斯大林都是七月事变以后代替《真理报》出版的报纸——《工人和士兵的》《真理之路报》《真理呼声报》的编辑部委员（我在这些报纸上写了许多社论和其他文章，写了报刊述评），后来从十月革命时候起是《真理报》的编委。七月破坏以后，列宁认为很可能有一个比较长的对群众施加反革命暴力的时期，他要求筹建秘密机关刊物，他一度认为希望保存布尔什维克的合法报纸是一种幻想。科尔尼洛夫的发动使情况发生了急剧的变化。科尔尼洛夫的失败表明，积极的无产阶级力量只有在布尔什维克的领导下才能进行斗争。科尔尼洛夫事变是十月事变的某种“演习”。列宁从芬兰避难地回来以后，把革命力量引向神速的进攻。索柯里尼柯夫是彼得堡苏维埃执行委员会委员，后为苏维埃中央执行委员会委员。属于同列宁一起投票赞成起义并举行起义的中央委员会多数派，是进行起义期间选出的中央政治局委员。十月革命以后我作为和谈代表团的成员被派往布列斯特，从布列斯特回来后起草关于私人银行国有化法令，领导私人银行国有化工作，同一批银行家（土曼诺夫、巴西阿斯、科甘）一起进行原私人银行改组和合并的工作。参加“夺取”国家银行和对它进行改组的工作。根据布尔什维克候选人名单被选入立宪会议。由于参加了布列斯特停战谈判，所以1918年春再度去布列斯特（在和谈破裂和德国人再次进攻之后），这次是作为和谈代表团团长去那里的，代表团受中央委员会的委托接受德国司令部的最后通牒式的建议和签订和约（代表团成员有契切林、越飞、卡拉汉）。当中央在关于恢复和谈和宣布准备签订和约的问题上存在分歧的时候，支持列宁所捍卫的立场。当然并不相信德国政府会接受和平建议，休斯式电报机字条上关于德国人同意恢复谈判的回答的头几行字在深夜出现，在很大程度上是大家所没有料到的，尤其是因为拖延不答、德军继续推进并攻占普斯科夫，每时每刻都造成和平姿态毫无效果的印象。苏维埃代表团由于铁路线被破坏而没有到普斯科夫，换乘轨道车，面向德国线路的最后一段路程是深夜步行走完的。先头部队的指挥部没有得悉恢复谈判的消息，完全莫名其妙，并且起初不知道怎样对待奇怪地和意外地出现的代表团。德国士兵认为进攻是由于有必要把边区各民族从俄国的压迫下解放出来。代表团从普斯科夫前去布列斯特的时候，城里有人举行敌对的示威游行，在这些人中间流传着挑拨性的谣言，说什么在俄国被推翻的苏维埃政府的成员冒充和平代表团出行而逃跑。德国政府宣布，在签订和约前，将继续进攻。但是，和平代表团没有进行长期谈判的任务：由于战线是完全暴露的，一部分旧军队跑到几百里远的后方，有组织的红军部队又弱，要拒绝德国的最后通牒是不可能的。其条件由于在最后时刻加进土耳其的新要求而更坏了。在签订和约时，我作为苏维埃代表团团长（德国代表团团长是冯·罗森贝尔格，他后来是外交部长）发表了演说，我在这篇引起了到场的以霍夫曼将军为首的东方战线的德国军官们强烈不满的演说中，对德国的最后通牒作了尖锐的评价，并表示相信帝国主义对苏维埃国家所取得的胜利只是暂时的。

从布列斯特回来以后，同中央委员会一起在1918年春到了莫斯科，回到迁到莫斯科的中央机关报《真理报》编辑部中工作。在《关于银行国有化问题》这本小册子中对银行国有化的意义和今后信贷机构的作用作出了评价。在1918年夏召开的国民经济委员会第一次全俄代表大会上作了关于过渡时期财政政策的原则的报告，反对取消货币的方针。我当时在《国民经济》上发表的一些文章中捍卫的也是这些原则。不久（6月）我成了被派往柏林的委员会成员，该委员会的任务是，草拟和约的补充协定——经济和法律协定。正在谈判的时候，克拉辛来到了柳杰多尔夫的大本营，同他谈判德军停止向巴库挺进的问题。柳杰多尔夫切断高加索和土耳其斯坦的坚定计划被美国军队在德国海岸登陆所破坏。这一行动造成了新的军事形势并使德帝国主义极右翼在俄国的军事计划不可能实现。在柏林，我在独立社会党人的会议上和斯巴达克小组里作过多次报告。我同布哈林一起去拜访考茨基，但是同考茨基的谈话由于毫无效果而立即中断。米尔巴赫被暗杀以后，谈判中断，委员会回国。回到莫斯科后，我在给列宁的报告中汇报了德国革命运动发展、军队迅速瓦解和兵变情况。这时社会革命党委员会支持的立宪会议和捷克斯洛伐克军团支持的白卫军在外高加索的叛乱开始显示严重的威胁——国内战争即将开始。我作为东线第二集团军革命军事委员会委员前往维亚特卡（同谢·古谢夫一起）。革命军事委员会成员提出由旧军队的上校绍林担任第二集团军司令员，他是集团军司令员中的头一批“军事专家”之一。第二集团军应当平定伊热夫斯克工厂和沃特金斯克工厂的暴动，并且不让立宪会议派同军队联合暴动。在维亚特卡周围发生了富农暴动，从莫斯科派去的武装征粮队有一部分加入了暴动者的行列。第二集团军在最初几次冲突中遭到了一系列的失败。由各个部队拼凑起来的人最初不是一个有组织的整体。部队是由游击队——从帝国主义战争这个学校培育，并从德国战线上转调来的工人、水兵、志愿军所组成的。征用粮食、马匹、种子、房屋引起同农民的尖锐摩擦。动员当时农民加入红军队伍遇到了巨大的困难：被动员的人领到服装以后就开小差，或者刚一交锋就向敌人投降；曾发生过大小部队直接叛变的情况。当改编的第二集团军向伊热夫斯克进攻时，我亲自参加组织的特别师则奉命向沃特金斯克工厂前进。这个师是边战斗边组成的，这些在卡马河多树林的山前地带的战斗，是争夺鞑靼人的小村庄的残酷斗争，它们使这些村民遭到日夜炮击。战线只能相对地称为“战线”：有些部队很难保持自己内部的联系，往往是在一个区域里，红军连队在白军的后方，而在另一个区域里，白军又在红军的后方。有时“战线”一天之内推进40俄里，一夜内又后退70俄里，师的正规部队是塔乌曼上校指挥的拉脱维亚团，塔乌曼行动谨慎、缓慢和果断；突击任务由水兵游击队完成，但他们很不愿受他们的无比勇敢的巴雷什尼科夫委员（后为格拉佐夫县军事委员）的纪律约束；新兵营由军事委员马尔金（从当地农民中提拔的）和“专家”（旧军队的年轻军官）指挥，其中就有基涅特上尉，他在自己的士兵逃跑而先头部队人数很少的情况下企图阻截敌人时被白军砍死。白军靠兵工厂而拥有较多的武器弹药，在危急时刻他们对所有的工人进行挨个动员并把这些工人送去打仗，同时把枪毙退却者的侦缉连安排在第二线。

在两个月的斗争期间，工厂暴动的领导人日益从社会革命党人和孟什维克方面转到君主制的官吏和官员，特别是集结在伊热夫斯克的官员方面，两个月以后，白军撤退到卡马河以外（后来白军的伊热夫斯克部队合并到高尔察克的军队中去了）。外伏尔加农民情绪的转变和立宪会议委员会军队在喀山附近的失败实际上决定了伊热夫斯克—沃特金斯克暴动的失败。

伊热夫斯克暴动平定之后，我从第二集团军调往南线并作为战线革命军事委员会委员被派往第九集团军，该军司令员是克尼亚格尼茨基（工程师，老布尔什维克），革命委员会委员是达什凯维奇和弗拉基米尔·巴雷什尼科夫（莫斯科党的工作人员，后被马蒙托夫将军俘虏并在长期折磨后被白军处死）。第九集团军的基础是基克维泽和西维尔斯的游击队志愿师和米罗诺夫的哥萨克游击队骑兵师。基克维泽是优秀的游击队军事组织者之一；他的部队是由一些老兵的骨干组成的，他们同基克维泽一起在同德国人、佩特留拉匪帮和哥萨克人战斗中经历了从奥地利边境到伏尔加的长途跋涉，并在此长期行军中得到革命工人志愿军的可靠的补充力量。基克维泽本人同左派社会革命党人保持友好关系，但尽管普罗相前去劝说（左派社会革命党人 1918 年夏在莫斯科叛乱以后），却拒绝支持左派社会革命党人的运动。基克维泽对集团军的指挥人员抱不信任态度，顽固坚持自己的“自治”和师的山头主义。这条“路线”在西维尔斯的师里得到贯彻，虽然贯彻得不那么起劲。米罗诺夫的哥萨克兵团的情况就差多了，那里不允许有军事委员，对政治工作设置了重重障碍并进行露骨的反对共产党人的鼓动。在党关于农民问题的路线（在俄共第八次代表大会上提出过对农村强行灌输社会主义的指责）改变以前，军队中的农民新兵的情绪常常是反共产主义的。同时哥萨克的战线由于老人与青年人的斗争、顿河区最高指挥部的君主主义倾向的出现和野战工作的疲劳而瓦解。红军的供给、装备和人员补充有所改善。革命正规军的机构逐渐形成并开始自己的正常工作。1919 年春天，克拉斯诺夫的军队遭到了许多决定性的失败并以令人吃惊的速度瓦解了。哥萨克兵团丢下或交出武器，克拉斯诺夫把对自己残部的领导权交给了邓尼金。依靠英国人和法国人的军事支援和拥有骨干军官兵团的邓尼金志愿军的出现，在离新切尔卡斯克不远的地方阻止了苏维埃军队的进攻。

我同进攻的部队一起越过了顿河草原，来到莫斯科，作为修改党纲委员会成员和军事建设问题的报告人，参加第八次代表大会的工作，坚持必须最迅速地从游击队的分立主义过渡到集中的“正规”革命军队。代表大会之后，由南方战线革命委员会派往第十三集团军，该军军长科热夫尼科夫体现了恶劣的游击传统。后来参加组织平定顿河上游的哥萨克叛乱。这一叛乱是由不久前从克拉斯诺夫那里分离出来的一些哥萨克城镇发动的，部分是由于苏维埃的侦察机构和粮食机构的错误促成的，它试图在地主路线和工农路线之间寻找一条中间的哥萨克路线。叛乱的社会基础是土地多、牲口多的富裕哥萨克（自从顿河区被纳入粮食出口区时起便处在从独户少地主转变为资本主义农场主的过程中）和附近省份地少的农民之间利益的冲突；从前在哥萨克那里当雇工并得到了小块土地的农民，在苏维埃军队获得胜利以及开始实行平分土地和财产。顿河上游区哥萨克城镇的叛乱在某种意义上是铁皮屋顶反对茅屋顶的战争，哥萨克的房屋同农民的房屋通常可以根据屋顶辨别出来。随着邓尼金的军队开始向莫斯科进攻，红军应当离开顿河下游一线，而叛乱的顿河上游的城镇就并入了邓尼金战线。

在马蒙托夫对南线红军后方进行袭击期间，我被调到沃罗涅日第八集团军革命军事委员会。参加了第八集团军和第十三集团军向哈尔科夫的进攻，这次进攻作为吸引敌方力量的佯攻获得了胜利（第八集团军的侦察班深入到离哈尔科夫 20 俄里之处），但是却使第八集团军不得不后撤到极端困难的环境中去。军队三面被包围，有时四面受阻截，它从伏尔加斯克退向沃罗涅日，有时勉强通过无线电或飞机同邻军第十三集团军及前线指挥部队取得联系。马蒙托夫部队对我军后方的袭击起了瓦解部队、影响士气的作用。第八集团军革命军事委员会委员弗拉基米尔·巴雷什尼科夫被马蒙托夫的侦察班俘虏就发生在这个时期。军司令部从一个地方移到另一个地方，常常冒着突然被抓的危险；司令部的一部分工作人员开小差，有一些则跑到白军那边去了。这种条件下，我被任命为集团军司令员，这是为了增加对集团军司令部的信任。邓尼金向莫斯科的进军这时获得了最大的成绩。奥廖尔被占领，图拉遭到了打击。但是这是靠集中最后的已经消耗殆尽的力量为代价取得的。农民后备军涌入红军，而白军被农民仇恨的气氛所包围。从东线投入的有力部队同从察里津地段撤下的骑兵保证了红军转入进攻的胜利。邓尼金的军队开始逃回库班。经过从伏罗涅日到罗斯托夫的艰难行军有必要进行休整；夺取罗斯托夫以后重新配置力量的必要性也使军事行动暂时不那么积极。白军重新占领罗斯托夫的企图没有成功。库班的哥萨克在邓尼金分子残酷迫害库班拉达的小资产阶级民主派（吊死贝奇等）之后怀着反对白军的情绪，他们不给后退的“立宪民主党人”应有的支持。哥萨克和农民新兵成建制地转到红军方面来。枪支、弹药、供应品——一切都来自“白军”的储备。进攻越远，主要由倒戈者拿来的东西就越多。战役快结束时，许多团里的绝大多数士兵，甚至在某些情况下绝大多数指挥人员都是由昨日的“白军”组成的。邓尼金未能守住库班路线。第八集团军沿着海岸向新罗西斯克迅速迂回运动使得白军狼狈逃窜。军官团匆匆从前线撤下来，在英国大炮和英国登陆队的保护下在 24 小时内坐上了船。成千的哥萨克投降了。新罗西斯克和极丰富的装备、武器和各种军需品的储备都成了红军的战利品。大量的马匹被撤退者投入海中，但还有更多的马匹成群地在城里及附近乱跑。邻近的农民尽量地领走马匹，但好几百匹马由于饲料不足而死亡，这种对马匹的大规模屠杀，可以说是这种四脚战争工具的毁灭，昔日战马和辎重往返奔走的草原的道路，竟变成了一望无际的白骨连成的纽带。

随第八集团军的部队完成从沃罗涅日至新罗西斯克的行军后，回到了莫斯科（1920 年 4 月），我估计内战时期基本结束，于是回到《真理报》编辑部工作。我是莫斯科委员会委员，领导宣传员学校；曾参加共产国际第二次代表大会。1920 年 8 月我作为全俄中央执行委员会土耳其斯坦委员会主席和土耳其斯坦战线司令（土耳其斯坦委员会委员是萨德罗夫、科冈诺维奇和彼得斯）被派往土耳其斯坦。推翻艾米尔以后领导布哈拉的苏维埃政权的建立工作，积极参加了在费尔干纳的反对巴斯马赤反革命匪徒的战役，这些战役以最大的巴斯马赤首领之一霍尔-哈德日的彻底失败而告终。霍尔-哈德日这个曾经因政治原因服过苦役、身强力壮的土匪，带着自己的部队跑到通向中国边境的山上去，但由于雪崩在狭窄的小道上死去；虽然巴斯马赤散布的传说硬说霍尔-哈德日被从天而降的天使救活，但最终他还是消失了。然而用经济的或其他的措施削弱巴斯马赤运动并不比军事措施更差：实行了币制改革，它取消了比国家货币贬值得更快的土耳其斯坦特殊货币——“土耳其券”；办理了用土耳其券兑换苏维埃货币的业务，进行了价格和工资换算成新币的工作；取消了（在大规模取消以前）粮食征收制，代之以粮食税；废除了普遍劳役制，容许往集市自由贩运物品并在那里买卖；释放宣布自己在政治上奉公守法的教士；苏维埃管理机构从俄罗斯人的城市迁到当地城市和市区；在谢米列奇耶开始把俄罗斯移民擅自从吉尔吉斯人那里夺去的土地归还他们；在费尔干纳采取了恢复植棉业的措施，承认当局有必要支持手工业者；打算组织贫农协会（“科什奇”）等等。土耳其斯坦委员会在被吸收到负责的国务活动中来的乌兹别克、吉尔吉斯和土库曼工作人员（拉希姆巴也夫、土里亚库洛夫、霍扎诺夫、阿塔巴也夫、比柳舍夫）的参加下在土耳其斯坦创造了比较安定的环境并创造了巩固苏维埃政权、发展经济和使地方机关免受当地资产阶级（拜依）的影响的前提。

在 1920 年底开始的关于工会的争论中，我支持“缓冲集团”，但是，我认为应当解决的基本问题并不是工会问题，而是同农民的相互关系和必须对农民让步的问题。由于身患重病，从 1921 年初至 1921 年秋就不能参加工作。1921 年 11 月，由于新经济政策给党的财政政策带来的变化，我又从事1918年中断的财政工作，我被任命为财政人民委员部部务委员会委员，此后不久任财政人民委员部副人民委员。由于财政人民委员克列斯廷斯基不在（1921年秋他被任命为驻德全权代表），我领导部里的工作，1922年秋则被任命为财政人民委员；1926年1月以前一直担任这一工作。这一时期财政工作的主要任务是：建立财政人民委员部（这个机构在军事共产主义时期几乎完全取消），建立稳定的无赤字的预算和制定苏维埃预算法规，取消实物税、建立货币税和货币收入体系，实行稳定的通货政策，建立以国家银行为首的银行机构体系，组织国家信贷业务（短期和长期借款），建立国家保险局和国家劳动储蓄银行，把国家预算和地方预算区分开来，广泛发展地方预算，其中包括乡预算，实行财政纪律和会计制度。最困难的是废除实物税和在农村实行累进所得税，停止为满足预算需要的纸币发行，反对可能引起新的通货膨胀的不切实际的经济计划，确立满足全国的、各共和国的和地方的利益的正确比例，在满足国家政治、文化和经济需要时确定正确的比例。在这一时期，财政人民委员部最积极的工作人员是弗拉基米罗夫、舍印曼、雷印哥尔德、图曼诺夫、尤罗夫斯基、什列伊费尔、勃柳汉诺夫、波留多夫、库茨涅佐夫、P.列文。

1922年夏，我参加了出席海牙会议的苏维埃代表团并在代表会议的一次会议上作了关于苏维埃国家的财政状况的详细报告，这个报告引起了整个资产阶级报界的激烈攻击。1923年，当我进行币制改革的准备工作时，我坚持限制信贷和降低工业品价格的政策，我站在中央委员会多数派的方面参加了政治争论。1925年秋我捍卫这样的观点：在保证作为强大工业基础的农业可能迅速发展的同时，必须有明确的农村阶级政策，在1925—1926年党内发生意见分歧时，我支持中央少数派。1926年春被任命为国家计划委员会副主席。1926 年夏同妻子 Г.О. 谢烈布里亚科娃一起前去美国进行关于财政协定的谈判。克洛格取消原先同意赴美的决定使此行半途而废。

在历次苏维埃代表大会和中央执行委员会会议上曾就财政政策问题发言。在俄共（布）第十一次代表大会上代表党中央作了关于财政政策的报告并捍卫提出了建立苏维埃财政制度的基本路线的决议草案。

关于财政问题的著作收入下列书籍:《革命的财政政策》(两卷本)、《币制改革》。论述 1926 年年底的经济困难的小册子有:《秋季困难和经济摊派问题》《走过的道路和新的任务》。

参加过共产国际几次代表大会的工作。从 1917—1919 年和从 1922 年至今是党中央委员。

蔡恺民译

索柯里尼柯夫续志

索柯里尼柯夫 1922 年任副财政人民委员，由于财政人民委员克列斯廷斯基兼任驻德国全权代表，经常留在柏林，所以财政人民委员部实际上由索柯里尼柯夫主持。1922 年秋转为财政人民委员。索柯里尼柯夫在此任上实施财政金融改革，发行切尔文卢布，建立银行系统，从而稳定了国家财政，稳定了货币，制止了通货膨胀，这是新经济政策实施中最成功的一项改革。他反对不现实的经济计划和借助发行货币来加速工业化的做法，主张经济上融入世界市场，“缓慢逐步谨慎地实际实现社会主义”。1924年6月2日至1926年1月16日任政治局候补委员。

1925年参加季诺维也夫和加米涅夫的“新反对派”，主张实行党的集体领导，取消总书记的设置。从而失去政治局和财政人民委员部的职位。1926年脱离反对派。

1926—1928年任国家计委副主席。1928—1929年任苏联石油辛迪加经理。1929—1932年任驻英国全权代表。1932年起任副外交人民委员。1930年降为候补中央委员。1935年任副林业人民委员。

1936年7月26日在“托洛茨基反苏总部”案中被捕受审，被开除出中央委员会并被开除出党。1937年1月30日被判处10年徒刑，1939年5月21日在狱中遇害。按当时官方的说法是被同狱犯人殴打致死。而据1956—1961年复查，与此前两天拉狄克被殴打致死一样，是贝利亚等按照斯大林的指示安排实施的谋杀。

1988年6月12日平反，同年12月16日恢复党籍。

索柯里尼柯夫被捕后其妻也被捕，在集中营和流放地生活了18年。

索斯诺夫斯基，列夫·谢苗诺维奇

（1886—1937）

1886年生于奥伦堡市。我最早的记忆是，在一个狭小的装订车间，在工作台上待装订的书堆得高达天花板，我这个7岁的孩子，爬上工作台，靠窗坐下，贪婪地读着各种书籍。在装订车间，各种内容的书杂乱地混在一起，我也就这样杂乱无章地阅读。我既没有听别人说过，也从来没有想过，应该有选择地读书。当然，我自己也作过某种选择，开头读几页，最后读几页，或者中间读几页，不过，如果这本书引人入胜，我也会从头到尾地看下去。我后来对许多作者有了鲜明的印象。我非常喜欢阅读并且读遍了所有俄国古典作家的作品，以及各种惊险小说和历史小说等等。儿童文学是到成长时才熟悉的。在童年时代，我并没有读儿童文学作品，或者它们并没有给我留下什么印象。我几个哥哥都是装订工人，由于我如此迷恋于读书，他们往往对我瞪白眼。他们勉强容忍我读没有装订好的书，但不许我读刚装订好的书，因为读刚装订好的书，书页会卷起来，封面会脱落，书会发胀。但是，有时我会违反他们的规定。记得我开始读的陀思妥耶夫斯基的一些书是没有装订好的，但是，到后来这些书放在装订台上（工序很复杂），并且已经装好了，我才读完这些书。因为我读了很多书，而且往往过目不忘，所以虽然我刚开始学写作，我写东西却没有语法错误，也会正确地使用标点符号，后来成为新闻记者。我的这种“成就”，从下面就会知道，对父亲的职业是很有用的。

现在简略地谈谈我的家庭。父亲是一个退休的士兵，在尼古拉一世当政时几乎服了 25 年兵役，他饱受了世袭制的痛苦，从很小的时候起就被强制离开双亲，穿上了军装。对于尼古拉一世时代服兵役和实行世袭制的情况，我并不是从父亲那里知道的，而是长大以后知道的。父亲多次讲到自己的过去，特别谈到了多次受到的毒打。他谈起人们用毒打、酷刑甚至用刺刀来迫使他信奉东正教。如果不做祷告，就被赶到河里，用淹死相威胁。他的许多同伴成了东正教徒，但他仍然是一个犹太教徒。他在市场上要我看一些有地道俄罗斯姓的老店主，但他们有真正犹太人的鼻子和胡子，他解释说，他们都是世袭兵，是用拳头和皮鞭让他们懂得东正教的法典的。关于父亲和母亲的生平我几乎一无所知。他们没有说过，我也没有问过。我多少记得，父亲服完兵役以后到一家包税吏开设的酒店工作。他从军营到了酒店。他在酒店时期的生活，我毫不了解，只知道他酒量很大，可以喝大量伏特加而不醉。我能记得的是他在饭馆时期的生活。他成天在一家离市场很近的“萨拉托夫”饭馆，那里是他的接待室，他做起律师的工作。他的文化程度很低。不知道他是怎样做辩护工作的。只记得我九岁的时候，父亲就要我誊清他为辩护人起草的申诉书。我虽然只有 9

岁，但比我父亲写得好。他只是严格要求我写好标题，留下空格，不要涂改。其他事情，他就不太过问了。他只知道字要写得对，加上标题和符号，如此而已。

在他当律师时期有一件事，我记得很清楚，因为这件事是我们家庭生活的转折点。那时在奥伦堡死了一位无子女的富有的女商人，父亲承担了寻找她的远亲，并证明他们有继承权的委托。他到远方省份寻找他们，并且找遍了教堂的档案，终于同继承人一起返回。我还记得他带来的弗拉基米尔省的几个农夫的美丽善良的面孔。他确实使他们得到了一份可观的遗产，因此，他也得到了一笔酬金。对那时我们贫寒的家境来说，这是一笔很大的收入，但总数大概不会超过两千卢布。

我们从手工业者变成县城里的企业主。几个哥哥以前是奥伦堡印刷厂的工人，后来当了独立手工业者，而现在我们迁到了特罗茨克市，同别人合伙开了一家印刷厂。 父亲在饭馆当辩护律师的时期结束了。我在街上赤脚闲逛或整天躺在乌拉尔河边浅滩的时期也结束了。我成了一个中学生。

不久我父亲和大哥不和，我们分了家。我留在大哥的印刷厂。我很难讲出在中学时期有什么愉快的事情。我常常感到，我自己也是一个世袭兵，不过形式略为温和与文明一些而已。教育制度刻板，对学生实行恐吓，教师毫无才华，成天要学生死记硬背，枯燥至极。只有俄罗斯语言教员巴夫林闪现一点光辉的才华，他在短短的时期内（大概一两年）使我热爱俄罗斯文学，特别是普希金和莱蒙托夫。巴夫林授课的时期同我童年博览群书时期有着某种联系。巴夫林确实以他的活力滋润了这颗虽已播下但已干枯的种子。就我的年龄来说，我的确出奇地读了很多书，知道和记得的也很多。就在那个时候，我已经显出了某种“讽刺”才能。我们开始出版手抄的学生刊物，我在上面写了一些讽刺教师的诗，当然，诗写得并不好。

我在智力上愈是发展，我就愈不能忍受继续留在中学。主要是屈服顺从，毫无自由，经常准备挨骂、挨打、受处罚，使我感到窒息。1926年我在《探照灯》杂志写了一篇文章，题为《给家乡的一封信》，在这篇文章中，我叙述了我在学校生活的片断和遭遇：我决心冲破学校的束缚，家人也没有反对，在五月的一天，我终于离开了学校，感到获得了自由。

大约就在这个时期，我母亲去世了。她是在精神病医院死去的。其实，她是一个安静的病人，挨了父亲的打，实际上被父亲送进了精神病医院。当着她的面父亲同厨娘们胡搞，而厨娘们嘲笑她，侮辱她的宗教感情。她发病的最突出的表现，是害怕别人强制地在她房间挂圣像。她大喊“把圣像取下”，奔到病房的角落里去。家里发生的另一件事，也促使母亲得病。在我出生的那年，我的姐姐离家出走，信了东正教，当了修女。母亲长期以来一直为这种在犹太人的圈子里从未发生过的事情而苦恼。在我很小的时候，我曾到修道院去看过姐姐，不久以前，她到我这里来时已经是一个老太婆了。修道院关闭了，她做了40年的修女，必须开始新的生活。

我独立生活的最初年代开始了。这种生活还不能说完全独立。虽然我离开了军营般的学校，进入了自由生活的洪流，但我还不能独立地为自己挣一块面包。后来我到萨马拉的一家药房当学徒，按照当时的合同，在开始阶段，我没有工资。工作非常繁重。工作日很长，假日还要像平时一样工作，只能利用休息日。而除了工作日很长外，不久还要我值夜班，白天和黑夜都要工作。店主是一个严厉的德国人，待我们学徒非常苛刻。当然，他对我们的工作训练是出色的。他教我们迅速、干净、利索、准确、细心地工作。现在我已经看不到像他那种利索的工作了。但他非常粗暴，看不起俄国人，在同他的法国朋友说话时，经常骂“俄国蠢猪”，我感到非常气愤。

有一次，他打一个学徒，我们团结起来，进行罢工。但他根本不理我们的罢工，因为像我们这样要寻找工作的人实在太多了。但是从此我产生了一种强烈的愿望，就是要对欺侮工人的压迫者和剥削者给予回击。

我们的一个伙伴为当地的萨马拉报纸写了一篇描述药房的奴隶生活的题为《白色奴隶》的文章，文章登出来了。大约就在这一时期，我被介绍参加了社会民主党的小组。在小组里，有人和我讲述了兹拉托斯特的枪杀工人事件，我们在那里开始阅读《火星报》。我开始向党提供力所能及的（技术性质）的服务。从这时（1903 年）起，我就认为自己是党员了。

以后我离开了萨马拉，到别的地方的药房工作（奥博扬，车里雅宾斯克），最后到了叶卡捷琳堡（1904 年）。在那里，我很快接触了布尔什维克。起初我做一些技术性的工作，我所服务的药房既便于保存秘密文件，也便于地下工作人员接头。国内外的来信也寄到我这里。来自各地的党的工作人员到药房来找我，从我这里再得到联络地点。不久我认识了著名的乌拉尔的党的工作者。有一次，我决定按照联络地点去寻找他们。我认识了玛丽亚·奥斯卡罗夫娜·阿维德（1919 年春因从事地下工作被高尔察克处决），向她表示了想同党组织保持更密切联系，和参加研究党纲小组的愿望。她要我去找克拉夫季·拉莫费也夫娜·诺夫哥罗德采娃（后来是斯维尔德洛娃，即雅·米·斯维尔德洛夫的妻子）。1905 年春天，记不清由于什么原因，我认识了乌拉尔当时布尔什维克组织的领导人，并且同他们很熟悉。雅·米·斯维尔德洛夫来了，他一下子把我吸引住了，他是真正革命者的典型。我经常去参加会议和群众集会，用胶版印刷声明以及完成多种细小的任务。1905 年秋天的事件爆发了，组织掌握了巨大的力量，斯维尔德洛夫、丘茨卡也夫、司罗莫洛托夫和其他许多同志都是很有经验的坚强的布尔什维克，我们可以向他们学习。

1905 年 10 月的日子里，我们经受了真正战斗的考验。10 月 19 日黑帮袭击了我们的群众大会。一些人（包括敏金同志）受了伤。但过了两天，党组织准备进行回击，向黑帮发出了挑战。在布尔什维克战斗小组的保护下，在市剧院举行了有很多人参加的大会，斯维尔德洛夫作了非常成功的讲演。我记得，那天晚上，布尔什维克小组随时作好了对挑衅进行武装反击的准备。那是一个通过战斗的联系把人们真正地团结在一起的极好的夜晚。

在这个时候，在我的生活中出现了一段插曲。前面我已经说过，我的药房地址是委员会的通讯联络点。我离开了药房，但有人还不知道我的通讯地点已经变换，信仍然寄到老地址。有时候信封上的地址写得不太准确，仅仅写上“沃兹涅先斯基药房”而没有写上收信人。有一次店主打开了信封，吓了一跳，其中是一封薄薄的密信。店主暴跳如雷，威胁说自己不敢受不法事件牵连，要把信交给宪兵。我从药房职员那里知道了他的谈话，就到他那里，向他要回信件。他开始对我肆意侮辱，我不能忍受，就打了他几下耳光，从他那里把信夺走，谈话也就结束了。以后我们常常开玩笑说，我早在 1905 年已经开始实践对资产阶级的恐怖活动了。

同年 11 月，有人建议把我派往兹拉托乌斯特，那里是社会革命党人占优势。我到那里去了，虽然感到自己是一个很不成熟的布尔什维克。在兹拉托乌斯特，我的首要任务是到工厂去。本来我已被录取为清洁工，但行政当局狡猾地把我打发走了，他们通过体格检查把我淘汰了。我经常到工厂去，做些小事情（同社会革命党人进行交锋），但我一再感到自己特别是在农业问题上的宣传训练很差。

在纪念沙皇刽子手在兹拉托乌斯特广场枪杀工人一周年的工人群众大会上，我不得不首次发表演说。当时天气严寒，即使天气不那么冷，我也喘不过气来。又冷，又紧张，我的声音发抖了。在我短短的讲话中，激起了对沙皇制度的巨大愤怒，以致事后我的朋友都为我的演说才能所震惊，并预示了我成为一个演说家的未来。但是，很快从乌拉尔派来了由一个专门从事血腥镇压的将军率领的一支侦缉队。我不得不转移。我冒着刺骨的严寒躺在一辆空的货车上，从兹拉托乌斯特到萨马拉去，希望在那里找到熟悉的党的工作人员。我总算活着到了萨马拉，但那里没有找到熟人。我又改道去敖德萨，在那里找到了几个地址，但都扑了空。那时，我决定去国外，希望在那里学习马克思主义，考察国外的工人运动，并呼吸一下自由的空气。

我走了几次都没有成功，最后我决定像我读过的小说的主人公那样出走。我看到一艘轮船，也不知道它开往何处，就钻进它的货仓。到了君士坦丁堡，我从货仓钻出来，船长罚我在船上做苦力。在阿尔及尔（北非），我从船上逃跑，因为船长威胁我说，由于偷渡，要把我送交英国法庭审判。我带着3个卢布开始了流亡者的生活，我先后在烟草厂、药房做工，最后抵达巴黎。

在巴黎，我过了将近一年的流亡生活。虽然失业，经常流离失所，忍饥挨饿，但我贪婪地寻求新的知识。我去听演说，到图书馆去看书，出席巴黎工会的各种会议，甚至参加了法国亚眠的工会代表大会（1906年），在巴黎，我学了很多东西，但是我十分想念俄国，渴望工作。我还到了日内瓦和维也纳，但我断然决定返回俄国。我回俄国后到了塔什干，在地方资产阶级报纸《土耳其斯坦信使》当一名印刷工人，组织印刷工人的工会。有时为由一名老同志朱·弗·莫罗佐夫领导的地方社会民主党报纸撰稿。我们的印刷厂老板兼报纸主编，是一个犹太教牧师，名叫基尔斯涅尔，他弄清了我的底细，把我解雇了。工会组织了罢工。当天晚上，我们被逮捕了。工会在我们获释前继续罢工。基尔斯涅尔不得不设法把我从监狱中放出来。不久我在塔什干德鲁日金兄弟公司当上了办事员—代理人。德鲁日金兄弟年轻，继承了巨额遗产，装出非常进步的样子。公司的经理教我怎样写各种信件，对要断绝关系的供货者怎样写，对不想断绝关系的供货者怎样写，对挥霍了规定的余款（按共同继承人的家庭决定）的上大学的兄弟怎样写，对公司各处处长怎样写，等等。他对我写的文件不断进行挑剔。但是，这种文体的训练被我们组织的抗议公司无故解雇职工的罢工打断了。警察局又开始搜捕我，我不得不离开中亚细亚。在塔什干，我参加了第二届国家杜马的选举。我们的候选人在塔什干当选为杜马代表，他是我所认识的一个最有意思的人——弗·彼·纳利夫金将军，一个非常特别的人物。他是一位头发灰白仪表堂堂的老人，从斯柯别列夫时代起，他就为沙皇征服中亚细亚而东征西伐，在军事方面和行政方面升迁很快（军事总督）。到了老年，他对现存制度有一套特殊的反对派的革命观点。这些观点是马克思主义和某种无政府主义的混合物。他特别认真地对待东方民族问题，几乎学会了各种土著语言，为土著儿童开办学校，亲自出版一种当地语言的报纸，撰写关于土著无产阶级状况的巨著，等等。在选举时，他同意作为社会民主党的候选人，并被选入杜马。他以工作负责和高度民主而享有盛名。同他认识以后，我进入了一个陌生的圈子。

在快写完塔什干时期时，再谈一下德鲁日金。这个名字是同英帝国主义的血腥暴行——枪杀 26 个巴库政治委员的事件不可分割地联系在一起的。德鲁日金是英国在外里海地区短暂统治时期的帮凶。后来，他同英帝国主义分子一起躲藏起来。他是书写商业文体的专家，也是从事镇压和白色恐怖的专家。

在离开塔什干的途中，我本想停居在奥伦堡。在那里，正赶上第二届杜马被解散，沙皇政府对革命工作者和工人阶级的镇压变得更加残酷。根据某些消息，高加索的革命火焰越烧越旺，这就吸引了我。

我来到了巴库。我秘密地住在那里，当上一家饭店的办事员，目睹巴库商人纵酒狂饮。后来，我到一家药房工作。很快通过我在巴黎认识的一个朋友谢姆科夫同组织建立了联系。巴库对我来说是一所很好的学校，那里有大工业，不同民族的无产阶级，石油工业具有特殊地位，党和工人能比在俄国其他地方呼吸得自由些。群众性的工会能公开活动，还出版工人报纸。无产阶级经常进行政治和经济斗争。资本家同工会就签订集体合同进行谈判。总之，阶级斗争具有多种多样的形式，并且具有巨大的规模。进行宣传鼓动的可能性比俄国其他地方广泛多了。在这里，合法和地下革命运动的结合，使工作开展得非常广泛。在巴库时，我一直担任（地下）党组织的区组织员，木材和建筑工会的书记，还参加俱乐部和合作社工作。工作非常繁忙，我专心致志于工作，但不久又遭到了逮捕。不过，过了几天，我得以逃跑，躲在石油区——巴拉哈内。在那里，我认识了一位很有意思、很有才华的工人布尔什维克 И.П. 萨马尔策夫（他的真姓是希李科夫），他当时是工会的组织者，对建立强有力的阶级组织作了非凡的努力。他一度离开过党，但后来又回到党内。他倾向于当时流行的法国型的工团主义，反对右翼社会党的改良主义和已经产生的议会主义。在巴拉哈内，我住在工人家里，过着与当地工人一样的生活。我当过罗特希尔德油田的小工，从那里被解雇，后来同萨马尔策夫一起参加失业工人劳动组合，从事铺设油管的工作，这种工作是临时性的，非常繁重，有生命危险（当油管不得不经过石油湖泊——沼泽地时）。

离开巴库后，我到了莫斯科，用的是尼古拉·克拉尤什金的身份证（他是巴库冶金工人，他把自己的身份证给了我）。我担任纺织工会和皮革工会的书记。这两个工会在莫斯科南岸区一个裁缝的家里共有一间很小的房间。实际上，这里没有多少组织工作，主要是鼓动工作。这里用工会会员会议的名义完全合法地召开工人会议，用合法的形式进行社会民主党的宣传鼓动。

我们学会避开沙皇的法律。沙皇的警察当局非常凶残，但也相当愚蠢。例如，当时政府正在起草工人的国家保险法。所谓保险是怎么一回事是很清楚的。从工人那里拿钱，但不让工人管钱。这就是整个法案的含义，我们召开了几十次人数众多的会议，在警方的参加下，我们用很平静的声音，不用任何激烈的语言，就清楚地揭穿了沙皇的狡猾伎俩和对工人的政策。除了公开的警察外，也有文化程度较高的秘密特务参加会议。由于他们的告密，很快就不让我们再提国家保险问题了。于是我们在议程中既不用“国家”这个词，也不用“保险”这个词。我们只谈“患病工人的保障”。后来就谈“对患病工会会员的援助”。但是，问题是一样的，难道这个政府能关心工人吗？报告产生了巨大的影响。工人申请加入工会。我们就深入工房（“宿舍”），吸引最积极、最活跃的青年参加工会工作，而通过工会，又参加党的工作。当然，从事工会工作，有遭解雇和逮捕的危险。但是总有不怕风险，积极工作的工人。

会议大部分是在饭堂和“贫民救济所”在各区设立的民众馆召开的。这个救济所的头头是当时莫斯科省长钟科夫斯基，没有他的许可，是得不到开会场所的。有一次，我这个地下革命者以农民尼古拉·克拉尤什金的名义参加了省长举行的盛大招待会。这位省长衣冠楚楚，彬彬有礼，应我的请求接见了我，向我提了些无关痛痒的问题，并慷慨地答应予以解决。他后面跟着一大堆秘书和随从，而我穿着一件蓝色的背心，完全像个工人。钟科夫斯基不会怀疑到，在他面前的是一个逃犯。

在这个时期，我在莫斯科还从事某些写作。那时，布尔什维克在莫斯科出版过政治—工会杂志。它不断被封闭，但又用新的名称（《工人事业》《劳动通报》等）出版，莫·伊·弗鲁姆金、斯克沃尔佐夫-斯切潘诺夫在那里工作过。

1909年冬，我被逮捕。由于倒霉的巧合，给了我一张季莫菲耶·库拉诺夫的身份证（克拉尤什金的身份已经过期，必须另外得到一张身份证），但后来才知道，有人在哈尔科夫用过库拉诺夫名字的这张身份证，在逮捕时曾向警方开枪逃跑了。我按照身份证被认为是此人，被解送至哈尔科夫。审问、对质、严格隔离，这一切使我等待糟糕的结局。

虽然事情发展还算顺利，但我经历了最沉闷、最不愉快的时候。有一天深夜，我被叫醒，从哈夫科夫监狱转到宪兵处。我记得在那天晚上，宪兵处的大房间像死一般地沉寂。我等了很久，直打瞌睡，但又不得不保持警觉，同睡意作斗争。突然门开了，两边放进来了许多人，命令他们仔细辨认我。然后所有人都离开了，要一个一个地进来。“这个人是向押送的警察开枪的人吗？”长时间的令人窒息的沉默。这很像基普林《丛林》中的一场戏。“仔细瞧，啊，狼”，这是在丛林中的夜晚狼群在训练幼狼开始独立生活时如何捕获目标的场景。“仔细瞧，啊，狼，”而宪兵军官在吼，“仔细瞧瞧这个人。”

第一个、第二个、第三个证人都说：“不，不是这个人。”第四个证人，一个毛发稀落的特务带着难听的鼻音急匆匆地说：“就是这个人，我一看就认出他了。”但这没有给宪兵留下印象。他重视一个老头的意见（后来我知道这是一个房主，在他家里开会时警察去抓人，但没有人向警察开枪）。老头很长时间犹豫不决，但后来喘着气说：“不，不是他。”在拂晓时，经过一条条无人的沉睡的巷道，我被解送回监狱。我一路上都在想：“如果老头把我认作搜捕的对象，那会怎样？逃不了上绞架。朋友们赏给我这样一张身份证，有什么说的呢？”

我被送回莫斯科监狱。在莫斯科，看守突然想出了一个主意，把我送去服兵役，这样就可以向政府交差了。有一天，一个看守幸灾乐祸笑嘻嘻地对我说：“这比把您流放更糟。”

监狱，押送，陆军医院，体格检查，终于到了叶卡捷琳堡，穿上了军装，得到了在监视下“捍卫沙皇的祖国”的权利。在几个月的严密监视后，我开始跑出兵营，去寻找1905年时期的老朋友，非常高兴，我找到了一两个朋友，并且得到了当时出版的报纸《明星报》和其他地下刊物。我渴望自由行动，一些最卑鄙、最反动的军官常常给我暗中捣鬼（把一些老传单偷偷地塞到我那里去）。我准备逃跑并转入地下状态。有人劝我向医生行贿，以患病为借口，摆脱服兵役。次年，我就用这种办法摆脱了服兵役，获得了自由，获得了合法地位。

在草原的一个小县城，我的大哥出版了一份小报《草原》，我就到他那里工作。这家报纸尽管很左倾，但一般很少超出地方的题目。在我到报纸工作时，正赶上歉收。我们目睹沙皇政府机关在救灾时贪污盗窃、官僚主义、不管饥民死活等种种行径，就写了不少犀利的短文加以揭露。报纸经常受到罚款和没收的处分。最后，让我明白，等着我的是什么。

《真理报》问世了。在收到10号—20号《真理报》以后，开始想去彼得堡，我同首都没有联系，但找到了一个机会，迁到那里去了。最初有几个月，我苦于找不到门路，后来终于进入《真理报》，并在那里积极地工作。同时，我在工人俱乐部和工会从事半合法的工作。我参加了削弱孟什维克在冶金工会和某些俱乐部的影响的工作（例如，莫斯科关卡外的“教育协会”赶走了头号孟什维克阿布罗西莫夫，后来发现此人原来是奸细）。1913年春天，我被逮捕，在“拘留所”呆了几个月后获释，没有受到任何处罚。自然，不久我又回到《真理报》工作。我又同其他同志一起创办了《保险问题》杂志，并担任书记，直至1913年秋天我又一次被捕。这一次我从关押的“拘留所”被流放到车里雅宾斯克。

在车里雅宾斯克，我尽力扩大《真理报》在工人群众中的影响，征集订户和通讯员，参加合作社和工会，利用多种合法和部分非法的机会从事工作。在宣战时，按彼得堡的命令又把我逮捕，有几个月我完全处于与世隔绝的状态，直到把我释放时，才知道谁和谁在打仗。1915年，我又被逮捕，但时间不长。在这个时期，我同住在乌拉尔其他城市的同志取得了联系。在叶卡捷琳堡召开了如何对待战争问题的党的小型会议，克列斯廷斯基、谢夫鲁克（那时是布尔什维克）和我等参加了会议。虽然我们没有中央关于对战争的立场的文件，也没有消息，但我们凭着自己的直觉，采取了正确的立场，我们的决议后来登在国外的《社会民主党人报》上，得到了中央的赞同，被认为是地方党员的及时的反映之一。

在流放期结束以后，我移居叶卡捷琳堡。为了谋生，我为当地的《乌拉尔生活报》撰稿，这家报纸当时是比较激进的。例如在选举军事工业委员会时，我们在报纸上用尖锐的方式宣传实行抵制，这是符合我们党的路线的。这并不妨碍这家报纸基本上采取护国主义路线。布尔什维克积极分子的坚强组织逐渐形成了，它进行了多种公开的和秘密的工作。二月革命前不久，一部分积极分子被逮捕，另一部分因被搜捕而躲藏起来。我跑到了萨特金厂（南乌拉尔），找到了一个办事员的工作。但我刚放下行李，就传来了沙皇政府倒台的消息，我赶忙回到叶卡捷琳堡，一下火车就直接参加了在市剧院召开的大会。

从 1917 年 2 月到难忘的 10 月，我一直在叶卡捷琳堡工作。我主要担任鼓动员、记者和编辑，但是我也要做多种多样的工作。我从苏维埃成立时起就在那里担任多种领导工作（乌拉尔区域苏维埃副主席，后任主席，乌拉尔工会区域委员会主席，党的区域委员会委员等等）。

在 1917 年的几个月中，我在多处从事非常繁忙的鼓动工作，几乎没有一个企业和兵营是我没有发表过讲话的，更不要说苏维埃的会议和群众大会了。不言而喻，我在乌拉尔成了著名人物。我著名的程度可以用以下事实来说明：在当年 5 月，叶卡捷琳堡的苏维埃按其党的机构成分来说并不是布尔什维克的，但就其思想倾向来说是布尔什维克的。它受到了社会革命党人领导的军队的包围，并且被解散了。在这个时候，布尔什维克组织的所有领导人都到彼尔姆去参加代表大会了，敌人就利用了这一点。新的选举开始了，在这次选举中必须战胜叛徒。他们争取不到工人的选票，就竭尽全力去争取士兵群众。他们对布尔什维克展开了疯狂的诽谤。1917年7月在彼得格勒发生的事，5月就在我们叶卡捷琳堡发生了。军官们用各种方法来污蔑我们的党，以便使士兵脱离我们，有一个士兵描写了当时的场面：有一个社会革命党人的军官在士兵大会上说，布尔什维克是德国威廉皇帝的间谍，他们出卖了我们，等等，因此，决不选布尔什维克，他说："弟兄们，懂吗？"士兵们喊道："懂！""你们同意不选布尔什维克吗？""同意！""好，现在我们选谁呢？"突然出乎意料地，大家同声喊道："索斯诺夫斯基！"

敌人疯狂的程度还可以用以下事实来说明：在十月革命以前，一个军官，也是社会革命党人，叫米亚利岑，是苏维埃主席团委员，为了我在苏维埃会议上的一次演说，他通过决斗副手向我提出决斗，我把决斗副手赶走，这件事在地方报纸上传开了。

1917年12月，我和克列斯廷斯基按照布尔什维克的提名当选为立宪会议议员，我们离开了乌拉尔，抵达了彼得格勒。一天的立宪会议很快就结束了，而我被留在首都工作。彼得格勒苏维埃决定为工人出版一份群众性的通俗报纸。这件事委托沃洛达尔斯基和我来办。《红色报》就这样诞生了，沃洛达尔斯基更多地从事党的工作（主要是鼓动工作），只是晚上到编辑部来撰写有关当前迫切问题的战斗性的社论。我成天呆在编辑部，为新型的报纸挑选撰稿人，并校阅了全部稿件。同时，我必须参加工人和士兵的大会，同孟什维克和社会革命党人作斗争。

我随中央政府迁往莫斯科，当时担任全俄中央执行委员会主席团委员（担任专职直到1924年）。在莫斯科，我被委托创办群众性的农民报纸，当时把两份党报——《农村贫民报》(彼得格勒)和《农村真理报》(莫斯科)合并在一起，春天我开始出版《贫农报》，我担任该报编辑有6年多。在《贫农报》阅读农民和士兵群众的来信，使我第一次接触农民问题。1918年，一个农民控告地方当局违法，我奉命到特维尔省的别热茨克县去作调查，我是和卓越的党的农村工作者A. Г. 潘可夫一起去的，他教我学会了许多东西，使我考虑许多关于农村工作的问题。1919年夏，我和其他一些工作人员被派往地方上检查党的政策执行情况，我又同潘可夫一起来到了特维尔省。我到了好几个县，听取了多种申诉，参加了许多农民会议，我继续学习以前我不知道的有关党的农村政策这个复杂和重要的问题。

不久以前，我还参加了一项新的很有意思的工作，即组建全俄中央执行委员会的鼓动—指导列车和轮船工作，我被任命为该组织的领导人。实际上日常的领导是由布罗夫担任的。我亲自乘第一班有组织的列车，一直到了我国的最西的边界。这项工作是很有意思的，也是有成效的。

随着乌拉尔从高尔察克占领下解放，中央委员会派了一批工作人员，主要是过去的老乌拉尔人，其中包括我，到这里来工作。我被任命为叶卡捷琳堡省革命委员会主席，在经历了一年的白卫军专政以后，我们必须从事恢复苏维埃的工作。在1919—1920年的冬天，我被派往刚从邓尼金占领下解放出来的哈尔科夫，我在那里只工作了约3个月，担任党的省委主席。回到莫斯科以后，我在交通人民委员部总政治部（在交通部门从事政治工作的组织）工作，在那里我向托洛茨基（他当时是交通人民委员）建议出版铁路工人的群众性报纸，经他同意和中央的批准后，我创办了《汽笛报》，我担任了该报最初几个月的编辑。1921年我被任命为俄共（布）

中央宣传鼓动部部长。

1922 年我参加了出席热那亚国际会议苏维埃代表团的工作，这次旅行给我一次机会考察一下 1905 年以后的现代欧洲的生活。在以后的阶段值得一提的只是我被任命为农业人民委员部的部委委员，不过我在那里做的工作很少，我主要从事新闻工作。

我在革命年代的主要工作是新闻工作。我从 1918 年春天到今天为止一直是《真理报》的经常撰稿人。我同其他人一起合作进行工作，但是没有人像我一样把力量都放在《真理报》上。我一直为苏联的小品文开辟道路。在革命的最初年月，除了我和杰·别德内依以外，几乎没有人写小品文，后来克尼亚泽夫和其他人也开始写。一些小品文以《事件与人物》为题汇集成两卷出版（第 1 卷题为《播种》，第 2 卷题为《冰雪融化》）。此外，还出版了一些小册子，《苏维埃处女地》《论音乐及其他》《迫切的难题》《迪莫夫卡》《论文化与市侩习气》等。

如果把我在革命年代的著作活动总结一下，那么它的内容主要可归结如下：第一个时期是反对各种叛徒和白卫军的战斗性的文章。以后是描写现实的小品文，有点像描写日常生活之类的东西。在 1918—1919 年，描写革命的文学还没有出现，小品文部分地代替了文学。以后开辟了内部的战线，同混乱现象作斗争，对这些现象进行揭露和批判。这个时期的代表作是《迪莫夫卡》，即在乌克兰迪莫夫卡枪杀农村通讯员格里戈利·马林诺夫斯基的惊人事件。这件事当时在报刊上作了广泛的报道，把它同党和苏维埃在农村中的领导的不正常现象联系在一起。除了以上文章外，在这个过程中，我还以《真理报》的社会控诉员的身份写文章。在《迪莫夫卡》之后，我还报道了一系列类似的事件（如白俄罗斯农村通讯员拉比茨基事件，顿河的库普里克事件等等）。后来，我渐渐写文学方面的题材，例如，论杰米扬·别德内依，反对未来派，反对像叶塞宁那样的颓废文学作品，反对皮里尼亚克对苏维埃现实的歪曲，等等。在我的著作活动中占有特殊地位的是关于农业的文章。对我们的报刊来说，这是一种新东西：在党的机关报刊上出现一些战斗的小品文，谈畜牧业、块根作物、小麦新品种、洋麻这种新作物，等等。还有一类文章是揭露我们过渡时期受到破坏的生活的畸形现象的，这可以用一系列文章中的一篇小品文的标题《论文化和市侩》予以概括。最后，我还描绘了我们同时代人（活着的和去世的）的人物形象。某些小品文包括《人物和事件》的第一卷，已译成德文，可能还译成其他文字。一本文集用世界语出版，并附有插图。

蔡恺民译

索斯诺夫斯基续志

1923 年 10 月索斯诺夫斯基在“46 人声明”上签字，1924 年属“左翼反对派”，被撤销《贫农报》的工作。1927 年在“83 人声明”上签字。1927 年 12 月属 75 名“托派积极分子”之列，被开除出党。1928 年被流放外地。1929 年 4 月 29 日被捕，5 月 28 日被判徒刑 3 年。论者认为，这是因为他在给反对派分子的信中激烈批判了斯大林的农村政策。1932 年 4 月

13日徒刑延长2年。宣布退出反对派后，1934年回到莫斯科，任《社会主义农业报》编委，1935年恢复党籍。但过不多久，1936年10月13日被捕，1937年7月3日以积极参加托洛茨基反革命恐怖组织罪被判处枪决。

1958年6月28日平反。

家属受株连：其妻1937年被捕，1941年被枪决。儿子1941年被捕，在集中营关押到1953年12月1日。1990年1月参加“纪念”协会成立大会，是其一个分会的负责人。

图哈切夫斯基，米哈伊尔·尼古拉也维奇

（1893—1937）

1893年出生于1905年革命前破了产的地主家庭。他先后在奔萨第一中学和莫斯科第十中学接受教育。

对军事的天然爱好促使图哈切夫斯基下决心进入武备中学。1911年秋天，他在莫斯科第一武备中学通过了六年级的结业考试，进了七年级，1912年顺利地在武备中学毕业。图哈切夫斯基进了亚历山大罗夫军事学校，1914年顺利毕业后，正值帝国主义战争爆发，他以少尉的军衔被派到了禁卫军谢苗诺夫团，随着该团参加了战争。

1914年参加了加里西亚的卢布林附近的战斗，伊凡格勒战斗、克拉科夫战斗。1915年参加了沃姆扎附近的战斗。1915年2月19日德国进攻时被俘，曾5次试图逃跑，总共步行了1500公里。1917年10月，他终于得以通过德国—瑞士国境离开德国，回到了俄国。回来以后他在团里被选为连长。

1918 年 4 月 5 日，图哈切夫斯基加入了俄国共产党（布）。工农红军刚一建立，他就从事红军的建设工作。他既从事武装力量的创建工作，又是一个战略家。红军历次重大战役都由他担任战役指挥，他的革命生涯是同红色战线上的英雄斗争完全融合在一起的。

1918 年春天，图哈切夫斯基在全俄中央执行委员会军事部工作并完成了检阅红军新编部队的任务。1918 年 5 月任莫斯科区（西部防线的后方）军事委员。后来按照本人的愿望，图哈切夫斯基被派到东线去，任第一集团军司令。

这是建立正规红军工作中的最艰难的时刻。在 7 月穆拉维约夫叛乱期间，图哈切夫斯基被穆拉维约夫逮捕，只是偶然地免遭枪毙，他被熟悉情况的红军战士解救。

在组织工作时期准备了突破辛比尔斯克的捷克斯洛伐克人的战略前线的战役。9 月 12 日，这个战役由图哈切夫斯基指挥的第一集团军完成。在这次战役以后，他又进行了从辛比尔斯克打击捷克斯洛伐克人后方的塞兹兰战役。后来还神速完成了萨马拉战役，赫韦辛第四集团军从萨拉托夫方向参加了这次战役。再往后就是布古鲁斯兰战役和别列别伊战役。

1918 年 12 月，图哈切夫斯基开始准备奥伦堡战役，但这时他被调到南方战线，被任命为南方战线副司令，不久被任命为第八集团军司令。图哈切夫斯基率第八集团军一直进攻到北顿涅茨，后来他在 3 月份又被调到东方战线并在我们向伏尔加撤退期间被任命为第五集团军司令。当部队转入进攻时，他率第五集团军加入伏龙芝的南方集群，参加了布古鲁斯兰战役和布古利马战役，以后又参加了缅捷林斯克战役和比尔斯克战役。

在东方战线局势危急时期，当组织通过乌拉尔山脉进行突破的时候，图哈切夫斯基大胆地采取灵活机动的策略，他没有选择乌菲姆斯克—兹拉托乌斯特路线，而是用大迂回的办法使主力部队沿尤列赞河谷到达兹拉托乌斯特，在军队到达之前，为了掩护自己的左翼，在克拉斯诺乌菲姆斯克进行辅助战役。这次战役获得了全胜，为红军打开了直通西伯利亚的道路。

接踵而来的是车里雅宾斯克战役、库尔干战役和向托博尔河撤退的保卫战。图哈切夫斯基把第五集团军的力量充分集中起来，把在车里雅宾斯克和库尔干地区的西伯利亚人动员起来，这样准备了新的战役——鄂木斯克战役，这次战役的特点是行动神速。从 10 月 14 日至 11 月 14 日期间，部队行军达 600 俄里，即平均每昼夜 20 俄里。这次战役完全粉碎了高尔察克的军队。抓了几万俘虏，高尔察克军队作为有组织的力量事实上已经不复存在。为了彻底消灭敌人，立即不停顿地组织了追击，还建立了同西伯利亚红色游击队的密切联系。

11 月底，图哈切夫斯基被调到南方战线任第八集团军司令，但尚未到任，就在顿河和马内奇河地区开始失利的时候被任命为东南（高加索）战线司令。1920 年 2 月 3 日，图哈切夫斯基开始指挥战线，在对军队进行了改组和重新部署力量以后，2 月 14 日就发动了具有决定意义的进攻，3 月 26 日攻克了新罗西斯克，此后邓尼金的军队就覆灭了。

4 月，图哈切夫斯基准备了一场支持在巴库成立的苏维埃政权的战役，但他奉命从彼得罗夫斯克回到莫斯科并被任命为西方战线司令。5 月 14 日开始了第一场进攻战役，在这次战役中我们拿下了波洛茨克这个继续进攻的据点。西方战线第二场战役从 7 月 4 日起在一个月内使我们的军队从别列津纳河转移到了维斯拉河，在那里由于西方战线和西南战线未能协同作战，波兰白军使西方战线遭到严重失败。新的进攻性战役由于供应方面的困难未能举行，西方战线军队以顽强的战斗慢慢撤退到现在的苏波边境上。

1920年的战争结局是苏维埃白俄罗斯获得解放。1920年秋图哈切夫斯基消灭了布拉克-布拉柯维奇的入侵。1921年3月为平定喀琅施塔得叛乱，图哈切夫斯基被任命为第七集团军司令，3月17日，叛乱被平息。1921年5月为消灭怙恶不悛的安东诺夫叛乱被任命为坦波夫省军队司令。在反安东诺夫战线上，图哈切夫斯基采用把军队的战斗同巩固地方苏维埃政权结合起来的新方针，叛乱有计划地按照时刻表在40天内被平息。

1921年秋天，图哈切夫斯基被任命为工农红军军事科学院院长。1922年1月起指挥西方战线部队。1924年春天，图哈切夫斯基被任命为工农红军副参谋长，他在任职期间对红军进行了改编。1925年任西部军区部队司令，苏联革命军事委员会委员。11月任工农红军参谋长。图哈切夫斯基兼任军事科学院战略方面的主要领导人，领导培养红军高级指挥人员的工作。1920年是总参谋部成员。曾荣获红旗勋章和荣誉武器。

1921年和1922年当选为全俄中央执行委员会委员，历届苏联中央执行委员会委员，1924年和1925年为白俄罗斯苏维埃社会主义共和国中央执行委员会委员。曾任工农红军野战条例编制委员会主席。著有军事科学著作。

（本人审定的传记）
Г. 诺维科夫撰写
蔡恺民译

图哈切夫斯基续志

图哈切夫斯基是苏联天才将领，国内战争的英雄，那时什么地方危险就派他去，为苏维埃政权的巩固立下汗马功劳。

国内战争结束后，1921年7月25日起任军事科学院院长。1921年1月24日至1924年3月26日任西方面军司令，与西方面军党委发生冲突后，红军参谋长伏龙芝任命他为自己的副手，1925年伏龙芝去世后，图哈切夫斯基接任参谋长的职务。1926年12月26日任副陆海军人民委员。因与陆海军人民委员伏罗希洛夫有矛盾，辞去副人民委员职务。1928年5月至1931年6月任列宁格勒军区司令。1931年任红军军备部部长，然后是革命军事委员会副主席，副陆海军人民委员。1934年2月在联共（布）十七大上当选候补中央委员。1935年11月被授予苏联元帅军衔。1936年4月任副国防人民委员。

图哈切夫斯基认为自己的任务是实施军事改革，准备未来的战争。他的军事改革思想在国防人民委员部遭到另一些领导人的反对。伏罗希洛夫、布琼尼、叶戈罗夫、沙波什尼科夫、德宾科、别洛夫等出于不同的动机与图哈切夫斯基不和。而另一方面，图哈切夫斯基、加马尔尼克、乌博列维奇、亚基尔等则对伏罗希洛夫的工作提出尖锐的批评。1936年5月两者之间关系尖锐化，反对伏罗希洛夫的人向斯大林建议撤销伏罗希洛夫的职务。1929年斯大林50岁寿辰时，伏罗希洛夫发表《斯大林与红军》，篡改国内战争历史，大力吹捧斯大林，与伏罗希洛夫不同，图哈切夫斯基如实地评价了斯大林在内战中的作用。斯大林当然支持伏罗希洛夫。1937年5月10日，图哈切夫斯基被解除国防人民委员部第一副人民委员的职务，改任伏尔加军区司令。5月22日被捕，5月24日被押回莫斯科。5月26

日被撤销候补中央委员身份。6 月 11 日图哈切夫斯基以间谍、背叛祖国、准备恐怖行动罪被判处枪决。临刑前图哈切夫斯基高呼："红军万岁！"

图哈切夫斯基案开始了 1937—1938 年红军中的大规模清洗镇压。

1957 年获平反。

整个家庭受株连：母亲死于流放地，第二任妻子流放、集中营、枪决。女儿关进集中营。兄弟尼古拉被枪决，其妻进集中营和流放。兄弟亚历山大枪决，其妻送集中营和流放。姐妹奥尔加——流放，集中营，其夫——集中营。姐妹玛利亚——集中营，流放，其夫枪决，其女流放。姐妹索菲亚——流放。只有一位姐妹逃过一劫。

托姆斯基，米哈伊尔·巴甫洛维奇

（1880—1936）

1880年10月31日生于彼得堡。母亲是个聪明而坚强的妇女，其丈夫在彼得堡工厂当钳工，经常醉醺醺地回家随意打骂，她不愿“习惯于”这种生活，便离他而去。托姆斯基不认识父亲，因为他是离婚后出生的；他由于得不到父亲的承认而被登记为“私生子”。这成了他少年时期的“十字架”，使他在年纪很小时就饱尝艰辛。

托姆斯基不到6岁便和25岁的哥哥和11岁的姐姐住在为舍烈美帖夫家工作的外祖父家里。外祖父死后，全家由母亲抚养，生活贫困，靠母亲缝制衣服的微薄收入维持。哥哥虽然博学，但没有专长。他患有结核病，经常没有工作，他教训小米沙[①]时很凶狠，使他到10至11岁的时候变成

① 托姆斯基的爱称。——译者注

怯懦驯顺的孩子。

托姆斯基上的第一个学校是私立寄宿学校，5 岁的米沙和他的姐姐是由于校方发了善心而被录取的，因为姑母在那里当女佣人。托姆斯基在寄宿学校只呆了一年，但已经会很好地念书了。

托姆斯基 9 岁进入三年制小学，靠公费学习。毕业后，他在“泰奥多尔·基别尔”盒子工厂糊盒子，每天挣得 5 戈比工钱。他在盒子组伤了手指，因而被解雇。他进入“拉费尔姆”烟草厂工作，后来又回到“泰奥多尔·基别尔”厂，薪金已经每月有 5 卢布。从这里又转到“布鲁诺·高夫马尔克”冶金厂工作。14 岁到一家不大的斯米尔诺夫“露西”金属制品工厂工作，参加了罢工的组织和领导工作，失败后被解雇。托姆斯基失业了几个月，15 岁时在手工业者彩色石印工人涅斯列尔那里当学徒。托姆斯基 21 岁出师，在彼得堡各家彩色石印厂工作过。

1903 年他第一次阅读了偶然发现的一份社会主义文献，1904 年就参加了社会民主主义小组。在海莫维奇白铁厂工作时，他成为出名的社会主义者，因此 1905 年初被开除出工厂。在彼得堡失业了好几个月，搬到了烈韦里。在烈韦里进入制造罐头盒的“明星”工厂当石印工人。在烈韦里这里，托姆斯基在 1905 年革命的日子里开始更加积极地从事革命工作。

起初托姆斯基被这个工厂的工人选为工长，参加烈韦里工长苏维埃，该苏维埃的任务是根据工人的各种经济和政治要求同企业当局进行谈判。在他的积极参加下，组成了彼得堡式的烈韦里工人代表苏维埃，后来托姆斯基成为该苏维埃主席团的成员。他组织和领导了为抗议 1905 年 12 月 16 日枪杀烈韦里示威者而举行的罢工。

在这个时期，托姆斯基也在工会运动方面初次进行了工作，组织了烈韦里五金工人工会。1906 年 1 月，托姆斯基作为烈韦里工人代表苏维埃委员而被捕，被关入监牢。监禁四个月后被流放到西伯利亚纳雷姆边疆区帕拉伯尔村。在流放期间，他在与别人争论时表明，他是拥护武装起义而反对拥护大赦的人。流放两个月之后，他和一小批同志逃到托木斯克城。第一次同党取得了秘密联系，从此开始使用托姆斯基这个化名。

1906 年 8 月他秘密潜入彼得堡，化名阿尔塔蒙诺夫到海默维奇白铁厂工作。他在瓦西里岛区进行党的工作时用的假名起初是“米哈伊尔·瓦西里奥斯特罗夫斯基”，后来是“米哈伊尔·托姆斯基”。他组织了雕版工人和彩色石印工人工会，当选为该工会的主席。随着石印工人与印刷工人联合为统一的工会，他成为该工会理事会的理事。1907 年 1 月初，在俄国社会民主工党彼得堡组织代表会议上被选入彼得堡党委会，开始在各城区进行工作。他被彼得堡委员会选为布尔什维克中央机关报《无产者报》扩大编辑部的成员，并被选进《前进报》编委会。

1907 年春，托姆斯基当选为参加党的第五次代表大会的彼得堡组织的代表，前往伦敦。在代表大会上，他作为布尔什维克党团的负责发言人发言反对阿克雪里罗得提出并得到普列汉诺夫支持的全俄“工人代表大会”的思想。他参加了在赫尔辛福斯举行的全俄党代表会议的工作。托姆斯基参加完会议回来后，在彼得堡委员会开会时被捕。在“十字”监狱度过四个月的预押之后，于 1908 年 5 月被法院以参加俄国社会民主党的罪名判决要塞监禁一年。在当时国家杜马委员波列塔也夫协助下，在服刑期满前几个月托姆斯基被具保释放。他又精力充沛地专心从事党的工作，但为时不久。

1908 年 11 月他由于奸细柯诺瓦洛夫告密而被捕，单独监禁到 1909 年

4 月。1909 年 5 月前往巴黎参加《无产者报》编辑部扩大会议。他被党中央从巴黎召回，派往莫斯科担任莫斯科中部工业区的中央代表。到了莫斯科以后，他恢复了被破坏的莫斯科布尔什维克组织，同时担任省执行局委员、莫斯科委员会委员和区委员会委员。他组织了秘密印刷厂，积极参加了恢复出版党的省机关报《工人旗帜报》的工作，担任责任编辑。莫斯科委员会委员被捕后，接着印刷厂也垮了，躲藏起来的托姆斯基受到特务们的大力搜捕。

1909 年 12 月，托姆斯基从敖德萨南方区域局来到彼得堡车站时被捕。他从彼得堡被解送到莫斯科，作为 33 人案犯监禁到 1911 年 11 月。在 11 月间，莫斯科最高法院经过 11 天的审理，对 33 人案进行了宣判。托姆斯基由于参加党而被判处 5 年苦役。他是在莫斯科布蒂尔监狱服刑的。

他在监禁期间努力进行自修，首先是学习马克思主义。苦役期满之后，1916 年 4 月被发送到西伯利亚伊尔库茨克省基廉斯克县长期流放。在流放中，起初他担任农村经济调查统计员的工作。二月革命时，颁布大赦，他这时在流放地参加组织社会安全委员会，逮捕警察、宪兵和县警察局长并解除其武装的工作。

3 月底，他没等到勒拿河解冻，就骑马潜入伊尔库茨克，然后转到莫斯科。由于长期监禁和流放而脱离党的生活，他没有可能立即着手党的工作。弗·伊·列宁从国外回来时，他到了彼得格勒，在这里与列宁谈过话之后，他开始在彼得格勒委员会工作，任彼得格勒委员会执行委员会委员。他受彼得格勒委员会派遣参加第三次全俄工会代表会议（1917 年 6 月）。

七月事件之后，托姆斯基从彼得格勒到了莫斯科，在莫斯科区杜马选举委员会工作。后来转到五金工会工作，任《五金工人》杂志编辑。他作为五金工会的代表参加了莫斯科工会理事会，1917年当选为莫斯科工会理事会主席。同时他担任全俄工会中央理事会机关刊物《工会通报》杂志编辑。

在第一次工会代表大会（1918年1月）上，托姆斯基代表布尔什维克党团就季诺维也夫关于工会的任务的报告作了总结发言。

1918年，他被第一次工会代表会议选入全俄工会中央理事会主席团，被第二次和第三次工会代表大会选为全俄工会中央理事会主席。1920年参加创建国际工会委员会（工会国际）的工作，委员会成立后担任其总书记。1921年5月被任命为全俄中央执行委员会土耳其斯坦事务委员会主席后暂时离开了工会工作。

1922年1月又从事工会工作，起初任全俄工会中央理事会书记，从第五次工会代表大会起任全苏工会中央理事会主席。从第八次党代表大会起，托姆斯基任俄共（布）中央委员。从第十一次党代表大会起，任中央政治局委员。自1920年至今是全俄中央执行委员会主席团委员，从苏维埃社会主义共和国联盟第一次代表大会起，是苏联中央执行委员会主席团委员。

1924年他是同英国政府进行谈判的苏联代表团成员。他在伦敦期间同工联主义运动的代表建立了联系，后来后者邀请全苏工会中央理事会代表参加在古尔举行的英国工联例行代表大会。1924年9月他作为全苏工会中央理事会的代表，在古尔代表大会上阐述了苏联工会的革命的阶级立场。

托姆斯基的几乎所有著作都是阐述工人和工会运动的。其中主要的如《工会组织建设的原则》《新道路上的工会》《俄国工会运动概况》和《共产党员在工会运动中的任务》，是阐述工会的组织原则、策略和工作方法的。前三本著作已译成亚洲一些国家的语言，第四本著作已译成欧洲一些国家的语言。

（本人审定的传记）
Л. 卡申撰写
王青译

托姆斯基续志

在 20 年代托姆斯基是苏联工会和“工会国际”的领导人。1922—1930 年为联共中央政治局委员。1922—1929 年任苏联工会中央理事会主席。1925 年同布哈林、李可夫一道反对季诺维也夫和加米涅夫的“新反对派”，1928—1929 年三人又一道反对斯大林取消新经济政策、加紧工业化与农业集体化的方针。在 1929 年 4 月中央全会上被定为“右倾集团”，决定解除托姆斯基的苏联工会中央理事会主席的职务，1930 年被解除政治局委员职务，保留中央委员身份，1934 年起为候补中央委员。1929 年任全苏化学工业联合总公司经理，1932 年起任国家图书杂志联合出版公司经理。

1934 年 12 月基洛夫遇刺身亡后，国内加紧清洗镇压。1936 年在审讯“托洛茨基反苏联盟总部案”中，季诺维也夫和加米涅夫突然招供，称布哈林、李可夫和托姆斯基参与反革命活动。1936年8月22日检察长维辛斯基宣布对三人进行审查。托姆斯基读到《真理报》刊载的此消息后，在莫斯科郊区博尔舍沃别墅开枪自杀。死前留下给斯大林的信："我不仅把你看作党的领导人，也把你看作老战友给你写这封信，这是我的最后要求——不要相信季诺维也夫的无耻谎言，我没有参加他的任何集团，我没有搞任何反党阴谋。"

托姆斯基死后其妻被判处10年徒刑，1956年死于西伯利亚。两个儿子被捕枪毙。小儿子被判10年徒刑、9年流放。

沃洛达尔斯基，弗*

（1890—1918）

1890年生于沃伦省奥斯特罗波尔镇的一家贫穷的犹太人家庭。他在1905年土地运动的影响下参加了革命运动，起初加入“小崩得”，后来加入乌克兰社会民主党，起草并印刷秘密宣言，参加飞行集会等。他在杜勃诺进中学五年级，一年后即以“政治上不可靠”被开除，1908年被关进监狱，但旋即获释。1908年至1911年在沃伦作鼓动员工作。1911年被捕，流放阿尔汉格尔斯克省3年。他利用被迫的空闲时间准备中学文凭考试，考试通过了。1913年遇赦返回故乡，但由于警察的迫害而赴美国的费城，进服装厂当剪裁工，并参加国际裁缝工会。沃洛达尔斯基起初在费城，后来在纽约工人中间从事鼓动员、宣传员和记者的工作，同尼·布哈林和

* 化名“戈尔德施坦，莫伊塞·马尔科维奇”。

格·丘德诺夫斯基一道密切参与《新世界报》的工作。二月革命后返回俄国，不久即加入布尔什维克党，并逐渐进入党的活动家的前列，先担任区鼓动员，后在彼得格勒委员会任总鼓动员。当选为彼得格勒苏维埃主席团委员，十月政变后被选入全俄中央执行委员会主席团，积极参加历次苏维埃代表大会。曾被党派往乌克兰参加罗马尼亚战线集团军代表大会，从乌克兰回来后受命编辑彼得格勒《红色报》。成立彼得格勒公社时，他当选为出版、宣传和鼓动事务委员。1918 年 7 月 20 日在赴群众大会的路上遇刺身亡。1920 年出版他的讲演集。见《1917—1921 年牺牲的无产阶级革命战士纪念册》。

郑异凡译

乌里茨基，米哈伊尔·索洛蒙诺维奇

（1873—1918）

1873年生于切尔卡瑟城一个犹太商人的家庭。起先受到母亲（父亲早已去世）严格的宗教教育，学习犹太圣法经传，但后来在姐姐的影响下酷爱俄国文学并进了切尔卡瑟初级中学，毕业以后在白策尔科夫中学学习，当时非常贫穷，靠教书为生，后来在基辅大学法律系学习。乌里茨基早就走上了革命工人运动的道路，在中学时代就组织了社会民主主义小组。1897年大学毕业后自愿服兵役，但在那里呆到第8天就因被控参加社会民主主义组织而被捕。从这时开始了多年的监狱和流放生活。他先被送到雅库茨克州，1905年回到彼得堡并以拉特涅尔博士的化名从事革命工作。不久他又被捕，先后流放到沃洛格达省和阿尔汉格尔斯克省。过了若干时间他又获得了自由，接着又被捕、坐牢和流放，最后流亡国外。党分裂以后追随孟什维克。乌里茨基在战争开始时持国际主义立场并同列·托洛茨基一起为《我们的言论报》撰稿，坚决反对战争。乌里茨基在革命后回到彼得格勒，加入了布尔什维克党；他立即被委以重任并且被选入党的中央委员会。1917 年 10 月，他毫不犹豫地赞成举行反对临时政府的起义，在革命时期参加了军事革命委员会，最积极地参加了起义。此后他被任命为立宪会议的政治委员。他是布列斯特和约的反对者，不过由于党纪的关系，他服从缔结和约的决定。乌里茨基被任命为彼得格勒肃反委员会主席，他同反革命进行了无情的斗争。1918 年 8 月 30 日被大学生 A. 卡涅基斯谢尔杀害。

见《1917—1921 年牺牲的无产阶级革命战士纪念册》。

蔡恺民译

谢列布里亚科夫，列昂尼德·彼得罗维奇（1890—1937）

1890年生于萨马拉。我家中有做五金工人的父亲、母亲和6个兄弟。父亲为了谋生，多次从一个城市迁居另一个城市。我九岁时同家里人住在乌法，那里的物质生活条件很差，由于父亲出外谋生，孩子只得自谋生路，于是，我进了维杰涅夫啤酒厂，在那里每周赚1卢布20戈比工钱。不久父亲在卢甘斯克的加里曼机车制造厂找到了工作，全家就搬到那里去了。我的哥哥们在这里同父亲一道工作，我也就有可能不工作而进入市立小学。但在校学习时间不长，我便离开了学校去自学。1904年，当我十四岁的时候，父亲转到巴库去工作，而我同哥哥们仍旧留在卢甘斯克。那时已经14岁的我不得不考虑独立谋生了。小小年纪不可能在五金工厂当工人，于是我在表格上填上生于1887年，因此我能够在旋床工作。我就在那里看到了地下出版物，我的哥哥们把这些东西小心翼翼地藏在顶间和板棚里。当哥哥和同志们发现我对工人运动发生了兴趣的时候，他们便向我传播出版物，过了一年，即1905年，我成了俄国社会民主工党（布）卢甘斯克委员会的成员。1905年党的活动不可能平静度过，我被捕了，但“自由”到来了，我获得释放。1906年和1907年间，我经常遭到搜捕，还被工厂解雇。1908年被捕后，流放到沃洛格达省两年。我同党内同志们（多加多夫、卡美隆、普·克、卡冈诺维奇等等）一起住在乌斯基塞索耳斯克，靠官方发给的每月6卢布20戈比生活，并利用这段时间来补充马克思主义教育的不足。流放期满，在1910年底1911年初，我受党的委托走遍了整个俄国，所到之处，都在工厂工作，以取得经费进行党的工作。我在任何地方都住得不久，在尼古拉耶夫住的时间比较长，在那里同一些同志（谢尔哥·奥尔忠尼启则，谢苗·施瓦尔茨等人）筹备巴黎代表会议。开完代表会议回来，我接到赴伏尔加河流域各地的任务。1912年，萨马拉组织遭到破坏，我同捷达斯基、库奇缅科等人又被流放三年，流放地是纳雷姆。第二年，即1913年，我从纳雷姆逃跑到彼得堡，在这里，中央委员会俄国局委托我到巴库组织罢工。在巴库工作了约一个半月，由于当局的监视加强并企图逮捕我而被迫转移，先到梯弗里斯，然后到苏呼姆，尼古拉耶夫，最后到敖德萨，在那里，刚下轮船就被捕了，又被流放到纳雷姆。1914年，我又从纳雷姆逃跑。在莫斯科参加了五一游行，不久又被捕，再次流放到纳雷姆。1915年六七月份曾企图从那里逃跑。1916年流放期满，我居住在托木斯克，在那里的军事组织中工作。1916年年底，我转移到彼得格勒，在那里参加了1月9日游行的组织工作，1917年1月底到雷宾斯克办理自己的证件。我在那里被抓去服兵役并被派往科斯特罗马，编入第八十八预备步兵团。我继续从事党的工作，3月1日被赶出兵营。后来我同达尼洛夫、亚兹科夫、卡冈诺维奇等人组织了科斯特罗马工兵代表苏维埃，在那里工作到1917年六七月。后来作为党的区域委员会委员派往莫斯科，参加了各种代表大会和代表会议并准备十月革命。

十月革命后，我以莫斯科苏维埃主席团成员和党的区域委员会书记身份进行工作，然后当选为全俄中央执行委员会主席团委员和秘书。1919—1920年是俄共（布）中央委员会书记，后任全俄工会中央理事会南方局主席、南方面军革命军事委员会委员、共和国政治保卫局局长。从1921年年底起转到交通方面，任交通总管理局委员。1922年5月起被任命为副交通人民委员，行使人民委员的职责，现任交通人民委员部部务委员会委员。

蔡恺民译

谢列布里亚科夫续志

谢列布里亚科夫1919—1921年任俄共（布）中央委员，1919年3月至11月任中央组织局委员，1920年4月5日至1921年3月18日任中央书记和组织局委员。曾任红军政治部主任。1921年起在交通部门工作：任管理总局政委，1922—1924年任副交通人民委员，1929年起为部务委员。

是“左翼反对派”领袖之一，从“46人声明”开始，在反对派的所有重要文件上签了名。1927年12月在联共（布）十五大上作为75名“托派积极分子”之一被开除出党。1928年被流放。1929年声明退出反对派后，返回莫斯科。1930年1月恢复党籍。1931年起任人民委员会公路和汽车运输管理总局局长，1935年8月3日任该局第一副局长。1936年8月再次被开除出党，8月17日被捕。1937年1月莫斯科第二次公审“托洛茨基反苏平行总部”案，谢是主犯之一，1月30日被判处死刑，2月1日枪决。

1986年12月平反，1987年6月10日恢复党籍。

亲属遭株连，老母亲、妻子、两个兄弟都在监狱、集中营、羁押转运站、流放地度过。

叶努基泽，阿韦尔·萨弗罗诺维奇[*]

（1877—1937）

1877年5月7（20）日生于库塔伊斯省拉钦县茨卡季西村。12岁前生活在风景极其优美的拉恰山区，在农村学校就读。1889至1892年在县立明格列利亚中学上学，1893年转学梯弗里斯，1897年在此地的中等技术学校毕业。1894年初在梯弗里斯受当时革命青年的中心——神学院政治罢课的影响，开始在其他学校组织地下学生组织。我1894年参加的那个小组起初有一个半民族主义、半马克思主义的纲领。1896年春起我已是工人和学生混合小组的成员，从这时起开始了我的马克思列宁主义教育。我如饥似渴地阅读当时所有的秘密读物。阅读《同时代人》、新《世间》、《萨马拉通报》以及《新言论》上的文章。1897年夏因无钱继续学习，我进入

---

* 党内化名“金鱼”、“阿卜杜尔”、“阿韦尔”。

铁路，在外高加索铁路局总工场装配车间工作。在这里我首次以宣传员和组织员身份在工人小组进行工作。这时候梯弗里斯组织明显地把自己的工作扩大到梯弗里斯的其他工厂。我们的组织当时已经同彼得堡的“工人阶级解放斗争协会”有联系，在俄国社会民主工党第一次代表大会后还同俄国其他组织保持联系。1898 年 9 月我调到巴库机车库担任火车副司机。除铁路工人外，在巴库我不久就同石油区工厂和采油场工人建立了联系。当时巴库除了著名的祖巴托夫从莫斯科派去的小小的工人小组之外，没有任何社会民主党组织。我和工人们一起在巴库的三个区建立了工人小组（在萨崩奇和巴拉汉内城）。这样，1899 年初可以说是奠定巴库社会民主党组织的开端。

自已故的弗·克茨霍维利被从梯弗里斯派到巴库担任电车工人罢工的组织者之后，巴库组织开始了正常工作并得到了巩固。在 1899 年、1900 年和 1901 年，我们在巴库成立了俄国社会民主工党巴库委员会，把工作扩大到各区，建立了地下小印刷厂，等等。1901 年春起根据党组织的建议，直接从事革命工作，同克茨霍维利一起从事地下工作。1901 年秋在巴库成立《火星报》小组，从这时起我们同《火星报》保持了经常联系。这段期间我们在巴库建立了一个大型地下印刷厂，曾翻印过《火星报》第 7 号和第 11 号、《南方工人报》第 5—8 号等等，还建立了通过巴统运送国外书报的运输线。1902 年 4 月的五月示威游行中被捕。同年 5 月获释后继续在组织内工作到 9 月 2 日，这一天同克茨霍维利一起再次被捕，被押往梯弗里斯的麦捷赫监狱，在这里关至 1903 年夏。夏天参加出席俄国社会民主工党第二次代表大会代表的选派工作。1903 年秋再次被捕并被流放东西伯利亚，但在途中逃脱，彻底转入地下。1903 年 11 月我根据党中央的决定在俄国社会民主工党中央委员会的地下印刷厂工作，直至1906年2月该印刷厂停办搬往彼得堡为止。1906年在彼得堡搞组织工作。国家杜马解散后被派往高加索工作。

1906年秋全高加索代表大会后在巴库组织工作，任巴库委员会（布尔什维克）委员和俄国社会民主工党联合委员会委员，1907年5月5日，在布尔什维克巴库代表会议上被捕。秋，被押往沃罗涅什，但途中从押送队逃脱，返回巴库，工作到坦默福斯布尔什维克全党代表会议。在赴芬兰途中于1907年11月9日在彼得堡被捕，关押在“十字监狱”。1908年5月被押往阿尔汉格尔斯克省，9月从该地逃回彼得堡。我拒绝了出国侨居的建议，在彼得堡和芬兰流浪了三个月后返回奥涅加县流放地，1910年7月流放期满。1910年秋起在巴库组织工作，任巴库委员会委员。在筹备布尔什维克全俄代表会议正紧张的时候，同邵武勉、卡斯帕罗夫、切尔诺马佐夫等在1911年9月被捕。在狱中关押到1912年7月，被驱逐出高加索。1912年10月至12月在顿河岸罗斯托夫工作。12月赴莫斯科，“在24小时内”被从此地押解出境，赴彼得堡。1913年初至1914年7月在彼得堡工作。1914年7月4日被捕，同年10月被押往叶尼塞斯克省。1916年底在流放地应征当兵。在克拉斯诺亚尔斯克第十四西伯利亚步兵团第十三连当列兵，1917年2月22日由此通过彼得格勒被派往前线作战部队。2月27日到达彼得格勒，这也是革命的第一天。2月28日至3月3日在彼得格勒参加了部队的街头发动。至苏维埃四月会议之前在彼得格勒卫戍部队工作。4月在苏维埃第一次代表大会上当选为代表布尔什维克的全俄中央执行委员会委员，后又当选为彼得格勒苏维埃和执行委员会委员。在十月革命以前的日子里当选为彼得格勒苏维埃工人部“十五人”常务局委员。直接参加第二次苏维埃代表大会的组织工作和十月事件。此后一直在全俄中央执行委员会工作，任历届全俄中央执行委员会委员。起先任全俄中央执行委员会军事部部长，1918 年秋至 1922 年底任全俄中央执行委员会主席团委员和秘书。1922 年 12 月 30 日起任全俄中央执行委员会主席团委员和苏联中央执行委员会主席团委员和秘书。

郑异凡译

叶努基泽续志

叶努基泽 1917 年 1 月至 1918 年秋主持全俄中央执行委员会军事部，1918 年 10 月起任中央执行委员会主席团委员和秘书。1922 年 12 月 30 日至 1935 年 3 月 5 日任苏联中央执行委员会秘书。1924 年起为俄共（布）中央监察委员会委员，1927—1934 年为其主席团委员。1934 年 12 月 1 日基洛夫遇刺当日签署关于修改刑事诉讼法程序的法令（没有中央执行委员会主席加里宁的签字）。

1935 年在“克里姆林宫案”中被认为是该案的主角，被解除中央执行委员会秘书的职务。1935 年 3 月 3 日改任外高加索联邦中央执行委员会秘书。3 月 21 日联共中央政治局等发布《关于苏联中央执行委员会机关和叶努基泽同志的通报》，指责叶努基泽丧失政治警惕性。1935 年 6 月 5—7

日联共中央全会研究了“苏联中央执行委员会秘书处办公机关和叶努基泽同志”的问题，全会决定：“鉴于中央执行委员会原秘书叶努基泽同志政治上和生活上腐化堕落，决定把他开除出中央委员会，并开除出党。”叶努基泽是联共（布）17大选出的中央委员会中第一个被开除的中央委员。1936年6月中央全会恢复其党籍。不过半年后，1937年2月11日，奥尔忠尼启则自杀前一周，叶努基泽在哈尔科夫被捕。叶认为他同斯大林冲突的真正原因是他反对审判和处死加米涅夫和季诺维也夫。叶努基泽被控背叛祖国，从事间谍活动，阴谋搞宫廷政变推翻现政权。1937年10月29日以积极参加“右派托派反苏联盟”罪被判处极刑，10月30日执行枪决。

1959年10月3日获平反。

越飞，阿道夫·阿布拉莫维奇[①]
（1883—1927）

1883年10月10日生于辛费罗波尔（克里木）一个富商家庭。90年代末，俄国工人运动特别是罢工运动加剧，开始对大学生进行某种迫害，这时我还是个中学生，但已投身革命运动，加入俄国社会民主工党。由于这缘故，1903年中学毕业后，作为“政治上不可靠分子”而不能进入俄国的任何一所大学，后来出国赴柏林，进医学系学习，同时学习社会政治科学，作为俄国社会民主工党柏林协会小组成员既参加德国社会民主主义运动，又参加俄国社会民主主义运动。1904年受俄国社会民主工党中央委员会委托运送党的秘密书刊去巴库并从事宣传工作。在巴库布尔什维克组织中工作，同年，为躲避搜捕离开外高加索，赴莫斯科从事宣传工作。在莫

① 笔名“B.克里木斯基”。

斯科也很快就暴露了，因而逃往国外，于1905年1月9日（22日）事件后抵达。但立即返俄，参加不同城市的革命工作。先在北方，后在南方。“波将金号”起义时在克里木，后组织这次起义参加者之一K.费尔德曼从塞瓦斯托波尔军事监狱越狱。这以后被迫重新逃往国外。俄国社会民主工党斯德哥尔摩统一代表大会之后在柏林被任命为“第一届俄国社会民主工党中央委员会国外局”四名委员之一。1906年5月根据当时德意志帝国首相冯·毕洛夫的决定，作为“不受欢迎的外国人”被驱逐出德国，再次返回俄国（莫斯科），但在这里仍受通缉，不得不再次外逃，赴苏黎世，入法律系学习，同时继续从事革命活动和党的工作。1907年再次从瑞士返俄，但在1908年又被迫逃亡国外。定居维也纳，开始同托洛茨基一起出版《真理报》。1910年以该报编辑部名义巡视俄国各地的党组织。1911年再次进行这种巡视，1912年党内各派筹备全党代表大会的组织委员会成立后，以《真理报》集团和编辑部代表名义参加此委员会。以组织委员会委员名义再次秘密巡视俄国各地组织，进行争取召开代表大会的鼓动。1912年在敖德萨逗留期间同整个敖德萨党组织一道被捕。由于法庭缺乏材料，经10个月单身牢房的监禁之后，被行政流放到托博尔斯克省的极北地区，流放期4年。由于《海员报》编辑在埃及的亚历山大城被捕，而我作为《真理报》编辑同该报有联系，同时在搜查时发现了编辑部的全部档案，其中包括署名B.克里木斯基的信件，法庭于是确定越飞同克里木斯基系同一个人，这样，1913年在西伯利亚再次被捕，按第102条被牵连进黑海海员联盟案。在法庭上承认自己参加政党，但由于开始战争以及一般判刑较轻，没有被判处苦役，而是被剥夺全部权利，终身流放西伯利亚。然而，流放没有执行，因为根据同样的材料，提出了参加政党的指控；被送往苦役营服苦役。1910年再次审讯，鉴于在第一次审讯时已公开承认自己是党员，因此再次被判处流放西伯利亚。定居在叶尼塞斯克省坎斯克县，由于世界大战时西伯利亚缺乏医生，被强迫任命为密林深处方母矿上的医院院长。在西伯利亚继续为各秘密报刊撰稿。一听到1917年革命的消息立即离开矿场，在坎斯克作短暂的停留以组织该地的革命工作，然后动身赴彼得格勒。在这里同托洛茨基等人一起出版《前进报》。然后代表布尔什维克先后进入彼得格勒市杜马、彼得格勒工人和士兵代表苏维埃、全俄苏维埃中央执行委员会和立宪会议（代表普斯科夫市）；是“民主会议”和“预备国会”成员。在党的第六次代表大会上（1917年7月）当选为俄国社会民主工党（布）中央委员会委员，党改名后是俄共（布）中央委员。十月起义期间是军事革命委员会主席。委员会撤销并把权力转交人民委员会之后，被派往布列斯特—里托夫斯克任俄国和谈代表团团长。缔结和签订了同德国、奥匈、土耳其和保加利亚的停战协定。德国提出最后通牒后，拒绝签订布列斯特和约，声明这不是协商的和平，而是暴力的和平，应以一切手段与之斗争。布列斯特和谈结束后任外交人民委员和社会保障人民委员，然后被派往柏林任大使。在柏林同德国政府进行了谈判，签订了布列斯特—里托夫斯克和约的“补充条约”。同时还和土耳其进行谈判。积极参加了德国革命的准备工作，在起义的前三天，1918年11月6日，同全体使馆人员一起被驱逐出德国。德国革命胜利后，从明斯克和博里索夫（使馆列车在此被扣）同德国新政府和柏林工人代表苏维埃进行接洽，但还是未能返回德国。召开全德工人士兵代表大会时作为全俄中央执行委员会代表团团长被派往全德苏维埃代表大会，但没让代表团进入柏林。然后以俄共中央委员身份被派往立陶宛和白俄罗斯进行党的工作，协助建立立陶宛—白俄罗斯共和国。波兰人占领维尔纳前夕返回莫斯科。此后不久，以国防委员会委员和苏维埃社会主义检察院人民委员身份赴乌克兰。邓尼金占领基辅时，同军队和国防委员会其他委员一道撤往切尔尼哥夫，在邓尼金和佩特留拉占领乌克兰全境时，返回莫斯科。在建立工农检察院时被派往彼得格勒，按照自己的方法和计划去组织该机构。与此同时，任俄共（布）彼得格勒委员会委员。当尤登尼奇和爱沙尼亚人进攻彼得格勒时，任彼得格勒防务委员会委员。尤登尼奇的进攻被粉碎后，作为俄国和谈代表团团长同爱沙尼亚进行谈判。同爱沙尼亚签订和约后返回彼得格勒，旋即被召回莫斯科，同时与立陶宛和拉脱维亚进行和谈，任俄国代表团团长。同立陶宛缔结和约之后，赴里加以结束同拉脱维亚的和谈。谈判结束后返回彼得格勒从事原先的工作，但不久，在 1921 年被任命为同波兰谈判的和谈代表团团长。和谈结束，同波兰缔结和约后，被派往土耳其斯坦，任全俄中央执行委员会土耳其斯坦委员会和俄共（布）中央委员会土耳其斯坦局主席。

在巡视整个土耳其斯坦、布哈拉和花拉子模之后，应召回莫斯科，被派往热那亚担任苏维埃代表团主席团委员。热那亚谈判结束后被派往远东，担任赴中国和日本的特使和在长春（伪满洲国）同日本谈判的苏维埃代表团团长。长春谈判后（在此地患重病）去北京同中国政府谈判。接着以治疗为名应日本枢密院议员、东京市长后藤子爵之邀赴日本进行谈判。起初同后藤子爵进行非正式谈判，然后同日本政府代表川上进行正式谈判。这时期健康状况急剧恶化，不得不中断谈判，返回莫斯科。在莫斯科患重病，1924 年春被送往维也纳治疗。略有好转即作为苏维埃代表团主席团委员被派往伦敦同英国谈判。同英国签订条约后留在伦敦准备第二个条约。后来被任命为驻维也纳全权代表。在从事革命和党的活动期间一直为党的许多报刊撰稿，担任编辑。写了一些小册子，主要的有：《地方自治》《孟什维主义的破产》《苏维埃政权的对外政策》《和平攻势》《热那亚会议》《从热那亚到海牙》《最后一个空想主义者》《当代英国》等等。

郑异凡译

越飞续志

越飞1917年属“区联派”，在布尔什维克党的第六次代表大会上区联派同布尔什维克合并，越飞当选候补中央委员。据托洛茨基说，1917年10月24—25日，武装起义期间越飞是彼得格勒苏维埃军事革命委员会主席。1918年3月11日越飞以彼得格勒中央局名义建议列宁任命托洛茨基担任陆海军人民委员。1918年4月至12月任驻德国全权代表，积极参加德国革命，11月6日被驱逐出境。1919—1920年为乌克兰国防委员会委员、监察人民委员。1921年苏波战争后是同波兰和谈代表团团长。1922年起任驻华和驻日本全权大使。1922年7月26日起为苏俄政府驻北京代表，1923年1月26日与孙中山一道发表“孙文越飞宣言”，是孙中山联俄联共政策之开端。1923年在日本病重赴奥地利就医。

越飞从1912年起就是托洛茨基的拥护者，1923年起属“左翼反对派”。1925年托洛茨基被贬为租让总委员会主席，1925年6月越飞去那里，任委员会副主席。

越飞患重病，但当局拒绝为他支付出国医疗经费。1927年11月17日在家中开枪自杀。葬于新圣母公墓。

越飞死后亲属受迫害：女儿娜杰斯塔在流放地和集中营关了约20年。第二任妻子玛利亚在集中营关了20年。儿子弗拉基米尔1937年在托木斯克遭枪决。

图书在版编目(CIP)数据

谁发动了十月革命:布尔什维克自传/郑异凡主编;
郑异凡等译.—上海:上海人民出版社,2017
ISBN 978-7-208-14799-7

Ⅰ.①谁… Ⅱ.①郑… Ⅲ.①布尔什维克-列传
Ⅳ.①D351.26

中国版本图书馆 CIP 数据核字(2017)第 236613 号

责任编辑 罗 俊
封面设计 今亮后声

谁发动了十月革命
——布尔什维克自传
郑异凡 主编
郑异凡 蔡恺民 姜鸿霄 等 译

出　　版 上海人民出版社
(200001 上海福建中路 193 号)
发　　行 上海人民出版社发行中心
印　　刷 常熟市新骅印刷有限公司
开　　本 720×1000 1/16
印　　张 28
插　　页 2
字　　数 323,000
版　　次 2017 年 10 月第 1 版
印　　次 2018 年 5 月第 2 次印刷
ISBN 978-7-208-14799-7/K·2686
定　　价 88.00 元